中朝疆界
與民族

——以十四世紀中葉
至十五世紀末為中心

刁書仁 著

序言

　　多年從事東北區域史研究，自然就十分關注中朝關係史研究，先後承擔《東疆研究》（1992-1995）、《中朝邊界史研究》（1998-2001）、《中朝相鄰地區地理資料的整理與研究》（1997-1999）、《二十六史中朝關係資料選編》等課題，並發表些與上述課題相關的學術論文。2000 年，攻讀在職博士，博士論文選題定為《十四世紀中葉至十五世紀末中朝疆界地區的民族與疆界研究》。有人問及，該選題長期以來被視為敏感話題，研究者往往視之為畏途，有時學者辛苦幾十年完成的論著，卻因所謂敏感，被束之高閣，無法為學術界和社會所利用。對此，我當然清楚，那麼，又為何選呢？說到底，是學者的良知使然。我執意做這個題目與我閱讀朝鮮學者的一篇文章有關。記得我剛讀博士不久，讀到李淳信〈十四世紀末至十五世紀初我國與女真的關係略述〉一文，這篇論文原刊在朝鮮《歷史科學》1967 年第 2 期，後由大陸學者顧銘學譯成中文，收入中國朝鮮史研究會編的《朝鮮歷史研究論叢》（延邊大學出版社 1987 年）。該文開宗明義，表明作者基本觀點：「在十四世紀末至十五世紀前半期，朝鮮政府與女真的關係中，力圖解決的主要課題是擊退女真的入侵，光復鴨綠江、圖們江以南的故土，使兩江以北的女真歸順服屬於朝鮮」。憑著對這段歷史的瞭解，我認為這是對這段歷史事實不客觀的闡釋，中朝兩國文獻十分明確的載錄，朝鮮半島東北部、西北部，即所謂「鴨綠江、圖們江以南」，自明宣德正統前一直歸歷代王朝有效的管轄，是遼金以來女真族世代居住的故土，從來都不是朝鮮的「故土」。所謂「光復」故土，不過是作者對歷史事實的扭曲。尊重歷史事實是史學研究的基本原則，所持學術觀點可以各異，但歷史事實不容歪曲。而該文恰恰違背學術研究的最起碼的準則，對十四世紀末十五世紀初朝鮮與女真的關係做了違背歷史事實的闡述。我的研究領域既然是明清中朝關係史專

業，那麼就有責任搞清楚歷史真相，恢復歷史本來面貌。基於這樣的想法，就選了這個題目。2004 年 4 月初，論文呈送外審專家，受到好評。6 月初，論文答辯時，答辯委員會諸師雖提出些中肯意見，一致認為是篇優秀博士論文。論文答辯後，師兄弟的論文，經過修改，都已陸續出版。而我所做的論文，屬於敏感話題，難以出版。對此，我是有思想準備的，在答辯前，論文打印時，就在論文扉頁上，密級項欄上，標示「秘密」。這樣無法上傳網上，也就不能同學界與社會見面。就這樣將其束之高閣十幾年。

本書的選題國內外學者已做過些研究，為本書的研究提供了有益的參考。國內的研究，在二十世紀中期，只是在東北地方史及清開國史的著述中有所涉及。[1] 由商鴻逵整理，孟森《滿洲開國史》，在考察清先世猛哥帖木兒事蹟時，對其與高麗、朝鮮的關係有所論述，涉及到元末明初的中朝兩國關係與疆界問題。[2] 建國初期，注重與朝鮮關係，因而兩國友好交往成為史學研究的內容。「文革」十年，學術研究陷於停頓。1978 年，學界迎來科學春天，本領域研究成果逐漸增多。通史性論著，首推 1993 年出版的楊昭全、孫玉梅《中朝邊界史》，[3] 為第一部中朝邊界的通史性著作。斷代史論著，首推 2011 年出版的李花子《明清時期中朝邊界史研究》[4] 該書重點考察穆克登查邊與清末兩次勘界，但該書第一章對洪武年間，發生的中朝關於「鐵嶺設衛」之爭進行了探討。本課題研究的主要論文，有王冬芳〈關於明代中朝邊界形成的研究〉、[5] 刁書仁〈中朝邊界沿革史研究〉、[6] 蔣秀松〈明初朝鮮半島北部之女真諸部歸屬〉、[7] 董萬崙〈明代三萬衛初設地研究〉、[8] 李新峰〈恭愍王後期明高麗關係與明蒙戰

---

[1] 如金毓黻《東北通史》上編，在論及高句麗民族歸屬時，指出：「高句麗一族本出夫餘，為吾中華民族之一部，且其立國於今東北疆最久，與後來之王氏高麗、李氏朝鮮雜有別種來源者不同。」1941 年四川三台東北大學初版，重慶五十年代出版社再版，1980 年社會科學戰線雜誌社翻印本。

[2] 孟森：《滿洲開國史》，上海古籍出版社，1992 年。

[3] 吉林：吉林文史出版社，1993 年。

[4] 北京：知識產權出版社，2011 年。

[5] 《中國邊疆史地研究》，1997 年 2 期。

[6] 《中國邊疆史地研究》，2001 年 4 期。

[7] 《博物館研究》，1989 年 2 期。

[8] 《北方文物》，1994 年 3 期。

局〉、[9]特木勒〈北元與高麗的外交：1368～1369 年〉、[10]刁書仁〈論元末明初中國與高麗、朝鮮的邊界之爭〉、[11]張輝〈「鐵嶺立衛」與辛禑出師攻遼〉、[12]姜龍範〈洪武至永樂初年圍繞女真問題所展開的中朝交涉〉、[13]李善洪〈猛哥帖木兒與朝鮮關係述略〉、[14]孫與常〈朝鮮李朝與建州女真的關係〉、[15]王臻〈朝鮮太宗與明朝爭奪建州女真所有權述論〉、[16]刁書仁〈成化年間明與朝鮮兩次征討建州女真〉、[17]〈元末明初朝鮮半島的女真族與明、朝鮮的關係〉、[18]〈論明前期斡朵里女真與明、朝鮮的關係：兼論女真對朝鮮向圖們江流域拓展疆域的抵制與鬥爭〉。[19]

港臺的主要研究有：林天蔚等《古代中韓日關係研究》、[20]朱雲影《中國文化對日韓越的影響》、[21]葉泉宏《明代前期中韓國交之研究》、[22]劉家駒《清朝初期的中韓關係》、[23]張存武《清代中韓關係論文集》、[24]黃連枝《東亞的禮儀世界：中國封建王朝與朝鮮半島關係形態論》[25]等。

國外的研究，韓國代表性的論著，有方東仁《韓國의國境劃定研究》（韓國的國境劃定研究），[26]該書為通論性的論著，分為古代篇、高麗篇、朝鮮時代篇。古代篇，分別論及箕子朝鮮境域、衛滿朝鮮境域，以及統一新羅時期西北

9　《韓國學論文集》第 7 輯，1998 年。
10　《中國邊疆史地研究》，2000 年 2 期。
11　《北華大學學報》2001 年 1 期。
12　《中國邊疆史地研究》，2003 年 1 期。
13　《延邊大學學報》，1998 年 4 期。
14　《史學集刊》，1999 年 3 期。
15　《韓國學報》第 13 輯，1995 年。
16　《延邊大學學報》，2003 年 3 期。
17　《史學集刊》，1999 年 2 期。
18　《史學集刊》，2001 年 3 期。
19　《中國邊疆史地研究》，2002 年 1 期。
20　香港：香港大學亞洲研究中心，1987 年。
21　臺北：黎明文化事業公司，1981 年。
22　臺北：商務印書館，1998 年。
23　臺北：文史哲出版社，1986 年。
24　臺北：商務印書館，1988 年。
25　北京：中國人民大學出版社，1994 年。
26　首爾：一潮閣，1997 年。

界與東北界、浿江鎮的管轄範圍；高麗時代篇，論及高麗前期北進政策的推移、北進政策的實施與受限、東寧府置廢、高麗東北界，尹瓘所占九城考、雙城總管府置廢考；朝鮮時代篇，論及李朝初期北方領土的開拓，鴨綠江中上流領土開拓、圖們江下流領土開拓。梁泰鎮《豆滿江國境河川論攷》（圖們江國境河川論考）[27]該書從圖們江流域的自然地理環境、圖們江對女真的關係、圖們江的民族地緣、圖們江領土與國境問題等，對圖們江國境歷史加以論述。關於漢四郡研究，有李丙燾〈漢四郡的設置及其變遷〉。[28]研究百濟、新羅疆界的主要有：成周鐸〈百濟末期國境線에대한〉（對百濟末期國境線的考察），[29]作者圍繞百濟北部境界線、東部境界線、南部境界線進行了討論。전덕재，《新羅의東北地方國境과그變遷에관한고찰》（全德載《關於新羅東北地方國境及其變遷的考察》）[30]對新羅與高句麗的疆界、真興王時代的領土擴張與東北疆界的變動、新羅與渤海的疆界及變遷加以考察。研究渤海與新羅疆界的有徐炳國〈渤海와新羅의國境線研究──東海岸地域을中心으로-〉（渤海與新羅的國境線研究──以東海岸地域為中心），[31]該文圍繞高句麗與靺鞨、百濟、新羅與靺鞨、靺鞨與新羅的東海岸進出、泥河的位置、渤海與新羅關係等問題加以論述。應當指出的是作者將高句麗視為朝鮮三國（新羅、百濟、高句麗）史之一，論述高句麗與隸屬於唐朝管轄下靺鞨的疆界。關於高麗時代的研究有：金渭顯〈契丹의對西夏政策〉、[32]崔圭成〈高麗初期女真問題의發生과北方經營〉、[33]李根花〈高麗前期의女真招諭政策〉。[34]研究高麗後期疆界變化的有：송용덕〈高麗後期邊境地域변동과鴨綠江沿邊認識의형성〉（宋勇德〈高麗後期邊境的變動與鴨綠江沿邊的認識〉），[35]文章分別從對蒙戰爭期間高麗西北界州鎮的變動、

[27] 《軍史》제6호（號），국방부전사편찬위원회，國防部戰史編纂委員會，1983年。
[28] 姜維公等譯，《中朝關係史譯文集》，吉林文史出版社，2001年。
[29] 백제연구21충남대백제연구소（《百濟研究》21），忠南大學百濟研究所，1990年。
[30] 「군사（國史）」91국방부군사편찬연구소，國防軍史編纂研究所，2014-06-00。
[31] 《關東大論文集》제9집관동대학（第9輯），關東大學，1981年。
[32] 白山學會，《鮮卑、蒙古、契丹、女真關係史論攷》，白山資料院，1999年。
[33] 白山學會，《鮮卑、蒙古、契丹、女真關係史論攷》，白山資料院，1999年。
[34] 白山學會，《鮮卑、蒙古、契丹、女真關係史論攷》，白山資料院，1999年。
[35] 歷史學報제201집역사학회2009-03-00（歷史學報，第201輯，歷史學會2009-03-00）。

元干涉期鴨綠江邊地域變化、高麗末鴨綠江邊防禦體制強化諸方面加以論述。張在盛《高麗雙城摠管府에관한》（關於高麗雙城總管府的研究）[36]從雙城總管府的設置、雙城總管府的沿革、雙城總管府的收復，論述了雙城總管府的興廢。關於李朝時代的研究有：金九鎭〈麗末鮮初豆滿江流域의女真分佈〉（麗末鮮初圖們江流域女真的分佈）[37]從麗末元朝勢力衰退下的女真分佈、混亂時期的女真移動、鮮初安定期女真的移動，對圖們江流域女真的分佈進行較為細緻的梳理。而方東仁〈朝鮮初期의北方領土開拓：鴨綠江方面을中心으로〉（李朝初期北方領土的開拓——以鴨綠江流域為中心）[38]則從李朝對鴨綠江上流的開拓與四郡設置、四郡撤廢與軍事地域化，對李朝向鴨綠江上游的拓占進行了研究。朴元熇〈永樂年間明과朝鮮間의女真問題〉（永樂年間明與朝鮮間對女真問題）[39]圍繞著永樂年間圖們江流域女真歸屬，明與李朝間的角逐；猛哥帖木兒建州衛歸屬明朝與朝鮮的對應等問題展開討論。還有，徐炳國〈童猛哥帖木兒의建州左衛研究〉、〈凡察의建州左衛研究〉[40]和金九鎭〈初期毛憐兀良哈研究〉等。[41]

日本的研究，主要有白鳥庫吉《漢代朝鮮四郡疆域考》[42]及與箭內亙合著《漢代的朝鮮》，[43]對漢四郡及與半島南部的關係進行了考證。池內宏《金末の滿洲》、[44]箭內亙，《東真國の疆域》、[45]《蒙古の高麗征伐》、[46]《高麗に於ける元の行省》、[47]箭內亙《蒙古の高麗經略》、[48]日野開三郎《統和初期契丹聖宗

36　전북대교육대학원역사교육전공석사학위논문，全北大學教育大學院歷史教育專業碩士學位論文，1985 年。
37　金九鎭，《白山學報》15，1973 年。
38　《關東史學》第 5-6 合輯，관동대학교사학회，關東大學史學會，1994 年。
39　《亞細亞研究》，33 卷 2 號，고려대학교아세아문제연구소，高麗大學亞細亞問題研究所，1990 年。
40　白山學會，《鮮卑、蒙古、契丹、女真關係史論攷》，白山資料院，1999 年。
41　白山學會，《鮮卑、蒙古、契丹、女真關係史論攷》，白山資料院，1999 年。
42　《東洋學報》，15-2，1928 年。
43　《滿洲歷史地理》（第 1 卷），丸善株式會社，1940 年。
44　《滿鮮史研究》（中世 1），吉川弘文館，1951 年。
45　《滿洲歷史地理》，第 2 卷，丸善株式會社，1940 年。
46　《滿鮮史研究》（中世 3），吉川弘文館，1953 年。
47　《東洋學報》20-3，1933 年。

的東方経略與九年鴨綠江口築城》、[49]津田左右吉《高麗末に於ける鴨綠江畔の領土》[50]等論文，則對遼、金、元居住半島東北部、西北部女真與高麗的關係及疆界變遷加以研究。明代與李氏朝鮮的研究，有園田一龜《明代建州女直史研究》、[51]和田清《明初の滿洲經略》、[52]田中克己《中朝間兀良哈問題》、[53]河內良弘《明代女真史研究》、[54]《李朝初期の女真人侍衛》、[55]《忽喇溫兀狄哈の朝鮮貿易》、[56]三田村泰助《朝鮮側史料より見た清初の境城——主として鴨綠江方面》。[57]上述國內外研究成果，本書予以充分的借鑒與吸收。

本書在研究上，力求擺脫民族國家理念的束縛，回歸歷史本原，從歷史實際出發，考察前近代東亞區域內，以中國（中原王朝）為中心冊封體制下，明同朝鮮的關係及兩國疆界的歷史變遷。在深入挖掘與梳理兩國原始文獻（包括第三國，如日本）基礎上，探討兩國歷史疆界的演進進程，從而真實、全面、客觀揭示前近代中朝疆界地區的民族與疆界歷史變遷的軌跡。為此，在撰寫過程中，遵循求實求真的史學研究準則，以翔實的歷史資料為依據，並對所使用的資料加以分析，去偽存真，去粗取精，從而客觀的、準確地闡述中朝疆界與民族的歷史變遷。

為達到上述預期目標，本書以十四世紀中葉至十五世紀末，這一百五十年間中朝疆界的變遷作為研究對象，將中朝疆界的變遷與居住在中朝疆界地區的民族結合起來研究，從而闡明鴨綠江、圖們江為當代中朝邊界形成的歷史過程。

本書雖以十四世紀中葉至十五世紀末，這一百五十年間中朝疆界地區的民族與疆界作為考察對象。但為全面把握近三千年中朝疆界的歷史變遷，本書專

---

[48] 《滿鮮地理歷史研究報告》第 4 冊，東京帝國大學文科大學，1918 年。

[49] 《朝鮮學報》21-22，朝鮮學會，1961 年。

[50] 《朝鮮歷史地理》（2），南滿洲鐵道株式會社，1913 年。

[51] 《東洋文庫論叢》，1948-1953 年。

[52] 《東亞史研究》滿洲篇，東洋文庫，1954 年。

[53] 《史苑》20 卷 2 期，1959 年。

[54] 京都：同朋舍出版，1992 年。

[55] 《朝鮮學報》10，朝鮮學會，1959 年。

[56] 《朝鮮學報》59，朝鮮學會，1971 年。

[57] 《朝鮮學報》21-22，朝鮮學會，1961 年。

闢一章，對元中期前中朝疆界的變遷作以較為詳細的梳理。如前所述，中朝疆界史研究長期以來被視為敏感領域。上世紀 50 至 70 年代，由於政治和維護國家交往等諸多原因，多強調中朝友好一面，未能真實地反映雙方關係的全貌。特別是當時出版的一些大學、中學教材和史學著作都將箕氏朝鮮、衛氏朝鮮和漢四郡、高句麗的版圖疆域納入朝鮮古史範疇（即朝鮮版圖內）。本章正本清源，認為箕氏朝鮮、衛氏朝鮮為周朝、漢朝在半島東北部冊封的侯國，其疆域南界當在今朝鮮大同江之南，大體在今黃海道中南部一線；漢四郡為漢武帝在半島直接設的郡縣，其樂浪、帶方郡之南界與半島南部尚未統一的百濟、新羅有接壤；高句麗為東北地方政權，即便 427 年，遷都平壤，其政權性質並未改變，所以其疆域與新羅、百濟相接，隨之高句麗與新羅、百濟戰和，雙方疆界有所盈縮。同時，對唐朝與統一新羅的疆界、遼金元疆界的變化都進行了梳理。這種認識對恢復歷史原貌，準確闡釋中朝歷史疆界具有重要價值。

　　總之，本書不僅具有重要學術價值，且兼具重要的現實參考，代表中國學界一種聲音，展現了新的研究水準（專家語）。

目次

CHAPTER 1

元朝中葉以前中朝疆界的歷史變遷

一、先秦至唐朝的中朝疆界

（一）箕氏、衛氏朝鮮和漢四郡的南界

如前所述，由於古代中國和朝鮮（本節指「三韓」、新羅、百濟和統一的新羅王朝）政治、經濟發展不平衡，兩國各自形成國家的時間相差較大，先秦時期與中國陸地相連的朝鮮還未形成通常意義的國家。因此，從先秦至漢武帝滅衛氏朝鮮前期間，所謂的中朝疆界，並不是現代意義國家之間劃定的邊界，而是指作為古代中國侯國的箕氏、衛氏朝鮮轄區的南界，或者說是其南面的實際控制線，以及作為新羅、百濟前身的「三韓」的活動範圍。西漢後期，即西元前一世紀中、後期，在朝鮮半島東南、西南地區的「三韓」諸部中，相繼出現了新羅、百濟兩個政權。他們分別與中國設在朝鮮半島中北部的郡縣相鄰。不過，這期間中朝之間也沒有進行過政府間的劃界。所以，從西漢中期到西元四世紀前期樂浪、帶方兩郡西遷前這三百多年，所謂的中朝疆界就是漢四郡以及後來合併、新建的樂浪、帶方郡與「三韓」諸部以及新羅、百濟兩個政權間變動著的實際控制線。

關於箕氏朝鮮是否存在以及其始建地區，學術界爭論頗多。[1]首先，筆者贊同箕子東走朝鮮半島建國說，認為箕氏朝鮮是客觀歷史存在，那些否定箕氏

---

[1] 關於箕子是否在朝鮮半島建國的問題，海內外學者主要存在否定與肯定兩種意見。持否定者，以《朝鮮通史》為代表，該書認為：「『箕子東來說』是中國史家在西元前三世紀末二世紀初偽造的」（朝鮮民主主義人民共和國科學院歷史研究所著，吉林省延邊朝鮮族自治州《朝鮮通史》翻譯組譯：《朝鮮通史》上卷，第一分冊，吉林人民出版社 1973 年，第 59 頁），韓國學者李丙燾等皆肯定「檀君神話」，也否定箕子東來的事實。（李丙燾：〈「箕子朝鮮」의正體와所謂「箕子八條教」에대한新考察〉，《韓國古代史研究》，1976 年，博英社漢城版），大陸學者姜孟山主編的《朝鮮通史》對箕子朝鮮在朝鮮半島建國也持否定態度。（姜孟山主編：《朝鮮通史》（第一卷），延邊大學出版社 1992 年）；持肯定意見者佔據多數。金毓黻早在三十年

朝鮮（有些人否定中國史書中關於箕氏朝鮮的記載，卻承認中國史書中的「八條之教」）的觀點，是缺乏足夠論據的。[2]其次，在箕氏朝鮮始建地區的諸說中，筆者贊同以今朝鮮平壤為中心的朝鮮半島西北地方說。大陸有些學者根據《鹽鐵論‧伐功》所記，「燕襲走東胡，闢地千里，度遼東而攻朝鮮」，指出箕子朝鮮當始建於遼東之東，即今朝鮮半島北部。同時又根據《山海經‧海內東經》所謂：「朝鮮在列陽東，海北山南；列陽屬燕」，[3]以及《山海經‧海內經》所謂「東海之內，北海之隅，有國名曰朝鮮」[4]等，論證箕氏朝鮮的疆域為，「北起如今〔朝鮮〕妙香山及清川江一線，（所謂『山南』）；南抵黃海南道前方的大海（所謂『海北』）；東以現今的北大峰山脈和阿虎飛嶺山脈與那時的沃沮、東濊部落為界；西則面對著煙波浩淼一望無際的黃海。」[5]筆者認為這一結論在諸說中論據比較充分，是可信的。基於這一認識，作為周朝侯國的箕氏朝鮮，其疆域的南界當在今朝鮮大同江之南，大體應在今黃海道中南部一線。

大約從戰國後期開始，箕氏朝鮮的勢力又向東發展、擴張。《後漢書‧東夷列傳‧濊傳》中說：「濊北與高句驪、沃沮，南與辰韓接，東窮大海，西至樂浪，濊及沃沮、句麗，本皆朝鮮之地也。」[6]這裡所說之「濊」為「東濊」，當時生活在今朝鮮的江原道；所謂之「沃沮」為南沃沮，生活在今朝鮮的咸鏡南、北道。[7]至於「句麗」，則指發展到朝鮮半島北部地方的高句麗。《後漢書》

代初所著《東北通史》中就明確指出：「箕氏朝鮮，為漢族所建之藩國，實占漢族開拓東北史上重要之地位，不得以其國都，遠在鴨綠江東，而存歧視之見也。」（金毓黻：《東北通史》上編，社會科學戰線雜誌社，1980年翻印，第56頁）其後，臺灣李光濤也持相同的觀點（李光濤：《箕子朝鮮——李朝實錄論叢》，臺北：臺灣商務印書館，1971年）。上世紀八十年代後，中國學者所出版的相關論著中多持肯定說。

2　李丙燾：〈「箕子朝鮮」의正體와所謂「箕子八條教」에대한新考察〉，《韓國古代史研究》，1976年，博英社漢城版；李丙燾：〈所謂箕子八條教に就いて〉，《市村博士古稀紀念》，《東洋史論叢》，1933年。

3　〔東晉〕郭璞注：《山海經‧海內東經第十三》，四部叢刊影印，明成化刻本，第61頁。

4　〔東晉〕郭璞注：《山海經‧海內東經第十八》，第84頁。

5　顧銘學：〈考釋《山海經》中有關古朝鮮的兩條史料〉，《社會科學戰線》，2002年4期。

6　《後漢書》卷85，《東夷傳‧濊傳》，中華書局1962年，第2817頁；《三國志》卷30，《魏書‧東夷傳‧濊傳》也載：「濊，南與辰韓，北與高句麗、沃沮接，東窮大海，今朝鮮之東，皆其地也。」中華書局1959年，第848頁。

7　丁若鏞：《疆域考》卷2，〈濊貊考〉，《與猶堂全書》第六集地理集第2卷，《疆域考》，《影印

並未說明「濊及沃沮」何時開始隸屬於箕子朝鮮。不過,到戰國中、後期箕氏朝鮮國勢已逐漸強盛,因此才有「朝鮮侯見周衰,燕自尊為王,欲東略地,朝鮮侯亦自稱為王」,並有「興兵逆擊燕以尊周室」之謀。[8]所以,箕氏朝鮮東面的濊與沃沮大概就在這前後歸附的。西漢初期,箕氏朝鮮被燕亡人衛滿等所取代,建立了衛氏朝鮮。[9]衛氏朝鮮繼承了箕氏朝鮮的疆域,其南界仍在今大同江稍南一線;其東南界在今朝鮮江原道,但究竟具體抵江原道的什麼位置,[10]由於文獻不足,尚難以確指。

漢武帝元封三年(前108),西漢滅衛氏朝鮮。[11]之後,在其故地設置樂浪、玄菟、臨屯、真番四郡,一般稱其為「漢四郡」,[12]朝鮮半島北部由侯國轄區變為漢中央直轄政區。不過四郡並存的時間不長,至西漢昭帝始元五年(前82),又「罷臨屯、真番,以並樂浪、玄菟。玄菟復徙居句驪。」[13]「漢四郡」並存期間,是「以沃沮地為玄菟郡」,即在南沃沮人的生活地區,今朝鮮咸鏡南北兩道地區設置了玄菟郡。玄菟郡郡治最初在沃沮城。關於此城的位置主要有兩說:一為今朝鮮咸鏡南道之咸興,另一說為咸鏡北道之鏡城。後來因玄菟郡「為夷貊所侵」,所以西漢統治者將該郡及其郡治遷往遼東高句麗縣之西北。[14]西遷前之玄菟郡南面為臨屯郡,也就是說玄菟郡與「三韓」及後來的新羅一直不相接。

標點韓國文集叢刊》第286冊,首爾:韓國文化推進會,1990-2001年,第259頁;張博泉:〈箕子與朝鮮問題研究〉,《吉林大學學報》,2000年3期。

[8] 《三國志》卷30,《魏書·東夷傳》引《魏略》,中華書局1959年,第850頁。

[9] 《後漢書》卷85,《東夷傳序》載:「陳涉起兵,天下崩潰,燕人衛滿避地朝鮮,因王其國。百有餘歲,武帝滅之,於是東夷始通上京」,第2809頁;同書《東夷傳·濊傳》也載:「燕人衛滿擊破準,而自王朝鮮。」,第2817頁。

[10] 《三國遺事》卷1,《紀異》1,衛滿朝鮮;張碧波:〈衛氏朝鮮文化考論〉,《社會科學戰線》,2002年4期。

[11] 《史記》卷115,《朝鮮傳》載:「元封三年夏,尼谿相參乃使人殺朝鮮王右渠來降。王險城未下,故右渠之大臣成巳又反,復攻吏。左將軍使右渠子長降、相路人之子最告諭其民,誅成巳,以故遂定朝鮮,為四郡。」,中華書局,1962年,第2989頁。

[12] 李丙燾:〈漢四郡問題의研究〉,《韓國古代史研究》1976年;白鳥庫吉:〈漢の朝鮮四郡疆域考〉,《東洋學報》2卷2號,1912年。

[13] 《後漢書》卷85,《東夷傳·濊傳》,第2817頁。

[14] 那珂通世:〈朝鮮樂浪玄菟帶方考〉,《史學雜志》5編4號,1894年。

臨屯郡本為濊貊人，亦即前舉「東濊」人居地。據《三國志・濊傳》記載，「濊南與辰韓，北與高句麗、沃沮接，東窮大海」。南沃沮在今朝鮮咸鏡道，在沃沮之南又東臨大海的濊貊人居地建立的臨屯郡，只能在今朝鮮及韓國的江原道。昭帝始元五年（前82），臨屯併入樂浪郡後，由於這一地區距樂浪郡治較遠不便管理，又「分嶺東七縣，置樂浪都尉」直接管治。所謂嶺東之「嶺」即單單大嶺（今朝鮮北大峰山脈及阿虎飛嶺山脈）。臨屯郡及後來的樂浪都尉屬縣，南與辰韓及西元前一世紀中葉立國的新羅相接。據《漢書・武帝紀》注所引《茂陵書》，臨屯郡治為東暆縣，共轄十五縣。[15]由樂浪郡分置的樂浪東部都尉所屬七縣中，大多為原臨屯郡屬縣。關於東暆位置的比定，學術界主要有兩說，即今韓國江原道（南）江陵說；今朝鮮江原道（北）元山說。我們採納前說，也就是說臨屯郡及樂浪東部都尉所屬之東暆縣在今韓國江原道之江陵一帶。臨屯郡及樂浪東部都尉屬縣的最南界，當「至今慶尚道北界小白山及竹嶺一帶。」[16]西元前57年，新羅立國後，樂浪東部都尉轄區南與新羅相鄰。只是新羅初期其國勢尚弱，其統治區域僅限於其都城金城（今韓國慶尚道慶州）周圍比較狹小的地區。

　　元封三年所設立之樂浪郡，在箕氏、衛氏朝鮮的中心地區，即以平壤為中心的今朝鮮清川江至大同江流域地區，所轄縣見於載錄者為十一縣。[17]這十一縣中之最南者為屯有縣，在今朝鮮黃海北道之黃州。由於樂浪郡南面還有真番郡，所以樂浪郡初設時與三韓基本不相接。

　　關於真番郡的方位，學術界也有南北兩說。[18]鑒於《漢書・朝鮮傳》有衛氏朝鮮傳至右渠王時，「真番、辰國欲上書見天子，又雍閼弗通」等記事，可知真番與辰國相近，而且應在衛氏朝鮮之南。因此筆者贊同真番在樂浪郡南之

---

[15]　《漢書》卷6，〈武帝紀第六〉，顏師古注引臣瓚語，中華書局，1962年，第194頁。

[16]　《中國歷史地圖集釋文彙編・東北卷》，中央民族大學出版社，1988年版，第51頁。

[17]　丁若鏞《疆域考》卷1，〈樂浪考〉載：「樂浪郡治，本在朝鮮縣，縣即今之平壤也。浿水者，今大同江之沿岸也」。《與猶堂全書》，第六集地理集第1卷，《疆域考》，第231頁；津田左右吉：《浿水考》，東洋學報2卷2號，1912年。

[18]　主真番郡北說者，始於李朝時期的金侖，見洪鳳漢等編著：《增補文獻備考》卷13，輿地考一，明文堂，2000年影印本。

說。[19]真番在昭帝始元五年罷廢，其轄區併入樂浪。真番郡轄縣見於記載者有七縣，郡廢後這七縣由樂浪南部都尉管理。有關真番郡或樂浪南部都尉所轄七縣方位的比定，看法不一。比如《中國歷史地圖集釋文・東北卷》認為，含資縣當在今朝鮮黃海北道瑞興郡，而孫進己等主編之《東北歷史地理》則把含資縣比定在北漢江一帶。再如前書把帶方縣比定在黃海北道之鳳山郡，《東北歷史地理》則認為當在今漢城附近；後說與百濟前期都城太近。不過，《中國歷史地圖集釋文・東北卷》在概括真番郡轄區範圍時說「該郡位於今朝鮮慈悲嶺以南之黃海道大部分及南漢江以北之京畿道一部分」。[20]所以，從總體看，兩書在真番郡、樂浪南部都尉轄區南界的認定上，相差不大，而前者的結論似更接近實際。真番郡及後來之樂浪南部都尉轄區初與馬韓相接，西元前 18 年，百濟立國後又與百濟相鄰。百濟前期都城為慰禮城（今韓國京畿道漢江北）。百濟始祖溫祚王八年（前 11），百濟築馬首城，豎瓶山柵。樂浪太守立即遣使責問說：「今逼我疆造立城柵，或者其有蠶食之謀乎？」[21]可見，百濟北界緊鄰樂浪南界。另外，從《三國志》所引《魏略》中有王莽地皇時辰韓之渠帥欲降樂浪郡的記事看，當時與樂浪南部都尉轄區相鄰者，還應有尚未歸附百濟的某些「三韓」部落。[22]

　　東漢至西晉後期，中國在朝鮮半島中、北部的地方建置發生某些變化。首先是東部地區的變化。建武六年（西元 30）東漢「省邊郡」，罷樂浪東部都尉，「其後皆以其縣中渠帥為縣侯。」[23]《後漢書・濊傳》將此事寫為「建武六年，省都尉官，遂棄嶺東地」，顯然不確切。實則東漢統治者並未放棄單單大嶺以東沃沮、東濊地區，只是把原來的郡縣制改為縣級侯國制，「悉封其渠帥為縣侯」，給當地以更多的自主權而已。東漢末這一地區一度「更屬句麗」，不久又

---

[19] 主真番郡南說者為郭守敬，認為真番郡應與三韓相接，他稱：「漢書朝鮮傳，真番、辰國欲上書見天子，朝鮮雍閼弗通，是真番在朝鮮之南，故朝鮮得以閼之，且遠於臨屯千里，直與三韓相接矣。」郭守敬：《晦明軒稿》，湖北人民出版社，1997 年。

[20] 《中國歷史地圖集釋文・東北卷》，中央民族學院出版社，1988 年，第 51 頁。

[21] 《三國史記・百濟本紀》卷 23「始祖溫祚王」，吉林文史出版社，第 276 頁。

[22] 《三國志》卷 30，《魏書・東夷傳》引《魏略》：「王莽地皇時，廉斯鑡為辰韓右渠帥，聞樂浪土地美，人民饒樂，亡欲來降。」第 851 頁。

[23] 《三國志》卷 30，《魏書・東沃沮傳》，第 846 頁。

改屬曹魏。作為東漢、晉縣級侯國的東濊，其南界未發生大變化，仍在今韓國江原道之江陵一線。這期間，新羅尚無力，也無暇大力向北發展。新羅婆娑王二十三年（102），距新羅不遠的「音汁伐國與悉直谷國爭疆，詣王請決。」[24]所謂的悉直谷國，應為《新羅本紀》所載的「悉直之原」附近。新羅智證王六年（505）在那裡設悉直州（今韓國江原道三陟）。也就是說，婆娑王二十三年初之前，新羅北面的悉直谷還是「國」，而且並未歸附新羅。同年，新羅「以兵伐音汁伐國」後，悉直谷國才降於新羅。這表明，直到新羅婆娑王二十三年，即東漢和帝永元十四年時，新羅的勢力才達到江陵南面的三陟一帶。新羅祗摩王十四年（125），東濊人襲擊新羅之大嶺柵，而且「過於泥河」。這條「泥河」，顯然不是後來作為新羅與中國渤海政權疆界那條泥河（今龍興江）。有學者考證此泥河當是今韓國三陟之南的五十川，比較可信。[25]由此看來，三陟以北便是東濊人南界，所以新羅才在三陟一帶設防禦工事。這種狀況一直持續到西元五世紀中後期。

朝鮮半島北部西側的樂浪郡中心地區，到東漢後期變化也很大。史稱「桓、靈之末，韓濊強盛，郡縣不能制，民多流入韓國。」[26]這裡所說的「民」，主要是指樂浪南部的居民。他們所以「流入韓國」，並非因為「韓、濊強盛」，可能是因為發生自然災害或樂浪南部地方官為政暴虐所致。由於大量居民逃亡，造成樂浪郡南部地區土地荒蕪。建安中，遼東太守公孫康「分屯有縣以南荒地為帶方郡。」[27]這樣，東漢末三國初，在樂浪郡南部又分置一個帶方郡，下轄七縣。曹魏景初中，派軍渡海從公孫氏手中收回樂浪、帶方二郡，此後這兩郡便先後隸屬於曹魏、西晉。

帶方郡所屬七縣中，有六縣與原樂浪南部都尉屬縣相同，看來從東漢到西晉後期，樂浪以及帶方郡南境並未發生變化。不過，百濟汾西王七年（304），曾「潛師襲取樂浪西縣」[28]，亦即樂浪郡土地部分被百濟一度侵佔。西晉從惠

---

[24] 《三國史記‧新羅本紀》卷 1，「婆娑尼師今」，第 12 頁。

[25] 劉子敏：〈高句麗疆域沿革考辨〉，《社會科學戰線》，2001 年 4 期。

[26] 《三國志》卷 30，《魏書‧東夷傳》，第 851 頁。

[27] 《三國志》卷 30，《魏書‧韓傳》，第 851 頁。

[28] 《三國史記‧百濟本紀》卷 24「汾西王」，第 292 頁。

帝時起統治更加腐敗，統治集團內又戰亂不止，中國少數民族政權高句麗遂乘機發展、擴大其勢力範圍。高句麗立國不久其勢力已達清川江上游地區。自西元三世紀起，高句麗更積極在朝鮮半島北部擴大其勢力範圍。西元三世紀末四世紀初，高句麗又進一步向大同江流域推進，樂浪、帶方郡轄區已日漸縮小。西晉建興元年（313）冬十月，高句麗「侵樂浪郡，虜獲男女二千餘口」，翌年秋九月，又「南侵帶方郡。」[29]西晉統治者迫於這種壓力，遂將樂浪、帶方二郡西遷，僑置於遼西，其故地改由高句麗控制。

（二）高句麗與新羅、百濟疆界的變遷

高句麗與百濟疆界的進退。西晉末年樂浪、帶方兩郡西遷後，其故地大部分為高句麗領有，也有小部分一度落入百濟手中，高句麗遂與百濟相接。自西元四世紀中葉起，作為中國少數民族地方政權的高句麗一直想繼續向南拓展領地，百濟也企圖向北擴大轄區，雙方你爭我奪，戰事頗多。高句麗與百濟間沒有劃過疆界，也沒有穩定的疆界，也就是說雙方疆界一直處在或大或小的變動之中。

從西元四世紀中葉至五世紀後期，即東晉前期至北魏孝文帝即位前後，高句麗與百濟主要爭奪今禮成江至漢江以北地區。雙方兵鋒所至，都曾達到對方首都地區。高句麗故國原王三十九年（369），「秋九月，王以兵二萬南伐百濟，戰於雉壤，敗績。」[30]故國原王四十一年（371）冬十月，百濟王「率兵三萬來攻平壤城，王出師拒之」，可是故國原王斯由卻「為流矢所中」，不久死去。[31]高句麗小獸林王七年（377）冬十月，百濟王再次「將兵三萬，來侵平壤城」，翌月，高句麗又「南伐百濟。」[32]392年，高句麗廣開土王談德（好太王）[33]即位

---

[29] 《三國史記・高句麗本紀》卷17「美川王」，第216頁。
[30] 《三國史記・高句麗本紀》卷18，「故國原王」，第220頁。
[31] 《三國史記・高句麗本紀》卷18，「故國原王」，第221頁。
[32] 《三國史記・高句麗本紀》卷18，「小獸林王」，第221頁。
[33] 據《三國史記・高句麗本紀》卷18，「廣開土王」條載：「廣開土王，諱談德，故國壤王之子。生而雄偉，有倜儻之志」，第223頁。

後，又向百濟大舉進攻，「拔十城」，百濟「漢水北諸部落多沒焉。」[34]廣開土王四年，高句麗又與百濟戰於「浿水之上，大敗之，虜獲八千餘級」。[35]總之，四世紀後半葉，高句麗與百濟間多次交鋒，雙方都有進有退。雖然百濟一度失去漢水北些許土地，但總的來看雙方仍大體維持樂浪與帶方郡西遷前的疆界。

高句麗長壽王十五年（427），將其都城從國內城遷往平壤，[36]其目的之一就是便於進一步向朝鮮半島中南部發展。不過，高句麗遷都至平壤的最初幾十年，與百濟關係還比較安穩，雙方戰事較少。但從長壽王後期到文咨明王前期，高句麗卻打破了這種相對平穩的局面，積極向南擴展。長壽王六十三年（475），長壽王親率三萬大軍南下，圍攻百濟首都漢城（今韓國京畿道廣州）。百濟蓋鹵王扶餘慶在突圍逃跑途中被高句麗兵追殺，高句麗軍虜百濟「男女八千而歸。」[37]

遭受巨大打擊的百濟在蓋鹵王之子文周王即位後，迫於形勢，將首都南遷至熊津（今韓國忠清南道公州）。在此後數十年間，高句麗繼續南下進至漢江之南，百濟則一再退縮，「衰弱累年」。據朝鮮實學集大成者丁若鏞（1762-1836）考證，高句麗最盛時，百濟「北自稷山、鎮川，東至清安、槐山、忠州之等，悉為句麗所得」，而「鵲川以東，今清州、報恩、黃澗、永同之等，悉為新羅所得。」[38]這表明，高句麗勢力曾一度進至今韓國月牙灣至忠清道北部鎮川、忠州一線。不過，這種態勢維持的時間不很長。由於高句麗的強盛和銳意南進，從五世紀末起，百濟、新羅開始聯手與高句麗對抗。進入六世紀後，百濟又奮力反擊，收回一些失地。高句麗文諮王十一年（501）冬十一月，「百濟犯境」，[39]十二年，百濟「遣達率優永帥兵五千，襲高句麗水谷城。」[40]十六年，高句麗文咨明王「遣將高老與靺鞨謀，欲攻百濟漢城，進屯於橫嶽下，百濟出師逆戰，

34　《三國史記・百濟本紀》卷25，「辰斯王」，第298頁。

35　《三國史記・高句麗本紀》卷18，「廣開土王」，第223頁。

36　《三國史記・高句麗本紀》卷18，「長壽王」條載：「十三年，移都平壤」，第225頁。

37　《三國史記・高句麗本紀》卷18，「文咨明王」，第233頁。

38　丁若鏞：《疆域考》卷3，八道沿革總敘下，《與猶堂全書》，第六集地理集第3卷，《疆域考》，景仁文化社，1982年，第286頁。

39　《三國史記・高句麗本紀》卷19「長壽王」，第228頁。

40　《三國史記・百濟本紀》卷25「武甯王」，第313頁。

乃退。」[41]高句麗安臧王五年（523）派兵攻百濟，當其軍隊進至禮成江時，百濟派「左將志忠帥步騎一萬出戰」，高句麗軍只好撤回。[42]高句麗陽原王四年（548），又出兵攻打百濟漢北獨山城。百濟向新羅求救，新羅派兵三千救援，高句麗戰敗。[43]上述戰事表明，百濟與高句麗的爭奪仍十分激烈。而且，這時百濟不僅收回了曾被高句麗攻佔的漢江南失地，還收回了舊都漢城及漢江北部分領地。[44]

　　五世紀中葉以後，新羅日益發展壯大，雖然在高句麗與百濟的爭奪中，新羅多站在百濟一邊，但新羅往往利用他們雙方兩敗俱傷之機坐收漁人之利。比如高句麗陽原王六年（550）正月，「百濟來侵，陷道薩城」，[45]同年三月，高句麗也攻陷百濟金峴城。這時新羅真興王卻「乘兩國兵疲，命伊湌異斯夫出兵擊之，取二城」，「留甲士一千戍之。」[46]明年，真興王又「命居柒夫等侵高句麗，乘勝取十郡。」真興王十四年（513）秋七月，新羅「取百濟東北鄙，置新州」，百濟前期首都漢城地區被新羅攻佔。新羅真興王十六年，「王巡幸北漢山，拓定封疆。」[47]這前後，高句麗大臣溫達曾上奏陽原王（545-559）說：「惟新羅割我漢北之地為郡縣。」[48]可見，六世紀中葉後，新羅不僅奪占了百濟前期首都漢城周圍地區，而且繼續北進，攻佔了不少高句麗領土，禮成江之南，漢江以北之大片土地已落入新羅之手。至此，與高句麗南界西段相接者，主要已不是百濟而是新羅了。

---

[41]　《三國史記・高句麗本紀》卷 19「文咨明王」，234 頁。

[42]　《三國史記・百濟本紀》卷 26「聖王」，第 315 頁。

[43]　據《三國史記・高句麗本紀》卷 19「陽原王」條載：「四年春正月，以濊兵六千攻百濟獨山城，新羅將軍朱珍來援，故不克而退」，第 239 頁；《三國史記・新羅本紀》卷 4，「真興王」條載：「九年春二月，高句麗與濊人攻百濟獨山城，百濟請救。王遣將軍朱玲領勁卒三千擊之，殺獲甚眾」，第 53 頁。

[44]　津田左右吉：《百濟戰役地理考》，《朝鮮歷史地理》1 卷，1913 年。

[45]　《三國史記・高句麗本紀》卷 19「陽原王」，第 238 頁。

[46]　《三國史記・新羅本紀》卷 4「真興王」，第 53 頁。

[47]　《三國史記・新羅本紀》卷 4「真興王」，第 54 頁。

[48]　據《三國史記》卷 45，〈溫達傳〉載：溫達奏曰：「惟新羅割我漢北之地為郡縣，百姓痛恨，未曾忘父母之國。願大王不以愚不肖，授之以兵，一往，必還吾地」。王許焉。臨行誓曰：「雞立峴、竹嶺已西不歸於我，則不返也。」遂行。與羅軍戰於阿旦城之下，為流矢所中，路而死。欲葬，柩不肯動，公主來撫棺曰：「死生決矣，於乎歸矣！」遂舉而窆。大王聞之，悲慟」。第 524 頁。

高句麗與新羅疆界的變化。高句麗控制南沃沮地區較早。東漢末，靠近南沃沮的東濊人也改屬高句麗，但不久又改由曹魏冊封，仍隸屬於樂浪郡。樂浪、帶方郡西遷，高句麗控制了朝鮮半島北部地方後，又在嶺東地區繼續向南推進，遂與新羅相接。從西元四世紀至五世紀中葉大約一百五十年間，高句麗與新羅和平相處，較少發生戰爭。新羅曾於四世紀末派伊飡大西知子實聖為質。五世紀初，又「以奈勿王子卜好質於高句麗」，亦即對高句麗擺出屈從姿態。這期間高句麗與新羅大體仍維持樂浪郡時期的狀況，即高句麗的南界抵今韓國江原道（南）江陵一線。其證據是，新羅納祗王三十四年（450），「高句麗邊將獵於悉直之原，何瑟羅城主三直出兵掩殺之。」[49]「悉直之原」為今韓國江原道三陟一帶的平原。高句麗邊將來到此地，說明其防區距此不遠，應在三陟北面的江陵一帶。

西元五世紀中葉後，新羅和百濟聯手，與高句麗關係開始惡化，雙方戰事逐漸增多。新羅慈悲王十一年（468），「高句麗與靺鞨襲北邊悉直城，秋九月，征何瑟羅人。年十五已上，築城於泥河。」[50]這裡所說之泥河，即前文所云三陟南面的小河；而「何瑟羅」據有學者考證，不是後來新羅在那裡「置小京」的今江陵，而應在三陟之南。新羅照知王三年（481），「高句麗與靺鞨入北邊，取狐鳴等七城，又進軍於彌秩夫，我軍與百濟、加耶援兵分道禦之，賊敗退，追擊破之於泥河西，斬首千餘級。」[51]據丁若鏞考證，高句麗這次南下是從今韓國忠清北道東部出發，越過竹嶺進入廣尚北道。所謂「狐鳴七城」，是新羅設在廣尚北道的城鎮；「彌秩夫」，當為今廣尚北道，靠近迎日灣的興海。[52]高句麗兵敗後，則從泥河上游之西向江陵方向北撤。看來，直到五世紀末，高句麗南界東段仍在江原道江陵一線。不過，隨著新羅國勢增強，很快就轉守為攻。照知王十六年（494），新羅「將軍寶竹等與高句麗戰薩水之原，不克，退保犬

---

[49] 《三國史記·新羅本紀》卷3「訥祗麻立干」，第41頁。

[50] 《三國史記·新羅本紀》卷3「訥祗麻立干」，第42頁。

[51] 《三國史記·新羅本紀》卷3「照知麻立干」，第44頁。

[52] 丁若鏞：《疆域考》卷3，八道沿革總敘下，《與猶堂全書》，第六集地理集第3卷，《疆域考》，第288頁

牙城，高句麗兵圍之，百濟王牟大遣兵三千救，解圍。」[53]文中所謂「薩水者，今清州之清川也」，不是朝鮮西北部之清川江；「犬牙城者，今永同、黃澗之地也。」[54]薩水、犬牙城均在今韓國忠清北道南部，原為百濟轄區，後為高句麗所得。這次戰役雖然新羅並未取勝，卻是其進入高句麗轄境的一場爭奪戰，也可以看作是新羅與高句麗關係上的轉捩點。

進入六世紀，特別是六世紀中葉以後，新羅開始對高句麗採取攻勢。新羅智證王六年（505），「王親定國內州郡縣，悉置直州。」[55]十三年，新羅「伊飡異斯夫為何瑟羅州軍主」。[56]《高麗史・地理志》、《東國輿地勝覽》等均認為何瑟羅州即溟州，為今韓國江原道江陵，也就是說，這時高句麗南界已由江陵北退。新羅真興王十二年（551），「王命居柒夫等侵高句麗，乘勝取十郡。」[57]這十郡的方位，在「竹嶺以外，高峴以內」[58]，亦即「竹嶺以外」今忠清北道大部分地區（這裡原屬百濟，後為高句麗所得）。真興王十六年，「王巡幸北漢山，拓定封疆」。[59]十八年「置北漢山州」，[60]從而控制了漢江流域，原百濟首都地區。真興王十七年，新羅又在原高句麗比列忽郡置比列忽州（今朝鮮江原道安邊）。[61]其在嶺東地區的控制線也大大向北推進。

七世紀前期，新羅又乘隋征伐高句麗之機，「奪高麗五百里之地，城邑新羅皆據有之。」[62]高句麗疆土進一步縮小。高句麗寶臧王二年（643），百濟王「與高句麗和親」，[63]雙方結成聯盟共同對付新羅。新羅太宗武烈王二年（655），

---

[53] 《三國史記・新羅本紀》卷 3「照知麻立干」，第 46 頁。
[54] 丁若鏞：《疆域考》卷 3，八道沿革總敘下，《與猶堂全書》，第六集地理集第 3 卷，《疆域考》，第 287 頁。
[55] 《三國史記・新羅本紀》卷 3「照知麻立干」，第 49 頁。
[56] 《三國史記・新羅本紀》卷 3「照知麻立干」，第 50 頁。
[57] 《三國史記・新羅本紀》卷 4「真興王」，第 53 頁。
[58] 《三國史記》卷 44，《居柒夫傳》，第 507 頁。
[59] 《三國史記・新羅本紀》卷 4「真興王」，第 54 頁。
[60] 《三國史記・新羅本紀》卷 4「真興王」，第 54 頁。
[61] 據《三國史記・新羅本紀》卷 4「真興王」條載：「十七年秋七月，置此列忽州，以沙餐成宗為軍主」，第 54 頁。
[62] 《舊唐書》卷 199 上，〈高麗傳〉，中華書局 1975 年，第 5322 頁。
[63] 《三國史記・百濟本紀》卷 28「義慈王」，第 327 頁。

「高句麗與百濟、靺鞨連兵，侵軼我北境，取三十三城。」[64]關於這三十三城，丁若鏞認為「此皆今忠清、京畿之地」，也就是說，前些年新羅從高句麗手中奪得的土地又被高句麗奪回一些。不過，百濟前期首都漢城周圍地區仍在新羅手中。高句麗寶臧王二十年（661），派「將軍惱音信領靺鞨眾，圍新羅北漢山城，浹旬不解」[65]，一直沒有攻下。總之，直到高句麗被唐攻滅之前，從六世紀中葉後，逐漸形成的高句麗、新羅之間邊境控制線，其西段大體在以北漢山城為中心的漢江下游以北，東段在今朝鮮江原道安邊一線。

（三）唐及其所屬渤海政權與新羅王朝的疆界

唐王朝在高宗顯慶五年（660）與新羅聯合滅掉百濟，此後兩年又與新羅軍一道消滅了百濟殘餘勢力。[66]總章元年（668），唐再次聯合新羅，滅掉了長期在遼東和朝鮮半島北部割據的中國少數民族政權高句麗。[67]之後，分高句麗故地為「都督府九、州四十二、縣一百，又置安東都護府以統之。擢其酋渠有功者授都督、刺史及縣令，與華人參理百姓。」[68]安東都護府初治平壤。百濟、高句麗相繼亡後，新羅抓住機遇，首先搶佔百濟故地。如龍朔三年（663）先後攻取百濟的居列城、居勿城、沙平城、德安城等。[69]唐統治者對新羅這種擴張行為非常不滿，高宗皇帝為此拘留了新羅使者以示警告。但是，新羅統治者不聽勸阻，甚至即使與唐兵戎相見也要擴大其疆土。所以，僅新羅文武王十年（670）一年內，就攻取原百濟八十餘城。[70]十二年，又攻佔了古省城、韓始城、

64 《三國史記・新羅本紀》卷 5「太宗武烈王」，第 72 頁。

65 《三國史記・高句麗本紀》卷 22「寶臧王」，268 頁。

66 池內宏：〈百濟滅亡後の動亂及び唐、羅、日三國の關係〉，《滿鮮地理歷史研究報告》14，1934 年；《滿鮮史研究》（上世篇）2，1960 年。

67 池內宏：〈高句麗討滅の役にける唐軍の行動〉，《滿鮮史研究》（上世篇）2，1960 年；松井等：〈隋唐二朝高句麗遠征の地理〉，《滿洲歷史地理》卷 1，1913 年。

68 《舊唐書》卷 199 上，〈高麗傳〉，第 5327 頁。

69 《三國史記・新羅本紀》卷 6，「文武王上」條載：「三年二月，欽純、天存領兵，攻取百濟居列城，斬首七百餘級。又攻居勿城、沙平城降之。又攻德安城，斬首一千七十級」。第 83 頁。

70 《三國史記・新羅本紀》卷 6，「文武王上」，第 89 頁。

馬邑城等百濟重鎮。[71]由於新羅連續搶佔百濟故地，又「納高句麗叛眾」，唐高宗大怒，「詔削新羅王官爵」，並冊封正在唐首都的文武王之弟金仁問為新羅國王，令其歸國取代其兄。同時，以劉仁軌為雞林道大總管，率兵征討新羅。[72]明年二月，劉仁軌在新羅重鎮七重城大敗新羅軍。這時新羅文武王才急忙遣使入唐朝貢、謝罪。唐高宗因新羅謝罪而挽回了面子，對其擅自多取百濟故地之事不再追究，並恢復了以前對文武王的封號，金仁問也中途返回長安。這時新羅已「多取百濟地，遂抵高句麗南境為州郡。」[73]

如前所述，由於唐連年對百濟、高句麗用兵，人民負擔大大加重。高句麗亡後，其遺民還不時進行反抗。由於很多高句麗遺民被遷走或逃亡，加上戰爭的破壞，以平壤為中心的高句麗故地經濟殘破，物資供給困難。這期間唐朝西部的吐蕃也連年騷擾，使唐朝難以東、西兼顧。在這種形勢下，唐於上元三年（676），將安東都護府府治從平壤西遷至遼東城（今遼寧省遼陽市老城）。明年，又將府治移於新城（今遼寧省撫順市北高爾山）。這樣，朝鮮半島中北部原高句麗故地，便成為由安東都護府遙控的羈縻轄區。[74]安東都護府西遷後，雖然以往高句麗從百濟手中奪得的疆土已基本被新羅攻佔，但新羅統治者鑒於唐對其國王的懲罰以及出兵干預的教訓，在很長一段時間內並未繼續向北推進。新羅文武王二十一年（681）正月，「派沙湌武仙率精兵三千，以戍比列忽」。[75]前已指出，新羅真興王十七年（556）已在比列忽（今安邊）設州，現在派兵三千只是為了加強防守，這反映出這期間新羅在其北界採取的是防禦態勢。

唐聖曆元年（698），中國東北少數民族靺鞨族，有的學者認為當是粟末靺鞨和白山靺鞨兩大部落集團，[76]在其首領大祚榮帶領下於東牟山（今吉林省敦化賢儒鄉城子山山城）建立震國。[77]先天二年（713）唐使崔忻代表玄宗皇帝冊

---

[71] 《三國史記‧新羅本紀》卷 7，「文武王下」，第 97 頁。

[72] 《三國史記‧新羅本紀》卷 7，「文武王下」，第 99 頁。

[73] 《三國史記‧新羅本紀》卷 7，「文武王下」，第 100 頁。

[74] 辛時代：《唐代安東都護府研究》，東北師範大學博士論文 2013 年。

[75] 《三國史記‧新羅本紀》卷 7，「文武王下」，第 102 頁。

[76] 李健才《東北史地考略》第三集，178 頁。

[77] 池内宏：〈渤海の建國者について〉，《東洋學報》5 1 號 1914；《滿鮮史研究》中世篇，第 1 冊，1933 年。

封大祚榮為左驍衛大將軍、渤海郡王、領忽汗州都督。此後震國遂專稱渤海，成為雄踞於中國東北中東部地區二百多年的少數民族地方政權。渤海政權強盛後，其疆域之東南部達朝鮮半島北部高句麗故地的很大一部分地區。[78]所以唐與統一新羅王朝的邊界，除安東都護府和後來平盧節度使轄下部分羈縻區與新羅接壤外，八世紀以後還包括渤海與新羅的邊界。

唐與統一新羅王朝的東段疆界，至八世紀以前是唐安東都護府轄區東南部與新羅的分界。到七世紀末為止，新羅東北界的主要防線在比列忽即今安邊一線，其最北建置為井泉郡（今朝鮮咸鏡南道德源）。八世紀以後，渤海之南京南海府與新羅東北部相鄰。渤海之南京南海府為南沃沮故地，相當於今朝鮮咸鏡南北兩道地區。南京南海府治究竟在何地眾說不一，其中以在今咸興的可能性最大。[79]《新唐書‧渤海傳》載：渤海「南比新羅，以泥河為境。」這條泥河為今朝鮮咸鏡南道之龍興江，亦即唐、渤海時期中朝疆界的東段是以泥河，即今龍興江為界。這條邊界形成於何時呢？我們認為當形成於渤海第三代王大欽茂遷都於中京顯德府（今吉林省延邊朝鮮族自治州和龍西古城）之前，即西元 742 年前，很可能是在渤海第二代王大武藝後期確定的。

唐、渤海時期中朝疆界的西段，在七世紀末時為原高句麗之南界西段。這裡所說的高句麗南界是新羅已攻佔北漢山城為中心的漢江流城，高句麗疆域已向北退縮後的南界，其界線大體應在朝鮮禮成江一線。開元二十三年（735），唐玄宗下令將浿水即今朝鮮大同江以南土地賜給新羅，此後唐代中朝疆界的西段便以浿水為界了。這是根據古代帝王旨意確立的規定性疆界。由於這段疆界較以往樂浪、帶方郡的南界，較高句麗強盛時的南界大大向北退縮，對新羅來說是一種「恩賜」，所以新羅於第二年就遣使謝恩。正因為新羅從唐玄宗規定的這條疆界得到好處，所以「終新羅之世未嘗得浿西之寸土也。」[80]

---

[78] 松井等：〈渤海國の疆域〉，《滿洲歷史地理》1 卷，1913 年。

[79] 白鳥庫吉：〈滿洲の地理を論じて渤海の五京に及ぶ〉，《史學雜誌》46，12 號，1935 年。

[80] 丁若鏞：《疆域考》卷 3，八道沿革總敘上，《與猶堂全書》，第六集地理集第 3 卷，《疆域考》，第 284 頁。

唐玄宗將洱水以南土地賜給新羅後，新羅開始向北進一步發展。新羅景德王七年（748），遣阿飡貞節等檢察北邊，始置大谷城等十四郡縣。[81]這十四郡縣，就是《高麗史‧地理志》、《新增東國輿地勝覽》標明的新羅景德王在大同江南設置的海州、安州、鳳州、黃州、遂安等郡縣。新羅憲德王十八年（826），「築浿江長城三百里」。[82]關於這條長城的遺跡，當在黃海道殷栗、黃州、遂安一線，並與此前新羅在東段修築的城牆相接。總之，唐代之中朝疆界東段以泥河，即今龍興江為界，西段以洱水，即大同江為界。這條疆界一直延續到新羅王朝後期。

二、遼、宋、金時期的中朝疆界

遼、宋、金時期，與高麗接壤的先後是遼、金（包括金末出現的東夏政權）兩個中國北方王朝。兩宋王朝與高麗只是隔海相望，陸地並不相接。因此，這一時期的中朝疆界，就是遼、金兩個王朝與高麗王朝的疆界。遼初，中朝之間繼承了唐、渤海與新羅的疆界。在遼、金兩朝統治中國北方的三百多年間，從總體看中朝疆界相對穩定。但是，由於政局變動及戰爭等原因，雙方疆界也發生若干變化。即遼前期中朝疆界較之唐、渤海與新羅的疆界漸向北移；其中，中朝疆界西段向北移動還較大；遼末，由於遼放棄了保州，高麗則完全控制了鴨綠江下游左側。金代，則是中朝疆界穩定時期。

（一）遼初、中期的中朝疆界

遼初、中期中朝疆界的變化。遼和高麗王朝初期，雙方的東段疆界仍以渤海與新羅的疆界泥河（今朝鮮龍興江）為界。西段疆界，也基本與統一新羅時

81　《三國史記‧新羅本紀》卷 9「景德王」，第 123 頁。
82　《三國史記‧新羅本紀》卷 10「憲德王」，第 144 頁。

期一樣，大體以浿水，即今朝鮮大同江為界。不過，新羅末年弓裔在朝鮮半島中北部割據後，開始向西北擴展地盤，「分定浿西十三鎮」[83]，即在今大同江下游以西，薩水（今朝鮮清川江）下游以南建十三個鎮。這十三鎮的名稱，朝鮮《大東地志》「平安道」項內有載錄，其具體位置因文獻無徵則無從考證。遼神冊三年，即高麗太祖元年（918），高麗國王王建曾對其群臣說：「平壤古都荒廢雖久，基址尚存，而荊棘滋茂，蕃人游獵於其間，因而侵掠邊邑，為害大矣。」[84]可見，高麗建國時，浿水之畔的平壤地區還滿目荒涼，是「蕃人」即靺鞨等中國少數民族的游獵地，高麗的一些邊邑尚在平壤之南。王建以「固藩屏」為名佔據了平壤，並徙民實之，同時建大都護作為控制北邊的重鎮。

遼和高麗建國之初，因種種原因都還無暇顧及邊疆地區的建設和發展。遼統治者在滅渤海之後忙於向南發展擴張，高麗則忙於滅百濟和完成統一。高麗於其太祖十九年（936）完成統一後，卻較早地加強了其北部邊境地區的建設，並不露聲色地，慢慢地將其邊界一點一點地向北推移。[85]

高麗太祖王建在加強了對平壤地區的控制後，又於其十四年（931）在清川江下游南岸置安北府。[86]這前後，在清川江以北直至鴨綠江這一廣闊區域內，除原渤海遺民外，又陸續遷來許多女真人。正如高麗方面所說，「自契丹東京至我安北府數百里之地，皆為生女真所據。」[87]高麗所說的這數百里之地，主要指清川江下游以北至鴨綠江下游地區。高麗統治者一直企圖把這一地區的女真人趕走，以擴大其疆土。高麗光宗（950-975 年）時，就驅趕走清川江下游之北的女真人，在江北建立了嘉州和松城。[88]高麗成宗三年（984）又派刑官御事李謙宜率兵北上，準備在鴨綠江下游左岸邊築關城，結果「女真以兵遏之，虜謙宜而去，軍潰，不克城。」[89]

---

[83] 《高麗史》卷 58，《地理志三》，朝鮮民主主義人民共和國科學院 1957 年刊行，第 274 頁。

[84] 《高麗史》卷 1，太祖元年九月丙申，第 15 頁。

[85] 金渭顯：《遼金史研究》，裕豐出版社 1985 年；趙永春：〈遼代女真與高麗朝貢關係考論〉，《東北史地》，2010 年 2 期。

[86] 《高麗史》卷 2，太祖十四年冬十一月辛亥，第 21 頁。

[87] 《高麗史》卷 94，《徐熙傳》，第 78 頁。

[88] 津田左右吉：〈高麗西北境的開拓、東北境的開拓〉，《朝鮮歷史地理》第 2 卷。

[89] 《高麗史》卷 3，成宗三年五月，第 37 頁。

從高麗成宗至穆宗到顯宗統治（982-1031）時，正值遼聖宗耶律隆緒在位期間（983-1031），是遼王朝統治的鼎盛時期。遼統治者對高麗不斷向北擴展，並與自己分庭抗禮十分不滿。為此，統和十年至十一年（992-993），遼聖宗派東京留守蕭恒德（《高麗史》中用他的字，即蕭遜寧）率兵攻打高麗，其目的是收回朝鮮半島西北地方的高句麗故疆。[90]這場戰爭以高麗成宗派「朴良柔奉表請罪」而告終。之後，高麗改行遼年號，遣使入貢，承認了做遼藩屬的地位。遼聖宗對高麗的稱臣納貢很滿意，高興之餘，又「詔取女直鴨綠江東數百里地」賜予高麗。[91]也就是說，遼統治者允許高麗向清川江下游以北、鴨綠江以南這一女真族居住地區拓展。高麗統治者抓住這一機遇，積極向北發展。[92]高麗成宗十三年（994），命平章事徐熙率兵攻逐女真，建長興、歸化二鎮及郭州（今朝鮮平安北道郭山）、龜州（今平安北道龜城），十四年，命徐熙率兵深入女真，城安義、興化二鎮。十五年，建宣州城（今平安北道宣川）。上述州鎮均在清川江下游之北，高麗自己也公開承認，這些州鎮都是驅趕女真人之後建立的。

統和二十八年（1010），遼聖宗以高麗西京（今朝鮮平壤）將領康兆殺其國王（穆宗王誦）為藉口，親率四十萬大軍侵襲高麗，翌年攻下其首都開京，高麗國王顯宗南逃，遼軍無功而還。開泰年間（1012-1021），遼聖宗又以高麗國王拒絕親自朝覲為藉口，數次派兵侵入高麗，並且要求收取高麗驅趕女真人後在其故地陸續建立的興化（今朝鮮義州南）、通州、龍州（今朝鮮龍川）、鐵

---

[90] 據《遼史》卷13，〈聖宗紀四〉，統和十年十二月條載：「是月，以東京留守蕭恒德等伐高麗」，第143頁；同書卷88，〈蕭恒德列傳〉載：「時高麗未附，恒德受詔，率兵拔其邊城，王治懼，上表請降」，中華書局1974年，第1342頁；《高麗史》卷3，成宗十二年閏十月丁亥條載：「幸西京，進次安北府。聞契丹蕭遜寧攻破蓬山郡，不得進，乃還。遣徐熙請和，遜寧罷兵」。第45頁。

[91] 《遼史》卷13，〈聖宗本紀四〉，統和十一年春正月，第143頁；參見金渭顯：《契丹的東北政策》臺北：華世出版社1981年，第84-94頁。

[92] 金宗瑞：《高麗史節要》卷3，〈成宗世家三〉，成宗十三年二月條載：蕭孫甯（恒德）致書曰：「近奉宣命『但以彼國信好早通，境土相接，雖以小事大，固有規儀，而原始要終，須存悠久，若不設於預備，慮中阻於使人，遂與彼國相議，便於要衝路陌，創築城池者。』尋准宣命，自便斟酌，擬於鴨江西里，創築五城，取三月初，擬到築城處，下手修築。伏請，大王預先指揮，從安北府，至鴨江東計二百八十里，踏行穩便田地，酌量地里遠近，并令築城，發遣役夫，同時下手，其合築城數，早與回報，所貴交通車馬，長開貢覲之途，永奉朝廷，自協安康之計。」民族文化推進會1986年。

州（今朝鮮鐵山）、郭州、龜州等六城。遼的連年侵襲給高麗造成很大的破壞，遼軍也因高麗軍民的頑強抵抗而遭受巨大損失。而且，戰爭也未能改變當時遼與高麗的西段邊界。這期間，遼於開泰三年（1014）在鴨綠江下游造浮橋，並在下游左岸設保州（置宣義軍）及宣州（置定遠軍）[93]。遼大軍從高麗撤走後，高麗方面繼續積極向鴨綠江下游方向發展。如高麗顯宗（1010-1031）時，在鴨綠江下游左岸入海口附近陸續設置了麟州、威遠鎮、定戎鎮等；德宗時（1032-1034）又置靜州等。總之，從遼初到十一世紀中葉，中朝疆界西段一直處在變動之中，主要是高麗方面一直積極向鴨綠江下游左岸地區推進。清川江中上游至保州一線，即遼保州以東，清川江中上游以北直至鴨綠江，則為遼之邊民鴨綠江女真（包括渤海遺民）聚居地，相對比較穩定。

在遼與高麗的東段疆界地區，高麗也將其疆界略向北推移。高麗太祖二十三年（940），在原界河泥河（高麗王朝時稱作橫江）南岸古邑基上建博平鎮；成宗十四年升其為和州安邊都護府，顯宗九年（1018）改為和州防禦使，為當時高麗鎮守東北邊的重鎮。和州即今朝鮮之永興。同時，高麗又越過界河泥河，即橫江，在橫江北陸續設立若干州、縣、鎮或關卡。高麗成宗二年（983），在名曰巴只的古邑址設千丁萬戶府；靖宗七年（1041）改設定州防禦使（今朝鮮咸鏡南道定平），置關門。顯宗九年置長州，後改為縣，隸屬定州，在定州南。此後又陸續設置德州、豫州、元興鎮、耀德鎮、長平鎮等。[94]這些設在橫江北的州、鎮，緊接遼蒲盧毛朵部民居地，表明高麗王朝前期，其東北疆界較之新羅王朝時也稍稍向北推移了。

遼中、後期中朝疆界的走向。遼初、中期與高麗的疆界，無論是西段還是東段，都在或多或少地變化著。到了十一世紀中葉，即遼中後期，遼與高麗的疆界才基本穩定下來。

如前所述，遼王朝時除在鴨綠江下游左岸設置了保州、宣州外，在與高麗東北界相鄰的蒲盧毛朵部、長白山女真，與高麗西北界相鄰的鴨綠江女真居住的這一廣闊地區，都沒有設置州縣，實行的是部族制，即按女真族原有的氏族

---

[93] 《遼史》卷38，〈地理志二〉，第459頁。
[94] 《高麗史》卷58，〈地理志三〉，第266頁。

部落組織進行管理。[95]由於遼對這些居民實行的是羈縻而治的政策，這兩大地區的女真人都有較大的自由，加上其自身的社會原因等，他們經常從陸路或水路南下進入高麗境內騷擾、掠奪。高麗統治者為了保障其邊界地區的安全、穩定，在組織軍隊加強防禦或進行反擊的同時，還很重視邊界地區的城關建設。[96]高麗德宗二年（遼重熙二年1033），「命平章事柳韶創置北境關城。」[97]這條「北境關城」在高麗也被稱作長城。據《高麗史‧柳韶傳》記載，這條長城「起自西海濱古國內城界鴨江入海處，東跨威遠、興化、靜州、甯海、甯德、寧朔、雲州、安水、清塞、平虜、寧遠、定戎、孟州、朔州等十三鎮；抵耀德、靜邊、和州等三城。」《高麗史‧兵志》「城堡」條的記載與〈柳韶傳〉基本相同，但多「東傅於海，延袤千餘里，以石為城，高厚各二十五尺」等二十字。[98]從上述關於高麗長城的兩段描述，我們可以發現以下幾個問題。第一，記載中稱從威遠至朔州為「十三城」，實際卻是十四城，不知錯在何處。第二，這條長「千餘里」、「高厚各二十五尺」的石城不可能在一年內完工。第三，上兩處記述從西到東的「十三城」序列有幾處似乎前後錯位，反映出高麗長城應是分段修的，各段並非在同一年完工。而且，高麗靖宗元年（1035）又「築長城於西北路松嶺迤東，以扼邊寇之衝。」[99]這段長城是否為柳韶所築長城的一部分，還是柳韶督修之長城實際在靖宗元年完工，兩者系同一回事，須進一步研究。靖宗十年，靖宗國王又「命金令器、王寵之城長州、定州及元興鎮。」[100]長、定二州及元興鎮為東段長城的三個關口，自然也應視為高麗長城的一部分。

---

[95] 王民信著：《王民信高麗史研究論文集》，臺北：臺大出版中心，2010年，第247-284頁。

[96] 參見全海宗：《韓中關係史研究》，漢城：一潮閣1974年。

[97] 《高麗史》卷5，〈世家第五〉，〈德宗〉，二年八月戊午，第77頁；金宗瑞：《高麗史節要》卷4，〈德宗敬康大王〉，德宗二年八月條也載：「命平章事柳韶，創置北境關防，起自西海濱古國內城界鴨綠江入海處，東跨威遠、興化、靜州、甯海、甯德、寧朔、雲州、安水、清塞、平虜、寧遠、定戎、孟州、朔州等十三城，抵耀德、靜邊、和州等三城，東傅於海，延袤千餘里，以石為城，高厚各二十五尺。」

[98] 《高麗史》卷82，〈兵志二〉，「城堡」，第663頁。

[99] 《高麗史》卷82，〈兵志二〉，「城堡」，第663頁。

[100] 《高麗史》卷6，十年冬十一月乙亥；金宗瑞：《高麗史節要》卷4，〈靖宗容惠大王〉，靖宗十二年冬十一月條也載：「東北面兵馬使金令器奏曰：『今築三城，不日告畢，其督役州鎮官吏，宜加爵賞。且三城之地，元是賊巢，侵擾可慮，分屯要害，水陸捍禦，賊不得近，其軍

以下，筆者依據《高麗史·柳韶傳》、《高麗史·兵志》並結合朝鮮《新增東國輿地勝覽》等地志，對高麗王朝時修築的這條長城之具體走向作以簡要梳理。長城的起點，在鴨綠江入海口左岸。威遠，在遼保州，今朝鮮義州（今新義州東）南 25 里。興化，在保州南 55 里。寧海，不詳。甯德，在保州南 40 里。寧朔，在保州東 120 里。雲州，當為今朝鮮平安北道之雲山。安水，今朝鮮平安南道之價川。清塞，今朝鮮慈江道之熙川。平虜、定遠，後合為寧遠鎮，為今平安南道之寧遠。定戎，在保州東 80 里（不應排在寧遠之後）。孟州，當為今平安南道之孟山。以上諸鎮當為高麗長城之西段。朔州，排在孟州之後不當，有可能為衍文。孟州之後，當為高麗長城之東段，即孟州向東與高麗東北界之耀德、靜邊、和州三城相連，向東直抵海邊的都連浦。和州為今朝鮮永興。耀德在和州西 120 里，靜邊在和州東 60 里。把上述十三城及耀德、和州、靜邊、都連浦連起來，就是高麗德宗、靖宗時所修長城的走向，而這條貫穿朝鮮半島北部的東、西向長城，大體就是十一世紀中期遼王朝與高麗王朝疆界的走向。由於這一時期，中朝東段的實際疆界線是在耀德、靜邊、和州稍北的定州、長州、元興三關門直至都連浦（當在今龍興江入海口北海邊）一線，因此當時中朝西段疆界線也應在高麗長城西段稍北（即長城外側當有若干哨卡等）。因此，筆者以為高麗長城的走向，基本是十一世紀中期中朝疆界的走向。

（二）遼末及金朝時期的中朝疆界

關於遼末「曷懶甸之戰」的幾個問題。遼末，即金建國之前，高麗於乾統七年（1107）派軍大舉攻入中國國境曷懶甸，從而與中國以完顏部為核心的生女真聯盟之間爆發了曷懶甸之戰。[101]這場戰爭持續了將近一年半，最後以高麗退九城之軍，復所侵故地而告終，中朝東段疆界又恢復到十一世紀中葉後穩定下來的邊界線上。然而，當時以及後來某些高麗或李朝統治者對這一戰事的闡釋卻多有與史實不符處；李朝時期出版的若干地理志，對曷懶甸及其以北地區

士亦可褒稱。當築城時，出戰有功兵部尚書高烈等，亦宜別加褒賞，以勸後來』。從之。」
[101] 王民信著：〈高麗女真與曷懶甸事件〉，《王民信高麗史研究論文集》，第 191-222 頁。

歸屬問題的敘述也多違背歷史事實。因此，有必要對曷懶甸之戰中的若干問題予以辨析。

第一，關於曷懶甸之戰的起因、性質。如前所述，曷懶甸及其以北地區，一直是中國疆土。遼代，這一地區是遼統治下的蒲盧毛朵部、長白山女真的居住地，而且與高麗的邊界是清楚的。十一世紀末十二世紀初，遼統治下的生女真諸部在統一過程中要把曷懶甸女真人納入聯盟，是遼王朝內部的事務，而且曷懶甸人也願意加入聯盟。但是高麗卻懼怕曷懶甸人加入聯盟後更加強大，「恐近於己而不利」，遂「使人邀止之」。[102] 於是，高麗先後派林幹、尹瓘率軍向曷懶甸進攻，對生女真諸部的統一進行干擾、破壞。然而，林幹、尹瓘卻被生女真聯盟軍所擊敗。高麗睿宗為了復仇，更為了「拓我疆土」，遂派大軍對曷懶甸進行突然襲擊。高麗軍隊攻佔曷懶甸後，又修築了九城，企圖把這一地區變作自己的勢力範圍。[103] 因此，這場戰爭是高麗統治者發動的以「拓土開邊」為目的的戰爭。而曷懶甸及生女真聯盟對高麗軍隊的抵抗、反擊，則是保衛家鄉的自衛反擊戰爭。[104]

但是，高麗統治者以及後來李朝時期刊行的一些地理志書，卻把高麗發動的這場戰爭說成是「正當的」、「合理的」。其理由之一是泥河以北地區曾是高句麗的領土，高麗統治者認為自己是高句麗的繼承者，所以高麗攻佔曷懶甸是「合法的」。高麗睿宗就曾對大臣們說，「女真本高句麗之部落」，對高麗「世修貢職」，現在「背畔無道」，所以對曷懶甸的進攻是「舉義旗伐無道」。[105] 取代高麗王朝的李朝在十五世紀上半葉迅速北拓，控制了今朝鮮咸興以北直至圖們江右岸的廣闊地區，並在這一地區建「咸吉道」，後改為「咸鏡道」。李朝《世宗實錄·地理志》和後來刊行的《新增東國輿地勝覽》在敘及咸吉道（即咸鏡

---

[102] 《高麗史》卷 96，〈尹瓘傳〉，第 101 頁。
[103] 池內宏：〈完顏氏の曷懶甸經略と尹瓘の九城の役〉，《滿鮮地理歷史研究報告》9，1922 年；津田左右吉：〈尹瓘經略地域考〉，《朝鮮歷史地理》2 卷，1913 年。
[104] 王崇時：〈十至十三世紀初女真與高麗的關係〉，《北方文物》，1986 年 6 期。
[105] 《高麗史》卷 96，〈尹瓘傳〉，第 115 頁。

道）沿革時都說，「本高句麗故地」，後「咸州迤北沒於東女真。」[106]兩書都使用一個「沒」字，意思很清楚，即認為咸州以北是應該由高麗來繼承的。

有關此問題筆者前文已有論及。高句麗是興起於中國東北的少數民族政權。它強大後，發展到漢四郡故地的大部地區，並將首都遷往平壤，但它是中國少數民族政權，其轄區是中國疆域並未改變。即使高麗王朝的建立者王建和其身邊的某些大臣確實為高句麗遺民的後裔，也只能說明他們個人在血統上和以往的高句麗人有聯繫，卻不能說明高麗王朝就是高句麗政權的繼承者。因為高麗王朝是在西元七世紀末至十世紀初，即統一的新羅王朝時期逐漸形成的新的民族共同體基礎上建立的，它是統一新羅王朝的繼承者。

高麗聲稱，進佔曷懶甸的理由，是因為毗鄰高麗東北界的蒲盧毛朵部人、長白山女真首領，曾向高麗朝貢過；少數女真首領還接受過高麗授予的官職；高麗文宗時，有些女真人還曾要求「內附」或加入高麗籍。其實，這些都不足構成高麗進佔曷懶甸的理由。所謂女真首領向高麗「朝貢」，只是女真人與高麗交換物品的一種形式，是一種貿易。這種所謂「貢」、「獻」與蒲盧毛朵部、長白山女真必須對遼中央盡「朝觀」、進貢的義務不同。《遼史・部族表》興宗重熙十二年五月條載：「以斡朵、蒲盧毛朵部二使來貢不時，釋其罪。」也就是說蒲盧毛朵部向遼中央的進貢必須定期、按時，進貢不及時，按規定是要受懲處的。而女真人對高麗的「貢」、「獻」是因為貿易，不是義務，因而是自由的。

至於一些女真首領接受高麗的官職，正如前面所論述的，主要是高麗為籠絡前來貿易的女真首領而授予的，而且這些官職都是鄉職、虛銜，說明不了什麼問題。它和遼王朝授予的蒲盧毛朵部、長白山女真部首領具有管理部落權力的職務不同。而且《高麗史》中屢屢提到，到高麗貿易的女真首領，其實很多人都有遼中央授予的「職牒」、「官誥」，即他們是遼的地方官。高麗文宗時也的確有些女真人對高麗表示「內附」或加入了高麗籍。但正如前文所云，這是因為此時高麗越過泥河，在泥河北建立定州、長州等州鎮。鄰近這些州鎮的女真人迫於形勢，才不得不表示「內附」。這一點，就連高麗自己也承認，女真

---

[106] 《李朝世宗實錄・地理志》「咸吉道」；《新增東國輿地勝覽》卷48，咸鏡道，東國文化社刊行本，1981年，第857頁。

人「其在定州、朔州近境者，雖或內附，乍臣乍叛」，充分說明女真人並非真心「內附」。而生女真「盈歌、烏雅束相繼為酋長」卻「頗得眾心」，「曷懶甸諸部」才「盡欲來附」。[107]緊鄰高麗邊境州、縣、鎮的女真人，也確有加入高麗籍的，但人數很少。而且由於高麗統治者認為他們「人面獸心」，不可信任，入高麗籍的女真人大多被安置到遠離高麗邊境的南部地區。至於被高麗一度攻佔的曷懶甸之女真人，則均未加入高麗籍。高麗大舉進攻曷懶甸後，曾向遼王朝上表，編造其出兵的理由是「女真弓漢里（按：當在今朝鮮咸興北）乃我舊地，其居民亦我編氓；近來寇邊不已，故收復而築其城。」然而，高麗禮曹侍郎、諫議大夫金仁存卻指出，這種說法騙不了遼統治者，因為「弓漢里酋長多受契丹官職者」，即那裡的酋長是遼的地方官，其治下的百姓怎麼會是高麗的「編氓」呢？金仁存還言，遼朝已揭穿了高麗所編的理由是「妄言」。即遼在給高麗的回詔中，已聲明「其間土地之所屬，戶口之攸歸，已敕有司俱行檢勘，相次別降指揮。」[108]由此可見，遼統治者根本不相信高麗所編造的進攻曷懶甸的理由，要派人來查核。所以金仁存向高麗睿宗建議，應盡快把攻佔的曷懶甸及所築九城還給女真人，免得謊言被拆穿，受遼「責讓」。[109]

第二，從十四世紀後期到十五世紀前期，李朝利用元明交替之機和明前期的複雜形勢，將其東北疆域大大向北拓展，到明朝宣德以後，中朝東段疆界竟從原來的泥河推進到了圖們江。李朝每次向北擴張時，尋找的理由之一都是高麗睿宗時曾一度佔領過的曷懶甸，曾在曷懶甸修築過九城，曾「立碑於公嶮以為界」。將高麗王朝於十二世紀初曾經佔據過曷懶甸十幾個月，作為其擁有曷懶甸及其以北地區疆土的依據。其實，這本來是一個不值得一駁的問題。因為今朝鮮咸興以北直到元後期一直是中國疆土，是中國少數民族世代居住的地

---

[107] 《高麗史》卷 96，〈尹瓘傳〉；《高麗史節要》卷 96，〈尹瓘傳〉也載：「女真，本靺鞨遺種，隋、唐間，為高句麗所并，後聚落，散居山澤，未有統一。其在定州、朔州近境者，雖或內附，乍臣乍叛。及盈哥、烏雅束，相繼為酋長，頗得眾心，其勢漸橫」。

[108] 《高麗史》卷 96，〈金仁存傳〉，第 108-109 頁。

[109] 稻葉岩吉：〈高麗尹瓘九城考──特に英、雄二州の遺址に就いて〉，《史林》16 卷 1、2 號，1931 年；池內宏：〈完顏氏の曷懶甸經略と尹瓘の九城の役〉，《滿鮮地理歷史研究報告》9，1922 年。

區。西元 1107 年末高麗統治者通過突然襲擊，才攻佔了曷懶甸，並在那裡修築了九城，由於生女真聯盟及當地女真人的反擊，高麗軍隊連連敗退，在曷懶甸已無法立足，不得不於 1109 年 7 月「退九城之軍，復所侵故地」，[110]把拓佔的疆土歸還原來的主人。可是，明前期的統治者對這種根本站不住腳的所謂理由並沒有駁斥、揭穿。明統治者最終輕易地把咸興以北，圖們江以南的大片領土放棄，原因固然很多，而不瞭解中朝疆界演變的歷史，則是其重要原因之一。

第三，關於曷懶甸之戰時高麗軍隊攻佔區的範圍及公嶮鎮的位置。西元 1107 年末，高麗對曷懶甸大舉進攻。由於他們出動了十七萬軍隊，又是突然襲擊，所以很快攻佔了曷懶甸。隨後，高麗在曷懶甸修築了咸、吉、雄、英、福、公嶮鎮等九城，企圖將這片中國疆土據為己有。[111]上述諸城中，與今天朝鮮東北地區城鎮同名者有二，即咸州和吉州。咸州即今天朝鮮咸鏡南道之咸興，但吉州卻不是今天朝鮮咸鏡北道之吉州。這涉及到高麗進攻曷懶甸後，其攻佔區的範圍問題。這個問題，《高麗史》的記述是比較清楚的。高麗築九城後，尹瓘曾命屬下官員林彥在新建的英州廳牆上書寫歌頌高麗此戰「赫赫戰功」的記事文。文中稱這次高麗軍隊攻佔的新地盤是「地方三百里」，後高麗睿宗在肯定尹瓘「戰功」時也言，其「闢百里之地，築九州之城」。[112]前者所謂的「三百里」，指的是高麗攻佔區為「方圓三百里」；後者所說的「闢百里之地」，應是指高麗軍隊從其定州關出發，向北推進的直線距離為百里，兩者相差不大。高麗王朝時的「里」，與中國之華里相近，所以當時高麗進攻曷懶甸後佔領的範圍，應該是當時高麗東北界定州、宣德、元興三關以北直線距離一百里的範圍之內，當時高麗所築之九城也應在這個範圍內尋求。而今天朝鮮咸鏡北道之吉州，距定州等三關將近二百公里，顯然不會是高麗睿宗時所築之吉州。

高麗所築的九城之中還有個公嶮鎮，尹瓘曾「立碑於公嶮以為界」，[113]企圖以此地做為與遼邊民女真的新界址。關於公嶮鎮的具體位置，《高麗史》雖

---

[110] 《高麗史》卷 96，〈尹瓘傳〉，第 115 頁。
[111] 王民信著：〈高麗女真與曷懶甸事件〉，《王民信高麗史研究論文集》，第 191-222 頁。
[112] 《高麗史》卷 96，〈尹瓘傳〉，第 115 頁。
[113] 《高麗史》卷 12，三年二月戊申，第 184 頁。

未確指，但它是所謂九城之一，自然不會距其他諸城太遠。可是李朝時期刊行的《世宗實錄·地理志》、《新增東國輿地勝覽》等地理志書，出於某種目的，都有公嶮鎮在圖們江之北，在所謂「蘇下江邊」之說。「蘇下江」是今天的什麼江呢？按這兩部書描述，蘇下江「源於白頭山」，又說此江先向北流，後又東南流入海。按著這一描述，所謂蘇下江當為今日之綏芬河。這樣，上述兩書就把高麗睿宗時在曷懶甸修築的公嶮鎮，安置到距高麗東段長城千里之外的綏芬河畔了。更有甚者，高麗恭讓王四年（1392），當時實權在握的李成桂（李朝建立者），在其向元朝屬民女真聚居區進行「招諭」的榜文中，竟把高麗聽到的實憐、押蘭（在今俄國遠東濱海省東南沿海一帶）甚至更遠的兀的改等部的居住區，都指為「原系本國公嶮鎮內。」對這種把公嶮鎮位置漫無邊際的比定，李朝後期的實學派學者丁若鏞、金正浩及上個世紀的日本學者池內宏等都早已指出其虛妄。[114]雖然他們關於公嶮鎮位置的考定也各不相同，卻都在今朝鮮吉州以南這個範圍之內。其實，《高麗史·吳延寵傳》已道出了公嶮鎮的大體方位。據該傳記述，當生女真軍對攻佔曷懶甸的高麗軍進行反擊時，曾包圍吉州數月。為解救在吉州被圍的高麗軍，睿宗派已回開京的吳延寵率軍援救。吳延寵軍「行至公嶮鎮，賊遮路掩擊，我師大敗」，「陷沒死傷不可勝數。」由此可知，吳延寵是由南向北行軍去援救吉州的，途中行至公嶮鎮遇女真軍埋伏而兵敗。[115]因此，公嶮鎮只能在吉州之南或吉州之東、西而不可能在吉州之北。公嶮鎮應在定州等三關以北直線距離百里的範圍的。[116]上述兩部地理志書把公嶮鎮比定在圖們江北，顯然是為李朝前期不斷將其疆域向東北方向擴張尋找所謂歷史依據。

---

[114] 池內宏：〈公險鎮と蘇下江〉，《東洋學報》9-1，東洋學術協會，1919 年。

[115] 《高麗史》卷 96，〈吳延寵傳〉載：「女真復聚遠近諸部，圍吉州數月，去城十里，築小城，立六柵，攻城甚急，城幾陷。兵馬副使李冠珍等，訓勵士卒，一夜更築重城，且守且戰，然役久勢窮，死傷者多。延寵聞之，憤然欲行，王復授鈇鉞遣之。行至公嶮鎮，賊遮路掩擊，我師大敗，將卒投甲，散入諸城，陷沒死傷，不可勝數。延寵具狀自劾，與瓘勒兵將再赴吉州，會賊遣使請和，遂還。宰相請治敗軍之罪，王遣使收鈇鉞，不得覆命，歸私第。王以宰相、台諫屢請罪不已，免官削功臣號。」第 124 頁。

[116] 池內宏：〈公險鎮と蘇下江〉，《東洋學報》9-1。

遼末金初保州的放棄及金朝時的中朝疆界。遼天慶五年（1115）金王朝建立。同年九月，金太祖完顏阿骨打親率主力攻取遼重鎮黃龍府後，又派加古撒喝率一支隊伍攻打遼設在鴨綠江下游左岸的保州，但一時未能攻下。這時遼天祚帝已率數十萬大軍向阿骨打反撲，因此阿骨打命加古撒喝「但守邊戍」，不必急於攻城。同年十一月，撒喝軍攻佔了遼開州（今遼寧鳳城）、保州轄境內的女真人，除州治保州孤城外，均已歸附於金。[117]金收國二年（1116），高麗遣使如金，並向金統治者提出「保州本吾舊地，願以見還」的疆土要求。雖然保州並非高麗「舊地」，阿骨打從當時形勢和全域出發，仍對高麗使者說：「爾其自取之。」[118]不久，金軍又相繼攻下設在鴨綠江口的大夫營等據點。當時駐守在保州的遼將為統軍尚書左僕射耶律寧及來遠城刺史常孝孫。他們在金軍強大攻勢下知道保州已很難固守，遂於天輔元年（1117）三月乘船泛海而逃。出逃前，他們把即將放棄保州的消息通告高麗，示意高麗可以進佔。高麗抓住這一大好時機，立即派兵佔領了遼軍留下的保州空城，並將保州改名曰義州。[119]由於當時金統治者正忙於對遼戰爭，所以對高麗攻佔本屬於遼的保州採取了默許的態度。這樣，到遼末金初，整個鴨綠江下游左岸地區，使完全落入高麗手中。[120]

　　有金一代，除了放棄了鴨綠江下游左岸的保州外，中朝疆界沿續了遼中葉以來的疆界，即仍以高麗北部長城一線為中朝疆界，而且一直比較穩定。

---

[117] 《金史》卷 135，〈高麗傳〉載：「（收國元年）十一月，係遼女直麻懣太彎等十五人皆降，攻開州取之，盡降保州諸部女直，太祖以撒喝為保州路都統」。第 2884 頁。

[118] 《金史》卷 135，〈高麗傳〉載：「（收國）二年閏月，高麗遣使來賀捷，且曰：『保州本吾舊地，願以見還。』太祖謂使者曰：『爾其自取之』」，第 2884 頁；《高麗史》卷 14，〈睿宗世家三〉，睿宗十一年八月庚辰條載：「金將撒喝攻遼來遠、抱州二城幾陷，其統軍耶律甯欲帥眾而逃。……王乃遣使如金，請曰：『抱州本吾舊地，願以見還。』金主謂使者曰：『爾其自取之。』」，第 207-208 頁。

[119] 三上次男：〈完顏阿骨打の經略と金國の成立〉，《金史研究》1，1972 年；松井等：〈滿洲に於ける金の疆域〉，《滿洲歷史地理》2 卷，1913 年；權鐘川：〈高麗時代對金政策考〉，金渭顯編著 陳文壽校譯：《韓中關係史研究論叢》，第 191-194 頁。

[120] 趙永春 玄花：〈「保州」問題與遼麗關係〉，《東北史地》，2006 年 2 期；趙永春 玄花：〈遼金與高麗的「保州」交涉〉，《中國邊疆史地研究》，2008 年 1 期。

三、大蒙古國後期至元中期中朝疆界的變化

從大蒙古國建立到金王朝滅亡的一段時期內,中朝疆界未發生變化,即仍以義州東之高麗朔州,沿遼中葉高麗所修之長城,直至東海岸之都連浦一線為兩國界線。但是通觀蒙元時期,中朝疆界卻發生兩次較大的變化:一次發生在大蒙古國後期到元初,其特點是中朝疆界向南移動,而且移動較大。第二次發生在元末,其特點是中朝疆界向北移動,其間東段邊界移動的幅度更大。而元中期,則是兩國疆界相對穩定時期。

(一)大蒙古國後期中朝東段疆界的變化

蒙古從太宗窩闊台汗三年起,對高麗連年侵襲,企圖將其完全征服。這期間,高麗統治者多次表示稱臣、納貢以求蒙古停戰、撤軍,但也不時組織抵抗,戰爭持續了二十多年。[121]大蒙古國憲宗八年(1258),散吉大王、普只官人等所率蒙軍在高麗東北界的和州(今朝鮮永興)一帶活動。這時高麗和、高、定、長、宜、文等十五州部分民眾轉移到豬島躲避蒙古兵鋒。而高麗東北面兵馬使慎執平卻認為「豬島城大人少,守之甚難」,要把這些逃難的民眾遷往竹島。可是竹島「狹隘無井泉」,人們不願意去。慎執平強行驅趕百姓遷徙,途中百姓多數四散逃亡,只有部分人到了竹島。由於島上糧儲不多,慎執平派部分士卒到其他道去籌糧,防守鬆懈。這時高麗龍津縣人趙暉、定州人卓青以及登州、文州諸城人便利用民眾的不滿情緒殺慎執平及登州副使、和州副使,並攻下了

---

[121] 池內宏:〈蒙古の高麗征伐〉,《滿鮮史研究》(中世第三冊);王民信著:〈高麗王朝對遼金元初興時的「拒」與「和」〉,《王民信高麗史研究論文集》,第73-76頁。

高城。為了保住身家性命，他們遂以和州以北地區投附於蒙古。蒙古取得和州地區後，在那裡設置了雙城總管府，以趙暉為總管，卓青為千戶。[122]

　　雙城總管府除和州外，其轄境內還包括原高麗之登、定、長、預、高、文、宜等州，及宣德、元興、寧仁、耀德、靜邊等鎮，均屬高麗朔方道，亦稱東界。蒙元時期雙城總管府的南界當為鐵嶺。《高麗史‧地理志》載：「鐵嶺以北為朔方道，以南為江陵道」，即鐵嶺為高麗朔方道與交州道的分界。後來，即洪武二十年（1387）明戶部給高麗的諮文中說得更明確，即「鐵嶺以北東西之地舊屬開元」，「鐵嶺之南舊屬高麗」。[123]所謂「舊屬」，說的就是鐵嶺是元代雙城總管府與高麗疆域的分界，也就是說雙城總管府的南界在鐵嶺。元末之前，雙城總管府以及其北面的合蘭府，均屬遼陽行中書省下的開元路管轄，所以說「鐵嶺以北東西之地舊屬開元。」

　　關於鐵嶺的具體位置，朝鮮《大東地志》咸鏡道「安邊」條內有「鐵嶺」，其下小注曰「（安邊）南八十五里，青霞山東支，為江、咸兩道分界」。[124]也就是說，鐵嶺在安邊（今朝鮮江原道安邊）南八十五里；所謂青霞山，從地圖上看可能是今江原道境內之馬息嶺。鐵嶺即馬息嶺東支，為李朝時期咸鏡道與南邊江原道的分界。雙城總管府從蒙古憲宗八年（1258）末設立，一直延續到至正十六年（1356），即存在了98年。在雙城總管府存在期間，中朝東段疆界在高麗鐵嶺一帶。[125]也就是說，在大蒙古國末期到元末的近百年間，中朝疆界較之渤海、遼、金時期向南推移了。

　　蒙元時期和金代一樣，改變了以往王朝在中國東北邊疆地區實行的羈縻政策。早在西元 1233 年滅東夏後，蒙古就設立了開元、南京兩個萬戶府，管理包括今朝鮮咸鏡南、北道在內的東夏故土。至元三年（1266）二月，又「立東

---

122 據《高麗史》卷 24，高宗四十五年十二月己丑條載：「蒙古散吉大王、普只官人等領兵來屯古和州之地。龍津縣人趙暉、定州人卓青，以和州迤北，附蒙古。蒙古置雙城總管府於和州，以暉為總管，青為千戶」。

123 《明太祖實錄》卷 187，洪武二十年十二月壬申條載：（朱元璋命戶部諮高麗國王）「以鐵嶺北東西之地舊屬開元，其土著軍民女直、韃靼、高麗人等遼東統之；鐵嶺之南舊屬高麗，人民悉聽本國管屬。境疆既正，各安其守，不得復有所侵越」。

124 《大東地志》，咸鏡道，安邊條，亞細亞文化社，1976 年。

125 方東仁：〈麗元關係再檢討──以雙城總管府與東寧府為中心〉，金渭顯編著、陳文壽校譯：《韓中關係史研究論叢》，第 243-256 頁。

京、廣寧、懿州、開元、恤品、合懶、婆娑等路宣撫司。」[126]其中，元與高麗東段疆界以北地區由合懶路、雙城總管府管轄。後來，合懶路取消，而在其南部設合蘭府，府治在今朝鮮咸興。合蘭府、雙城總管府相鄰，均由至元二十四年正式確立的遼陽行中書省以及其下轄的開元路管轄。

雙城總管府轄區本屬高麗，在隸屬於元朝期間，這裡居民仍以高麗人居多。不過，由於與合蘭府相鄰，因此有不少女真人陸續遷入。合蘭府轄區則與以往一樣，基本是女真族聚居區。從元後期到明初的一些資料看，這裡仍保留金代女真族的軍政合一組織，即猛安謀克。雖然它早已不是金全盛時期那種三百戶一謀克，十謀克一猛安之嚴密、完整的組織，但這種組織形式以及作為官員稱呼的猛安謀克一直延續下來。元統治者先後於至元十一、十八年兩次大舉征日本，為此從女真族聚居區徵調大批人充士兵、水手及造船工。至元二十四年，遼陽行省內爆發了親王乃顏的叛亂，其間不少女真人主動或被裹脅加入了這一叛亂。元平定這次叛亂後，對遼陽行省內的女真族佈局作了調整、遷動。從種種跡象看，居住在原金合懶路的女真人有所減少。

蒙元時期雙城總管府的建立，中朝疆界的向南推移，雖然與蒙古汗國對高麗侵襲有聯繫，但不是蒙軍侵襲的必然結果，因為畢竟是和州等地的高麗人主動將該地區投附於蒙古的。從元世祖即位開始，中朝東段疆界地區未再發生遼代或東夏及東夏亡後一段時期內那類女真人進入高麗騷擾的事件，也未發生大的邊界衝突。這是由於元世祖加強中央集權，對邊疆地區也採取直接統治的結果。早在中統三年（1262），忽必烈就下令「禁女直侵軼高麗國民」。[127]同時，雙城總管府境內又以高麗人居多，因此，直至至正十六年為止，中朝東段疆界地區一直比較平穩、安定。

（二）元初中朝西段疆界的變化

從金亡到至元初年，中朝西段疆界仍維持金末時雙方的疆界，即以義州東之朔州延至耀德那條東南——西北走向的高麗長城為界。不過，至元六年

---

[126] 《元史》卷 6，〈世祖本紀三〉，中華書局 1976 年，第 110 頁。
[127] 《元史》卷 5，〈世祖本紀二〉，第 85 頁。

（1269），中朝西段疆界也一度發生較大變化。這年六月，高麗權臣林衍逼元宗王禃遜位，立元宗弟安慶公王淐為國王。不久，林衍又派官赴元，上元宗遜位表，表中謊稱元宗因身體不好而主動退位，讓位於其弟。十月，高麗西北面兵馬使營記官崔坦、韓慎，三和縣人前校尉李延齡等以誅林衍為名，聚集西京周圍的龍岡、咸從、三和等地民眾殺咸從縣令造反。[128]不久，他們又殺高麗西京留守及龍、靈、鐵、宣、慈五州守令。[129]由於蒙古的干預和大兵壓境，林衍等被迫廢安慶公淐，復立元宗。這使崔坦等人的造反失去依據，為避免高麗的懲處，崔坦以高麗西北地方的「西京五十四城，西海六城」投附蒙古。[130]至元七年正月，忽必烈下詔，以高麗「西京內屬，改東寧府，畫慈悲嶺為界」，[131]以崔坦等為總管。這樣，高麗西京周圍及以北六十城地區便歸屬於元，但最初不包括鴨綠江下游左岸之義、靜、麟三州和威遠鎮。至元十二年十二月，元又將東寧府升為東寧路，仍設總管府。[132]隨後，又把東寧路內仍屬高麗的靜、義、麟三州和威遠鎮改隸元遼陽行中書省下屬之婆娑府。[133]由此，在至元前、中期的一段時間內，中朝西段疆界也一度南移，即以高麗慈悲嶺，也就是今朝鮮黃海道中部一線為界。

---

[128] 據《高麗史》卷 26，元宗十年冬十月乙亥條載：「西北面兵馬使、營記官崔坦、韓慎，三和縣人前校尉李延齡、定遠都護郎將桂文庇、延州人玄孝哲等，以誅林衍為名，嘯聚龍岡、咸從、三和人，殺咸從縣令崔元，夜入椵島，殺分司御史沈元浚、監倉朴守奕、京別抄等以叛」。第401頁。

[129] 據《高麗史》卷 26，元宗十年冬十月辛巳條載：「崔坦殺西京留守及龍、靈、鐵、宣、慈五州守，西北諸城官吏，皆歿於賊。坦詭言於蒙古使脫朵兒曰：『高麗卷土，將欲深入海島，故殺諸城守，欲入告於上國耳。』於是，執義州副使金孝巨等二十二人，歸於蒙古。」第401頁。

[130] 據《高麗史》卷 26，元宗十年十二月辛卯條載：「靜州別將康元佐等三人來，傳蒙古帝詔曰：諭高麗國龜州都領崔坦等，泊西京五十四城，西海六城軍民等，近崔坦奏：『高麗逆臣林衍遣人，誘脅眾庶及其妻子，俱令東往。』且曰：『若不從令，當加戕害。』你等審其順逆，不從逼脅，剿誅逆黨，以明不貳，其義可尚，今坦已加飾命，自餘民，別飾行中書省，重為撫護。惟爾臣庶，仰體朕懷，益彌忠節。」第402頁。

[131] 《元史》卷 7，《世祖本紀四》，第127頁。

[132] 方東仁：〈麗元關係再檢討──以雙城總管府與東寧府為中心〉，金渭顯編著、陳文壽校譯：《韓中關係史研究論叢》，第261-274頁。

[133] 《元史》卷 59，〈地理志二〉，第1398頁。

自崔坦等以高麗西京及六十城地區投附蒙古，蒙元在該地區設東寧府後，高麗元宗就幾次上書要求將東寧府地區歸還於高麗。至元八年七月，崔坦等又企圖割高麗西海道內之銀波莊、三進江為屬縣，高麗元宗上書反對並再次要求歸還東寧府地區。元宗世子忠烈王繼位後，由於其已成為元之駙馬，所以多次利用上表或入元觀見的機會，請求忽必烈將東甯路地區歸還。至元十五年，忠烈王上書元中書省，重提歸還東甯路地區的請求。同時，指出崔坦等驅逐高麗設在西海道穀州、遂安兩城官員，企圖把穀州、遂安兩城以及殷栗縣劃入東甯路的所謂理由都是妄言。接著又派官入元請求歸還遂安、穀州。[134] 元世祖為安撫高麗統治集團，於同年十月下令將穀州、遂安、殷栗歸還給高麗，[135] 但問題並未徹底解決。至元二十二年，由於東甯路與高麗之間對遂安、穀州歸屬仍爭執不下，元派斷事官蘇獨海赴高麗審視。[136] 至元二十三年，元最終將遂安、穀州斷給高麗。[137] 由於作為元朝駙馬的高麗忠烈王堅持不懈地請求，加之，元在平定親王乃顏叛亂兩年後，其餘黨哈丹等再起，並向高麗流竄。為了籠絡高麗統治集團，至元二十七年（1290），元世祖「詔罷東寧府，復歸我西北諸城。」[138] 至此，元統治者在佔據高麗西北六十城二十年後，又將該地區歸還給高麗，中朝西段疆界又恢復到金代和蒙古汗國時期那種狀況。

從至元二十七年至元後期六十多年間，元與高麗仍以高麗義州東之朔州至耀德一線長城為西段疆界。元在與高麗相鄰的鴨綠江中游左右兩岸地區，在鴨綠江下游右岸地區設婆娑府，隸屬於遼陽行省下之遼陽路，後來婆娑府改為巡檢司。這一地區居民仍以女真人居多，但也有不少逃避賦役的高麗人民流入這一地區。直到至正十六年為止，這段疆界地區也是比較穩定的。

---

[134] 據《高麗史》卷 28，忠烈王四年七月壬辰條載：「東寧府，元是小邦祖宗京都，崔坦等非其鄉貫，奮而處之，祖宗祠宇，祭享皆廢，伏望還其尺土，俾修孝祠。」第 441 頁。

[135] 據《高麗史》卷 28，忠烈王四年十月丁巳條載：「遣少尹趙愉、別將李逢於東寧府，推刷穀州、遂安郡、殷栗縣人物。」

[136] 《高麗史》卷 30，忠烈王十一年十一月丙戌條載：「元以東寧府爭我遂安、穀州，遣斷事官蘇獨海來視，兼督東征造船」。第 466 頁。

[137] 《高麗史》卷 30，〈世家第三十〉，〈忠烈王三〉，十一年十一月丙戌，第 466 頁。

[138] 《高麗史》卷 30，〈世家第三十〉，〈忠烈王三〉，十六年三月丁卯，第 473 頁。

CHAPTER 2

洪武時期朝鮮半島女真族的歸屬與中朝疆界之爭

一、元末明初居住朝鮮半島的女真族

元朝中葉以降，朝鮮半島東北部、鴨綠江中上游仍是女真人居住地區，元朝政府對其進行有效的管轄。[1]

朝鮮半島東北部女真所居之地，據朝鮮文獻記載：有哈蘭、洪肯、參散、阿沙、禿魯兀、大伸、都夫失里、幹合、海童等。

哈蘭，今朝鮮咸興。朝鮮文獻記載：本沃沮地，漢置玄菟郡，後還屬樂浪，稱不而城。唐中宗時，渤海國置南京南海府，1126 年，金朝置曷懶路，1259年，元置合蘭總管府，隸雙城總管府。1356 年，高麗攻破雙城總管府。[2]《龍飛御天歌》載：「哈蘭都達魯花赤奚灘訶郎哈」。[3] 奚灘為姓，訶郎哈為名。《李朝實錄》寫作「哈蘭千戶朱蹯失馬」。[4] 咸興女真所居範圍，「東至洪原縣界七十里，南至定平府界二十七里，西至平安道江界府界二百八十里，北至三水郡界二百一十里，至北青府界一百七十五里」。[5]

洪肯，又稱洪獻、洪青，今朝鮮洪原。《龍飛御天歌》載：「洪肯猛安括兒牙兀難」，[6]《李朝實錄》寫作「洪肯千戶王兀難」[7]。洪肯女真所居，「東至北青府界五十三里，南至海岸四里，西至咸興府界三十七里，北至同府界六十四里」。[8]

---

1 參見金九鎮，〈麗末鮮初의豆滿江流域의女真分佈〉,《白山學報》15，1973 年

2 《大東地志》，咸鏡道，咸興條，刁書仁等選編：《中朝相鄰地區朝鮮地理志選編》，吉林文史出版社，1996 年，第 280 頁。

3 韓國學文獻研究所編：《龍飛御天歌》卷 7，第 52 章，亞細亞文化社，1973 年，第 677 頁。

4 《李朝太宗實錄》卷 7，太宗四年四月甲戌，學習院東洋文化研究所，1954 年。

5 《新增東國輿地勝覽》卷 48，咸鏡道，咸興府，建置沿革，第 858 頁。

6 《龍飛御天歌》卷 7，第 52 章，第 678 頁。

7 《李朝太宗實錄》卷 7，太宗四年四月甲戌。

8 《新增東國輿地勝覽》卷 49，咸鏡道，北青都護府，洪原縣條，第 887 頁。

三散，又稱三撒、三散，今朝鮮北青。此地「本高句麗舊地，久為女真所據，高麗睿宗二年（1107），高麗派遣尹瓘逐女真，築九城」，元時收復，稱參散，於此設千戶。恭愍王五年（1356）為高麗拓占。[9]元朝於此地設千戶，《龍飛御天歌》載：「三散猛安古論豆蘭帖木兒」。同書注釋云：「猛安，千夫長，即今之千戶也；古論豆蘭帖木兒，即李豆蘭也」。[10]其子，即《李朝實錄》所載的參散千戶李亦里不花。[11]參散女真所居，「東至利城縣界六十八里，南至咸興府界八十里，西至洪原縣五十六里，北至甲山府界一百六十八里」。[12]

阿沙，今朝鮮利城（利原）。當地女真首領為「猛安朱胡引答忽」，[13]引答忽，人名。《李朝實錄》寫作：阿沙千戶朱引忽。[14]利城女真所居，「東至端川郡界四十五里，北至同郡界三十四里，南至北青府界三十七里，西至同府界四十三里」。[15]

禿魯兀，今朝鮮端川。該地「久為女真所居」，高麗睿宗二年（1107），尹瓘逐該地女真築城，睿宗四年撤城，以其地還女真。元時稱禿魯兀。[16]《龍飛御天歌》載：「禿魯兀猛安夾溫不花」。[17]夾溫為女真姓，漢姓為佟，《李朝實錄》寫作「禿魯兀千戶佟參哈、佟阿蘆」。[18]禿魯兀女真所居，「東至吉城縣界六十六里，南至利城縣界三十七里，西至同縣界四十五里，至甲山府界一百八十里，北至野人地界一百七十里」。[19]

大伸，即泰伸、泰神，與今朝鮮吉州、的遏發合稱三海洋。《龍飛御天歌》載：「自海洋北行五十里至泰神，自泰神東行六十里至的遏發。海洋、泰神、

9　《新增東國輿地勝覽》卷 49，咸鏡道，北青都護府條，第 880 頁。

10　《龍飛御天歌》卷 7，第 52 章，第 677 頁。

11　《李朝太宗實錄》卷 7，太宗四年四月甲戌。

12　《新增東國輿地勝覽》卷 49，咸鏡道，北青都護府條，第 880 頁。

13　《龍飛御天歌》卷 7，第 52 章，第 679 頁。

14　《李朝太宗實錄》卷 7，太宗四年四月甲戌。

15　《新增東國輿地勝覽》卷 49，咸鏡道，北青都護府，利城縣條，第 885 頁。

16　《新增東國輿地勝覽》卷 49，咸鏡道，端川郡條，第 883 頁。

17　《龍飛御天歌》卷 7，第 52 章，第 679 頁。

18　《李朝太宗實錄》卷 7，太宗四年四月甲戌。

19　《新增東國輿地勝覽》卷 49，咸鏡道，端川郡條，第 883 頁。

的遏發三處各有猛安，其俗謂三海洋」。[20]其地女真首領，《李朝實錄》作，「大伸千戶高難」。[21]

都夫失里，又稱海洋，今朝鮮吉州。朝鮮文獻記載：「肅慎、沃沮、高句麗、渤海、靺鞨、女真代有其地」，元稱海洋。[22]《龍飛御天歌》載：「海洋猛安括兒牙火失帖木兒」，[23]括兒牙為姓，火失帖木兒為名。吉州女真所居，「東至明川縣界十里，北至同縣界三十二里，南至海岸一百二十七里，西至端川郡界一百十九里」。[24]

斡合，位於今朝鮮鏡城南。此地「高句麗之後，渤海有之，置龍原府，女真稱於籠耳，因為金地」後隸於元。[25]《龍飛御天歌》注云：「斡合，地名，在今鏡城府南百二十里，其地有園石屹立，高可二百餘丈，西有猛安川，東流過立石下，又北流入海，其俗謂石為斡合，故因名其地焉」。[26]該地女真頭領為「斡合猛安奚灘薛列」。[27]

海童又作海通。約在今朝鮮鏡城至富寧一帶。[28]元朝此地女真首領有：「海通猛安朱胡貴洞」，[29]朱胡為姓，貴洞名也。《李朝實錄》作「海童千戶董貴洞」。[30]

上述女真所居之地分佈於今朝鮮咸興以北，這一地區金代為金曷懶路，元建國後於此地設合蘭府，府治在今朝鮮咸興。居住這一地區女真族仍保存女真族特有的社會組織猛安謀克制，即軍政合一的組織。這一地區的女真首領均由元朝合蘭府任命，合蘭府代表元朝對女真進行有效地管理。

鴨綠江中上游女真所居之地。元代中葉以降，鴨綠江中上游女真所居主要地區有：泥城，今朝鮮平安北道昌城。泥城，據《高麗史‧地理志》載：「林

---

[20] 《龍飛御天歌》卷7，第52章，第678頁。
[21] 《李朝太宗實錄》卷7，太宗四年四月甲戌。
[22] 《大東地志》，咸鏡道，吉州條，第326頁。
[23] 《龍飛御天歌》卷7，第52章，第677頁。
[24] 《新增東國輿地勝覽》卷50，鏡城都護府，吉城縣條，第896頁。
[25] 《大東地志》咸鏡道，鏡城條，第331頁。
[26] 《龍飛御天歌》卷7，第52章，第679頁。
[27] 《龍飛御天歌》卷7，第52章，第679頁。
[28] 《龍飛御天歌》卷7，第52章，第679頁。
[29] 《龍飛御天歌》卷7，第52章，第2679頁。
[30] 《李朝太宗實錄》卷7，太宗四年四月甲戌。

土、碧團，本皆女真所居，恭愍王六年遣泥城萬戶金進等擊走之，改林土為陰潼，以碧團隸焉，抄南界人戶以實之」。[31]恭愍王十八年，置泥城萬戶府。[32]其地「東至雲山郡界一百九十里，至泰州縣界二百四里，南至朔州府界二十三里，西至鴨綠江三里，北至碧潼郡界二十三里，西至鴨綠江三里，北至碧潼郡界六十三里」。[33]陰潼、碧團，李朝太宗三年（永樂元年1403），改碧潼郡，其地「東楚山界潼巾川八十里，東南同府界一百三十里，南昌城界九十里，西同府界虛空橋七十里，鴨綠江五里，東北楚山界七十里，西南昌城治一百二十里」。[34]

理山，今朝鮮楚山。《李朝實錄・地理志》載：理山郡，「本狄人所居豆木里」。[35]《大東地志》也載：本高句麗、渤海、契丹、女真代有之地。[36]其地「東至渭原郡界二十四里，南至同郡界一百六十里，至雲山郡界二百五十三里，至熙川郡界二百五十里，西至碧童郡界五十九里，北至鴨綠江十二里。[37]

江界，今朝鮮江界。據《大東地志》載，江界「本高句麗、渤海、女真代有其地」。[38]高麗恭愍王十年（1361），置萬戶，十八年改為江界都護府。[39]其地「東至古慈城郡界一百三十里，南至熙川郡界一百七十里，至咸鏡道咸興府界三百六里，西至渭原郡界三十六里，北至鴨綠江一百三十里」。[40]

甲州，今朝鮮甲山，位於鴨綠江上游虛川江畔。「本虛川府，久為女真所據」。高麗恭讓王三年，始設甲州萬戶府。[41]《龍飛御天歌》載，其女真首領為「猛安雲剛括」。[42]

---

[31] 鄭麟趾：《高麗史》卷58，地理志，，第278頁。
[32] 《李朝世宗實錄》卷154，地理志，平安道，昌城郡條。
[33] 《新增東國輿地勝覽》卷53，平安道，昌城都護府條，第971-972頁。
[34] 《大東地志》，平安道，碧潼條，第481頁。
[35] 《李朝世宗實錄》卷154，地理志，平安道，理山郡條。《李朝實錄》卷154，地理志，理山郡條也載：「本女真所居豆木里。」
[36] 《大東地志》，平安道，楚山條，第476頁。
[37] 《新增東國輿地勝覽》卷55，平安道，理山郡，第1005頁。
[38] 《大東地志》，平安道，朔州條，第460頁。
[39] 《新增東國輿地勝覽》卷55，平安道，江界都護府條，第1001頁。
[40] 《新增東國輿地勝覽》卷55，平安道，江界都護府條，第1001頁。
[41] 《新增東國輿地勝覽》卷49，咸鏡道，甲山都護府條，第889頁。
[42] 《龍飛御天歌》卷7，第52章，第679頁。

由此可見，元代中葉以降，朝鮮半島西北部，即鴨綠江中上游地區仍舊是女真人居住之地，具言之，高麗義州以西是以鴨綠江為界，義州以東的走勢是由義州至朔州（今朝鮮平安北道朔州），由朔州延至熙川（今朝鮮慈江道熙川），再由熙川延至甯遠、孟州（今朝鮮平安南道孟山）向東南與東段雙城總管府相接。此線以北以東屬於元朝，以南以西屬於高麗。元朝在與高麗相鄰的西段邊界地區設婆娑府，治所在今遼寧丹東市東北之九連城。元朝政府在女真部落設置千戶，進行有效的管轄。

二、元明鼎革之際遼陽行省地區的形勢

　　元朝建立後，為加強對全國的控制，在強化君主專制集權的思想指導下，參照宋金政治制度，逐步建立健全了一套從中央到地方的統治機構。在中央設中書省，領六部；設樞密院，掌全國的軍事；設宣政院，掌全國佛教及吐蕃地區軍政事務；設通政院，掌全國的交通驛站。地方上的最高行政機構是行中書省，簡稱行省。元朝除了「腹里」（指山東、山西、河北）地區直接隸屬中書省，吐蕃由宣政院管轄外，於至元二十七年，在全國分置嶺北、遼陽、河南、陝西、甘肅、四川、雲南、江浙、江西、湖廣十個行中書省行省掌一方錢糧、甲兵、屯種、漕運及其他軍國政事。行省下設路、府、州、縣等行政機構。元朝管轄東北邊疆地區的行政機構主要是遼陽行省。遼陽行省的全稱是遼陽等處行中書省。遼陽行省，元世祖至元初年設置，所管轄 7 路、1 府、12 州、10縣。治所在遼陽，下轄有遼陽路、廣甯路、大寧路、東甯路、瀋陽路、開元路、合蘭府水達達路等路。[43] 遼陽行省東濱日本海，東北達鄂霍次克海和庫頁島，

---

[43] 據《元史‧百官志》記載行中書省設「丞相一員，從一品，平章二員，從一品，右丞一員，左丞一員，正二品，參知政事二員，從二品」等官員。諸路萬戶府設達魯花赤、萬戶、副萬戶、經歷、知事等官員，諸路總管府下設達魯花赤、總管、同知、治中、判官等官員。

北越外興安嶺，西北接嶺北行省。其具體範圍：遼陽行省東南部為合蘭府，朝鮮《新增東國輿地勝覽》咸鏡道咸興府建置沿革條載：「本高句麗舊地，久為東女真所據。高麗睿宗二年（1107），命尹瓘等擊逐女真。三年，置咸州大都督府，號鎮東軍，築城，徙南界丁戶一千九百四十八以實之。四年撤城，以其地還女真，後沒於元，稱合蘭府，隸於雙城」。[44]該書「古跡」條又載：「元置哈蘭府，其古治在今府南五里」，「所謂哈蘭即此雙城，即永興府三萬衛，即故挹婁、勿吉之地。」[45]其南部，初以安邊府以南的鐵嶺為界，後改為咸興南道的永興（雙城）為界。[46]合蘭府西接東甯路，東甯路以慈悲嶺為界。到至元二十七年（1290），東甯衛後撤，寄治於遼陽府。[47]遼陽行省東至海，即日本海。元朝設置千戶所管轄東部沿海地區和東北部。換言之，遼陽行省大體南至遼東半島南端，東南在至正十六年（1356）前以雙城（今朝鮮永興）一帶與高麗為鄰，北達外興安嶺，東北達黑龍江口及庫頁島，東瀕日本海，西達嫩江以西的廣大地區。[48]

元朝中葉以來，朝廷政綱廢弛、財政入不敷出，階級矛盾、民族矛盾激化，統治開始動搖。東北邊疆地區首先起兵反元的是吾者野人。元至正三年（1343）二月，「遼陽吾者野人叛」。[49]吾者野人元代居住松花江下游、黑龍江沿岸（今黑龍江哈爾濱），以狩獵為生。吾者野人，遼代稱兀惹、烏舍，金代稱烏底改、兀的改野人，元代稱吾者野人。永樂元年（1403），朱棣招撫女真諸部時，吾者野人首領西陽哈、鎖失哈率先來朝，明廷設兀者衛。此吾者野人，即明朝文獻所稱的海西女真，朝鮮文獻所稱的忽喇溫、火喇溫女真。

元朝建國後，一直向其統轄地區的吾者野人徵收海東青。吾者野人不堪其盤剝，起兵反元。以後十餘年間，反元鬥爭不斷高漲。據《元史・順帝本紀》記載：

---

[44] 《新增東國輿地勝覽》卷48，咸鏡道，咸興府，第858頁。

[45] 《新增東國輿地勝覽》卷48，咸鏡道，咸興府，第863頁。

[46] 《明太祖實錄》卷187，洪武二十年十二月壬申，「中央研究院」歷史語言研究所，1962年。

[47] 《高麗史》卷30，〈忠烈王世家〉，十六年三月丁卯條載：「帝詔罷東甯路，復歸我西北諸城」。東甯路屬地歸高麗，鴨綠江下游成為元與高麗的分界線。

[48] 《元史》卷59，〈地理志二〉，第1395-1400頁。

[49] 《元史》卷41，〈順帝本紀四〉，第876頁。

（至正六年）四月壬子，遼陽為捕海東青煩擾，吾者野人及水達達皆叛。丁卯，萬戶買住等討吾者野人遇害，詔恤其家。五月丁亥，遣火兒忽答討吾者野人。秋七月丙戌，以遼陽吾者野人等未靖，命太保伯撒里為遼陽行省左丞相鎮之。[50]

（至正七年）夏四月辛己，以通政院使朵郎吉兒為遼陽行省參知政事，討吾者野人。[51]

（至正十一年）夏四月庚子，罷海西遼東道巡防捕盜所，立鎮寧州。[52]

（至正十五年）八月，立吾者野人乞列迷等處諸軍萬戶府于哈兒分之地。[53]

由上述史料可知，吾者野人因不堪元朝課海東青之苦，紛紛起兵反元，長達十年之久，後來吾者野人的反元鬥爭相繼被元鎮壓。

吾者野人反元鬥爭被鎮壓後，江淮地區相繼掀起反元起義。至正八年（1348）方國珍率部於浙東地區反元，十一年（1351），韓林兒、劉福通的紅巾軍在河南起兵，徐壽輝在湖北起兵，十二年（1352），郭子興、朱元璋起事於淮南地區。其中朱元璋的實力最強，相繼擊敗江南群雄，即揮師北上。面對江淮地區的反元勢力，元朝調高麗軍會同元軍前往鎮壓，不料元軍發生內訌，從征的高麗軍紛紛逃離歸國。此時，高麗王朝正值恭愍王在位，他早就對元朝的民族統治與壓迫深有反感，便乘元統治衰落，於至正十六年（恭愍王五年1356）殺死親元派大臣奇轍、權謙等，起兵反元，乘機向半島東北部拓占疆土。

洪武元年（至正二十八年 1368）正月，朱元璋在南京稱帝，國號大明，建元洪武。同年八月，徐達北伐攻陷元大都（今北京），元順帝北徙上都。洪

---

[50] 《元史》卷41，〈順帝本紀四〉，第874-875頁。

[51] 《元史》卷41，〈順帝本紀四〉，第877頁。

[52] 《元史》卷42，〈順帝本紀五〉，第891頁。

[53] 《元史》卷43，〈順帝本紀七〉，第926頁。

武二年七月，明廷派常遇春、李文忠等率軍攻陷上都，元順帝逃至應昌（內蒙古克什克騰旗），元朝滅亡。

元朝滅亡後，故元的殘餘勢力在遼陽行省地區仍十分活躍，局勢仍為故元勢力所控制。如《遼東志》所載：

> 元丞相也速，以餘兵遁棲大寧，遼陽行省丞相也先不花駐兵開原，洪保保據遼陽，王哈喇不花圍結民兵於復州，劉益亦以兵屯得利贏城，高家奴聚平項山。各置部眾，多至萬餘人，少不下數千，互相雄長，無所統屬。[54]

依據上述記載，再結合其他文獻，我們可大體上瞭解到，故元殘餘勢力的情況：

在遼西地區，主要是故元丞相也速活動範圍。也速曾任遼陽行省丞相，後升元中書丞相。洪武元年，明軍攻大都時，也速退守紅羅山（今遼寧省錦西大虹螺山）。據權衡的《庚申外史》記載：當時僅有「上都與紅羅山未平，庚申帝（元順帝——引者）在上都，紅羅山在東南，也速駐兵在焉。上都恃有紅羅山為藩籬，紅羅山恃上都為救援」。大都為明軍攻陷後，也速以遼西為根據地，曾兩次率軍進逼北平，均未成功，被迫「以餘兵遁棲大寧」，企圖向東擴展。

遼南地區是元遼陽行省的政治、經濟中心，故元勢力多活動在這一地區。元順帝北遁後，故元遼陽行省平章劉益即「以兵屯得利贏城（今遼寧省復縣得利寺），與遼陽東部山區的高家奴「互為聲授，保金、復等州」。[55]佔據復州的王哈喇不花等故元將領均在劉益的控制之下。劉益扼守著明軍自海上入遼的必經之路，地理位置十分重要。在遼沈周圍，還有故元遼陽行省平章高家奴，聚平頂山（遼陽城東三百里）。高家奴在元末鎮壓紅巾軍的過程中，曾「襲破頭潘（紅巾軍的首領），擒送京師」，被授遼陽行省平章政事。[56]明軍攻陷元大都後，高家奴仍活動於石城（遼陽城東四十里）、老鴉山（遼陽城東百里）、平頂山等地與明軍對抗。

---

[54] 《遼東志》卷 8，〈雜誌〉，《遼海叢書本》第 2 集，遼海書社 1985 年，第 7 頁。
[55] 《明史》卷 134，〈葉旺傳〉，中華書局 1974 年，第 3899 頁。
[56] 《全遼志》卷 6，〈外志〉，史考，《遼海叢書》，遼海書社，1985 年，第 688 頁。

遼陽城內主要有遼陽行省平章洪保保。時盤踞遼北的也先不花、納哈出、高家奴，南部的劉益等，曾合兵趨遼陽，試圖形成拒明的中心，但是洪保保認為遼陽城是自己的勢力範圍「拒而不納」。於是，也先不花等攻破遼陽，「虜掠男女畜產，城為一空」，執洪保保於開原，「既而釋之」[57]，其實力大大削弱。

活動遼北至松花江與嫩江匯流地區的主要有也先不花和納哈出。盤踞開原的是元王乃蠻台的長子也先不花。至正十九年（1359），他與木華黎的後裔囊加歹共同鎮壓了遼陽紅巾軍，被元任命遼陽行省左丞相。明軍攻元大都之時，也先不花駐兵開原。洪武元年閏七月，元順帝逃至保安，他聞訊後，率兵前往元順帝行在，獻布匹、糧食，因此立功，升為遼陽行省中書省左丞相。遼北另一故元勢力是木華黎後裔納哈出。他原為太平路（今廣西崇左）萬戶，至正十五年為朱元璋所俘，後被釋放，返回遼陽後，積極參加對紅巾軍的鎮壓，史稱「遼東賊皆為所殄」。元末，納哈出為遼陽行省平章政事。元亡後，他「聚兵金山，畜牧蕃盛」，[58]號稱「擁數十萬眾屯金山」，[59]圖謀復元。元順帝在雞鳴山時，納哈出前往拜見，被任命為遼陽行省左丞相，不久加太尉銜。他多次攻擊明軍，是明統一東北邊疆地區的主要障礙。

洪武三年四月，元順帝病死應昌。五月，明軍北征，一舉攻克應昌，俘皇孫、後妃、諸王，惟太子愛猷識理達臘帶數十騎遁去。同月，愛猷識理達臘在和林（今蒙古人民共和國喀喇和林）即位，改元宣光（洪武四年為宣光元年），是為元昭宗。昭宗以後史稱北元。愛猷識理達臘以河南王擴廓帖木兒為中書右丞相，經略漠北。北元的建立對剛剛建立的明朝構成嚴重的威脅。

綜上所述，元明鼎革之際，遼陽行省地區仍為故元勢力所控制，而明朝的勢力還沒有深入到該地區，高麗王朝乘此時機向北吞食半島女真故土。

---

[57]　《全遼志》卷6，〈外志〉，史考，第688頁。
[58]　《明史》卷129，〈納哈出傳〉，第3799頁。
[59]　《明史》卷129，〈馮勝傳〉，第3798頁。

三、高麗王朝拓占半島女真故土

元末明初，高麗王朝正是第 31 代王恭愍王統治時期。恭愍王，原名祺，蒙古名伯顏帖木兒，忠肅王之子。元至順元年（1330）生，忠肅王時封為江陵大君。至正元年（1341），元帝召他入元宿衛。至正十二年初，為元朝冊封為高麗國王，後更名為顓，恭愍之號為明太祖朱元璋所賜。恭愍王從至正十二年至洪武七年在位。

恭愍王即位高麗國王時，元朝的統治已經岌岌可危。於是，恭愍王便設法擺脫元朝的控制，乘機收復被元朝佔據的和州（今咸興）地區，同時抓住機會大勢擴張。至正十六年（恭愍王五年 1356）五月，恭愍王以謀反罪，誅殺了元順帝娶自高麗的皇后奇氏之父奇轍等，滅其黨，籍其家。[60]同時，又「罷征東行中書省理問所」，[61]以評理印璫、同知密直司事姜仲卿為西北面兵馬使、前大護軍崔瑩等為副使，攻元「鴨江以西八站」。[62]同年六月，又派評理印璫率兵渡過鴨綠江，攻元「婆娑府等三站，破之」。[63]並停止使用元至正年號。[64]高麗派兵渡鴨綠江向元朝所屬地區發起攻勢，這是高麗與蒙元交往以來罕見之舉。婆娑府（今遼寧省丹東市東北二十里九連城），原為元朝管轄西段疆界地區而設，隸屬於遼陽行省下的遼陽路。高麗上述擺脫元朝控制的舉動，特別高麗軍渡過鴨綠江襲擊元婆娑府三站，這一前所未有之舉，使元朝大為震驚。同年七月，元朝派中書省斷事官撒迪罕帶著元順帝的諭旨至高麗，向高麗提出抗議。諭旨云：

---

[60] 《高麗史節要》卷 26，恭愍王（一）丙申五年（元至正十六年）五月條載：「今有奇轍，盧頙，權謙等，不念元朝存恤之意，先王創垂之法，席勢以陵君，肆威以毒民，罔有限極，予以連姻帝室，於其所言，一皆勉從，猶為不足，潛圖不軌，欲危社稷，幸賴天地祖宗之靈，轍等俱已伏辜。」

[61] 《高麗史》卷 39，恭愍王五年五月丁酉，第 588 頁。

[62] 《高麗史》卷 39，恭愍王五年五月丁酉，第 588 頁。

[63] 《高麗史》卷 39，恭愍王五年六月癸丑，第 588 頁。

[64] 《高麗史》卷 39，恭愍王五年六月辛亥，第 588 頁。

高麗自我世祖混一之初，灼知天命，舉國臣服，爰結婚親於今百年。邇者奸民，遞生邊釁，越我封疆，擾我黎庶，焚我傳舍，阻我行人，揆諸天憲，討戮何疑。尚慮蕞爾賊徒，或得罪爾邦逋逃嘯聚，或從他國妄稱汝民，盜用兵戈以間世好。若不詢問情偽，大兵一區玉石俱焚，誠所不忍。特遣撒迪罕等前去，爾其毋生疑貳，發爾士卒就便招捕，或約我天兵並力挾攻，其於靖國安民，永敦前好。具悉奏聞。[65]

高麗自知理虧，上表元朝謝罪云：「誠惶誠恐，無地措躬，又慮邊鄙之民，乘釁妄動，或有奸人往來亂我情實，故置關防，以謹出入，其吏士過江劫掠實非本意，考其罪人以正邦典。伏望弘天地之仁，霽雷霆之怒，垂蕩之洪恩，保哀哀之微喘，則四千餘里永為薄海之藩，億萬斯年」。[66]在元朝的壓力下，高麗把西北面兵馬使印璫作為替罪羊殺死，以表謝罪。

然而，高麗拓展疆土之心並未收斂，反而變本加厲。同年八月，高麗平壤都巡問使李餘慶「俘女真男女二十餘人，分置楊廣道」，[67]東北面兵馬使李成桂「俘女真二十人分居各司為婢」。[68]至正十七年（恭愍王六年 1357），高麗派泥城萬戶金進等將居住鴨綠江中游林土、碧團的女真人戶「擊走之」，「抄南界人戶以實之」，並於洪武二年（恭愍王十八年 1369），置泥城萬戶府。[69]至正二十一年（1361），高麗又在鴨綠江中游南一百三十里處的禿魯江置萬戶。禿魯江「本高句麗、渤海，女真代有其地」，[70]即世代中國女真所居的故土。高麗佔領這一地區後，改其名為江界（今朝鮮慈江道江界）。據《高麗史·地理志》載：「江界府，恭愍王十年（1361），稱禿魯江萬戶，十八年改今名（江界府），為萬戶

---

65 《高麗史》卷39，恭愍王五年七月丁酉，第589頁。
66 《高麗史》卷39，恭愍王五年七月戊申，第590頁。
67 《高麗史》卷39，恭愍王五年八月癸未，第590頁。
68 《高麗史》卷39，恭愍王五年八月己丑，第590頁。
69 《高麗史》卷58，地理志，泥城府條，第278頁。
70 《大東地志》，平安道，江界條，第456頁。

58　中朝疆界與民族

府」。[71]高麗佔領泥城、江界女真之地後，將這一地區作為其向鴨綠江中上游擴展勢力的據點。為了進一步擴展勢力，洪武三年（恭愍王十九年 1370）正月，高麗派朝鮮東北面主將李成桂率騎兵五千，步兵一萬，進攻元鴨綠江流域的東寧府，「自東北面逾黃草嶺（今咸興附近），行六百餘里至雪寒嶺（今江界南），又行七百餘里」，渡鴨綠江。[72]當時，元東寧府同知李吾魯帖木兒得知高麗來攻，「移保亐羅山城（今吉林省恒仁縣北五女山城），欲據險以拒」。[73]當李成桂率軍至也頓村，李吾魯帖木兒率軍迎戰，結果戰敗而退，遂「率三百餘戶降」。[74]只有元將高安慰仍率眾拒守，不久，也棄城夜遁。《高麗史》載錄如下：

> 高安慰帥麾下嬰城據守，我師圍之，太祖適，不御弓矢，取從者之弓，用片箭射之，凡七十餘發，皆正中其面，城中奪氣。安慰棄妻孥，縋城夜遁。明日，頭目二十餘人，率其眾出降，諸城望風皆降。得戶凡萬餘，以所獲牛二千餘頭，馬數百餘匹，悉還其主，北人大悅，歸者如市。東至皇城，北至東寧府，西至於海，南至鴨綠，為之一空。[75]

亐羅山城位於今渾江下游，為元東寧府所轄，時為元將李吾魯帖木兒鎮守，為元朝控制鴨綠江中上游的主要據點。高麗此次長驅深入元朝境內，暴露其要奪佔鴨綠江中上游的企圖。

高麗王朝在向鴨綠江中上游拓展疆土的同時，也開始向半島東北部拓展疆土。至元十六年（恭愍王五年 1356）七月，高麗命樞密院副使柳仁雨為東北面兵馬使，率軍進攻元雙城總管府。雙城總管趙小生、千戶卓都卿逃走，雙城為高麗奪回。[76]雙城位於朝鮮咸鏡南道南部，原為高麗領地和州。元憲宗八年

---

[71] 《高麗史》卷 58，地理志，江界府條，第 278 頁。
[72] 《高麗史》卷 42，恭愍王十九年正月甲午，第 632 頁。《高麗史節要》是年春正月甲午條也載：「我太祖以騎兵五千，步一萬，自東北面，踰黃草嶺，行六百餘里，至雪寒嶺，又行七百餘里，甲辰，渡鴨綠江。」
[73] 《高麗史》卷 42，恭愍王十九年正月甲午，第 632 頁。
[74] 《高麗史》卷 42，恭愍王十九年正月甲午，第 632 頁。
[75] 《高麗史》卷 42，恭愍王十九年正月甲午，第 632 頁。
[76] 《高麗史》卷 39，恭愍王五年七月乙酉，第 589 頁。

（高麗高宗四十五年 1258）以後歸屬於元。高麗在奪回雙城總管府的同時，又繼續北拓疆土，佔領隸屬於元咸興以北的女真故土。然而，高麗卻不顧歷史事實，在其《高麗史》中記載云：

> 東北面兵馬使柳仁雨陷雙城，總管趙小生、千戶卓都卿遁走。收復和（永興）、登（安邊）、定（定平）、長（長平）、預（定平南）、高（高原）、文（文川）、宜州（德源）及宣德（咸興南）、元興（定平南）、寧仁（永興東）、耀德（永興西）、靜邊（永興東）等鎮。咸州以北，自高宗戊午沒於元，今皆復之。[77]

《高麗史》這一顛倒歷史事實的記載，必須加以澄清。「戊午年」，為高麗高宗四十五年，當時「沒於元」的只是引文中提到的和、登、定、長等州鎮，即高麗咸興以南的本屬於高麗州鎮，元初歸附於元，可以說「今皆復之」。至於咸興以北的女真地區，從來就是中國疆土，在蒙古滅東夏時，就已納入元的版圖，《高麗史》云「今皆復之」，是歪曲歷史事實，企圖掩蓋其佔領隸屬於元咸興以北女真故土的歷史真相。[78]

　　高麗對元朝咸興以北的女真故土的佔領，元朝立刻做出反映，提出抗議。同年十月，元朝派遣撒迪罕等攜帶元帝詔書前往高麗。詔書曰：

> 昔我世祖皇帝混一區夏，爾高麗率先效順，建為東藩，請婚帝室，帝亦允從。今將百年，錫貢相望，靡有間言。茲夏爾國遊兵入我疆域，毀我驛置，邊民不寧，是用遣使往告……自今伊始小心敬慎，率順彝章，撫我黎庶，固我東圍，勿替朕命，惟爾之休，於戲，赦過宥罪，廣推大造之心，懷遠招攜誕布至仁之德。[79]

---

[77] 《高麗史》卷39，恭愍王五年七月丁亥，第589頁。

[78] 參見刁書仁：〈明前期中朝東段邊界的變化〉，《史學集刊》，2000年2期。

[79] 《高麗史》卷39，恭愍王五年十月甲寅；《高麗史節要》是年冬十月條也載：「元復遣撒迪罕等，詔曰：『昔我世祖，混一區夏，爾高麗國，率先效順，建為東藩，請婚帝室，帝亦允從，今將百年，錫貢相望，靡有間言。茲夏，爾國遊兵，入我疆域，毀我驛置，邊人不寧，是用

元朝的態度非常明確，高麗的行徑是「入我疆域，毀我驛置」，造成「邊民不寧」，因此「遣使往告」。高麗接到元朝詔書後，自知理虧，立即派政堂文學李仁復前往元朝，上表謝罪。表文前半部分，是高麗恭愍王向元朝謝罪的辭令。表文如下：

> 乾坤洪造，曲全庶物之生父母至仁，旋棄癡兒之過，賊子亂常，殆將覆國。愚臣應卒不及，聞天伏蒙推視遠之，明廓包荒之度，揆事機之非，所得已矜情實之無可奈何，霽雷霆之威，既往不咎，霈雨露之澤，咸與惟新。乾坤全物之生父母，棄兒之過亦不可為喻也。人非木石，豈不知感哉。[80]

表文後半部分是高麗對拓展元朝疆地所進行的辯解。表文云：

> 雙城、三散元（原）是小邦之境，先臣忠憲王戊午（1258）趙暉、卓青等犯罪懼誅，誘致女真，乘我不虞，殺戮官吏，系累男女，皆為奴婢，父老至今言之流涕，指為血讐。[81]

應當指出的是，高麗表文中云：「雙城、三散元（原）是小邦之境」是有悖於歷史事實的。如前所述，雙城即咸興以南確實是高麗舊疆，但是咸興以北三散（今朝鮮北青）也是高麗舊疆則屬誑言，此地從來不屬於高麗。因為從西漢至高句麗，中經唐渤海直至元代，其間除 1107 年至 1109 年不到兩年的時間

遣使，往告厥由。使還，附奏具稱：近者境上，乘間侵軼之徒，已正其罪，又言事釁之生，在於倉卒，志圖靖難，不及稟命，其間應變之狀，中書悉以告朕，肆朕察其事情，追惟我祖宗憫下之惠，先臣慕義之誠，詎以一眚，輒虧舊恩，然，裁以至公，若爾初獲首事，具罪以聞，善善惡惡，朕與天下共之，奚肯徇私，以紊大法，如云倉卒，不遑陳奏，事定之後，盍先馳聞，事既已往，況能悔罪陳情，茲示寬容，特釋爾咎。自今伊始，小心敬慎，率順彝章，勿替朕命。」

[80] 《高麗史》卷 39，恭愍王五年十月戊午，第 591 頁。
[81] 《高麗史》卷 39，恭愍王五年十月戊午，第 592 頁。

為高麗一度佔領過咸興至吉州這一地區，後又歸還女真外，咸州以北一直是中國疆土，是遼金女真人世居的故土。高麗作賊心虛，生怕元朝興師問罪，在呈元朝的表文中煞有介事地聲稱，不僅雙城，而且三散地區也是高麗「舊疆」，純屬歪曲歷史。其實，咸興以北三散等地不是高麗「舊疆」，高麗統治者心裡是十分清楚的。所以，高麗在表文最後向元朝請求：「恭惟朝廷薄海內外莫非王土，尺寸不毛之地豈計彼此哉！伏乞歸我舊疆，雙城、三散以北許立關防」。[82]這裡高麗請求元朝允許恢復雙城「舊疆」無可非議，但提出在三散以北設立關防，顯然包藏禍心，是乘元朝政局不穩，為其今後繼續北擴疆土埋下伏筆。當時元朝雖已無暇東顧，但對高麗的無理要求並未表態。

高麗軍攻佔雙城地區後，將當地的女真人，有的強行安置到高麗南部，有的則分派到各司充官奴婢。這時，高麗並未立即繼續向北拓展疆土，是因為當時高麗受到來自兩股外來勢力干擾。一是倭寇的騷擾。至正十年（忠定王二年1350），倭寇騷擾高麗「固城、竹林、巨濟……倭寇之侵始此」。[83]此後，倭寇經常以數十艘乃至數百艘船在慶尚道、全羅道等地搶掠。這期間倭寇的襲擾雖然主要限於高麗南部沿海地區，還未對高麗全域構成很大威脅，但牽制不少高麗力量。二是元北方紅巾起義軍進入高麗。至正十七年（1357），北方紅巾起義軍分三路北伐。其中，由關先生（關鐸）、破頭潘（潘誠）、沙劉二等率領的中路軍原計劃北上山西，然後轉入河北，與毛貴等率領的東路軍匯合共同進攻大都。由於元在山西、河北的兵力還很強大，北伐紅巾軍的兵力較分散，此計畫未能實現。中路軍只好繼續北上，先後攻克大同、上都，破全甯路（治所在今內蒙翁牛特旗烏丹城），轉入遼陽路。至正十九年（恭愍王八年1359）十一、十二月，中路紅巾軍毛居敬部首先渡過鴨綠江，攻陷高麗義、麟、靜等州，並南下攻陷高麗西京，不久撤還。[84]至正二十一年十月，中路紅巾軍主力在關先

---

[82] 《高麗史》卷39，恭愍王五年十月戊午，第592頁。
[83] 《高麗史》卷37，忠定王二年二月，第573頁。
[84] 據《高麗史節要》卷27，恭愍王（二）己亥八年（元至正十九年）冬十一月條載：「紅頭賊，三千餘人，渡鴨綠江，摽竊而去，都指揮使金元鳳，匿不報。」十二月條載：「紅頭賊魁，偽平章毛居敬，眾號四萬，冰渡鴨綠江，陷義州，殺副使朱永世，及州民千餘人，陷靜州，殺都指揮使金元鳳，遂陷麟州。」

生、破頭潘、沙劉二等率領下進入了高麗。十一月，紅巾軍攻陷高麗首都開京，給高麗統治者以很大打擊。[85]然而，這支起義軍隊一直流動作戰，後期行動已帶有很大盲目性，其進入高麗就是這種盲動性的表現之一。由於這支起義隊伍的鬥爭目標已不明確，進入高麗後不能聯合、依靠高麗人民，又缺乏嚴格的紀律，因此未能得到廣大高麗人民的支持。至正二十二年春，高麗二十萬大軍向紅巾軍據守的開京發起反攻，沙劉二、關先生戰死，起義軍損失嚴重。餘眾在破頭潘帶領下，撤出開京，北上渡過鴨綠江返回遼陽行省。[86]四月，破頭潘在遼陽行省戰敗被俘，這支起義軍失敗。

　　高麗收復雙城後，又將其勢力向北拓進到伊板嶺一帶。這一地區的女真人難以繼續與高麗抗衡，有些女真人只好接受高麗的招附。洪武三年（恭愍王十九年 1370）十一月，「女真達麻大遣使獻地」，高麗任命達麻大為大將軍。[87]洪武四年二月，「女真千戶李豆蘭帖木兒遣百戶甫介以一百戶來投」。[88]他是三散地區頗有影響的女真首領，其歸附反映高麗在這一地區統治的加強。[89]此後，高麗逐漸向伊板嶺推進，並越邊伊板嶺，向海洋（今朝鮮吉州）一帶拓展勢力。是年十二月，「海洋萬戶弓大及鎮邊元帥達麻大遣使賀正」。[90]洪武十五年，「海洋萬戶金同不花遣其子夫耶介為質」，不久，「金同不花以所管人民來投，處之禿魯兀之地」。[91]從女真首領金同不花歸附高麗而「處之禿魯兀之地」的情況看，當時高麗的勢力已控制了禿魯兀（今朝鮮端川）一帶，即摩天嶺以南。

[85]　據《高麗史節要》卷 27，恭愍王（二）辛丑十年（元至正二十一年）冬十一月條載：「紅賊，屯撫州，李芳實以彼眾我寡，斂兵退……大將軍崔準等，擊賊於博州，敗之……芳實又與指揮使金景碑，擊賊於價州，斬百五十餘級。乙卯，安佑遣趙天柱、鄭履等，將步騎四百，擊賊於博州，斬百餘級，李芳實，又以百騎，擊賊千餘於延州，斬二十級，佑統諸軍，進屯安州，獻捷。丙辰，賊襲安州，我軍敗績，上將軍李蔭、趙天柱死之」

[86]　《高麗史節要》卷 27，恭愍王（二）壬寅十一年（元至正二十二年）春正月條載：「破頭潘等二十餘萬，奔還渡鴨綠江而走。」

[87]　《高麗史》卷 42，恭愍王十九年十一月乙巳，第 641 頁。

[88]　《高麗史》卷 43，恭愍王二十年二月甲戌，第 642 頁。

[89]　서병국，〈李之蘭研究〉，《白山學報》10，1971 年

[90]　《高麗史》卷 43，恭愍王二十年十二月丁未，第 646 頁。

[91]　《高麗史》卷 134，〈辛禑傳〉，第 710 頁。

元明之際，高麗對女真故地的拓占，無論是當地女真人，還是故元勢力都曾為收復故土進行過積極的鬥爭。

高麗佔領女真故地後，當地女真人以不同方式進行了抵抗。眷戀故土的女真人或進入山林河谷，或渡鴨綠江暫避。《高麗史》載：女真人「越境來居，擾百姓，掠牛馬」。這些「越境來居」者，是被高麗軍驅趕走的女真人，他們不顧高麗軍的殘害，又重返故土居住。「擾百姓，掠牛馬」，恰恰表明女真人對高麗佔領者的反抗鬥爭。至正二十四年（1364），半島東北面女真三善三介攻三散等地高麗佔領區。高麗派交州道兵馬使成士達率兵五百擊之。女真攻陷咸州（今朝鮮咸興），守將全以道、李熙棄軍而逃。都指揮使韓方信、兵馬使金貴進兵，「和州（今朝鮮永興）亦潰，退保鐵關，和州以北皆沒」，[92]和州以北一度又被女真人收回。三善三介等女真人南下收復失地，顯示了女真人強烈的領土意識，他們生息的地區不願輕易放棄。

與此同時，元朝廷也派兵遣將為收復失地進行積極的努力。至元二十二年二月，元將納哈出率軍攻打三散等地，逼進咸興，高麗派東北面都指揮使李成桂迎戰，雙方累戰數日，最後納哈出北撤。[93]同年七月，元將納哈出率兵萬餘人「屯於洪原（今朝鮮洪原）之轄聑洞，遣哈喇萬戶、那延帖木兒同僉、伯顏南下指揮，率兵千餘為先鋒」，[94]與李成桂激戰於德山洞院平（洪原附近），雙方多次交鋒，最後為高麗軍所敗。洪武五年初，元將于山不花等攻打「泥城、江界等處」。[95]二月，胡拔都等又攻「泥城、江界等處」。[96]三月，故元僉院曹家兒等率軍「潛入陰童口子」與高麗佔領軍激戰。[97]上述故元勢力為收復失地

---

[92] 《高麗史》卷 40，恭愍王十三年正月庚辰，第 617 頁。《高麗史節要》同年正月條也載：「女真三善三介等，寇忽面三撤，命交州道兵馬使成士達，發精騎五百，往擊之。初北人金方卦，娶我度祖女，生三善三介，於太祖，外兄弟也，生長女真，膂力過人，善騎射，聚惡小，橫行北邊，畏太祖，不敢肆太祖，世長咸州，恩威素積，民仰之父母，女真亦畏慕自戢。至是，三善三介聞太祖往援西北，誘致女真，大肆侵略，遂陷咸州。守將全以道、李熙等，棄軍走還，東北面都指揮使韓方信、兵馬使金貴進兵和州亦潰，退保鐵關，和州以北皆沒焉。」

[93] 《高麗史》卷 40，恭愍王十一年二月己卯，第 604 頁。

[94] 《高麗史》卷 40，恭愍王十一年秋七月，第 605-607 頁。

[95] 《高麗史》卷 43，恭愍王二十一年正月甲戌，第 646 頁。

[96] 《高麗史》卷 43，恭愍王二十一年二月辛丑，第 646 頁。

[97] 《高麗史》卷 43，恭愍王二十一年三月庚戌，第 647 頁。

進行的抵抗是否受命於元中央已無從考證，但至少表明了元遼陽行中書省試圖要收復被高麗佔領的故土的積極態度。

四、明朝對女真地區的經略

　　如前所述，高麗王朝向半島西北、東北部拓占女真人的疆土是在元朝勢力消退，明廷的統治尚未到達鴨綠江、圖們江流域，該區域處於無政府狀態下進行的。

　　明朝建國伊始，便積極經略東北邊疆地區。洪武三年九月，明廷派斷事官黃儔等齎書，「詔諭遼陽等處官民」。[98]是年冬，故元遼陽行省平章劉益，「以遼東州郡地區並籍其兵馬錢糧之數，遣右丞董遵、僉院楊賢奉表來降」。[99]為表彰劉益來降，明太祖朱元璋派斷事官吳立宣詔，置遼東衛指揮使司於得利贏城（今遼寧復縣得利寺山城），以劉益為指揮同知，這是明朝取代元朝在東北邊疆設治之始。當時，遼東故元殘餘勢力分裂為親元、親明兩派。洪武四年五月，親元派故元平章洪保保、馬彥翬、八丹等發動叛亂，殺死劉益。[100]六月，親明派故元右丞張良佐、故元左丞房暠起兵殺死馬彥翬投明。明太祖朱元璋任吳立、張良佐、房暠為遼東衛指揮僉事，掌管衛事。[101]遼東衛是明朝政府在東北邊疆建置的第一個軍事衛所，他控制著遼東半島，地理位置十分重要，是明朝進軍遼東的海上南大門。翌年七月，明設定遼都衛指揮使司，以馬雲、葉旺為都指揮使，吳泉、馮祥為同知，王德為僉事，「總轄遼東諸衛軍馬，修治城池，以鎮邊疆」。[102]此後，明廷一方面征剿北元在東北的殘餘勢力，一方面著手招撫諸部女真。

---

[98]　《明太祖實錄》卷 56，洪武三年九月乙卯，臺北：「中央研究院」歷史語言研究所，1962 年。
[99]　《明太祖實錄》卷 61，洪武四年二月壬午。
[100]　據《遼記》記載：「洪武四年，遣大都督府吳立撫遼東新附官民。初洪保保既得釋，復聚兵遁得利贏城，吳立至遼東賞不及保保，保保大懟，以劉益賣己，以殺劉益奔開原。」
[101]　《明太祖實錄》卷 66，洪武四年六月壬寅。
[102]　《明太祖實錄》卷 67，洪武四年七月辛亥。

洪武五年，明太祖朱元璋令明軍征剿北元的殘餘勢力。是年正月，明廷命靖海侯吳禎，率舟師運餉至遼東，援定遼都衛都指揮馬雲、葉旺。六月，馬雲、葉旺發兵攻佔遼南，設金、復、蓋三州。時明軍的戰略是，以遼陽為基地，首先肅清周圍地區小股故元殘餘勢力，以孤立北方的納哈出。這樣，明軍向東，檄招高家奴，高家奴不聽招撫。馬雲、葉旺遂領兵進軍平頂山克之，復追高家奴至老鴉山，直抵其寨，高家奴敗走，明軍乘勝追擊，俘獲人口、牛馬甚眾，高家奴勢孤力窮「詣云請降」。[103]在高家奴降服前後，同知樞密院高大方、遼陽路總管高斌等也相繼歸降。[104]明廷又於是年派徐玉率遼陽明軍至遼西之臭柳河（今遼寧省興城東），「遇也先不花軍，（徐）玉鼓噪而進，摧其眾」，生擒也先不花部下麻的。[105]洪武五年六月，明派定遼都衛都指揮同知馮祥率兵向西攻克十萬山、大片崖、小片崖等故元所居之地，撫輯其民而還。[106]隨後又向納哈出、也先不花所控制的地區出擊，進攻開原、金山等處。這樣，故元小股勢力先後歸附，明軍基本控制了遼沈以南地區。為鞏固已佔領地區，明廷「復設遼陽府州縣，以千戶徐便統署府事，安集人民，柔來綏附」。[107]同年十一月，明廷於遼陽城北設定遼右衛。洪武八年四月，設金州衛。十月，明廷將全國的都衛都改為都指揮使司，定遼都衛遂改為遼東都指揮使司，[108]簡稱遼東都司。遼東都司下轄定遼前、後、左、右四衛和金州衛。洪武九年改定遼後衛為蓋州衛，復置定遼後衛於遼陽城北，以定遼左衛指揮僉事張山統兵屯戍。[109]洪武十三年，明設東甯、南京、海洋、草河、女真五千戶所。東甯千戶所，大抵在鴨綠江中游；南京千戶所，在今吉林省延吉市；海洋千戶所，在今朝鮮咸鏡北道吉州；草河千戶所在今遼寧丹東連山關外草河。[110]至此，遼東設衛十二，下轄若

---

[103] 《遼東志》卷 5，官師，名宦，《馬雲傳》，第 40 頁。
[104] 《明太祖實錄》卷 76，洪武五年九月丁未。
[105] 《遼東志》卷 5，官師，名宦，《徐玉傳》，第 40 頁。
[106] 《明太祖實錄》卷 74，洪武五年六月癸卯。
[107] 《明太祖實錄》卷 78，洪武六年六月壬寅。
[108] 《明太祖實錄》卷 101，洪武八年冬十月癸丑。
[109] 《明太祖實錄》卷 110，洪武九年冬十月辛亥。
[110] 參見和田清：《明初の滿洲經略》，《東亞史研究》，滿洲篇，東洋文庫 1959 年。

干千戶所，有軍隊七萬餘人，馬萬餘匹，為征納哈出，摧毀故元殘餘勢力奠定了雄厚基礎。

明朝在征服故元殘餘勢力的同時，積極對女真進行招撫。明廷招撫女真，首先著眼於鴨綠江、圖們江流域的女真，以便切斷北元與高麗的聯繫。洪武七年九月，高麗恭愍王被弒，親元派辛禑繼位國王。他即位伊始廢洪武年號，改奉北元宣光年號。[111]這樣一來，出現了遼東明軍為北元與高麗所鉗制的不利局面。明朝認為要打破這種不利的局面，必須大力招撫女真，以此牽制北元的勢力，阻止高麗北吞半島中國領土。洪武八年十二月，元將納哈出進犯金州、蓋州，這是納哈出與明軍的一次較大的較量。這次戰役，明軍大敗納哈出，取得大捷。[112]此次戰役後，納哈出曾「遣人經由哈喇、雙城潛往高麗」[113]，希望得到高麗的支持，聯手攻明遼東地區。

此後，納哈出又派人出使高麗「請尋舊好」，「欲與攻遼」。[114]為切斷納哈出與高麗的聯繫，明朝派兵進入鴨綠江流域。洪武九年，明將周鶚，「總率諸軍，征東寧邀擊達賊」，俘、斬一千九百餘人。周鶚又與徐玉聯兵，「招討東寧安撫司等處，獲其頭目、人民千九百餘口」。[115]不久，葉旺又「總率諸軍，征哨鴨綠江與東寧、皇城（今吉林省集安縣）等地方」，[116]對鴨綠江中上游女真進行招撫。洪武十二年，明朝令高麗「發還同知李元（兀）魯帖木兒等三十三人，又令刷回黃城等處移來人民」。[117]這位李兀魯帖木兒，就是當年降附高麗的東寧府同知，所謂「黃城等處移來人民」，就是被高麗強行驅逐的鴨綠江流域的女真人。洪武十三年，明廷設置的海洋（今朝鮮咸鏡北道吉州）和南京（今吉林省延吉市附近）兩個女真千戶所，表明明朝已開始招撫圖們江南北的女真部落。《明實錄》載：

---

111 《高麗史》卷 133，〈辛禑傳〉，第 690 頁。
112 《明太祖實錄》卷 102，洪武八年十二月乙卯。
113 《高麗史》卷 134，〈辛禑傳〉，第 701 頁。
114 《高麗史》卷 135，〈辛禑傳〉，第 714 頁。
115 《遼東志》卷 5，官師，名宦，周鶚傳，第 40 頁。
116 《遼東志》卷 5，周鶚傳官師，名宦，第 40 頁。
117 《高麗史》卷 134，〈辛禑傳〉，第 701 頁。

故元鯨海千戶速哥帖木兒、木答千戶完者帖木兒、牙蘭千戶皂化，自女
真來歸，言遼陽至佛出渾之地三千四百里，自佛出渾至斡朵憐一千里，
斡朵憐至托溫萬戶府一百八十里，托溫至佛思木隘口一百八十里，佛思
木至胡里改一百九十里，胡里改至樂浪古隘口一百七十里，樂浪古隘口
至乞列憐一百九十里。自佛出渾至乞列憐，皆舊所部之地，願往論其民
使之來歸。詔許之，賜以織金文綺。[118]

鯨海係指日本海，牙蘭即清代雅蘭河（今俄羅斯濱海邊區的塔烏黑河），佛出
渾即今琿春，佛思木即黑龍江省樺川縣東北宛里城，胡里改乃弗提奚（今富錦）
之誤，樂浪古即考郎古（今松花江與黑龍江會合處附近），乞列憐即喜魯林（在
今秦得利附近）。由此可知，此時明朝的勢力已抵達日本海海岸，並力圖繞過
納哈出盤踞地區，開始進入圖們江流域。

　　洪武十五年四月，有「遼東東寧、草河千戶所招降故元合羅城萬戶府校卒
及鴨綠江遺民，凡二千六百八十六人，送至遼陽，以衣糧給之」。[119]所謂「故
元合羅城萬戶府」，即《元史》所稱「合蘭府」，在今朝鮮咸興。「鴨綠江遺民」，
當屬鴨綠江中上游的女真人等。說明明朝的勢力已達鴨綠江、圖們江流域。同
年，明朝派故元降將胡拔都深入圖們江流域女真地區，招撫當地的女真人，《高
麗史》載：「胡拔都擄掠東北面人民而去」。[120]翌年八月，胡拔都又率明軍進抵
端州（今朝鮮端川），女真首領金同不花歸附明，高麗派李成桂率兵出擊，雙
方戰於吉州平，明軍寡不敵眾敗退。[121]洪武十七年，明朝又派千戶白把把率七
十餘騎至北青州（今朝鮮北青），但由於兵力單薄，為高麗軍擊退。[122]

　　明朝勢力向女真地區的深入發展，進一步動搖和分化了元朝殘餘勢力。洪
武十六年四月，故元海西右丞阿魯灰遣人至遼東願歸降。明太祖朱元璋遣使前

---

[118] 《明太祖實錄》卷142，洪武十五年二月壬戌。
[119] 《明太祖實錄》卷144，洪武十五年四月辛丑。
[120] 《高麗史》卷134，〈辛禑傳〉，第701頁。
[121] 《高麗史》卷135，〈辛禑傳〉，第717頁。
[122] 《高麗史》卷135，〈辛禑傳〉，第726頁。

往諭之。敕諭曰:「惟智者能知存亡之道,而決去就之機。今爾所守之地,東有野人之隘,南有高麗之險,北接曠漠,惟西抵元營,道路險扼,孰不以為可固守。爾乃能率眾內附,自非智者審勢達變,計不及此,雖古之志士,何以過之。朕甚嘉焉。今特遣使諭意爾其知之」。[123]阿魯灰所據地區,係納哈出勢力與女真之間的中間地帶,他的歸降自然給納哈出造成壓力,同時為明朝深入招撫女真地區提供了條件。洪武十七年六月,「兀者野人酋長王忽顏哥奇等十五人」來歸。[124]翌年九月,故元奚關總管府所屬水銀千戶所和失憐千戶所的餘部女真來降,表示願居遼東。《明實錄》載:「女直高那日、捌禿、禿魯不花三人詣遼東都指揮使司來歸。自言:高那日乃故元奚關總管府水銀千戶所百戶,捌禿、禿魯不花乃失憐千戶之部人也……遼東樂土也,願居之」。[125]在元朝的統治崩潰的形勢下,此地區的女真與明軍的挺進相呼應,紛紛接受明廷的招撫。

在此基礎上,明廷在元統治的女真地區始設機構,代替元朝管理女真地區。洪武二十年始設三萬衛。《明實錄》載:「置遼東三萬衛指揮使司,以千戶侯史家奴為指揮僉事」。[126]《李朝太宗實錄》也載:

> 禮曹參議安魯生回自京師齎禮部咨文來諮曰:該兵部於兵科抄出建州衛指揮莽哥不花奏:洪武十九年間有本處楊哈剌赴京蒙除三萬衛百戶職事,洪武二十一年間根指揮侯史家奴等於斡朵里開設衙門。[127]

三萬衛最初設在斡朵里,即黑龍江省依蘭縣之西馬大屯。[128]洪武二十一年三月「徙置三萬衛於開原」。[129]

---

[123] 《明太祖實錄》卷153,洪武十六年四月己亥。
[124] 《明太祖實錄》卷162,洪武十七年六月六辛巳。
[125] 《明太祖實錄》卷175,洪武十八年九月甲申。
[126] 《明太祖實錄》卷187,洪武二十年十二月癸亥。
[127] 《李朝太宗實錄》卷7,太宗七年三月己巳。
[128] 參見池內宏:《三萬衛について考》,《滿鮮史研究》,中世1,吉川弘文館,1933年。
[129] 《明太祖實錄》卷189,洪武二十一年三月辛丑。

五、明朝對高麗拓占疆界的防範與鐵嶺衛設置之爭

　　高麗王朝乘元朝國勢衰微，勢力逐漸消退，明廷正全力征剿故元勢力無暇東顧之際，大肆拓占半島東北部、西北部女真人領土。明朝對於高麗拓占半島女真疆土的行為十分清楚。

　　如前所述，明朝建國之初，國內及周邊的形勢對剛剛建立的明政權極為不利。元朝的勢力仍然控制著漠北及遼東地區，並沿用元朝的國號（史稱北元）。如《明史紀事本末》所載：時北元「引弓之士不下百萬眾也，歸附之部落不下數千里也，資裝鎧杖，尚賴而用也，駝馬牛羊尚全而有也」。[130]從國內形勢看，地方割據勢力尚未肅清。特別是連年戰爭造成土地荒蕪，人口銳減，亟需恢復經濟，醫治戰爭創傷。而北元的勢力妄圖東山再起，極力拉攏和利用原臣服於己的高麗王朝，希望高麗「宜助力，復天下」。[131]面對國內及周邊的嚴竣的形勢，明廷採取主動交往朝鮮，速滅北元的策略。為此，明太祖即位伊始，便開展對高麗工作。洪武元年十二月，明廷派符寶郎契斯帶著明太祖的璽書赴高麗通報明朝建國之事。璽書的內容，主要是向高麗恭愍王通報明代元的歷史大勢，暗示高麗恭愍王識時務，背元向明，並表示與高麗建立友好關係。[132]此時，

---

[130] 谷應泰：《明史記事本末》卷 10，故元遺兵，中華書局 1977 年，第 149 頁。

[131] 《高麗史》卷 44，恭愍王二十二年二月乙亥，第 652 頁。

[132] 據《高麗史》卷 41，恭愍王十八年四月壬辰條載：「大明皇帝致書高麗國王：自有宋失馭，天絕其祀，元非我類，天命入主中國，百有餘年，天厭其昏淫，亦用隕絕其命。華夷擾亂，十有八年。當群雄初起時，朕為淮右布衣，忽暴兵疾至，誤入其中，見其無成，憂懼不寧，荷天之靈，授以文武，東渡江左，習養民之道，十有四年，西平漢主陳友諒，東縛吳王於姑蘇，南平閩越，戡定八蕃，北逐胡君，肅清華夏，復我中國之舊疆，今年正月，臣民推載，即皇帝位，定有天下之號，曰大明，建元洪武，惟四夷未報，故修書遣使，涉海洋，入高麗，報王知之。昔我中國之君，與高麗壤地相接，其王或臣或賓，蓋慕中國之風，為安生靈而已，天監其德，豈不永王高麗也哉。朕雖德不及中國之先哲主，使四夷懷之，然不可不使天下周知」。

朝鮮半島的高麗王朝十分關注時局的變化。早在元末動亂期間，就與南方的割據勢力張士誠、方國珍等有頻繁的接觸，至正二十四年還接待過朱元璋的部下。與此同時，高麗也向北元派出千秋節賀使，探知彼中形勢，因道路受阻，中途返回。高麗恭愍王盛怒之下「杖復遣之」。[133]表明高麗心懷兩端，游離於元、明兩大勢力之間。

明使契斯到達高麗後，受到恭愍王的歡迎，並於翌年派使臣赴明「貢方物，且請封」。[134]表示承認明朝的宗主地位。明太祖於同年八月，再次派符寶郎契斯帶著冊封詔書和金印赴高麗，「封王顓（恭愍王）為高麗王」，[135]「賜高麗金印，龜紐方三寸，文曰，高麗國王之印」。[136]正式確立明與高麗的宗藩關係。

明與高麗建交後，兩國關係一度較為融洽。洪武三年八月，高麗遣使臣姜德贊「貢方物，並納元授金印」[137]，表明高麗與元朝脫離關係。然而，要使高麗誠心事明，對高麗君臣來說，既涉及高麗王朝的實際利益，也涉及到高麗君臣思想行為的轉變。高麗曾經長期臣服於元朝，且與元朝世代通婚，與北元的關係徹底斷絕是很難的。就高麗本身而言，它既希望擺脫元朝的控制，又不希望元朝立即滅亡，它既想依附於剛剛建立的明朝，又怕這個比較陌生的明朝對它構成威脅，實際利益受到損害。這種矛盾的心態，使它委蛇於兩國之間，即臣附於明，又不肯棄元。[138]還在明軍進佔元大都之前，元順帝還曾考慮經高麗到耽羅（今濟州島）政治避難。元大都被明軍攻陷後，元順帝北遁，高麗仍與盤踞遼陽行省元朝勢力暗中聯繫。洪武二年九月，「北元吳王、淮王、雙哈達王皆遣使報聘」於高麗，[139]恭愍王在「王輪寺宴淮王、吳王使，二使各獻黃金佛一軀」。[140]十一月，納哈出「遣使來獻馬」。[141]洪武三年二月，納哈出又向高

---

[133] 《高麗史》卷 41，恭愍王十七年十月癸酉，第 628 頁。

[134] 《明史》卷 320，〈朝鮮傳〉，第 8279 頁。

[135] 《明史》卷 2，〈太祖本紀二〉，第 23 頁。

[136] 《明史》卷 68，〈輿服志四〉，第 1663 頁。

[137] 《明太祖實錄》卷 55，洪武三年八月辛酉。

[138] 參見拙文〈洪武時期高麗李朝與明朝關係探析〉，《揚州大學學報》，2004 年 1 期。

[139] 《高麗史》卷 41，恭愍王十八年九月己亥，第 630 頁。

[140] 《高麗史》卷 41，恭愍王十八年十月甲子，第 631 頁。

[141] 《高麗史》卷 41，恭愍王十八年十一月戊午，第 631 頁。

麗「遣使獻方物，」恭愍王賜予他們「細布二匹，婦人金帶一腰」。[142] 三月，吳王、淮王又「遣使來獻方物」。[143]洪武四年，北元吳王「遣使來聘」。[144]洪武五年四月，納哈出「遣使來獻土物」。[145]洪武六年，明軍在漠北敗於元將擴廓帖木兒，在遼東敗於納哈出後，北元立即遣波都帖木兒與于山不花前往高麗，以「中興」相號召，希望高麗「宜助力，復正天下」。[146]恭愍王最初「欲遣人殺之」，群臣皆認為不可。[147]在群臣的強諫下，只好予以接見，但懼怕明廷知道，只好以「眼疾」不敢見日為名，夜裡暗中接見元使。《高麗史》載：「王夜見元使曰：『予眼疾，見日大劇，故以夜待之』。蓋為朝廷知也」。[148]元使回還時，「還以苧布附獻」。[149]上述高麗與北元的頻繁交往，嚴重影響了明朝與高麗關係的健康發展，以致發生高麗殺害明朝使者的事件。洪武五年五月，明使孫內侍（原為高麗入貢元朝的宦官）奉明廷之命護送陳理、明升等到高麗後，卻在朝鮮王京佛恩寺的松樹上吊死。高麗報以自縊，但傳言是高麗官員蓄意謀殺的。這就不能不引起明太祖的懷疑，明太祖接見高麗使臣曾就此事提出質問。高麗使臣雖百般辯解，卻難以解釋清楚，無法消除蒙在朱元璋心中的陰影。此事真相今天已很難查明。但兩年後又發生的明使蔡斌父子及林密被害的事件。洪武七年九月，明廷禮部主事林密、孳牧大使蔡斌從高麗購馬兩千匹回國。時恭愍王被高麗權臣所弒，林密等恰在高麗，親元派權臣李仁任等恐明朝「問恭愍之故」，所以「密諭（金）義殺（蔡）斌以滅口」。[150]金義得到密諭後，待明使蔡斌等行至開州站（今遼寧鳳凰城），遂殺蔡斌父子，執林密，投奔納哈出。此事件發生後，使明太祖本來就對高麗侵吞半島女真疆土、與北元藕斷絲連十

---

[142] 《高麗史》卷 42，恭愍王十九年二月壬午，第 632 頁。
[143] 《高麗史》卷 42，恭愍王十九年三月甲午，第 631 頁。
[144] 《高麗史》卷 43，恭愍王二十年五月乙亥，第 643 頁。
[145] 《高麗史》卷 43，恭愍王二十一年四月甲申，第 648 頁。
[146] 《高麗史》卷 44，恭愍王二十二年二月乙亥，第 652 頁。
[147] 《高麗史》卷 44，恭愍王二十二年二月乙亥，第 652 頁。
[148] 《高麗史》卷 44，恭愍王二十二年二月戊寅，第 652 頁。
[149] 《高麗史》卷 44，恭愍王二十二年二月乙酉，第 653 頁。
[150] 《高麗史》卷 131，〈金義傳〉，第 673 頁。

分不滿，又接連發生明使被害事件，使他對高麗完全失去信任感。明太祖多次指責高麗事明沒有誠意，並下令對高麗進行防範，並對高麗的朝貢進行限制。

洪武五年（恭愍王二十一年 1372）九月，明太祖朱元璋在接見高麗使臣張子溫時發表如下上諭：

> 自古有天下有中國，有外國，高麗是海外之國，自來與中國相通，不失事大之禮，守分的好有。況今朝聘之禮不曾有闕，有什麼疑惑處。昔日好謊的君王，如隋煬帝者，欲廣土地，枉興兵革。教後世笑壞他，我心裡最嫌有！我這說的話，恁去國王根底明白說到。[151]

明太祖的這段話，語言未經修飾，通俗淺白。中心意思是規勸高麗要不失禮，守本分，接受隋煬帝「欲廣土地，枉興兵革」，為後世所恥的教訓。高麗對明太祖宣諭的微言大義是心知肚明的。但「欲廣土地」，既是高麗的既定國策，又是高麗王朝現實的利益需要。僅憑太祖高皇帝的幾道宣諭豈能阻止高麗拓展疆土的欲望。

高麗王朝為達到「欲廣土地」的目的，表面上對明朝「事大」，屢次派使臣赴明朝貢，實際上是借貢使朝貢偵探明朝的動向。對此，明廷也是十分清楚的。洪武六年七月，高麗贊成事姜仁裕、書狀官鄭夢周從南京歸國時，明太祖在宣諭中，對高麗的所為予以嚴厲的斥責。他說：「恁國王不志誠，忒肆忒惑」，盡要「小計量」，「小見識」，簡直就是「波皮王」。[152]至於談到今後與高麗的關係，明太祖又說：「恁來可也，由恁；不來，可也罷」，「你這一姓王子數百年休教，失了便好」。[153]可見，明太祖對高麗不加寬恕，甚至認為高麗不可禮遇。指出高麗頻繁來使朝貢是假，「故意來打聽北平府軍官事蹟」是真，一針見血地戳穿高麗借朝貢刺探明廷的軍事情報。高麗之所以這麼做，是因為拓占明朝領土，怕明出兵征之。明太祖警告高麗：大明國想征高麗很容易，幾

---

[151] 《高麗史》卷 43，恭愍王二十一年九月壬戌，第 650 頁。
[152] 《高麗史》卷 44，恭愍王二十二年十二月壬子，第 655 頁。
[153] 《高麗史》卷 44，恭愍王二十二年十二月壬子，第 655 頁。

個月內造船幾千艘，從海路征剿一如反掌。高麗「所恃者滄海耳，不知滄海與我共之，爾如不信，朕命舳艫千里，精兵數十萬，揭帆東指，特問使者安在。雖不盡滅爾類，豈不俘囚其大半，爾果敢輕視乎！」[154]但「如今征不征不敢說」，[155]言外之意是視高麗態度與明政局發展而定。

洪武八年（辛禑元年1375），高麗親元派勢力擁立辛禑為國王。高麗又恢復了與北元的關係，明與高麗的關係緊張起來。高麗為使辛禑的即位合理化，派使者赴明請求冊封。明太祖不予冊封，認為高麗是「以假吾朝命，鎮服其民，且以掩其弒逆之跡耳，所請非誠，不可與之」。[156]這樣一來，高麗多次以朝貢為名，刺探明遼東的軍事情報。洪武十二年四月，遼東守將潘敬、葉旺上奏云，高麗遣使致書進禮物，明太祖上諭云：「古之能將出禦封疆，入衛京畿，無不謹密，故雖內臣懷奸，外敵挾詐，無間而入焉。奏至，言高麗行禮一節，斯非彼殷勤至敬之意，蓋間諜之萌也」。[157]告戒遼東邊將對高麗加強防犯。洪武十三年五月，明太祖得報，高麗使者周誼假入貢之名，到遼東刺探情報，令遼東邊將拒之門外，並敕諭遼東都指揮使司加強防患。《明實錄》記載如下：

朕觀其來諮，知東夷之詐，將以構大禍也。此來豈誠心哉！爾等鎮戍邊方，不能制人，將為人所制矣。且高麗朝貢，前已違約，朕嘗拘其使詰責之，後縱其歸，令當如約，則事大之心其庶幾乎？使既還，未聞有敬畏之心，乃復懷詐，令（周）誼作行人，假稱計事，此非有謀而何？……今高麗數以誼來使，殊有意焉，卿等不可不備，毋使入窺中國也。敕至，當遣誼至京，別有以處之。[158]

明太祖朱元璋早就對高麗以入貢為名，打探遼東地區及京師的情報耿耿於懷，這次使臣周誼來遼東，其意是「窺中國也」，所以，他下令將其檻送京師，其

---

[154] 《明太祖實錄》卷121，洪武十一年十二月己亥。
[155] 《高麗史》卷43，恭愍王二十二年七月壬子，第650頁。
[156] 《明太祖實錄》卷111，洪武十年五月庚辰。
[157] 《明太祖實錄》卷124，洪武十二年四月丁酉。
[158] 《明太祖實錄》卷131，洪武十三年五月丙辰。

隨從使節驅逐出境。與此同時，命令遼東地方，「爾等鎮戌邊方」對高麗的行為「不可不備」。同年七月，明太祖給遼東官將潘敬、葉旺的敕書中尖銳地指出：辛禑繼位以來，「以虛文飾詐，入我邊守」，而遼東鎮邊疆吏對高麗謀犯疆界並沒有充分認識，「手握雄師，戌邊遼左，不思制人之術」，尤其是對前來刺探遼東情報的高麗使臣，「不止之於邊，擅令入城」，這樣下去大明朝日後必為高麗「所害」。為此，他嚴令遼東邊將，高麗使者「自今無令擅入吾境，如有來者，止之於邊」。[159]

明朝對高麗的防範，使高麗深感不安。高麗君臣認為，明朝隨時可能派兵渡過鴨綠江進攻朝鮮半島。所以，儘管以朝貢使名義刺探的使者不被明遼東接納，中途而返，但還是不斷的派出。洪武十四年五月，高麗派「判典農事李殿哲於西北面，刺探定遼衛事變」。[160]七月，又「遣副正鄭連于定遼衛以探事變」。[161]從高麗刺探使者得回的情報看，不能不使高麗君臣神經緊張。探使回報云：「大明屯兵遼沈，朝夕覘我事情，將燃之患不可測」。[162]高麗君臣已經明顯地感到，明朝征討半島的時間為期不遠了。為此，洪武十六年（辛禑九年1383）八月，高麗開始調兵遣將。以贊成事趙仁璧為東北面都體察使、判開城府事韓邦彥為上元帥、門下贊成事金用輝為西北面都巡察使、判書安思祖為江界萬戶。《高麗史》載：「時，大明責事大不誠，屢侵邊境，故備之」。[163]

洪武十七年（辛禑十年1384），明太祖雖冊封辛禑為國王，追諡王顓為恭愍王，但雙方在邊界的衝突並沒有消除，反而更加嚴重。《高麗史‧辛禑傳》載：

（辛禑十年正月）遼東兵百餘騎侵江界，虜別差金吉甫、百戶洪丁以歸。

（四月）時北方有警，遣判密直姜筮、唐山君洪征、前密直柳源、鄭夢周等於東北面刺探事變。

---

[159] 《明太祖實錄》卷132，洪武十三年七月甲午。
[160] 《高麗史》卷134，〈辛禑傳〉，第709頁。
[161] 《高麗史》卷134，〈辛禑傳〉，第710頁。
[162] 《高麗史》卷134，〈辛禑傳〉，第708頁。
[163] 《高麗史》卷135，〈辛禑傳〉，第717頁。

（五月）遣判宗簿寺金進宜如遼東。

（十二月）以我太祖（李成桂）為東北面都元帥、門下贊成事沈德
符為上元帥、知密直洪征為副元帥向北青州，以備遼東兵。[164]

洪武二十年六月，高麗使臣從定遼衛逃回報告說：「定遼衛點兵，將向我
國」，辛禑王聞之「載兵甲如壺串」。[165]是年十一月，明太祖再次諭令遼東地方：

> 今後高麗國使臣來者，於一百里外止回，不許入境，亦不許送赴，京師
> 不揀指以諸等時節行禮等項，不必教來。其國執政之臣，輕薄譎詐之徒，
> 難以信憑，自許往來至今，凡百期約，非過則不及，未嘗誠意相孚，可
> 以絕交，不可與之往來。[166]

由此可知，明太祖鑒於高麗在中朝邊界地區的所作所為，提出與高麗斷絕外交
關係。

洪武二十年，明朝降服了納哈出的勢力，至此東北邊疆地區故元勢力全部
翦除，明廷可以全力經略東北邊疆，集中精力解決中朝疆界問題。這年十二月，
明廷決定於朝鮮半島東北部的南端設置鐵嶺衛。[167]明太祖朱元璋命戶部諮高麗
國王：「以鐵嶺北東西之地舊屬開元，其土著軍民女直、韃靼、高麗人等遼東
統之；鐵嶺之南舊屬高麗，人民悉聽本國管屬。境疆既正，各安其守，不得復
有所侵越」。[168]諮文中所說的鐵嶺，即元代雙城總管府的南界，今朝鮮咸鏡南
道與江原道之間的山嶺。這是明朝政府首次向高麗王朝明確提出接收元管轄下

---

[164] 《高麗史》卷 135，〈辛禑傳〉，第 722-726 頁。
[165] 《高麗史》卷 136，〈辛禑傳〉，第 744 頁。
[166] 《高麗史》卷 136，〈辛禑傳〉，第 746 頁。
[167] 明與高麗圍繞鐵嶺設衛的爭論，日本學者早有研究，和田清認為明太祖最初欲在半島咸鏡道
和江原道分界地設鐵嶺衛，由於高麗的極力阻撓退設遼東（〈三萬鐵嶺衛の建設〉，《明初の滿
洲經略》上篇）；稻葉岩吉認為，鐵嶺衛欲設平安北道江界，鐵嶺與江界古地禿魯音近似〈假
說鐵嶺衛の位置を疑る〉，《青丘學叢》18，1934 年）；池內宏認為，鐵嶺所在地為皇城，今吉
林輯安縣〈高麗辛禑朝に於ける鐵嶺問題〉，《東洋學報》8）。
[168] 《明太祖實錄》卷 187，洪武二十年十二月壬申。

鐵嶺以北的土地和女真人的要求。翌年二月，高麗赴明朝賀的使臣偰長壽返回高麗，帶回了朱元璋的諭旨。諭旨中明確提到「鐵嶺迤北，元（原）屬元朝，並令歸之遼東」。[169]明廷欲設鐵嶺衛的計畫，在積極圖謀北進的高麗君臣中引起了強烈反響。高麗國王辛禑一方面著手戰備，「命修五道城，遣諸元帥于西北鄙，以備不虞」[170]；一面派密直提學朴宜中奉表赴明朝進行申辯說：

> 切照鐵嶺迤北，歷文、高、和、定、咸諸州以至公嶮鎮，自來係本國之地。至遼乾統七年，有東女真等作亂，奪據咸州迤北之地，睿王告遼請討，遣兵克復，就築咸州及公嶮鎮等城。及至元初戊午年間，蒙古散吉大王普只官人等領兵收附女真之時，有本國定州叛民卓青、龍津縣人趙暉，以和州迤北之地迎降。聞知金朝遼東咸州路附近瀋州有雙城縣，因本國咸州近處和州有舊築小城二坐，曚聾奏請，遂將和州冒稱雙城。以趙暉為雙城總管、卓青為千戶，管轄人民。至至正十六年間申達元廷，將上項總管、千戶等職革罷仕，和州迤北還屬本國至今。除授州縣官員管轄人民，由叛賊而侵削控大邦以復歸。今欽見奉鐵嶺迤北迤東迤西元（原）屬開元所管，軍民仍屬遼東，欽此。鐵嶺之山距王京僅三百里，公嶮之鎮限邊界非一二年，其在先臣幸逢昭代職罔怨於候度地，既入於版圖。還及微驅，優蒙睿澤特下十行之詔，俾同一視之仁。伏望陛下度擴包容，德敦撫綏，遂使數州之地，仍為下國之疆。臣謹當益感再造之恩，恒祝萬年之壽。[171]

這裡需要指出的是，高麗在表文中顛倒歷史，掩蓋了中國唐、渤海、遼朝時，其定、長一線長城以北不屬於高麗所轄的這一事實，也掩蓋了高麗睿宗攻佔曷

---

[169] 《高麗史》卷 137，〈辛禑傳〉，第 748 頁；《高麗史節要》卷 33，十四年二月條也載：「時，遼東都司遣李思敬等渡鴨綠江，張榜曰：『戶部奉聖旨：鐵嶺迤北迤東迤西元屬開原，所管軍民、漢人、女真達達、高麗，仍屬遼東。』」
[170] 《高麗史》卷 137，〈辛禑傳〉，第 748-749 頁。
[171] 《高麗史》卷 137，〈辛禑傳〉，第 749 頁。

懶甸為時不到兩年，此後這一地區一直由金、元兩朝管轄的事實。[172]高麗作賊心虛，最後向明廷提出：「伏望陛下度擴包容，德敦撫綏，遂使數州之地，仍為下國之疆」的請求。明廷未予同意。史載：

> 高麗奏：遼東文、高、和、定州皆其國舊壤，乞就鐵嶺屯戍。原名（明禮部尚書）言：「數州皆入元版圖，屬於遼（遼東），高麗地以鴨綠江為界。今鐵嶺已置衛，不宜復有陳請。[173]

翌年四月，明太祖諭禮部尚書李原名曰：

> 數州之地，如高麗所言，似合隸之。以理勢言之，舊既為元所統，今當屬遼，況今鐵嶺已置衛，自屯兵為守，其民各有統屬。高麗之言，未足為信。且高麗地壤舊以鴨綠江為界，從古自為聲教，然數被中國累朝征伐者，為其自生釁端也。今復以鐵嶺為辭，是欲生釁矣。遠邦小夷，固不與之較，但其詐偽之情，不可不察。禮部宜以朕所言，諮其國王，俾各安分，毋生釁端。[174]

禮部給高麗國王的諮文是同年六月由高麗使臣朴宜中帶回的。禮部諮文收載在《高麗史》中，《明太祖實錄》沒有載錄，全文長七百多字，比明太祖的諭旨多七倍。禮部諮文與《明史·李原名傳》、《明太祖實錄》內容大致相同，但是也有不同的地方。不同處是，列數高麗因「生釁端」為中國「累朝征伐」的具體情況。[175]需要指出的是，禮部給高麗國王的諮文中，將高句麗與高麗混為一談，必須加以辨明。高句麗是當時隸屬於漢唐中央政權的東北地區少數民族政權，它曾於西元 427 年將都城從丸都城（今吉林省集安）遷至半島平壤，668

---

[172] 池內宏：〈鮮初の東北境と女真との關係〉，《滿鮮史研究》（近世篇），中央公論美術出版。1972 年。

[173] 《明史》卷 136，〈李原名傳〉，第 3938 頁。

[174] 《明太祖實錄》卷 190，洪武二十一年四月壬戌。

[175] 《高麗史》卷 137，〈辛禑傳〉，第 756 頁。

年滅亡。高麗王朝是半島新羅人王建 918 年滅新羅建立的朝鮮封建王朝，不能混為一談。

　　還必須指出的是明太祖對歷史上中朝疆界的變遷缺乏深入瞭解。在給高麗的上諭中雖申明明朝的態度，但不應有「數州之地，如高麗所言，似合隸之」，這樣含糊的表述，為後來李朝吞食半島東北部女真的疆土提供口實，也為永樂時期，明朝與李朝關於三散十處女真的歸屬之爭，客觀上造成極大的不便。既然明朝已明確「數州之地皆入元版圖」，就理所應當地接管，並制止高麗的拓展疆土的行徑，鐵嶺衛不應遷回內地設置，客觀上給高麗拓殖疆土創造了機會。[176]

　　當高麗國王辛禑向明廷請求停設鐵嶺衛的舉動被明拒絕後，又聽到高麗西北面都安撫使崔元沚報告說：「遼東都司遣指揮二人，以兵千人來至江界，將立鐵嶺衛。帝豫設本衛鎮撫等官，皆至遼東。自遼東至鐵嶺，置七十站，站置百戶」[177]的消息。高麗國王辛禑決定採取軍事行動，進犯明遼東地區。

　　如前所述，明廷設置鐵嶺衛的舉動，在高麗王朝內部引起強烈反響。國王辛禑與大臣崔瑩積極主張武力征明。在召集百官討論征戰方略時，朝臣大都不同意與明開戰。洪武二十一年三月，辛禑「獨與（崔）瑩決策攻遼，未敢顯昌言也」，[178]即秘密策劃進犯遼東，調兵遣將發往西北邊界。同年四月，辛禑以重臣崔瑩為八道都統使、昌城府院君曹敏修為左軍都統使、東北面都元帥李成桂為右軍都統使，率軍西進攻明。當時李成桂提出反對出征的四條建議：「以小逆大一不可；夏月發兵二不可；舉國遠征，倭乘其虛三不可；時方暴雨，弓弩膠解，大軍疾疫，四不可」。[179]辛禑與李成桂在征明問題上發生嚴重的分歧。這時主戰派崔瑩夜入辛禑處，鼓動發動戰爭，「願毋納他（李成桂）言」。[180]翌日，辛禑召李成桂曰：「業已興師不可中止」。[181]李成桂再次建言說：

---

176 參見拙文：〈論元末明初中國與高麗（朝鮮）的邊界之爭〉，《北華大學學報》，2001 年 1 期。
177 《高麗史》卷 137，〈辛禑傳〉，第 750 頁。
178 《高麗史》卷 137，〈辛禑傳〉，第 750 頁。
179 《高麗史》卷 137，〈辛禑傳〉，第 750 頁。
180 《高麗史》卷 137，〈辛禑傳〉，第 750 頁。
181 《高麗史》卷 137，〈辛禑傳〉，第 750-751 頁。

殿下必欲成大計，宜駐駕西京，待秋出師，禾穀被野大軍食足，可鼓而
行進矣。今出師非時，雖拔遼東一城，雨水方降，軍不得前，卻師老糧
匱，祗速禍耳。[182]

辛禑利令智昏，執意出兵攻遼，調兵遣將。辛禑坐陣平壤，「征諸道兵作浮橋
於鴨綠江，使大護軍裴矩督之」。共發左右軍 38830 人，隨從 11634，馬 21682
匹。[183]四月十八日從平壤出發，號稱十萬大軍。行軍途中，有偵探自泥城來報：
遼東明軍「悉赴征胡（元軍），城中但一指揮耳。大軍若至,可不戰而下」。[184]辛
禑立下令停用「洪武年號」，命國人服用元朝服制。[185]五月七日，高麗左右軍
渡鴨綠江。高麗此舉不得人心。「是時，全羅、慶尚二道為倭寇巢穴，東西北
面方憂割地，京畿、交州、楊廣三道，困於修城，西海、平壤兩道迎候西獵，
加以徵兵，八道騷然」。[186]士兵紛紛臨陣脫逃，「亡卒絡繹於道」，辛禑下令押
回所在斬之，不能止。[187]面對將士的厭戰情緒。十三日，左都統使曹敏修、右
都統使李成桂上言辛禑請求班師：

臣等乘桴過鴨江，前有大川，因雨水漲，第一灘漂溺者數百，第二灘益
深，留屯洲中徒費糧餉。自此至遼東城其間多有巨川，似難利涉。近日
條錄不便事狀，付都評議使司知印朴淳以聞，未蒙俞允，誠惶誠懼。然
當大事有可言者而不言，是不忠也，安敢避斧鉞而嘿嘿乎。以小事大，
保國之道。我國家統三以來，事大以勤。玄陵（恭愍王）於洪武二年服
事大明。其表曰：子孫萬世永為臣妾，其誠至矣。殿下繼之，歲貢之物
一依詔旨。於是特降誥命，名賜玄陵之諡，冊殿下之爵。此宗社之福而
殿下之盛德也。今聞劉指揮領軍立衛之言，使密直提學朴宜中奏表諮

182 《高麗史》卷 137，〈辛禑傳〉，第 751 頁。
183 《高麗史》卷 137，〈辛禑傳〉，第 751 頁。
184 《高麗史》卷 137，〈辛禑傳〉，第 751 頁。
185 《高麗史》卷 137，〈辛禑傳〉，第 751 頁。
186 《高麗史》卷 137，〈辛禑傳〉，第 752 頁。
187 《高麗史》卷 137，〈辛禑傳〉，第 752 頁。

稟，策甚善也。今不俟命，遽犯大邦，非宗社生民之福也。況今暑雨，弓解甲重，士馬俱憊，驅而赴之堅城之下，戰不可必勝，攻不可必取。當此之時，糧餉不給進退維谷，將何以處之。伏惟殿下特命班師，以答三韓之望。[188]

李成桂認為，阻止明廷設鐵嶺衛，可以「奉表啟稟，策甚善也」。但辛禑仍一意孤行，不聽勸阻。二十二日，李成桂又與曹敏修遣人告知崔瑩，「軍多餓死，水深難以行軍，請速許班師」[189]。但辛禑、崔瑩仍不以為意，致使軍中人心慌慌。在此關頭，李成桂對諸將領說：「若犯上國之境，獲罪天子，宗社生民之禍立至矣，予以逆順上書，請還師，王不省。瑩又老耄不聽。盍與卿得見王，親陳禍福，除君側之惡，以安生靈」，提出「除君側之惡，以安生靈」[190]的建議，於是率眾倒戈。辛禑聞變，急忙還京，從者僅五十餘騎。結果辛禑被廢，由其子辛昌為王，權臣崔瑩被處死，李成桂乘機掌握軍政大權，後即位改國號朝鮮。[191]

　　高麗統治集團為阻止明朝設立鐵嶺衛而發動的攻遼東之役，由於發生內訌而告結束。而明南京方面對高麗攻遼東及高麗內部的內訌情況並不十分清楚。當時明朝雖基本上翦除故元的勢力，但軍隊尚未全部待集遼東，也沒有做出積極大規模應付高麗攻遼的軍事部署。當時泥城元帥洪仁桂、江界元帥李薿「先入遼東境，殺掠而返」，[192]即可說明了遼東的軍事力量。當南京方面得知高麗舉兵征遼東的消息後，才欲積極部署應對。是年六月，《高麗史》載：「時大明聞禑舉兵，將征之。帝欲親卜於宗廟，方致齋。及聞返軍，即罷齋。[193]而《明實錄》關於高麗攻遼的記載，是在攻遼事件結束三個月後的八月。據《明實錄》記載：

---

[188] 《高麗史》卷137，〈辛禑傳〉，第753頁。
[189] 《高麗史》卷137，〈辛禑傳〉，第753頁。
[190] 《高麗史》卷137，〈辛禑傳〉，第753頁。
[191] 姜尚云：〈麗明關係研究——從元明交替到鐵嶺立衛〉，金渭顯編著、陳文壽校譯：《韓中關係史研究論叢》，第343-348頁。
[192] 《高麗史》卷137，〈辛禑傳〉，第752頁。
[193] 《高麗史》卷137，〈辛禑傳〉，第753頁。

高麗千戶陳景來降，言其故為高麗國元帥崔完者部曲。是年四月，國王
王禑欲寇遼東，率其都軍相崔瑩、李成桂，繕兵於西京。成桂使景屯艾
州，以糧餉不繼，退師。王怒，殺成桂之子，率兵還王城。成桂乃以兵
逼王，攻破王城，囚王及崔瑩。景懼禍及，不敢歸。時景妻子已為遼東
白帖木兒招諭入境，故與其屬韓成、李帖木兒來降。上知其故，敕遼東
謹烽堠、嚴守備，仍遣人以偵之。[194]

高麗對明遼東的進攻，因李成桂陣前倒戈，使辛禑的整個作戰計畫失敗。高麗
軍僅有先頭部隊，先入遼東境，殺掠而返。大規模的部隊沒有進入遼東境內便
已停止軍事行動。這次軍事進攻帶來高麗政局的變化，辛禑及大臣從此從政壇
消逝，政權轉移到權臣李成桂手中。[195]

　　高麗政局的這一變化，擾亂了明廷接管元朝統轄鐵嶺以北女真之地的計
畫。從當時明朝所面臨的形勢看，儘管明朝取得了降服故元納哈出勢力的勝
利，但尚無足夠兵力在朝鮮半島設置一套地方軍政機構。因此，明朝改變了原
來在朝鮮半島鐵嶺設衛的計畫，撤回遼東立衛。明朝雖撤回遼東立衛，但對領
有半島鐵嶺以北的土地和人民仍持明確態度：「數州之地，如高麗所言，似合
隸之；以理勢言之，舊既為元所統，今當屬於遼（遼東）……高麗之言，未足
為信」。[196]

---

[194] 《明太祖實錄》卷 193，洪武二十一年八月甲寅。
[195] 張輝：〈「鐵嶺立衛」與辛禑出師攻遼〉，《中國邊疆史地研究》，2003 年 1 期。
[196] 《明太祖實錄》卷 190，洪武二十一年四月壬戌。

CHAPTER 3

永樂年間中朝關於半島女真歸屬之爭

一、明朝對女真諸部的招撫及其政策

　　洪武時期，明朝的主要精力是翦除遼東地區的故元勢力，雖對女真地區進行招撫，但招撫的女真不多。明成祖朱棣繼位伊始，即派劉貞鎮守遼東地區，大力招撫女真諸部。據《明實錄》載：「命左軍都督府左都督劉貞鎮守遼東，其都司屬衛軍馬聽其節制，」[1]並任都指揮僉事凌雲為遼東都司都指揮僉事，命保定侯孟善鎮守遼東，節制都司所屬軍衛，以加強遼東地區防禦力量。[2]隨後派人招撫各部女真，使之歸服。應明朝的招撫，永樂元年（1403）五月，女真首領買里的、平住等二十九人來朝，明廷賜給鈔幣。[3]同年九月，女真首領歸禿等二十二人來朝，明廷賜「鈔及織金綻絲襲衣」。[4]十一月，居圖們江流域的女真頭目阿哈出來朝。[5]《明實錄》載：「女直野人頭目阿哈出等來朝，設建州衛軍民指揮使司，以阿哈出為指揮使，餘為千戶所、鎮撫，賜誥印、冠帶、襲衣及鈔幣有差」。[6]同時設建州衛經歷司，署經歷一員。阿哈出是圖們江流域非常有影響的女真首領，他歸附明朝在女真部落中引起強烈反映。與此同時，松花江流域的忽喇溫女真頭目西陽哈、鎖失哈等來朝，貢馬三十四。明朝「置兀者衛，以西陽哈為指揮使，鎖失哈為指揮同知，吉里納等六人為指揮僉事，

---

[1]　《明太宗實錄》卷 11，洪武三十五年八月壬子。

[2]　據《明太宗實錄》卷 16，永樂元年春正月癸巳條載：「命保定侯孟善鎮遼東，節制遼東都司所屬軍衛。」明廷都指揮使司下設衛所、千戶所等機構。據《明史》卷 90，《兵志二》的記載：一衛所管丁口 5600 人，一千戶所所管丁口 1120 人，一百戶所所管丁口 112 人。

[3]　據《明太宗實錄》卷 20，永樂元年五月乙未條載：「女直野人頭目買里的、平住等二十九人來朝，賜之鈔幣。」

[4]　據《明太宗實錄》卷 23，永樂元年九月癸未條載：「女直野人歸禿等二十二人來朝，賜鈔及織金紵絲襲衣。」

[5]　園田一龜：《明代建州女直史研究》，東洋文庫 31-1，1948 年。

[6]　《明太宗實錄》卷 25，永樂元年十一月辛丑。

餘為衛鎮撫、千戶、百戶、所鎮撫，賜印冠帶襲衣及鈔幣有差」。[7]至永樂二年二月，明朝又在松花江流域忽喇溫女真部落設兀者左衛，[8]十月設兀者右、後衛。[9]永樂四年九月，禿河石魯山門等處女真頭目哈合察等六十三人前來歸服，明朝「置肥河衛，命哈合察第為指揮、千百戶，仍賜誥印冠帶襲衣及采幣有差」。[10]永樂六年正月，女真野人頭目必纏等一百六十人來朝，明廷「置禿都河、實山、忽里吉山、列門河、莫溫河、阮里河、察剌禿山、嘔罕河八衛，命必纏等為指揮、千百戶，賜誥印、冠帶、襲衣及鈔幣有差」。[11]永樂七年閏四月，黑龍江下游奴兒干地區女真前來歸服，明廷於黑龍江下游特林（黑龍江支流亨滾河，亨滾河今為俄羅斯阿姆貢河）設奴兒干都指揮司。《明實錄》記載如下：

> 設奴兒干都指揮使司。初頭目忽剌冬奴等來朝，已立衛。至是復奏，其地衝要，宜立元帥府，故置都司，以東寧衛指揮康旺為都指揮同知，千戶王肇舟等為都指揮僉事，統屬其眾。歲貢海東青等物，仍設狗站遞送。[12]

關於奴兒干都司，中外學者均有研究，[13]不再贅述。伴隨奴兒干都司的建立，黑龍江流域的女真紛紛來朝。自永樂五年至宣德七年（1432），明朝曾派內官亦失哈多次到奴兒干並越海到庫頁島，招撫黑龍江下游和庫頁島上的女真部落。上述明朝的招撫活動，進一步推動了明朝在女真地區衛所的設置。到永樂末年女真地區設置的衛增至179個，正統末年增到184個。[14]至萬曆年間增加

---

7   《明太宗實錄》卷26，永樂元年十二月辛巳。

8   《明太宗實錄》卷28，永樂二年二月丙戌條載：「兀者衛頭目脫脫哈等五十三人來朝，別設兀者左衛。以脫脫哈為指揮同知。」

9   《明太宗實錄》卷35，永樂二年十月辛未條載：「兀者頭目那海、義不絮尼等來朝，設兀者右衛，以那海為指揮同知；設兀者後衛，以義不絮尼為指揮同知。」

10   《明太宗實錄》卷45，永樂四年九月辛巳。

11   《明太宗實錄》卷75，永樂六年正月甲戌。

12   《明太宗實錄》卷91，永樂七年閏四月己酉。

13   參見間宮林藏：《東韃紀行》，1942年；曹廷傑：《西比利東偏紀要》，遼海叢書本；內藤虎次郎：〈奴兒干永寧寺二碑補考〉，《內藤湖南全集》第7卷；楊暘等：《明代奴兒干都司及其衛所研究》，中州書畫社，1982年。

14   《大明一統志》卷89，四部叢刊本。

至 384 衛。[15]

明廷在邊疆地區女真各部設置的衛所與在內地設置的衛所有很大的不同。內地的衛所,純屬軍事組織,任務是守屯戍、備調遣。與遼東都司的衛所也不盡相同。遼東地區不設州縣,衛所兼管軍民二政。明代軍兵有軍籍,而衛所官員雖有軍籍,但是流官,有俸祿,衛所有駐地,衙署有定制。明朝在邊疆女真各部設置的衛所則與之不同,衛所除軍事職能外,還要管理女真各部行政事務。衛所官員雖都由明廷直接委任,但採取因其部族,授其「酋長為都督、都指揮、指揮、千百戶、鎮撫等職,給與印信,俾仍舊俗,各統其屬」。[16]所受的官職是世襲,無年俸,衛所隨其部落的遷徙而遷徙,治所無常,無衙屬。在政治上必須聽命明廷,服從徵調,按時朝貢。明朝在女真地區設立衛所的目的,萬曆時禮部尚書楊道賓在上《海建二酋逾期違貢疏》中說得非常清楚。他說:成祖時,「分女直為三,又析衛所地站為二百六十二,各自雄長,不使歸一者,蓋以犬羊異類,欲其犬牙相制也,祖宗立法良有深意」。[17]所謂「良有深意」,就是要使女真各衛所「各自雄長,不使歸一者」,以達到分而治之的目的。《大明一統志》在記述邊疆地區女真衛所的建置時說:「自開原迤北,因其部族所居,建置都司一,衛一百八十四,所二十,官其酋長為都督、都指揮、指揮、千百戶、鎮撫等職,給與印信,俾仍舊俗,各統其屬,以時朝貢」。[18]這條史料,概括了明朝對女真各衛所統治政策的基本特徵。這種「俾仍舊俗,各統其屬」的統治政策是歷代王朝對邊疆民族統治政策的繼續,它保留著邊疆各少數民族原有的生產方式和社會結構,授予邊疆少數民族頭領各種官職,由其按本民族的習慣治理所轄部落。這種思想最早可上追溯到西周時期。《禮記·王制》篇載:「修其教不易其俗,齊其政不易其族」,即對其統轄下的邊疆民族,依據其社會經濟的特點而實行不同的治理方式,開歷代王朝對邊疆民族實行「因俗而治」統治的先河。唐朝繼承這一統治政策。為了加強對邊疆民族的管理,根據

---

[15] 《明會典》卷 125,〈兵部八〉,東北諸夷,中華書局 1989 年,第 645 頁。

[16] 《明史》卷 90,〈兵志二〉,中華書局 1974 年,第 2222 頁。

[17] 楊道賓:〈海建二酋逾期違貢疏〉,《明經世文編》卷 453,中華書局 1962 年。

[18] 《大明一統志》卷 89,四部叢刊本。

各邊疆民族的特點，採取了全其部落，順其土俗的統治政策，先後在邊疆民族地區設置了八百五十六個府州，僅遼東地區就設有九個都督府，領有四十一個州。[19]明建國後，繼續推行這一統治政策，並將此政策進一步發展。明朝對邊疆地區女真各部的政策，具有如下內容與特點：

第一，「因其部族所居」而設衛所。明朝是以邊疆地區女真族各部落的活動範圍作為衛所區劃的基礎。在女真的衛所中，有以山嶺命名的，如塔山衛、木魯罕山衛等；有以河流命名的，如屯河衛、斡難河衛等。這些衛的命名，直接表明女真各部的活動範圍。此外，也有以女真部族之名命名的，如兀者衛及兀者左、右、前、後諸衛等；也有以女真居地原來的城站或府州治所命名的，如雙城衛、玄城衛等。這些女真衛所的命名，標示女真各部落所在的地域方位。[20]

第二，任命頭領，設置土官，給與印信。明朝授予女真各部落頭領為都督、都指揮、指揮、千百戶、鎮撫等官職，並「給與印信」。女真各部首領是土官，官職世襲，父死子繼，父老子替，無子則由兄弟或侄兒襲替，但必須得到明朝的批准，並由明朝頒發敕書（委任狀），授給官印。明朝授給女真衛所首領的官印，陸續發現。如中國歷史博物館所藏《樂屯吉衛指揮使司印》，印文曰：「樂屯吉衛指揮使司印禮部造，永樂七年九月　日禮字四十三號」。明朝為籠絡女真各部，在任命女真衛所官員的官職上，一般要比內地衛所官員高。據《明史‧職官志》載：都督府，每府左右都督（正一品），都督同知（從一品），都督僉事（正二品）。其隸屬經歷司經歷（從五品）、都事（從七品）各一人。都督府掌軍旅之事，各領其都司衛所，以達於兵部。[21]同書又載：都指揮使司，都指揮使一人（正二品）、都指揮同知二人（從二品）、都指揮僉事四人（正三品）。衛設指揮使（正三品）、指揮同知（從三品）、指揮僉事（正四品）、衛鎮撫（從五品）；所設正千戶一人（正五品），副千戶二人（從五品）、鎮撫二人（從六品）。[22]女真各衛主官本應為指揮使，但明廷往往委任為都指揮使，甚至都督，

---

[19] 參見程妮娜：《古代東北民族朝貢制度史》，中華書局 2016 年，第 578-579 頁。
[20] 參見江嶋壽雄：《明代清初の女直史研究》，有限會社中國書店，1999 年，第 99-153 頁。
[21] 參見《明史》卷 76，職官志，第 1856 頁。
[22] 參見《明史》卷 77，職官志，1860-1873 頁。

官階一品。明廷的這種政策，不僅僅提高了女真首領的政治地位，而且可使他們獲得更多的賞賜。因為明朝對女真的賞賜是按官職大小分等次的。

第三，「因俗而治」。所謂「俾仍舊俗，各統其屬」，即不觸動原女真部落內部的統屬關係和經濟結構，不改變他們的生活方式和習俗。邊疆地區民族的社會經濟相對落後，各部的發展也不平衡。就女真各部而言，有的處於氏族社會，社會生產以漁獵為主，農業生產尚處在刀耕火弄階段；有的已進入文明社會，社會生產則以農業為主，兼事畜牧漁獵採集等，其社會發展階段存在著明顯的差異性。如建州女真南遷鴨綠江流域後，其社會經濟發展明顯加快。[23]「因俗而治」依女真民族的社會經濟特點，讓他們按照女真各部的現狀「自相統屬」。所謂「自相統屬」，即女真各部所設的衛所，具有相對獨立性，各衛所頭領，可以不通過明朝，獨立處理衛所內事務。

第四，定期朝貢。朝貢是中國歷代封建王朝對邊疆地區民族實行統治的象徵。「朝貢」一詞，嚴格意義講，應包含「稱臣納貢」和「冊封賞賜」兩方面的內容。故「朝貢制度」，稱之為「封賞制度」或「封貢制度」更為貼切。但是，因為「朝貢制度」一詞長期沿用，無必要加以改換，故仍沿襲之。[24]中國古代文獻，將「朝」、「貢」合在一起使用，最早見於班固的《漢書》，該書記載當時西域諸國向漢朝進貢時，云：「修奉朝貢，各以其職」。[25]至唐朝朝貢已作為專用名詞，頻繁出現於典籍文獻中。

明朝對邊疆地區女真各部也實行朝貢制度。明朝對女真各衛所既不要求其服兵役，也不向其徵收賦稅，只要求女真各衛所官員，定期進京朝貢，向朝廷進獻土產方物，明朝則「量給賞賜」。可見，朝貢對女真各部首領來說，一方面承認對明中央政權的隸屬關係，即君臣關係。貢，意味著邊疆地區的女真對明朝的恭順、服從；不貢，明朝則認為邊疆地區的女真不盡臣職，視作叛「夷」。如按期不貢，明朝就要派官員前去催責。明朝《會典》規定女真朝貢的次數：

---

[23] 薛虹：〈明代初期建州女真的遷徙〉，《吉林師大學報》，1979 年 1 期。

[24] 參見西嶋定生：《六一八世紀アジア》，岩波書店，1962 年。

[25] 班固：《漢書》卷 100，〈敘傳下〉，中華書局，1962 年。

建州女真、海西女真一年一次，野人女真居地偏遠，不定期。[26]朝貢人數，據江島壽雄研究：每衛十五人至二十人。如海西女真有兩百個衛，朝貢人數約三千人左右。加上建州女真五百人左右，每年約近四千朝貢者。[27]另一方面，朝貢對女真首領又是政治權力。對女真首領來說，凡是得到明朝委任為女真衛所的各級官職，實際上就是取得明朝授予其對本部落的統治權。明朝發給的印信和敕書，便是統治權力的標誌和憑證。女真首領憑此可約束部眾，朝貢請賞，並可依據敕書升職和承襲。[28]明朝繼承中國歷代封建王朝的傳統，又基於其建國初期的特殊情況，對邊疆地區的女真官員來朝，貢方物，一貫堅持「薄來厚往」的原則。對來朝貢的女真各衛官員，都給與優厚的賞賜。依照明例，賞賜有撫賞和回賜。撫賞又稱正賞，據萬曆《明會典》記載：「東北夷女直進貢到京，都督每人賞彩緞四表里，折鈔絹二匹；都指揮每人彩緞二表里，絹四匹，折鈔絹一匹，各織金苧絲衣一套；指揮每人彩緞一表里，絹四匹，折鈔絹一匹」。[29]這種撫賞純屬是對女真首領的賞賜。故《遼東志》記載：「大抵遼土，諸夷環落，性多貪，故我以不戰為上兵，羈縻為奇計。朝貢互市皆有撫賞」。[30]回賜，是貢品的報酬。《明會典》又載：「回賜，進過馬，每匹彩緞二表里，折鈔絹一匹；貂鼠皮，每四個，生絹一匹，零者每個布一匹」。[31]可見，明朝對女真的撫賞與回賜可謂優厚。

明朝不僅給予來貢的女真以優厚的賞賜，還允許在京貿易。洪武年間規定，凡貢品以外的物品，願賣給朝廷的，據其價給鈔；不願者允許在京師買賣。[32]正統四年（1439）八月，明朝下令禁止女真借朝貢在京貿易，並對女真到京師朝貢的人數、回數、貢期加以限制。[33]天順初年，明廷在開原開市，八年又開

26　據《明會典》卷107，禮部，朝貢三，東北夷條載：「野人女直去中國甚遠，朝貢不常，海西、建州歲一遣人朝貢。」，中華書局1989年。

27　江島壽雄：〈明代女真の朝貢貿易概觀〉，《史淵》第77輯，1957年，第10-11頁。

28　蔣秀松：《東北民族史研究》，中州古籍出版社，1994年，第182-185頁。

29　《明會典》卷111，禮部，給賜二，外夷上，東北條，第594頁。

30　《遼東志》卷3，兵食志，邊略，撫賞，第31頁。

31　《明會典》卷111，禮部，給賜二，外夷上，東北條，第594頁。

32　江島壽雄：〈明代女真朝貢貿易概觀〉，《史淵》第77輯，1957年，第10-11頁。

33　據《明英宗實錄》卷58，正統四年八月乙未條載：「敕遼東總兵官都督僉事曹義等曰：『今遼

撫順馬市。據《明實錄》載:「敕遼東鎮守總兵官,遇有建州等衛女直到邊,須令從撫順關口進入,仍於撫順城往來交易」。[34]從明初到天順年間,女真與明朝貿易品大宗是馬匹。女真各衛所的朝貢,不僅具有政治義務與權力,而且具有豐厚的經濟利益,成為女真人經濟生活的重要組成部分。有貢就有賞,有賞就有市,賞和市成為女真人生產、生活必需品的重要來源。朝貢貿易成了女真首領擴充權柄,增殖財富的重要途徑。

二、明朝與李朝交涉三散十一處女真的歸屬

　　如前所述,辛禑退位後,權臣李成桂立其子辛昌為王。洪武二十二年正月,辛昌王請求入明朝見,為明太祖朱元璋所拒絕。朱元璋命令遼東都司,「如高麗國王至遼東,宜燕待之,命還其國」。[35]同年十二月,李成桂又廢辛昌,立定昌君王瑤,是為恭讓王。翌年,又遣使奏請:「國王昌非王氏後,實辛旽子禑之子,國中人民多不服,故別求王氏宗親定昌國院君王瑤,迎立嗣位,以續王氏之後。伏望朝廷允所請」。[36]朱元璋還是不見高麗使者,也不予以冊封,對高麗採取「聽其自為」,靜觀其變的態度。[37]

東境外女直野人諸衛多指進貢為名,往往赴京營私,且當農務之時,勞擾軍民供送,今因其使臣回衛,已遣敕諭之。如係邊報不拘時月,聽其來朝,其餘進貢襲職等事,許其一年一朝,或三年一朝,不必頻數,其有市易生理聽於遼東開原交易不必來京,如仍數遣使爾等詢察,即令退回,脫有違礙仍奏定奪,庶幾不擾軍民,亦不失遠人歸向之意』」。

[34]　《明憲宗實錄》卷7,天順八年秋七月乙未。

[35]　《明太祖實錄》卷195,洪武二十二年正月庚寅。

[36]　《明太祖實錄》卷199,洪武二十三年正月癸未。

[37]　據《明太祖實錄》卷199,洪武二十三年正月癸未條載:朱元璋上諭禮部尚書李原名說:「今云廢黜異姓,擇立王氏宗親……其真偽莫知,若果為本國臣民所推,亦聽其自為。倘陰謀詐立,一旦變更,盡為虛妄,必將禍起不測,皆自取也。爾宜備諮其國人知之」。

洪武二十五年七月，李成桂廢黜王瑤，自立為國王。他即位之初，並未立即改高麗國號，對明朝也未敢稱王，僅稱「權知高麗國事」。立即令知密直司事趙胖前往南京，向明廷奏報此事，希望得到明廷的承認。九月，當李成桂得知朱元璋太子朱標逝世，明廷立朱標太子朱允炆為皇太孫的消息後，立即派三司左使李居仁前往明廷陳慰。[38]也許是朱元璋為李成桂派使前來弔喪所動，才於同年九月十二日的諭旨中云：「其三韓臣民既尊李氏，民無兵禍，人各樂天之樂，乃帝命也」。[39]顯然明廷對李成桂即位採取不冷不熱的態度。對李成桂來說，沒被明廷認為「篡權謀逆」算是萬幸。所以，立即派門下侍郎贊成事鄭道傳為謝恩使赴南京謝恩。[40]十一月，李成桂又遣藝文館學士韓尚質向明廷請求更改國號，擬議兩個國號，一是「朝鮮」；一是「和寧」，請朱元璋聖裁。朱元璋與大臣商議，以「朝鮮」作國號為宜：「東夷之號，惟『朝鮮』之稱美，且其來遠，可以本其名而祖之；體天牧民，永昌後嗣」。[41]洪武二十六年二月，韓尚質帶回禮部咨文，李成桂感激之至，下教全國云：「自今除「高麗」國名，遵用『朝鮮』之號」。[42]至此，李成桂更國號為朝鮮。明廷雖承認李氏政權，但並沒有正式冊封李成桂為國王，李成桂對明廷上表只能署「權知國事」。嗣後，李成桂雖多次請求明廷頒賜國王印信、誥命，可是，朱元璋卻以朝鮮國王「頑囂狡詐」為由，對朝鮮「來文關請信印、誥命，未可輕與」。[43]這樣，兩國關係是在明廷承認李氏政權，又不予正式對李成桂冊封的狀態下進行的。

　　阻礙兩國關係最主要的問題是李朝實行北拓政策，極力向圖們江流域擴展疆土。李成桂即位的當年，就遣其五子李芳遠（即後來李朝太宗國王）赴半島東北面女真所居的孔州（今朝鮮慶興）祭祖，築德安二陵，以此表明孔州為李朝王業肇興之地，為其向半島東北部女真地區繼續拓展疆土做準備。[44]洪武二

---

38 《李朝太祖實錄》卷 2，太祖元年九月己卯條載：「伏聞聖情哀戚，臣竊以父子至情，雖無紀極，壽夭定命，誠亦難違。伏冀俯為天下，從制節哀。」
39 《李朝太祖實錄》卷 2，太祖元年十月庚午，學習院東洋文化研究所，1953 年。
40 《李朝太祖實錄》卷 2，太祖元年十月癸酉。
41 《李朝太祖實錄》卷 3，太祖二年二月庚寅。
42 《李朝太祖實錄》卷 3，太祖二年二月庚寅。
43 吳晗輯：《朝鮮李朝實錄中的中國史料》第一冊，中華書局，1980 年，第 115 頁。
44 池內宏：〈鮮初の東北境と女真との關係〉，《滿鮮史研究》（近世篇），中央公論美術出版。1972

十六年八月，李朝又任命歸服女真首領李豆蘭（原名豆蘭帖木兒）為東北面都安撫使，前往孔州、甲州（今朝鮮甲山）築城。[45]洪武三十年（李朝太祖六年1397），李成桂命奉化伯鄭傳道為東北面宣撫巡察使，赴東北面拓疆置鎮。其下教曰：

> 予以否德，承祖宗積累之德，奄有東方，六年於茲，報本之誠，實切於衷。是用稽諸古典，追王四代，首建寢廟，塋域之封，悉皆除治，享祀以時。唯德陵、安陵，邈在孔州，道里遼遠，奉祀之誠，有所未盡。 每思修治，以時享祀，因循至今，良用歉然。卿學通古今，才兼文武，一代典章，由卿製作。今命卿為東北面都宣撫巡察使，卿其往也，凡所以奉安園陵者，悉從盛典，舉行無遺。繕完城堡，以安居民，量置站戶，以便往來。區畫州郡之境，以杜紛爭；整齊軍民之號，以定等級。自端州盡孔州之境，皆隸察理使治內，其戶口額數，軍官材品，具悉以聞。[46]

翌年，鄭傳道在半島東北部女真地區分定州、府、郡、縣[47]，並改孔州為慶源府，慶源府成為李朝在半島東北部圖們江流域拓疆置鎮的前沿據點。

明太祖朱元璋對朝鮮極力北拓疆土多次提出警告，並要求刷還被擄去的女真人口。洪武二十六年初，朱元璋曾嚴辭詰責，勒令李成桂「將誘女直大小送

年，第 126 頁。

[45] 據《李朝太祖實錄》卷 4，太祖二年八月乙酉條載：「遣東北面都安撫使李之蘭，城甲州、孔州。」

[46] 《李朝太祖實錄》卷 12，太祖六年十二月庚子。

[47] 據《李朝太祖實錄》卷 13，太祖七年二月庚辰條載：「東北面都宣撫巡察使鄭道傳分定州府郡縣之名，遣從事崔兢以聞。安邊以北、青州以南，稱永興道；端州以北、孔州以南，稱吉州道，令東北面都巡問察理使統治之。又置端州以北州府郡縣及各站路官吏：吉州道，察理使一，令史十二，兩班子弟知印六，兩班子弟使令百姓二十；吉州牧，官使一，令史十二，使令二十五，日守兩班十五，州司長史二，副長史四，五品以下，司吏六，兩班徒隸十五百姓。左右翼，各千戶一，百戶六，統主十二；端州，知事一，令史十，使令二十，日守兩班十，郡司長史二，副長史三，司吏四，徒隸十。左右翼，各千戶一，百戶四，統主八；鏡城郡，知事一，令史六，使令十五，日守兩班八，郡司長史二，副長史二，司吏二，徒隸八。左右翼，各千戶一，百戶四，統主八。慶源府，使一，令史以下，同端州。青州府使一，令史以下同端州。甲州，知事一，令史以下，同鏡城。各站，司吏二，日守兩班五，館夫五，急走人五，馬夫十五。」

回，及將誘引女直守邊千戶發來，是後毋造詐謀，以生邊釁」，否則明朝將要「昭告上帝，命將東討，以雪侮釁」。[48]七月，朱元璋又敕諭遼東都司「謹守邊防，絕朝鮮國貢使」，又令左軍都督府遣人「往遼東金、復、海、蓋四州，增設關隘，繕修城隍，發騎兵巡邏，至鴨綠江而還」。[49]是月，李朝賀聖節使金立堅等來朝，至遼東白塔（今瀋陽南白塔鋪），遼東都司官員阻止朝鮮使臣曰：「帝詔，自今高麗人不許過來」。[50]八月，李朝謝恩使尹恩德等「至遼東不得入而還」。[51]李朝面臨明朝斷交的壓力，只好「推刷泥城、江界等處來投女直人物」，[52]暫時緩解兩國的關係。事實上拓展疆土、招撫女真是李朝的既定國策，對李朝來說是不容改變的。對此，李成桂對群臣發表如下議論：

> 帝以兵甲眾多，致刑嚴峻遂有天下。然以殺戮過當，元勳碩輔多不保全，而乃屢責我小邦，誅求無厭。今又責我以非罪，而脅我以動兵，是何異恐嚇小兒哉！[53]

由此可見，李成桂對朱元璋的警告，絲毫沒有接受的誠意，反認為是「責我以非罪，而脅我以動兵」，是恐嚇小孩兒也。當群臣們問之「何以對之」時，李成桂答道：「吾且卑辭謹事之耳」。[54]李成桂所言「卑辭謹事」，就是表面對明「事大以誠」，內心並無誠意。嗣後，李朝仍不聽明廷警告，我行我素，兩國關係並沒有改善。

不久兩國政局都發生了變化。洪武三十一年十二月甲子，明太祖逝世，朱允炆即位，朱允炆在位四年（1399－1402），建文三年（1401）李朝太祖子李芳遠即位，為太宗國王，他在位 18 年，永樂二十年（1422）故去，由李朝世

---

[48] 《李朝太祖實錄》卷 5，太祖三年二月己丑。
[49] 《明太祖實錄》卷 229，洪武二十六年七月辛亥。
[50] 《李朝太祖實錄》卷 4，太祖二年七月辛未。
[51] 《李朝太祖實錄》卷 4，太祖二年八月乙亥。
[52] 《李朝太祖實錄》卷 3，太祖二年五月己巳。
[53] 《李朝太祖實錄》卷 3，太祖二年五月己巳。
[54] 《李朝太祖實錄》卷 3，太祖二年五月己巳。

宗即位。建文二年（1401），李朝太宗即位後，時值明朝發生「靖難之役」。他對明朝的政局十分關注，不斷派人到遼東或京師探聽情報。建文四年（1402）二月，賀聖節使崔有慶從京師回朝鮮，向太宗國王報告說：「燕兵勢強，乘勝遠鬥，帝兵雖多勢弱，戰則必敗」。[55]燕王朱棣因在北方，靠近朝鮮半島，所以李朝對燕王的活動早有所聞。當他們得知，建文帝必為燕王所敗的消息後，立即停止向建文朝貢馬。[56]同年九月，當李朝得知「六月十三日，燕王戰勝建文皇帝，命焚奉天殿而自縊於殿中，後妃宮女四十人自死，是月十七日燕王即皇帝位」[57]的消息後，立即不用「建文」年號，復用「洪武」年號，稱為三十五年，又派人往明朝「賀登極」。李朝對於僭越皇位的朱棣即位前後的一番「事大」表現，贏得永樂帝的讚賞。不過，李朝太宗國王對明成祖表示「以誠事大」的同時，並沒有忘記繼承先王拓置疆土的傳統。

明成祖即位伊始，加強對女真的招撫，取得明顯的效果。為進一步加強對圖們江流域女真的管理，明朝決定收復高麗恭愍王時期乘元末戰亂，明朝無暇東顧之機拓占的半島東北部咸興以北三散十一處女真之地。

永樂二年（李朝太宗四年 1404），明遼東東寧衛女真千戶王可仁等向明成祖提出：朝鮮「咸州以北，古為遼金之地」，[58]建議收復，明成祖允准。同年四月，明廷派王可仁奉敕出使朝鮮，與李朝交涉收復三散十一處女真事宜。永樂帝給李朝的敕諭云：

> 敕諭三散、禿魯兀等處女真地面官民人等知道：今朕即大位，天下太平，四海內外，皆同一家。恐爾等不知，不相統屬，強凌弱，眾暴寡，何有寧息之時？今聽朕言給與印信，自相統屬，打圍牧放，各安生業，經商買賣，從便往來，共用太平之福。今招諭三散、禿魯兀等一十一處：溪關萬戶甯

---

[55] 《李朝太宗實錄》卷3，太宗二年三月己丑，學習院東洋文化研究所，1954年。

[56] 《李朝太宗實錄》卷3，太宗二年四月辛丑。

[57] 《李朝太宗實錄》卷3，太宗二年九月戊申。

[58] 據《李朝太宗實錄》卷35，太宗十八年五月癸丑條載：「前右軍總制金瞻卒。瞻字子具，古名九二，光州人，慈惠府尹懷祖之子……甲申（1404）夏，女真遺民佟景、王可仁等以我國咸州迤北，古為遼、金之地，奏於帝，帝降敕，索十處人民，上遣瞻計稟，乞許仍屬本國」。

馬哈，參散千戶李亦里不花，禿魯兀千戶佟參哈、佟阿蘆，洪肯千戶王兀
難，哈蘭千戶朱蹯失馬，大伸千戶高難都，都夫失里千戶金火失帖木，海
童千戶董貴洞，阿沙千戶朱引忽，斡合千戶劉薛列，阿都歌千戶崔咬納、
崔完者（李亦里不花，即李和英；崔咬納，即崔也吾乃）。[59]

這十一處女真的具體位置（參見第一章第一節）：溪關，今琿春附近；三散，（朝
鮮北青）；禿魯兀，（朝鮮端川）；洪肯，（朝鮮洪原）；哈蘭，（朝鮮咸興）；大
伸，（朝鮮吉州）；都夫失里，（朝鮮利原）；海童，（朝鮮鏡城至富寧一帶）；阿
沙，（朝鮮利原）；斡合，（朝鮮鏡城）；阿都歌，（朝鮮吉州）。[60]其中，除溪關
在圖們江以北外，其他十處女真都分佈在圖們江以南至咸興以北地區。這些女
真是世代居住此地區的土著女真，即遼金時的「東女真」。

　　王可仁其人，故鄉在半島東北部，曾為李成桂的部下，由於李成桂的薦拔，
官至樞密，後來被朱元璋招撫，改名修。[61]此次作為明朝的特使前往半島東北
部收復當地女真人。李朝得知王可仁來半島東北面女真地區，派金承霆為接伴
使迎之。[62]王可仁到李朝王京後，向李朝君臣宣讀了永樂帝的敕諭後，便前往
女真地面執行招撫任務。[63]

　　是年五月，朝鮮派計稟使藝文館提學金瞻攜奏本赴明。[64]金瞻的使命是向
明朝請求將三散十處[65]女真人「令本國管轄」。李朝的奏本，真真假假，虛虛實

---

[59] 《李朝太宗實錄》卷 7，太宗四年四月甲戌。
[60] 河內良弘：《明代女真史の研究》，同朋舍出版，1992 年，第 42 頁。
[61] 據《李朝太宗實錄》卷 7，太宗四年四月甲戌條載：「可仁，本我朝東北面向化人，為太上（太
　　祖李成桂一引者）潛邸時麾下，賴太上王薦拔，官至樞密。高皇帝（明太祖朱元璋一引者）時
　　召還，改名修，至是已十五年，妻子皆無恙。」
[62] 《李朝太宗實錄》卷 7，太宗四年四月己卯。
[63] 《李朝太宗實錄》卷 7，太宗四年四月甲戌。
[64] 金瞻所攜奏本全文，《李朝太宗實錄》卷 7，太宗四年五月己未條載：「照得本國東北地方，自
　　公嶮鎮歷孔州、吉州、端州、英州、雄州、咸州等州，俱係本國之地。至遼乾統七年，東女
　　鎮作亂，奪據咸州迤北之地。高麗睿王王俁告遼請討，遣兵克復。及至元初戊午年間，蒙古
　　散吉普只等官，收付女真之時，本國叛民趙暉、卓青等，以其地迎降，以趙暉為總管，卓青
　　為千戶，管轄軍民。由是女真人民，雜處其間，各以方言，名其所居，吉州稱海陽，端州稱
　　禿魯兀，英州稱三散，雄州稱洪肯，咸州稱哈蘭。至至正十六年間，恭愍王王顓申達元朝，
　　並行革罷，仍以公嶮鎮迤南，還屬本國，委定官吏管治。聖朝洪武二十一年二月，承准戶部

實。首先，奏本中云：「照得本國東北地方，自公嶮鎮歷孔州（慶興）、吉州（吉州）、端州（端川）、英州（北青）、雄州（洪原）、咸州（咸興）等州，俱係本國之地」，[66]再次把「戊午年」（1258）歸附於元的和州（朝鮮永興）以南至鐵嶺地區，與渤海、遼金時期一直屬於中國咸興以北地區混淆起來。其次，李朝希望明朝承認他們占居此地的事實。所謂此女真人居住年代已久，屢經戰亂「凋瘁殆盡，其遺種存者無幾」，而且與「本國人民交相婚嫁，生長子孫，以供賦役」，希望明朝，「不分化外，一視同仁」。最後李朝奏本又援引明戶律內一款：其在洪武七年十月以前流移他郡者「曾經附籍當差者，勿論」。請求明朝將此處女真「令本國管轄如舊，一國幸甚」。[67]

對於李朝奏本所述理由，明廷官員並未輕信。而李朝使臣金瞻利用遼金二史《地理志》記載的疏漏，向明朝禮部提出：「若考遼、金《地理志》，則虛實自明矣」。[68]禮部官員於是翻檢遼金《地理志》，「果無十處地名，具以實奏帝（永樂）」。[69]金瞻利用遼、金二史對這一地區記載的疏漏，向明朝禮部提出，考遼、金二史《地理志》並無上述十處地名，藉以證明該地區不曾屬於中國。顯然金瞻的申辯是站不住腳的。上述地區，遼代設蒲盧毛朵大王府、長白山女真大王

諮，該侍郎楊靖等官，欽奉太祖高皇帝聖旨節該：『鐵嶺迤北迤東迤西，原屬開原，所管軍民，仍屬遼東所管。欽此』。本國即將上項事，因差陪臣密直提學朴宜中，齎擎表文，前赴朝廷控訴，乞將公嶮鎮迤北，還屬遼東，公嶮鎮迤南至鐵嶺，還屬本國。至當年六月十二日，朴宜中回自京師，承准禮部諮，該本部尚書李原明等官，於當年四月十八日，欽奉聖旨節該：『鐵嶺之故，王國有辭。欽此』。仍舊委定官吏管治。今奉欽差東甯衛千戶王修齎來勅諭內：『招諭參散、禿魯兀等處女鎮地面官民人等。欽此』。竊詳參散千戶李亦里不花等一十處人員，雖係女鎮人民，來居本國地面，年代已久，累經胡人納哈出等兵及倭寇侵掠，凋瘁殆盡，其遺種存者無幾。且與本國人民交相婚嫁，生長子孫，以供賦役。又臣祖上曾居東北地面，玄祖先臣安社墳墓，見在孔州；高祖先臣行里、祖先臣子春墳墓，皆在咸州。竊念小邦遭遇聖朝以來，累蒙高皇帝詔旨，不分化外，一視同仁。又欽准聖朝戶律內一款：『其在洪武七年十月以前，流移他郡，曾經附籍當差者勿論。欽此』。小邦既在同仁之內，公嶮鎮迤南，又蒙高皇帝王國有辭之旨，所據女真遺種人民，乞令本國管轄如舊，一國幸甚。為此，今差陪臣藝文館提學金瞻，齎擎奏本及地形圖本，赴京奏達。」
[65] 此十處女真是指圖們江以南女真，不包括圖們江以北的琿春縣城的「溪關」女真。
[66] 《李朝太宗實錄》卷7，太宗四年五月己未。
[67] 《李朝太宗實錄》卷7，太宗四年五月己未。
[68] 《李朝太宗實錄》卷35，太宗十八年五月乙巳。
[69] 《李朝太宗實錄》卷35，太宗十八年五月乙巳。

府管理該地女真。金代屬於曷懶路，對女真實行猛安謀克制，不實行郡縣制管理，故遼金二史《地理志》無這一地區具體地名。而《金史‧地理志》不僅對曷懶路南部記載不詳，就是對金朝「龍興之地」的恤品、蒲與、胡里改等路的地名也記載不詳，但誰也不能因此否認以上諸路不是金朝的疆域，更重要的是，上述十地直到咸興，從渤海到遼、金以及元朝中期一直不屬於朝鮮，建國四百多年的高麗王朝，無論是前期把全境分為十道，還是顯宗以後把全境分為五道、兩界，其東北疆界都在咸興以南。高麗王朝僅在睿宗初不到二年的期間內設立過咸州大都督府，而且其最北僅到過吉州，離圖們江尚遠，隨後又「以其地還女真」。高麗王朝的咸州（咸興）、英州（北青）、吉州（吉州）、孔州（慶興）等，是恭愍王時（即元朝末期）利用元末戰亂之機向北推進時才陸續設立的。對此，後世的李朝君臣都不否認。嘉靖二年（李朝中宗十八年 1523）十一月，李朝特進官韓亨允與中宗國王的談話中曾說：「咸鏡道本非我地，而於前朝避役之民，皆歸其地矣。至我世宗朝，始設六鎮，而野人願托以生焉」。中宗國王認為所言「至當」。[70]即承認咸鏡道自古為女真之地的歷史事實。嘉靖十四年（李朝中宗三十年 1535）十月，李朝特進官尹熙平在與中宗國王談話中也說：「咸鏡道本非我國地也」。[71]可是，當時明朝禮部官員對遼金以來東北地區的歷史地理不甚明瞭，輕信了金瞻沒有說服力的申辯。同時，明成祖朱棣又有「朝鮮之地，亦朕度內，朕何爭焉」，這一「普天之下莫非王土」的觀念，因此答應了將三散、禿魯兀等十處，即今朝鮮咸興以北女真地區劃歸李朝管理的請求。[72]金瞻回國，帶回永樂帝的敕書云：「參散千戶李亦里不花等十處人員，准請。故敕」。[73]李朝太宗國王如願以償，「賜金瞻田十五結」。[74]不久，李朝派遣中軍都總制林整如赴明，「謝十處人民還屬本國也」。[75]

---

[70]　《李朝中宗實錄》卷 49，中宗十八年十一月庚午，學習院東洋文化研究所，1959 年。

[71]　《李朝中宗實錄》卷 80，中宗三十年十月丁酉。

[72]　《李朝太宗實錄》卷 35，太宗十八年五月癸酉。

[73]　《李朝太宗實錄》卷 8，太宗四年十月己巳。

[74]　《李朝太宗實錄》卷 8，太宗四年十月己巳。

[75]　《李朝太宗實錄》卷 8，太宗四年十月丙戌。

永樂初年，明廷禮部官員輕信李朝使臣金瞻申辯，將今朝鮮咸興以北女真人世居之地劃歸朝鮮，實為重大失誤。這裡除了反映明廷天朝大國，為天下共主的思想觀念外，也反映明廷上下地理知識上的無知，不清楚當時居住漢族以遠的少數民族居住地區屬於中國邊疆地區，輕易放棄對上述地區女真的管轄權。

　　永樂帝放棄對三散十處女真的管轄權與其即位之初的國內國外形勢有密切關係。眾所周知，朱棣是通過發動「靖難之役」，消滅政敵建文帝登上皇位的。按著中國傳統的繼承法，是屬「僭位」。朱棣即位之初「天下諸侯未有朝者」。永樂元年（李朝太宗三年 1403）十一月乙卯日，李朝太宗與明臣黃儼的一段對話，充分說明這個問題：

> 上（李朝太宗）語近臣：「予向黃儼曰：『皇帝何以厚我至此極也？』儼曰：『新登寶位，天下諸侯未有朝者。獨朝鮮遣上相進賀。帝嘉其忠誠，是以厚之』」。[76]

由此可知，通過發動「靖難之役」擊敗政敵的朱棣即位後，不僅國內建文朝文武大臣難以接受，就連周邊國家也都不予承認。在他的內心深處，對自己謀取帝位也心存不安，擔心國內外對他不接受。永樂元年四月，李朝使臣河崙、李詹等前往南京賀永樂帝登基。永樂帝召見何崙、李詹時云：

> 汝等知朕即位之故乎？建文不顧高皇帝之意，乃放黜叔父周王，殘害骨肉，又欲害朕而起兵。朕亦畏死，不得已而起兵。然朕再欲和親而建文不聽，於是舉兵欲伐其謀事之臣。建文恥與相見，闔宮自焚。周王與大臣謂朕高皇帝嫡長，宜即帝位。不得已而即位，初豈有意於得位乎？[77]

這裡永樂帝為掩飾篡位之心，竟然把自己打扮成為民請命，伸張正義者，即皇位出於眾人推戴不得已之舉。而此時惟獨朝鮮，第一個前來慶賀，對李朝的舉

---

[76]　《李朝太宗實錄》卷 6，太宗三年十一月丙子。
[77]　《李朝太宗實錄》卷 6，太宗三年十一月丙子。

動，明成祖當然心存感激，「嘉其忠誠，是以厚之」。所以，在三散十處女真的歸屬問題上，永樂帝的潛意識裡恐怕認為，既然朝鮮強烈要求歸屬其管理，那麼歸屬朝鮮也算是對其忠誠大明的一種回報。古代帝王一向將國土、人民視為己物，既然可以賞賜國內的親王、公候，那麼賜給被視為外臣的朝鮮又何嘗不可。 另外，當時明朝急需朝鮮輸納一萬頭耕牛於遼東，此事正在進行中，故在三散十處女真歸屬問題上向朝鮮作出讓步。明成祖缺乏疆土必爭的意識，不惜以犧牲三散十處女真為代價，換取自己皇位的穩固，釀成歷史性的錯誤。[78]

上述三散十處女真約兩千餘口，歸屬李朝後，與朝鮮「本國人民交相婚嫁，生長子孫，以供賦役」，[79]逐漸成為朝鮮文獻所稱的「入籍女真」。

三、朝鮮「公嶮鎮」的地理位置

前文所述，在中朝兩國疆界歸屬之爭中，李朝幾次提到公嶮鎮的位置。那麼，關於公嶮鎮的地理位置有必要搞清楚。

公嶮鎮本是遼乾統八年（高麗睿宗三年 1108）高麗將領尹瓘攻入半島女真居地曷懶甸時所設之州鎮之一。最早見於《高麗史》睿宗世家三年二月。是月甲午條載：

以尚書柳澤為咸州都督府使，置英、福、雄、吉及公嶮鎮防禦御使。[80]

《高麗史節要》戊子三年二月條也載：

---

[78] 參見拙文〈元末明初朝鮮半島的女真族與明、朝鮮的關係〉，《史學集刊》，2001 年 3 期。
[79] 《李朝太宗實錄》卷 7，太宗四年五月己未。
[80] 《高麗史》卷 12，睿宗三年二月甲午，第 184 頁。

以尚書柳澤為咸州大都督府使，置副使、判官、司錄、掌書記、法曹，醫師等官。又置英、福、雄、吉四州，及公嶮鎮防禦使、副、判官。又城咸州及公嶮鎮。[81]

《高麗史‧尹瓘傳》又載：

瓘又城英、福、雄、吉、咸州及公嶮鎮，遂立碑於公嶮鎮，以為界。遣其子彥純奉表稱賀。[82]

由此可知，當時高麗所攻下女真所居之地曷懶甸時，設有英州、福州、雄州、吉州、咸州、公嶮鎮六城。不久，尹瓘又築宜州、通泰、平戎三城，共計九城。《高麗史‧尹瓘傳》載：尹瓘「分遣諸將，畫定地界」築九城，[83]企圖永遠佔領。可見，公嶮鎮是所築九城之一，應在其他八城附近，不會距離太遠。關於九城的位置及範圍，據《尹瓘傳》所載林彥於英州廳壁上的記事：「其地方三百里，東至於大海，西北介於蓋馬山，南接於長、定二州。」[84]蓋馬山，即今朝鮮境內狼林山脈，《增補文獻備考》卷 13 載：「蓋馬山山脈……今咸鏡、平安兩道之間，嶺脊連亙數百里者，即蓋馬山也」。丁謙的《後漢書東夷列傳地理考證》也載：「蓋馬大山，即朝鮮平安道與咸鏡道分界之山」。[85]長州，即長平，在定州西南五十餘里，定州，即朝鮮咸鏡南道之定平。自定州向北至北青約三百里左右。因此，當時作為邊界之鎮的公嶮鎮，距北青決不會太遠。當時，高麗與女真爭奪曷懶甸，曷懶甸的地理位置，一般認為是今咸興平原。[86]因此，尹瓘所築九城應在咸興平原。尹瓘所築九城的具體位置。據韓國學者李丙燾所著《韓國史》中世篇記載：咸州，今朝鮮咸興；英州，今朝鮮加平面東興里；

81　《高麗史節要》卷 7，睿宗文孝大王（一），戊子三年二月條。
82　《高麗史》卷 96，〈尹瓘傳〉，第 114 頁。
83　《高麗史》卷 96，〈尹瓘傳〉，第 115 頁。
84　《高麗史》卷 96，〈尹瓘傳〉，第 115 頁。
85　《中國歷史地圖集釋文彙編‧東北卷》，中央民族學院出版社，1988 年，第 23 頁。
86　池內宏：《滿鮮史研究》，中世第 2 冊，吉川弘文館，1937 年，第 364-369 頁。

雄州，今朝鮮咸興郡西退潮面城洞里；吉州，今洪原郡鶴泉面天雞峰山城；福州，今新興郡朝陽面塔洞里；公嶮鎮，今咸興郡德山面上伐里山城；通泰鎮，今咸興郡雲田面雲城里；崇寧鎮，今咸興郡川西南雲興里；真陽鎮，今咸興郡上歧郡川面五老里。[87]由此可見，公嶮鎮是尹瓘在咸興平原所築九城之一，且於睿宗四年（1109）歸還女真。

在公嶮鎮的位置清楚之後，我們來看一下高麗、李朝是如何把「公嶮鎮」作為其半島東北邊界的界標，任意不斷地北移，成為變動無常，莫名其妙的地名。

元至正十六年（恭愍王五年1356），高麗命樞密院副使柳仁雨為東北面兵馬使，率軍進攻元雙城總管府。高麗在奪回雙城總管府的同時，又佔領隸屬於元咸興以北的中國領土。[88]對此，元朝立即做出反映，向高麗提出抗議。同年十月，元朝派使臣攜帶元帝的詔書前往高麗。[89]高麗自知理虧，立即派使臣李仁復前往元朝，上表謝罪。[90]至正十七年八月，高麗在給元朝中書省的呈文中，談及高麗與元朝的疆界時說：「照得雙城、三散等處元（原）是本國地面，北至伊板嶺為界」，[91]請求元廷允許在此設立關防。元廷未予允准。表明高麗的勢力已達伊板嶺（今朝鮮北青與吉州間的摩天嶺）。

公嶮鎮地理位置的變動是在洪武二十一年（辛禑十四年1388）。當高麗得知明朝欲在半島東北部的南端設置鐵嶺衛的消息後，立即派使臣朴宜中赴明廷申辯說：「切照鐵嶺迆北，歷文、高、和、定、咸諸州以至公嶮鎮，自來係本國之地」。[92]這完全是歪曲歷史事實。前文已述，高麗自918年王建建國以來，逐漸向龍興江以北女真所居之地拓展疆土。高麗德宗時期（1032-1035）始築長城，高麗北以長城與女真為界。高麗靖宗年間置長州、定州、元興等州鎮，高麗東北部方以定州長城與女真為界。有金一代，高麗與金朝一直以長城為

---

[87] 李丙燾：《韓國史》中世篇，乙酉文化社，1959年，第381頁。
[88] 《高麗史》卷39，恭愍王五年七月丁亥條載：「東北面兵馬使柳仁雨陷雙城，總管趙小生、千戶卓都卿遁走，收復和、登、定、長、預、高、文、宜州，及宣德、元興、寧仁、耀德、靜邊等鎮，咸州以北，自高宗戊午沒於元，今皆復之。」第589頁。
[89] 《高麗史》卷39，恭愍王五年十月甲寅，第590頁。
[90] 《高麗史》卷39，恭愍王五年十月甲寅，第590頁。
[91] 《高麗史》卷39，恭愍王六年八月戊午，第593頁。
[92] 《高麗史》卷138，〈辛禑傳〉，第749頁。

界。可見，高麗表文中所云，咸州以北至公嶮鎮並不是「自來係本國（高麗）之地」，而是遼金以來中國女真人世居的故土。表文中又云「至至正十六年間申達元廷，將上項總管、千戶等職革罷仕，和州迆北還屬本國至今」。[93] 是指元至正十六年（恭愍王五年 1356），高麗攻取雙城總管府後，向元朝請求在三散以北「設立關防」。[94] 第二年，高麗又向元提出與女真，「北至伊板為界」，[95] 即將高麗的東北邊界推進到伊板嶺（今朝鮮摩天嶺）。元朝根本不承認高麗對三散等地的佔領，更談不上答應高麗的無理要求。至正二十二年（恭愍王十一年 1362），元將納哈出率兵南下三散、忽面（今朝鮮洪獻）等地，其目的就是要收復三散等地。[96] 而高麗在表文中竟將公嶮鎮作為高麗的東北邊界，所謂「公嶮之鎮，限邊界非一二年」。[97] 那麼，也就意味著高麗把公嶮鎮的地理位置向北移至伊板嶺一帶。

公嶮鎮的地理位置再次移動，是洪武二十五年（恭讓王四年，李朝太祖元年 1392）。當時高麗的勢力已越過伊板嶺達到半島東北部吉州一帶。洪武二十四年七月，李成桂獻議：「遣人齎榜文招諭東女真地面諸部落」。[98] 翌年二月，「兀良哈、斡朵里來朝」。[99] 三月，高麗又遣使前往東女真地面榜諭諸部女真。其文曰：

> 洪武二十四年七月，差李必等齎榜文前去女真地面豆萬（圖門江）等處，招諭當年斡都里、兀良哈萬戶、千戶頭目等，即便歸附，已行賞賜名分，俱各復業。所有速頻、失的覓、蒙骨、改陽、實鄰、八鄰、安頓、押蘭、喜剌兀、兀里因、古里罕、魯別、兀的改地面，原係本國公嶮鎮境內，既已曾經招諭，至今未見歸附，於理不順。為此，再差李必等齎榜文前去招諭。榜文到日，各各來歸，賞賜名分及凡所欲，一如先附斡都里、

---

[93] 《高麗史》卷 138，〈辛禑傳〉，第 749 頁。
[94] 《高麗史》卷 39，恭愍王五年十月戊午，第 592 頁。
[95] 《高麗史》卷 39，恭愍王六年八月戊午，第 593 頁。
[96] 據《高麗史》卷 40，恭愍王十一年二月己卯條載：「二月，趙小生誘引納哈出，入寇三撒忽面之地。」第 604 頁。
[97] 《高麗史》卷 138，〈辛禑傳〉，第 749 頁。
[98] 《高麗史》卷 46，恭讓王三年七月戊子，第 690 頁。
[99] 《高麗史》卷 46，恭讓王四年二月丁丑，第 695-696 頁。

兀良哈例。[100]

時，斡（都）朵里、兀良哈等部女真已遷至圖們江以南，是李必等招諭的主要對象。而上文中的速頻，即綏芬河流域；蒙骨，即綏芬河口西南的蒙古河；實鄰，又作西林、錫林，即今俄羅斯濱海邊區的蘇祖河；押蘭，又作牙蘭，即俄羅斯濱海邊區的塔烏河；安頓，即南突（那木都魯）在綏芬河下游；喜刺兀，即喜樂溫河，在波謝特灣岩杵河附近；兀的改，即兀狄哈，泛指圖們江以北女真部落。上述女真部落，分佈於圖們江以北，綏芬河流域以至今俄羅斯濱海地區。這些地區的女真也成為高麗招附的目標。這裡應注意的是榜文中所說「速頻、失的覓……兀的改地面，係本國公嶮鎮內」，就是說，高麗王朝把這個虛構的「公嶮鎮」推移到圖們江以北以遠之地。由此充分暴露出高麗王朝企圖佔有圖們江北以遠疆土的野心。

永樂二年（李朝太宗四年 1404）公嶮鎮的位置又有了變化。當時，明成祖派王可仁齎敕書前往半島東北部招撫女真，要求李朝歸還在元末明初拓占的咸興以北三散十處女真之地。對此，李朝於是年五月派計稟使藝文館提學金瞻攜奏本赴明。金瞻的使命是向明朝請求放棄對三散十處女真地區的管轄，「令本國（朝鮮）管轄」。李朝故伎重演，奏本中云：「照得本國東北地方，自公嶮鎮歷孔州（慶興）、吉州（吉州）、端州（端川）、英州（北青）、雄州（洪原）、咸州（咸興）等州，俱係本國之地」[101]，再次把「戊午年」（1258）歸附於元的和州（朝鮮永興）以南至鐵嶺地區，與渤海、遼金以來一直屬於中國的咸興以北地區混淆起來。奏本中所說的孔州，即朝鮮慶興，久為女真之地。[102]吉州，也久為女真之地。據朝鮮《大東地志》吉州沿革條載：

> 肅慎、沃沮、高句麗、渤海、靺鞨、女真代有其地。高麗睿宗二年，擊逐女真，畫定地界（東至火串嶺，北至弓漢嶺，西至蒙羅骨嶺，以為我

---

[100] 《高麗史》卷 46，恭讓王四年三月庚子，第 695 頁。

[101] 《李朝太宗實錄》卷 7，太宗四年五月己未。

[102] 《新增東國輿地勝覽》卷 50，咸鏡道，慶興都護府條，第 913 頁。

疆，於弓漢里村築城，城廓六萬七十間—原文注）號吉州。三年，置防
禦使（置戶七千—原文注）。四年撤城，還女真，仍為金之全疆。高宗時
沒於蒙古，稱海洋（一云三海陽——原文注）。恭愍王五年收復。恭讓王
二年置雄、吉州等處管軍民萬戶府，以英州、雄州及宣化等鎮合屬。本
朝太祖七年置吉州牧。世祖十二年，李施愛以州叛，討平之。睿宗元年
降吉州為縣監，割州北永平等地，別置明川縣。中宗七年割明川縣來屬，
復為吉州牧，別置判官。八年復降為縣，還置明川縣。宣祖三十八年復
為吉州牧（舊為鏡城鎮管，英宗二十五年為獨鎮，置防營—原文注）。[103]

端州，即端川，據朝鮮《大東地志》端川沿革條載：

> 女真之吳林金村，高麗睿宗二年擊逐女真（築城廓七百七十四間—原文
> 注）。三年置福州防禦使（置戶七千——原文注），隸東界。四年撤城還
> 於女真，未幾為金國全疆。高宗時沒於元，稱禿魯兀。恭愍王五年收復，
> 辛禑八年，改置端州安撫使。本朝太祖七年，改知端州事。太宗十三年，
> 改端川郡守。肅宗四十六年，升都護府，為獨鎮（古端州西十三里何多
> 里——原文注）[104]

英州，高麗睿宗三年置州，「四年撤城，以其地還女真，後並於吉州」。[105]雄州，
睿宗三年置州，「四年撤城，以其地還女真，後並於吉州」。[106]咸州，即今咸興，
據朝鮮《大東地志》咸興沿革條載：

> 本沃沮地，漢置玄菟郡（後徙郡。今所謂玄菟故府是——原文注），後
> 還屬樂浪，稱不而城（一云不耐濊，濊沃雜居，故云——原文注）。東

---

[103] 《大東地志》，咸鏡道，吉州沿革條，第326頁。
[104] 《大東地志》，咸鏡道，端川沿革條，第312頁。
[105] 《高麗史》卷58，《地理志》，英州條，第272頁。
[106] 《高麗史》卷58，《地理志》，英州條，第272頁。

漢建武六年，以沃沮為縣侯。高句麗太祖王伐東沃沮取之（南北沃沮盡入於高句麗——原文注）。唐中宗時，渤海國置南京南海府（新羅道也——原文注）。高句麗（應為高麗——引者）初，為女真所據。睿宗二年，命平章事尹瓘逐女真，三年二月，築城置鎮東軍咸州大都督府，隸東界（徙南界民戶一萬三千以實之——原文注）。四年撤城，還其地於女真。仁宗四年，金置曷懶路。高宗四十五年，蒙古置哈蘭路（即曷懶路——原文注）總管府（隸雙城總管府，今永興——原文注）。恭愍王五年，攻破雙城收復舊疆，改為知咸州事，尋改萬戶府，置營（聚江陵、慶尚、全羅等道軍馬防戍——原文注）。十八年升為牧。本朝太宗十六年升咸興府尹（以觀察使兼府尹——原文注）。世祖十二年置鎮，成宗元年降為郡（以府人從李施愛之亂殺觀察使申㴐）。中宗四年復升府尹（又以觀察使兼。英宗三十一年別置府尹，三十三年復兼——原文注），肅宗三十年為獨鎮（移鎮管於永興——原文注）。[107]

由此可見，以上諸地本為遼金以來女真故地，並非朝鮮「本國之地」。表文中又云：「公嶮鎮迤南又蒙高皇帝『王國有辭』」云云，是有意曲解明太祖朱元璋當年諭旨的原意。事實上，當年明太祖朱元璋對高麗請求鐵嶺以北土地的答覆是：「高麗所言未可輕信，必待詳察而後矣」。[108]李朝作賊心虛，最後請求明朝承認他們占居此地的既定事實。所謂此地女真人居住年代已久，屢經戰亂「凋瘁殆盡，其遺種存者無幾」，而且與「本國人民交相婚嫁，生長子孫，以供賦役」，希望明朝，「不分化外，一視同仁」。並援引明《戶律》內一款：其在洪武七年十月以前流移他郡者，「曾經附籍當差者，勿論」。請求明朝將此處女真「令本國管轄如舊，一國幸甚」。[109]這裡需要引起注意的是，從「自公嶮鎮歷孔州、吉州、端州、英州、雄州、咸州等州，俱係本國」來看，李朝君臣已將公嶮鎮故意移置於孔州以北，即圖們江下游之南。這樣一來，明廷要收復的三

---

[107] 《大東地志》，咸鏡道，咸興沿革條，第 280 頁。
[108] 《高麗史》卷 137，〈辛禑傳〉，第 749 頁。
[109] 《李朝太宗實錄》卷 7，太宗四年五月己未。

散十處女真，已經是李朝的管轄範圍了，這樣李朝向明廷奏請，所居女真「乞令本國管轄如舊」也就順理成章了。

　　如前所述，永樂三年，朱棣雖放棄了對三散十處女真的管轄權，卻加強了對圖們江南北斡朵里、兀良哈、兀狄哈女真諸部的招撫。當年春夏間，明朝先後派使臣高時羅、王教化的等前往圖們江一帶招撫斡朵里部女真首領猛哥帖木兒、兀良哈女真首領把兒遜等。此時，李朝又向明朝奏請：

> 切念小邦臣事聖朝以來，累蒙高皇帝詔旨，不分化外，一視同仁。近又欽蒙敕旨三散等十處人員准請。切詳猛哥帖木兒、答失等並管下一百八十餘戶，見居公嶮鎮迤南鏡城地面，把兒遜、著和等並管下五十餘戶見居公嶮鎮迤南慶源地面，各各附籍當差，俱係欽蒙准請十處地面，皆在聖朝同仁之內，伏望聖慈，許令上項人等仍舊安業，永沾聖澤。[110]

這裡李朝又將公嶮鎮置於鏡城、慶源以南。目的是證明斡朵里首領猛哥帖木兒等的居地也是明朝「欽蒙准請十處地面」，以騙取明朝像對待「十處地面」女真人一樣，讓李朝管轄如舊。

　　綜上所述，高麗末李朝初年，高麗、李朝在與明朝就半島東北部女真的歸屬問題交涉時，李朝將「公嶮鎮」作為其東北界的界標，根據其拓展半島女真疆土的需要不斷地向北移動，充分反映了李朝向半島東北部拓展疆土的欲望。

---

[110] 《李朝太宗實錄》卷9，太宗五年五月庚戌。

CHAPTER 4

明初「移闌豆漫」女真遷徙圖們江
流域元朝故地

一、「移闌豆漫」女真的原居地與遷徙圖們江流域

　　元代曾在牡丹江口以下松花江流域的今黑龍江省的依蘭、湯原、樺川、富錦地區設置五萬戶府。據《元史‧地理志》記載：「元初設軍民萬戶府五，撫鎮北邊。一曰桃溫，距上都四千里；一曰胡里改，距上都四千二百里，大都三千八百里；一曰斡朵憐；一曰脫斡憐；一曰孛苦江，各有司存，分領混同江南北之地，其居民皆水達達女真之人」。五萬戶府管轄下的「水達達女直之人」，除遼金五國部女真人外，還有牡丹江流域的女真人，和元初從別處掠奪來的女真人。[1]五萬戶府至元中葉以後僅存三萬戶府，即所謂「移闌豆漫」。據《龍飛御天歌》記載：「斡朵里、火兒阿，托溫三城，其俗謂之移闌豆漫，猶言三萬戶也。蓋以萬戶三人，分領其地，故名之」。[2]「移闌」，女真語為「三」，「豆漫」女真語為「萬」。「移闌豆漫」猶言三萬戶。斡朵里，即元初之斡朵憐；火兒阿，即胡里改；托溫，即桃溫。

　　「移闌豆漫」女真所居的位置。據《龍飛御天歌》載：「斡朵里，地名，在海西江（今松花江—引者）之東，火兒阿江（今牡丹江—引者）之西；火兒阿，亦地名，在二江合流之東，蓋因江為名也。托溫，亦地名，在二江合流之下，二江皆自西而北流，三城相次沿江」。[3]據考證，斡朵里位於今黑龍江省依蘭縣牡丹江對岸的馬大屯，胡里改位於今黑龍江省依蘭縣喇嘛廟附近，托溫位於今黑龍江省湯原縣固木納古城。[4]《龍飛御天歌》還記載了元末明初三萬戶

---

[1]　董萬崙：《清肇祖傳》，遼寧人民出版社，1992年，第10頁。

[2]　《龍飛御天歌》卷7，第53章，第676頁。

[3]　《龍飛御天歌》卷7，第53章，第677頁。

[4]　參見《《中國歷史地圖集》釋文彙編‧東北卷》，中央民族學院出版社1988年，第205頁。關於斡朵里的位置存在諸家考證。參見箭內亙：〈滿洲に於ける元の疆域〉，《滿洲歷史地理》2，第412頁；和田清：〈明初の滿洲經略〉，《東亞史研究》（滿洲篇），第389頁。

女真首領的姓名，「斡朵里豆漫夾溫猛哥帖木兒[5]，火兒阿（胡里改——引者）
豆漫古論阿哈出，托溫豆漫高卜兒閼」。[6]「夾溫」，姓也，「猛哥帖木兒」，名
也。[7]「古論」，姓也，「阿哈出」，名也。「高」，姓也，「卜兒閼」，名也。[8]其中
的斡朵里豆漫猛哥帖木兒和火兒阿豆漫阿哈出，是建州女真斡朵里部和胡里改
部兩大首領，元末明初率部遷徙圖們江流域。

　　元末明初圖們江南北一帶，正值元朝的勢力逐漸消退，明朝的勢力尚未達
到，處於一種真空、無政府狀態，高麗王朝乘機拓占半島東北部女真的疆土，
迫使世居此地的女真人動盪不已，被迫遷移他處。如洪武十八年九月，居圖們
江北的故元奚關總管府所屬水銀千戶所和失憐千戶所的女真遷往遼東地區。據
《明實錄》載：「女直高那日、捌禿、禿魯不花三人詣遼東都指揮使司來歸。
自言：高那日乃故元奚關總管府水銀千戶所百戶，捌禿、禿魯不花乃失憐千戶
之部人也……遼東樂土也，願居之」。[9]如吉州居住女真金高時鐵木兒率管下 30
餘戶、許難豆率管下 10 餘戶移住安邊（朝鮮安邊）；居住北青的李芝蘭率管下
500 餘戶，移住預原、和州、高原；居住咸興的朱仁率管下 40 餘戶、朱萬率
管下 40 餘戶、劉阿郎哈率管下 20 餘戶，居住吉州的餘波寶率管下 10 餘戶、
劉所羅率管下 20 餘戶移住洪原。[10]反映元末明初半島東北部女真動盪不已窘
況。「移闌豆漫」女真也是在這前後遷徙圖們江流域的。「移闌豆漫」原為元朝
的萬戶，當元朝的勢力衰退，他們因此失去元朝這一強大的後盾。此時又遭兀
者野人侵襲，使其「部落人民離散，不能自存」。[11]所以，胡里改部阿哈出與斡
朵里部猛哥帖木兒為生存所迫只好率部遷徙圖們江流域元朝故地。[12]

---

[5] 「夾溫」為女真固有的姓氏，，猛哥帖木兒卻為蒙古名字，女真首領取蒙古名，足以說明猛
　　哥帖木兒與元朝的關係。
[6] 《龍飛御天歌》卷 7，第 53 章，第 677 頁。
[7] 《龍飛御天歌》卷 7，第 53 章，第 677 頁。《李朝實錄》寫作「童」，稱童猛哥帖木兒。
[8] 《龍飛御天歌》卷 7，第 53 章，第 677 頁。《李朝實錄》寫作「金」，稱金阿哈出。
[9] 《明太祖實錄》卷 175，洪武十八年九月甲申。
[10] 《李朝世宗實錄》卷 78，世宗十八年八月甲子，學習院東洋文化研究所，1956 年。
[11] 《李朝世宗實錄》卷 92，世宗二十三年正月丙午。
[12] 參見池內宏：〈鮮初の東北境と女真との關係〉，《滿鮮史研究》（近世篇），第 83-90 頁。

二、斡朵里、胡里改部女真與朝鮮的關係

　　斡朵里部和胡里改部女真在元中葉南遷，定居在圖們江下游訓春江口（琿春河—引者）元奚關總管府。《新增東國輿地勝覽》載：「訓春江，源出女真之地，至東林城入于豆滿江，斡朵里野人所居」。[13]東林古城，該書載：「在府東四十四里豆滿江邊」。[14]由此可見，斡朵里部從牡丹江口遷居至訓春江口。與此同時，胡里改部的阿哈出也同時遷至訓春江口奚關城。[15]洪武五年（1372），斡朵里與胡里改部女真遭遇綏芬河流域諸姓兀狄哈的襲擊，被迫遷至朝鮮半島。[16]時朝鮮半島東北部多為高麗所拓占，幾經周折，猛哥帖木兒隨父揮後定居圖們江上游阿木河（今朝鮮會寧）。[17]胡里改部也同時遷徙：一支由阿哈出（後為建州衛指揮使—引者）率領定居在圖們江北布林哈通河附近的南京（吉林省延吉市城子山山城—引者）一帶，[18]《李朝實錄》稱建州兀良哈；另一支由把兒遜（後為毛憐衛指揮使—引者）率領定居在圖們江上游慶源（朝鮮慶源）附近之地。《李朝實錄》稱毛憐兀良哈。《李朝太宗實錄》載：「把兒遜、著和等並管

---

[13]　《新增東國輿地勝覽》卷50，咸鏡道，慶興都護府，山川條，第903頁。

[14]　《新增東國輿地勝覽》卷50，咸鏡道，慶興都護府，古蹟條，第904頁。

[15]　《李朝太宗實錄》卷15，八年六月壬辰。參見董萬崙：〈清肇祖傳〉，遼寧人民出版社，1992年，第239-240頁。

[16]　據《李朝太宗實錄》太宗七年四月壬子條載：「洪武五年，兀狄哈達乙麻赤到來玄城地面，刦掠殺害。」「玄城」即奚關城。同書太宗五年五月庚寅又載：「猛哥帖木兒回稱『當初我與兀狄哈相鬥，挈家流移，到來本國。』」；同書世宗二十三年正月庚子條，追憶此事時亦載：「猛哥帖木兒等被深處兀狄哈突入作賊，侵奪家產，因而部落人民離散，不能自存。臣祖憐憫失所，授猛哥帖木兒鏡城等處萬戶職事，造給公廨，以至使喚人口，鞍馬衣糧，並皆給與撫恤。」

[17]　據《李朝世宗實錄》卷20，世宗五年六月癸酉條載：「建州左衛指揮童猛哥帖木兒移慶源府關曰：『少時蒙太祖招安，支給農牛、農器、糧料、衣服，許于阿木河居住。』」同書世宗二十一年三月甲寅條又載：「童猛哥帖木兒與伊父童揮護、伊弟凡察等，仍居……阿木河地面」。

[18]　參見池內宏：〈鮮初の東北境と女真との關係〉，《滿鮮史研究》（近世篇），第301頁。

下五十餘戶」，居「慶源地面」。[19]《李朝世宗實錄》也載：「毛憐衛在古慶源、斡木河之間，前此波乙所（把兒遜—引者）為其衛主，波乙所子阿里，阿里子都乙好襲職為指揮。其地距新慶源三日程也」。[20]斡朵里部首領猛哥帖木兒，《李朝實錄》載，其父揮厚，母也吾巨。猛哥帖木兒出生後，其父揮厚故去。其母嫁揮厚異母弟包奇，生于虛里、于沙哥、凡察三兄弟。[21]把兒遜，《龍飛御天歌》載：「兀良哈，則土門括兒牙八兒速（原注云：兀良哈，部種名也，八兒速，名也）」。[22]八兒速，《李朝實錄》中又作八乙速、波乙所、把兒遜等，均為音譯。《李朝實錄》太祖六年（洪武三十年 1397）正月條載：「賜吾郎哈（兀良哈）八乙速、甫里、仇里老、甫乙吾、高里多時等五人……各采綢、絹采、綿布、苧布有差」。[23]同書李朝太宗五年（永樂三年 1405）二月條又載：賜「兀良哈萬戶甫里段衣一，萬戶波乙所鈒花、銀帶一腰」。[24]波乙所，又稱把兒遜，《李朝太宗實錄》四年四月條載：「波乙所，即把兒遜也」。[25]

猛哥帖木兒所部斡朵里女真、把兒遜所部兀良哈女真遷至圖們江流域元朝故地後為生計所迫與朝鮮發生了聯繫。時，正值元明鼎革之際，高麗王朝乘此時機，對女真諸部強行招撫，進而拓展領土。李成桂建國後加大了招撫工作。《李朝太祖實錄》載：

> 上（成桂）即位，量授萬戶、千戶之職，使李豆蘭招安女真……自孔州迆北（南—引者）至於甲山，設邑置鎮，以治民事，以練士卒，且建學校以訓經書。文武之政，於是畢舉。延袤千里，皆入版籍，以豆滿江為界。江外（圖們江以北—引者）殊俗，至於具州，聞風慕義，或親或朝，

19　《李朝太宗實錄》卷9，太宗五年五月庚戌。

20　《李朝世宗實錄》卷53，世宗十三年八月己亥。

21　據《李朝世宗實錄》卷82，世宗二十年七月辛亥條載：「凡察之母，僉伊（官名—原文注）甫哥之女也吾巨。先嫁豆萬（官名——原文注）揮厚，生猛哥帖木兒。揮厚死後，嫁揮厚異母弟容紹（官名——原文注）包奇，生于虛里、于沙哥、凡察、包哥。本妻之子吾沙哥、加時波、要知，則凡察與猛哥帖木兒非同父弟明矣。」

22　《龍飛御天歌》卷7，第53章，第677頁。

23　《李朝太祖實錄》卷11，太祖六年正月丁丑。

24　《李朝太宗實錄》卷9，太宗五年二月己丑。

25　《李朝太宗實錄》卷7，太宗四年四月癸卯。

或遣子弟，或委質隨侍，或請受爵命，或徙內地。或進土物者，接踵於道。[26]

文中所述太祖李成桂所謂拓展疆土的功績，儘管明顯帶有對李成桂溢美歌頌之詞，但從中反映出高麗末年李朝初年半島東北部女真被李朝招撫的實情。李朝招撫女真的目的是控制或佔領女真所居的地區。猛哥帖木兒所部斡朵里女真、把兒遜所部兀良哈女真正是此時與朝鮮發生聯繫並接受高麗、李朝招撫的。[27]

如前所述，元至正二十四年（恭愍王十三年1364），朝鮮半島東北部女真三善、三介為李成桂擊敗後，高麗的勢力越過伊板嶺（朝鮮摩天嶺—引者）達海洋（朝鮮吉州）地區。於是，當地女真相繼歸服。洪武十六年（辛禑九年1383），根據李成桂的建議，將半島南部高麗民人遷入海洋地區，女真人與高麗民人雜居，此地逐漸納入高麗的勢力範圍。洪武二十四年（恭讓王二年1391），李成桂即位前一年，「置吉州等處軍民萬戶府」。[28]翌年七月，高麗恭讓王派遣都總制使李成桂「齎榜文，招諭東女真地面諸部落，於是女真歸順者三百餘人」。[29]即圖們江流域居住女真。是年八月，「兀良哈來朝」。[30]洪武二十五年（李朝太祖元年1392）二月，「兀良哈及斡朵里等來朝」，獻土物。[31]高麗恭讓王對他們「賞賜名分，俱各復業」。[32]這裡所云「兀良哈」應是毛憐兀良哈女真，其首領是毛憐兀憐兀良哈首領把兒遜；「斡朵里」，即是建州女真斡朵里部，其首領無疑是猛哥帖木兒。就是說，斡朵里部首領猛哥帖木兒與毛憐兀良哈首領把兒遜都接受了朝鮮的招撫。猛哥帖木兒之名，最早見於《李朝實錄》為洪武二十八年（李朝太祖四年）九月。同書記載：「吾都里（斡朵里——引者）

---

[26]　《李朝太祖實錄》卷8，太祖四年十二月癸卯。

[27]　參見池內宏：〈鮮初の東北境と女真との關係〉，《滿鮮史研究》第83-90頁。

[28]　《新增東國輿地勝覽》卷50，咸鏡道，鏡城都護府，吉城縣條，第896-897頁。

[29]　《高麗史》卷46，恭讓王三年七月戊子，第690頁，同書是月又載：「七月，差李必等齎榜文，前去女真地面豆萬等處招諭。」「李必」是後為李朝太祖李成桂的舊諱，「豆萬」即「移蘭豆漫」女真新遷圖們江中上游之地。

[30]　《高麗史》卷46，恭讓王三年八月乙亥，第691頁。

[31]　《高麗史》卷46，恭讓王四年二月丁丑，第695頁。

[32]　《高麗史》卷46，恭讓王四年三月庚子，第695頁。

上萬戶童猛哥帖木兒等五人來獻土物」。[33]從猛哥帖木兒接受朝鮮的所授的官職看，是上萬戶。毛憐兀良哈首領把兒遜，最早見於《李朝實錄》記載是洪武三十年（李朝太祖六年）正月。[34]永樂二年（李朝太宗四年1404）四月，李朝賜兀良哈萬戶把兒遜，「笠、靴各一，綿布、黑麻布、白苧布各一匹」。[35]，可見，把兒遜為李朝授予的是萬戶官職。嗣後，猛哥帖木兒、把兒遜作為女真部落首領，或派屬下或親自到朝鮮，從朝鮮得到生活必需品。洪武二十九年（李朝太祖五年 1396）十月，斡朵里部所乙麻月等前往朝鮮獻方物，李朝「賜苧麻、棉布二十匹」。[36]翌年正月，猛哥帖木兒、把兒遜等親往朝鮮王京獻土物，李朝回賜「采綢、絹采、綿布、苧布有差」。[37]猛哥帖木兒在圖們江流域女真部落中是很有影響的女真首領。《龍飛御天歌》在頌揚李朝太祖李成桂在招撫女真諸部的功績時，所列女真首領中，猛哥帖木兒列為首位。該書載：「東北一道，本肇基之地也，畏威懷德久矣，野人酋長，遠至移闌豆漫，皆來服事。常佩弓劍，入衛潛邸，昵侍左右，東征西伐，靡不從焉。如女真，則斡朵里豆漫夾溫猛哥帖木兒」。[38]說明猛哥帖木兒在朝鮮招撫女真中佔有非常重要的地位。

應當指出的是，以猛哥帖木兒為首的斡朵里部女真和以把兒遜為首的毛憐兀良哈女真，元末明初遷移到圖們江流域時，元朝對這一地區的統治已經失去了控制，明朝的勢力尚未達到該地區，但圖們江流域仍屬於中國的疆土是不可爭議的事實。對高麗王朝、李氏朝鮮乘機向圖們江流域拓展疆土，招撫女真的行為，明朝一直持有明確的態度，「以鐵嶺[39]北東西之地，舊屬開元，其土著軍民女直、韃靼、高麗人等，遼東統之」。[40]即圖們江流域土地及其所居人口仍

33　《李朝太祖實錄》卷8，太祖四年閏九月己巳。

34　據《李朝太祖實錄》卷11，太祖六年正月丁丑條載：「賜吾郎哈八乙速、甫里、仇里老、甫乙吾、高里多時等五人；吾都里童猛哥帖木兒、童所吾、馬月者、童于割周、豆乙於等五人，各彩紬絹、彩綿布、苧布有差。」「八乙速」，即把兒遜。

35　《李朝太宗實錄》卷7，太宗四年四月癸酉。

36　《李朝太祖實錄》卷10，太祖五年十月壬寅。

37　《李朝太祖實錄》卷11，太祖六年正月丁丑。

38　《龍飛御天歌》卷7，第53章，第676-677頁。

39　鐵嶺，在今朝鮮咸鏡道的南端，為朝鮮咸鏡道和江原道分界，蒙元時期雙城總管府的南界。

40　《明太祖實錄》卷187，洪武二十年十二月壬申。

歸屬於明朝。而猛哥帖木兒等女真與朝鮮發生聯繫，向其獻納土物，受其招撫，正是發生在這樣特定的時期。對此，孟森曾有精闢地論述。他說：「明初，女真習於元末之無主，以故匿就高麗」，「女真之在明，有未歸化之時，則明初兵力未達遼東，女真為附屬於朝鮮之種族，有受職為羈縻官屬」。[41] 遷徙新地的女真，需要生存，更需要從對朝鮮的朝貢貿易中獲得生活必需品，所以與朝鮮發生聯繫，接受朝鮮的招撫。從這點來看無可非議。當明朝的勢力進入遼東地區，並對這一地區實行有效的管轄後，「女真亦知元祚已盡，中國有君，既欲附上國（明朝—引者），以邀名號，受賞賚，則所欲於高麗者，自不如其有求於中國」。[42] 於是，永樂初年在明朝的積極招撫下，猛哥帖木兒等女真部落衝破李朝的阻撓，擺脫李朝的控制，紛紛接受了明朝的招撫。明朝於女真所居之地建立衛所，並任命其首領為衛所長官。表明居住圖們江流域的女真正式納入明朝有效管轄範圍內。

[41] 孟森：《滿洲開國史》，上海古籍出版社 1992 年，第 12-15 頁。
[42] 孟森：《滿洲開國史》，第 15-16 頁。

CHAPTER 5

永樂初年明朝招撫圖們江流域的
女真與李朝的反招撫

一、阿哈出建州衛的設置

永樂元年，明成祖即位後進一步加強了圖們江流域女真的招撫工作。是年六月，明成祖用女真文頒佈敕諭云：「女真吾都里、兀良哈、兀狄哈等招撫之，使獻貢」。[1] 這裡所說的「吾都里」，是斡朵里，「兀良哈」，是建州兀良哈（也稱火兒阿）與毛憐兀良哈，「兀狄哈」指諸姓野人女真兀狄哈。此敕諭對李朝給予強烈的衝擊，李朝已感到明朝的勢力將深入到圖們江流域，對其拓占圖們江流域的疆土構成威脅。為此，李朝急招重臣商議對策。同年十一月，太宗國王召見左政丞河崙，與他商議「兀狄哈、兀良哈、吾都里等事」時，說：「鏡城、慶源不可無城」。[2] 可見，李朝對明朝招附女真進行防範與抵制的對策，首先是提出築鏡城、慶源城。

首先接受明朝的招撫是建州兀良哈首領阿哈出。據《明實錄》永樂元年十一月（李朝太宗三年 1403）載：「女直野人頭目阿哈出等來朝，設建州衛軍民指揮使司，以阿哈出為指揮使，餘為千百戶所鎮撫，賜誥印、冠帶、襲衣及鈔幣有差」。[3] 同時，又「設建州衛經歷司，置經歷一員」。[4] 建州衛是屬於明朝管轄下的衛所，衛所官員由女真首領充任，它是明朝管轄圖們江流域女真的重要機構。

建州衛初設地，學術界看法不一，有的認為在綏芬河流域，也有的認為在「圖們至琿春之間的古南京大石城」[5] 等。筆者贊同池內宏的看法，建州衛應設在圖們江上游以北的南京（今吉林省延吉市附近城子山城）與猛哥帖木兒斡

---

1 《李朝太宗實錄》卷 5，太宗三年六月己酉。
2 《李朝太宗實錄》卷 6，太宗三年十一月壬午。
3 《明太宗實錄》卷 24，永樂元年十一月辛丑。
4 《明太宗實錄》卷 24，永樂元年十一月辛丑。
5 徐健竹：明代建州衛新考，《中國史研究》，1982 年 4 期。

朵里部所居阿木河即會甯隔江相望，所居不遠，較符合實際。永樂三年（李朝太宗五年1405）九月，猛哥帖木兒歸明時曾對李朝官員說：「我若此時不入朝，則于虛出必專我百姓，故不得已入朝。[6]足以證明阿哈出的建州衛距離猛哥帖木兒所居朝鮮阿木河，即朝鮮會寧之地不遠。

永樂元年（李朝太宗三年）十一月，明朝敕諭設建州衛，但正式派人去阿哈出居地設衛時間應為翌年四月。據《李朝實錄》記載：「帝遣王可仁於女真，欲設建州衛」。[7]這是建州衛之名首次見於《李朝實錄》。「欲設」二字，證明建州衛的居地應於圖們江上游一帶。這位王可仁，為遼東東甯衛千戶，原本為半島東北部歸化朝鮮女真人，歸化後為李成桂重用官至樞密，後為朱元璋召還。因他熟悉朝鮮半島東北部的情況，此次奉永樂帝之命，代表明廷作為特使前往圖們江流域招撫女真諸部。[8]李朝得知王可仁到女真地區「欲設建州衛」的消息，急商對策。據《李朝實錄》載：

> 命領春秋館事權近，開史庫，考前朝（高麗朝──引者）《睿宗實錄》睿宗朝侍中尹瓘擊東女真，立碑於境上。帝遣王可仁於女真，欲設建州衛，故欲據此對之。[9]

可見，李朝阻止明朝設建州衛的理由，是以高麗睿宗朝侍中尹瓘擊東女真，曾「立碑於境上」為據，阻止明朝設建州衛。如前所述，睿宗朝侍中尹瓘所立碑之地應為咸興（朝鮮咸興）平原（見前文「公嶮鎮的地理位置」），李朝為阻止明朝設建州衛，不惜歪曲歷史事實，卻說「睿宗朝侍中尹瓘擊東女真，立碑於境上」。此說雖歪曲史實，但卻說明建州衛初設在圖們江一帶。不僅如此，《李朝實錄》多次記載建州衛設立後，明朝派使臣經朝鮮去建州衛。永樂二年六月，明廷派遣欽差內使楊進保偕遼東千戶、三萬衛千戶等「齎敕諭及賞賜」，經朝

6　《李朝太宗實錄》卷10，太宗五年九月乙巳。
7　《李朝太宗實錄》卷7，太宗四年四月丁酉。
8　《李朝太宗實錄》卷7，太宗四年四月甲戌。
9　《李朝太宗實錄》卷7，太宗四年四月丁酉。

鮮「向建州衛」去招諭女真，李朝還派各司官員迎於郊館，並「以吏曹典書金漢老為館伴設宴」予以接待。[10] 欽差內使楊進保等在朝鮮作暫短停留後，「至闕告辭，以向建州衛」。[11] 是年十二月，明廷又派遣使臣經朝鮮前往建州衛。據《李朝實錄》載：

> 遼東總旗張孚羅、小旗王羅哈等至，上（李朝太宗——引者）就見於太平館。孚羅等奉帝敕諭，授參政于虛出於建州衛者也。初帝為燕王時納于虛出女，及即位除建州參政，欲使招諭野人，賜書慰之。[12]

文中所云的于虛出，即是阿哈出。這次明使經朝鮮赴建州衛正式授予阿哈出參政官職。至於阿哈出之女是否為明成祖的妃子，即皇親，並非十分緊要。如果是，也只能說明阿哈出與明廷的關係密切。而從當時形勢分析，永樂未即位前在北平為燕王，阿哈出居圖們江上游一帶，朱棣犯不上遠涉千里之遙討個妃子。明廷三番五次派使臣經朝鮮去建州衛，向建州衛傳達明成祖的敕書，授與官職，是實施對女真的有效管轄，並想通過建州衛，「欲使招諭」圖們江流域的其他女真部落。

建州衛設在圖們江，對李朝向圖們江流域拓展疆土無疑起到了抵制作用。永樂四年（李朝太宗六年 1406）八月，吉昌君權近奏言：「帝（永樂—引者）於東隅置建州衛，是扼我咽喉，掣我右臂也。外立雄藩以誘我人民，內加異寵以懈我禦侮，其意固難測也。殿下旋旋不以為意，欲行揖讓以委幼弱，舉國臣民罔不痛心」。[13] 權近奏疏中所言的「東隅」是指女真居住的圖們江一帶。在李朝看來，明朝於圖們江設建州衛是「外立雄藩」，「其意固難測也」。他奏請太宗國王不要「不以為意」，要採取抵制措施。李朝為抵制建州衛的設置，竟然關閉了慶源邊市貿易。據《李朝實錄》記載：「初野人至慶源塞下市鹽鐵牛馬，

---

[10] 《李朝太宗實錄》卷 7，太宗四年四月己卯。

[11] 《李朝太宗實錄》卷 7，太宗四年六月甲申。

[12] 《李朝太宗實錄》卷 8，太宗四年十二月庚午。

[13] 《李朝太宗實錄》卷 12，太宗六年八月庚戌。

及大明立建州衛，以于虛出（阿哈出）為指揮，招諭野人，慶源絕不為市」。[14]
暴露出李朝對明朝於圖們江設建州衛的態度。

二、明朝對猛哥帖木兒的招撫與李朝的反招撫

　　永樂二年（李朝太宗四年 1404）四月，明朝正式派遣遼東千戶王可仁帶
著明成祖的敕諭經朝鮮赴半島東北部圖們江以南吾音會招撫猛哥帖木兒斡朵
里部女真。[15]當李朝得知這一消息後，立即派人前往猛哥帖木兒居處，籌畫應
付明使對策。據《李朝實錄》載：「遣上護軍金廷儁、護軍趙加勿等於東北面
諭以使臣應對事宜，以王可仁將至也」。[16]還在這年三月，王可仁未到之前，猛
哥帖木兒等來朝鮮王京，李朝極盡籠絡，先授其官職，後給厚賞。據《李朝實
錄》載：

> 以吾都里猛哥帖木兒為上護軍，崔也吾乃大護軍，馬月者、童于何朱、
> 童于何可各護軍，張權子司直、無難達魯花赤多未且司直，張于見帖木
> 兒副司直，馬自和司正。[17]

李朝政府對猛哥帖木兒等所授的官職，並非實職，而是虛職，完全是為了對女
真的籠絡。對此，李朝世宗朝咸吉道監司都節使金宗瑞說得非常清楚：

---

[14] 《李朝太宗實錄》卷 11，太宗六年二月己卯。
[15] 關於斡朵里女真居地，孟森言：「斡朵里實在朝鮮東北界。太宗時修太祖實錄，尚能言之鑿鑿。
入關以後，漸與舊聞隔膜，不知東北境，在金元時，實係女真地，明初尚然。乃狃於永樂以
來，將其地賜予朝鮮，遂不料肇祖以前實居朝鮮東北。」 孟森：《明元清系通紀》前編第四，
中華書局，2006 年，第 60 頁。
[16] 《李朝太宗實錄》卷 7，太宗四年四月癸酉。
[17] 《李朝太宗實錄》卷 7，太宗四年三月甲寅。

中朝（明朝——引者）於夷狄，不惜除都督以下之職者，非欲侍衛也，欲其羈縻也。又國初萬戶、宣略將軍之職，不惜遙授亦欲羈縻也。依中朝國初例，上護軍以下之職，量宜添設，度其歸順誠意深淺，從自願除授，甚合時宜，其策固為善矣。[18]

由此可見，李朝仿效明廷對女真授予官職，企圖通過授官的方式，對女真加以籠絡。當猛哥帖木兒返回居地時，李朝又「賜猛哥帖木兒段衣一稱、鈒花銀帶一腰及笠靴」，其餘從者十餘人，也各「賜布帛有差」。[19]

四月四日，明使王可仁到朝鮮，李朝太宗國王率百官迎於西郊，並派使臣陪伴去圖們江女真部落。[20]五月，王可仁等從女真部落回朝鮮王京，而招撫女真的工作並不理想，「女真人不應敕旨者甚多」。[21]說明明朝招撫圖們江流域女真有相當大的難度。

永樂三年（李朝太宗五年 1405）正月，明朝又派遣使臣高時羅抵朝鮮猛哥帖木兒居地吾音會，招撫猛哥帖木兒。據李朝吉州安撫使報告，明使高時羅宣讀永樂帝聖旨時，「猛哥帖木兒不迎命」，他對明使說：聖旨中「汛稱吾都里衛，不錄萬戶之名，何以迎命」？[22]可是，其管下及猛哥帖木兒母親認為，「若不從聖旨，帝（永樂——引者注）必敕朝鮮執歸於京師」。[23]李朝得知猛哥帖木兒的態度後欣喜若狂，立即派大護軍李瑜赴吾音會，「諭童猛哥帖木兒以應變事宜，賜表里段衣一領」。[24]同年二月，為了進一步籠絡斡朵里部的猛哥帖木兒，李朝又遣知印金尚琦赴猛哥帖木兒住處，賜猛哥帖木兒「慶源等處管軍萬戶印

18　《李朝世宗實錄》卷 79，世宗十九年十二月辛巳。
19　《李朝太宗實錄》卷 7，太宗四年三月己未。
20　《李朝太宗實錄》卷 7，太宗四年四月癸酉。
21　《李朝太宗實錄》卷 7，太宗四年五月乙巳。
22　《李朝太宗實錄》卷 9，太宗五年正月庚子。
23　《李朝太宗實錄》卷 9，太宗五年正月庚子。
24　《李朝太宗實錄》卷 9，太宗五年正月甲辰。

信一顆，清心元十丸，蘇合元三十丸」，同時賜猛哥帖木兒管下「木棉一百二十四，白苧布三十匹」。[25]由此可見，李朝對女真的反招撫，可謂用心良苦。

同年三月，明朝再次派使臣王教化的等三人取道朝鮮招撫猛哥帖木兒。王教化的等攜帶明成祖給李朝太宗和猛哥帖木兒的敕諭各一道。給太宗國王的敕書云：

> 皇帝敕諭朝鮮國王，東開原毛憐等處地面萬戶猛哥帖木兒能敬恭朕命，歸心朝廷。今遣千戶王教化的等齎敕勞之。道經王之國中，可遣一使與之同行。故敕。[26]

明成祖給猛哥帖木兒的敕書云：

> 敕諭萬戶猛哥帖木兒等，前者阿哈出來朝，言爾聰明，識達天道，已遣使齎敕諭爾。使者回覆，言爾能恭敬朕命，歸心朝廷，朕甚嘉之。今再遣千戶王教化的等賜爾彩緞表里。爾可親自來朝，與爾名分賞賜，令爾撫安軍民，打圍牧放，從便生理。其餘頭目人等合與名分者，可與同來；若有合與名分在彼管事不能來者，可明白開寫來奏，一體給與名分賞賜。故敕。[27]

明成祖的兩道敕諭都明確指出，猛哥帖木兒「恭敬朕命，歸心朝廷」，表明明朝對猛哥帖木兒的態度。敕諭中又言及，阿哈出在舉薦猛哥帖木兒時說：猛哥帖木兒「識達天道」，歸順明廷之心由來已久。可見，猛哥帖木兒在明與李朝之間早已作出了選擇。

在明使王教化的到來之前，李朝就已感到問題的嚴重性。於是，李朝加緊對猛哥帖木兒的反招撫工作。於是，便派上護軍申商到吾音會，勸猛哥帖木兒，

---

[25] 《李朝太宗實錄》卷9，太宗五年二月辛未。
[26] 《李朝太宗實錄》卷9，太宗五年三月丙午。
[27] 《李朝太宗實錄》卷9，太宗五年三月丙午。

「勿從朝廷使臣之命也」。[28]在派大護軍申商去吾音會時，李朝君臣有一段對話，說明猛哥帖木兒對李朝的重要。《李朝實錄》載：

> 上（太宗——引者注）嘗謂左政丞河崙、右政丞趙英茂曰：「使臣之來，專以招安猛哥帖木兒也。此人東北面之藩籬也，卿等其圖之」。至是遣商以諭之。[29]

李朝曾想利用猛哥帖木兒稱為李朝「東北面之藩籬也」。所以，對其不惜授高官，賜厚賞，極盡拉攏，進行策反，千方百計不讓其歸附明朝。

四月八日，王教化的等到達吉州，先派李朝接伴人員赴猛哥帖木兒的居地。猛哥帖木兒對李朝接伴人員說：「我等順事朝鮮二十餘年矣。朝鮮向大明交親如兄弟，我等何必別事大明乎」！[30]四月十四日，王教化的等到猛哥帖木兒的居地，猛哥帖木兒及管下仍「不肯迎命」。[31]而兀良哈部酋長把兒遜、著和、阿蘭路上遇到王教化接伴人也說：「我等順事朝鮮，汝妄稱使臣亂往來，拒而不對」。[32]他們到達猛哥帖木兒的居地後，與猛哥帖木兒相約云：「不變素志，仰事朝鮮無貳心」。[33]其實這些話是說給護送明使王教化的李朝接伴官員聽的，表明上是迎合李朝的需要，實際是尋找歸附明朝的機會。

五月二日，猛哥帖木兒等認為歸順明朝的時機已經成熟，公開表明歸附明朝的態度。據《李朝實錄》載：猛哥帖木兒等「迎敕書，受采段」，[34]接受明廷招撫。李朝君臣得知後，仍對猛哥帖木兒抱以幻想。[35]遂於五月十六日，派藝文館大提學李行赴明，請求明朝放棄對猛哥帖木兒的招撫。奏文曰：

28　《李朝太宗實錄》卷9，太宗五年三月己酉。
29　《李朝太宗實錄》卷9，太宗五年三月己酉。
30　《李朝太宗實錄》卷9，太宗五年四月乙酉。
31　《李朝太宗實錄》卷9，太宗五年四月乙酉。
32　《李朝太宗實錄》卷9，太宗五年四月乙酉。
33　《李朝太宗實錄》卷9，太宗五年四月乙酉。
34　《李朝太宗實錄》卷9，太宗五年五月丙申。
35　據《李朝太宗實錄》卷9，太宗五年五月庚戌條載：據東北面都巡問使呂稱狀啟：「見為欽差千戶王教化的等，招諭猛哥帖木兒、把兒遜、著和、答失等，將赴朝廷。有猛哥帖木兒回稱：

猛哥帖木兒等始緣兀狄哈侵擾，避來地到本國東北面慶源、鏡城地面居住，當差役。因防倭有功，就委鏡城萬戶職，經今有年。永樂二年五月間，奉欽差東寧衛千戶王修（王可仁—引者）齎勅：「諭三散、禿魯兀等十處女真人民。」欽此竊照，洪武二十一年間，欽蒙太祖高皇帝聖旨准請，公嶮鎮迤北，還屬遼東；公嶮迤南至鐵嶺，仍屬本國。因差陪臣金瞻齎文奏達，當年十月十一日，回自京師，欽奉敕書：「三散千戶李亦里不花等十處人員准請。欽此」。臣與一國臣民感激不已。切念小邦臣事聖朝以來，累蒙高皇帝詔旨，不分化外，一視同仁。近又欽蒙敕旨三散等十處人員准請。切詳猛哥帖木兒、答失等並管下一百八十餘戶，見居公嶮鎮迤南鏡城地面，把兒遜、著和等並管下五十餘戶，見居公嶮鎮迤南慶源地面，各各附籍當差，俱係欽蒙准請十處地面，皆在聖朝同仁之內，伏望聖慈，許令上項人等仍舊安業，永沾聖澤。[36]

奏文中，李朝故伎重演，企圖援引「三散等十處人員准請」之例，請求明朝放棄對斡朵里女真的招撫，使其歸屬於朝鮮。從奏文中看出，李朝請求領有圖們江流域女真作賊心虛，因為斡朵里女真是遷徙到圖們江流域的，雖然在此地居住「經今有年」，但從歸屬權上從來不屬於李朝，而是屬於明朝。所以李朝請求「令上項人等仍舊安業」。明成祖對李朝君臣在猛哥帖木兒招撫問題上施展的伎倆已有覺察。九月，李朝計稟使通事曹士德從京師回朝鮮，向李朝太宗報告明成祖對此事的態度：

童猛哥帖木兒事，皇帝宣諭內：昔日東北面十一處人民二千餘口，已皆准請，何惜一猛哥帖木兒乎？猛哥帖木兒皇后之親也，遣人招來者皇后之願欲也，骨肉相見人之大倫也。朕奪汝土地則請之可也，皇親帖木兒

『當初我與兀狄哈相鬥，挈家流移，到來本國。今若赴京，慮其兀狄哈等乘間攄掠家小，以快其讎。又濱大海，倭寇來往。以此憂疑未決。』聽此，狀啟申達。」
[36] 《李朝太宗實錄》卷9，太宗五年五月庚戌。

何關於汝乎？[37]

明成祖在宣諭內稱「皇親帖木兒」，其實，猛哥帖木兒之女未必就是明成祖的妃子，恐怕是明朝的外交辭令。同月，明成祖對李朝藝文館大提學李行也云：「猛哥帖木兒去的根源有，猛哥帖木兒是太祖高皇帝的百姓耶，你每（們）的百姓耶」？[38]明確地向李朝使臣表明，猛哥帖木兒在太祖朱元璋的洪武年間，已是太祖高皇帝治下的臣民，理所當然地歸附於大明。

在李朝藝文館大提學李行赴明不久，李朝又派大護軍李愉前往猛哥帖木兒的居地，這次才得知猛哥帖木兒誠心歸明的真相。據《李朝實錄》載：「初，王教化的之來，猛哥帖木兒等以寓居本國境內，且受厚恩，故陽為不順朝廷招諭者……內實輸寫納款無貳之誠於王教化的，潛裡裝，欲隨（王）教化的赴京師，我國未之知也」。[39]

上述從永樂二年三月至三年九月，明朝為招撫猛哥帖木兒先後六次派使到圖們江以南猛哥帖木兒的居處，前後長達一年半之久。究其原因，與其說是猛哥帖木兒等不願歸順明朝，倒不如說李朝從中作梗，暗中抵制。李朝為了使猛哥帖木兒成為朝鮮「東北面之藩籬」，也曾六次派使到吾音會，竭力從事反招撫活動，給明朝的招撫工作製造重重障礙。最終在明使的不懈努力下，猛哥帖木兒於永樂三年九月，隨王教化的赴京，歸附了明朝。

永樂三年九月，猛哥帖木兒隨明使入明京師之事《明實錄》未見載錄。翌年三月，李朝賀正使薑思德自明京師回國，通事曹顯的諮文云：「吾都里萬戶童猛哥帖木（兒）等入朝，帝授猛哥帖木兒建州衛都指揮使，賜印信、鈒花、金帶，賜其妻樸卓、衣服、金銀、綺帛。于虛出（阿哈出——引者注）參政子金時家奴（《明實錄》作釋家奴，即李顯忠）為建州衛指揮使，賜鈒花、金帶」。[40]可知，永樂三年九月，猛哥帖木兒歸服明廷,被明授建州衛都指揮使。猛哥帖

[37] 《李朝太宗實錄》卷 10，太宗五年九月己酉
[38] 《李朝太宗實錄》卷 10，太宗五年九月庚戌。
[39] 《李朝太宗實錄》卷 10，太宗五年八月辛卯。
[40] 《李朝太宗實錄》卷 11，太宗六年三月丙申。

木兒之名，首次見於《明實錄》是永樂十四年二月，明廷「賜建州左衛指揮猛哥帖木兒等宴」。[41]猛哥帖木兒的建州衛，就是後來的建州左衛。

斡朵里猛哥帖木兒歸明，授建州衛都指揮使，表明斡朵里女真成為明朝衛所下的官員。對此，李朝非常清楚，此後不再稱猛哥帖木兒為「吾都里萬戶」或「慶源萬戶」，而稱「建州衛指揮」，承認猛哥帖木兒是歸屬明朝中央政權管轄下的衛所官員。

猛哥帖木兒所部斡朵里女真歸服明廷後，立即通過明禮部與李朝交涉，刷還失散各地斡朵里部眾。永樂四年（李朝太宗六年）四月，猛哥帖木兒上奏明廷曰：「有親屬完者等十一名，並家小見在朝鮮」，希望團聚，禮部諮文李朝「給與他完聚」。[42]同年七月，李朝派上護軍車指南，「管送猛哥帖木兒親屬完者等十名並家小於建州衛」。[43]翌年正月，明欽差官東寧衛千戶陳敬帶著禮部諮文到朝鮮，要求刷還在朝鮮的「東寧衛軍人全者等四千四百九十一名」，及在半島東北部鏡城「住坐家小六十四口，給發建州衛完住」。[44]四月，李朝將在鏡城地方居住的女真萬戶佟鎖魯阿等「六戶四十三口送建州衛完聚」。[45]這樣一來，不僅與斡朵里有關係的女真部眾，既便與斡朵里沒關係的女真人也紛紛移住吾音會，從而引起李朝君臣的恐慌與不安。九月，李朝政府對東北部居住的女真人往來加以限制。據東北面都巡問使李稷的諮文云：

> 青州[46]以北，各官人物及吾音會建州人物，因無考課，逃亡移徙，互相往來，或為窺覬，或傳誣妄之言，無賴之徒及犯罪逃走人等造言生隙。今後青州以北入歸者，京來人則京中衙門，外方則各其所居官印信，明文受出，方許往來。又令各處興利人毋得入摩天嶺[47]以北，著為禁令。[48]

---

[41] 《明太宗實錄》卷100，永樂十四年正月癸丑。
[42] 《李朝太宗實錄》卷11，太宗六年四月己卯。
[43] 《李朝太宗實錄》卷12，太宗六年七月己酉。
[44] 《李朝太宗實錄》卷13，太宗七年正月辛巳。
[45] 《李朝太宗實錄》卷13，太宗七年四月癸卯。
[46] 青州，朝鮮北青。
[47] 摩天嶺，位於今朝鮮端川與吉州之間。
[48] 《李朝太宗實錄》卷14，太宗七年九月丁丑。

由此可知，因居住吾音會的斡朵里部刷還散在半島東北部的女真人戶，使李朝認為，女真「逃亡移徙，互相往來」，「造言生隙」。因此，對女真往來作出限制，即「青州以北入歸者」必須帶有印信「方許往來」，各地的「興利人（商人）毋得入摩天嶺以北」。這裡李朝把摩天嶺作為分界線，摩天嶺以北為女真勢力範圍，摩天嶺以南為李朝勢力範圍。可見，此時李朝的勢力範圍和高麗末年達海洋地區比向南有所退縮。李朝勢力範圍的退縮與圖們江流域女真紛紛歸服明朝有關。由此可見，斡朵里女真等歸服明朝，抑制了李朝對圖們江流域的拓展。所謂「帝（朱棣——引者）於東隅置建州衛，是扼我咽喉，掣我右臂也」[49]恰是最好的說明。

三、毛憐衛的設置

如前所述，斡朵里、胡里改女真遷徙圖們江流域後，胡里改女真一部分由阿哈出率領居住在圖們江北南京附近；一部分由把兒遜率領居住圖們江上游的慶源（朝鮮慶興）附近。把兒遜所部女真，《李朝實錄》稱「毛憐地面兀良哈」女真。此兀良哈不是蒙古兀良哈，而是女真兀良哈，《李朝實錄》又稱毛憐衛。關於毛憐衛的由來有多種說法。[50]其中孟森云：時「朝鮮人所謂火兒哈，即《元史》之胡里改，清代又作呼爾哈，其實亦即兀良哈轉音」。[51]筆者認為，孟森的解釋較為合理。

---

49 《李朝太宗實錄》卷 19，太宗六年八月庚戌。
50 參見安部健夫：《清代史の研究》，第 101 頁；三田村泰助：《清前史の研究》，第 88 頁。
51 孟森：《明元清系通紀》正編卷 1，中華書局，2006 年。

明朝在招撫猛哥帖木兒的同時，也開始招撫毛憐兀良哈女真。永樂三年三月，明廷派王教化的奉敕書取道朝鮮招撫「東開原毛憐等處地面」[52]以把兒遜為首的兀良哈女真。時，李朝將距離居住在圖們江上游慶源一帶的女真稱作「東開原毛憐等處地面」女真。《李朝實錄》太宗五年（永樂三年）四月條載：「王教化的等，月（四月）八日到吉州，先送伴人於……把兒遜等居處」。[53]是月，明使金聲又帶著明成祖的敕諭到毛憐地面招撫把兒遜等。敕諭曰：

> 皇帝諭毛憐地面兀良哈萬戶把兒遜、著和、答失等知道，朕今即位三年，天下太平，四海內外，皆同一家，恐爾等不知，不相統屬，強凌弱，眾暴寡，何寧息之有？今遣百戶金聲等，以朕意諭爾，並賜爾采幣等物。爾等若能敬順天意，誠心來朝，各立衛分，給印信，授以名分賞賜。俾爾世居本土，自相統屬，打圍牧放，各安生理，經商買賣，從便往來，共用太平之福，故諭。[54]

　　明使在招撫兀良哈女真的過程中，李朝也同樣暗中阻止。永樂二年四月，在明使未到朝鮮之前，李朝就曾派上護軍金廷雋、護軍趙加勿等「於東北面諭以使臣應對事宜」，[55]並攜帶厚賞，前往兀良哈女真居地，賜兀良哈萬戶把兒遜衣布等物，其中賜兀良哈萬戶把兒遜，「夾衣、笠靴各一，棉布、黑麻布、白苧布各一匹」；百戶三人各賜「黑麻布一匹，白苧布一匹」。[56]永樂三年正月，李朝又派大護軍李愉到東北面諭兀良哈把兒遜「以應變事宜」，[57]並賜把兒遜緞衣一領。儘管李朝對明朝的招撫工作百般阻止，但經過明使的不懈努力，兀良哈首領把兒遜等擺脫李朝的威脅利誘，毅然歸服明朝。《李朝實錄》太宗五年（永

---

[52]　《李朝太宗實錄》卷9，太宗五年三月丙午。
[53]　《李朝太宗實錄》卷9，太宗五年四月乙酉。
[54]　《李朝太宗實錄》卷9，太宗五年四月庚寅。
[55]　《李朝太宗實錄》卷7，太宗四年四月癸酉。
[56]　《李朝太宗實錄》卷7，太宗四年四月癸酉。
[57]　《李朝太宗實錄》卷9，太宗五年正月甲辰。

樂三年）五月條載：「波乙所（把兒遜）受采段，（王）教化的誘之也」。[58]同年
九月，把兒遜等同明使赴明京師。《明實錄》是年十二月甲戌條載：「毛憐等處
野人頭目把兒遜等六十四人來朝，命設毛憐衛，以把兒遜等為指揮、千百戶等
官，並賜誥印、冠帶、襲衣及鈔幣有差」。[59]至此，以把兒遜為首的毛憐兀良哈
女真歸服了明朝，明廷設毛憐衛，以統轄圖們江流域的兀良哈女真。

　　毛憐衛的設置，為明朝經略綏芬河和烏蘇里江流域打開了通道。永樂四
年，阿速江、蘇木河失里綿等處女真首領來明朝覲，明廷設置了阿速江（烏蘇
里江）、速平江（綏芬河）、蘇溫河等衛。[60]隨後，明廷又招撫了骨乙看兀狄哈
等女真，據《李朝實錄》太宗六年（永樂四年）九月載：「朝廷差來王伐應只
招安骨乙看兀狄哈萬戶豆稱介父子及副萬戶阿知、千戶達賓介等二十五名赴京
師」，[61]明廷又設置了喜樂溫河衛和木陽河衛等。[62]

---

[58]　《李朝太宗實錄》卷 9，太宗五年五月丙申。
[59]　《明太宗實錄》卷 39，永樂三年十二月甲戌。
[60]　《明太宗實錄》卷 40，永樂四年二月庚寅。
[61]　《李朝太宗實錄》卷 12，太宗六年九月丁巳。
[62]　《明太宗實錄》卷 48，永樂五年正月戊辰。

CHAPTER 6

永樂年間李朝向圖們江流域拓展領土及女真的抵制和鬥爭

一、李朝設置慶源府與女真攻慶源之役

如前所述，元末國勢衰落，高麗王朝乘機對圖們江流域女真強行招撫，並極力向圖們江流域拓展領土。李成桂即位，改國號為朝鮮後，繼續實行北拓政策。洪武二十五年（李朝太祖元年 1392），李成桂遣子芳遠（後為李朝太宗國王）赴孔州（朝鮮慶興）祭祖，築德、安二陵，以此表明孔州為李氏肇興之地。[1]翌年，又派東北面都安撫使李豆蘭（初名豆蘭帖木兒）前往孔州、甲州（朝鮮甲山）築城。[2]洪武三十年（李朝太祖六年 1397）十二月，李成桂命奉化伯鄭道傳為東北面都宣撫巡察使，並下教曰：

> 今命卿為東北面都宣撫巡察使。卿其往也，凡所以奉安園陵者，悉從盛典舉行無遺。繕完城堡以安居民，量置站戶以便往來，區劃州郡之境以杜紛爭，整齊軍民之號以定等級。自端州盡孔州之境皆隸察理使治內，其戶口額數，軍官材品，具悉以聞，所有便民條劃，從宜舉行。[3]

鄭道傳受命，從王京起程赴半島東北面，分定州、府、郡、縣。翌年二月，鄭道傳派從事官崔兢回王京報告：

> 安邊（咸鏡南道安邊）以北，青州（咸鏡北道北青）以南稱永興道，端

---

[1] 李朝太祖七年，任命朴齡為慶源等處兵馬使，臨行，權近作送行序。序中云：「國家受命，奄有大東，以復高麗東北舊疆，惟孔州最僻而遙。元季之衰，人煙蕩盡，鞠為荊棘者數十祀矣，惟我太上王肇造鴻業，追王四代，諡高祖為穆王，以其山陵在茲，尊其號曰德陵。」載《新增東國輿地勝覽》卷50，咸鏡道，慶源都護府，名宦條，第904頁。
[2] 《李朝太祖實錄》卷4，太祖二年八月乙亥。
[3] 《李朝太祖實錄》卷12，太祖六年十二月庚子。

130　中朝疆界與民族

州（咸鏡北道端川）以北，孔州（咸鏡北道慶興）以南稱吉州道，令東北面都巡問使、察理使統治之。又置端州以北州府郡縣及各站路官吏。[4]

時，李朝向圖們江流域拓展是沿海岸向北推進的，洪武三十一年，設置的慶源府是其最北的前沿據點。慶源，本為女真所居之孔州，在洪武二十六年八月，由李豆蘭在元代築土城的基礎上，改建為石城。因「其地有德陵、安陵，且肇基之地，改今名」。[5]即洪武三十一年，李朝分定東北面州、府、郡、縣，設端州以北州縣及站路的官吏，改孔州為慶源，定府使以下官員。永樂三年（李朝太宗五年 1405），李朝任命朴齡為慶源等處兵馬使，朴德公為鏡城等處兵馬使，以朴子安為中軍都總制，並又「除授者十餘人」。[6]

李朝向圖們江流域拓展疆土，慶源為其在圖們江流域最北面的據點。這樣，必然與當地斡朵里、兀良哈、兀狄哈女真發生矛盾與衝突。洪武三十一年，據東北面都巡問使奏報：「陸青虧知介來，欲寇邊」。太祖李成桂下令「水軍萬戶全承桂領永興、青海道兵船往征之，又令安撫使金承霔領陸地軍官往擊之」。[7]虧知介為兀狄哈之異寫，陸青虧知介為骨乙看兀狄哈，是居住波謝特灣附近的女真。建文二年（李朝定宗二年 1400），兀良哈等女真攻慶源城，「殺慶源萬戶李清」。[8]

朱棣即位，積極招撫圖們江流域的女真，斡朵里、兀良哈、兀狄哈諸部紛紛歸附，並先後設建州衛、毛憐衛等衛，這樣便引起李朝的忌恨。[9]於是，李朝關閉在慶源與女真貿易的關市，導致女真與李朝矛盾激化，引發兀狄哈女真攻慶源蘇多老營的事件。據《李朝實錄》載：

4 《李朝太祖實錄》卷 13，太祖七年二月庚辰。
5 《新增東國輿地勝覽》卷 50，咸鏡道，慶源都護府，建置沿革條，第 902 頁。
6 《李朝太宗實錄》卷 9，太宗五年七月丁酉。
7 《李朝太祖實錄》卷 14，太祖七年閏五月庚寅。
8 《李朝定宗實錄》卷 4，定宗二年五月辛巳。
9 莊吉發：〈建州三衛的設置及其與朝鮮的關係〉，《中韓關係史國際研討會論文集》，韓國學研究學會，1981 年。

兀狄哈金文乃等寇慶源之蘇多老，兵馬使朴齡擊卻之。初，野人至慶源
塞下市鹽、鐵、牛馬，及大明立建州衛，以于虛出（阿哈出）為指揮，
招諭野人。慶源絕不為市，野人憤怒，建州人又激之，乃入慶源界抄。[10]

文中所云「兀狄哈金文乃」，居住朝鮮吉州的嫌真兀狄哈女真。[11]如前所述，居
住圖們江流域的斡朵里、兀良哈等女真，永樂初年已歸附明廷，成為隸屬於明
廷管轄的地方衛所。女真各衛所首領定期向明廷朝貢，明廷授予女真首領官職
及賞賜。[12]然而，這些女真衛所居地距明遼東地區較遠，所以他們多以毛皮、
馬匹等與朝鮮交換所需的農耕生產的農具、耕牛以及生活用的釜、布匹、紙張
等品。慶源市就是圖們江上游地區女真人與朝鮮的交易場所。由於明朝在圖們
江流域設置建州衛，「招諭野人」，阻止了李朝北拓疆土，所以李朝斷然絕市，
予以報復，使女真斷絕生活之源，引起女真攻慶源的戰役。這次戰役，女真擊
李朝兵馬使朴齡，掠牧馬十四匹而去，李朝官軍死者四人。[13]

　　這次戰役後，李朝慶源地方感到十分恐懼，為防止事態繼續擴大，同年三
月，李朝東北面都巡問使朴信以為：「鏡城、慶源地面不禁出入，則或有闌出之
患，一與禁絕，則野人以不得鹽鐵，或生邊隙」。他建議，於鏡城、慶源二郡「置
貿易所，令彼人得來互市」。[14]李朝只得允准，在慶源設市與女真進行貿易，「唯
鐵則只通水鐵」。[15]但對女真人出入朝鮮內地則嚴加禁止。規定，以青州為界，
青州以北女真人，尤其圖們江流域的女真人，往來青州以南，必須有「居官印
信，明文受出，方許往來」，但「各處興利人毋得入摩天嶺以北，著為禁令」。[16]
即禁止李朝商人前往摩天嶺以北與女真人進行貿易。此禁令給圖們江流域女真

[10] 《李朝太宗實錄》卷 11，太宗六年二月己卯。
[11] 《新增東國輿地勝覽》卷 50，咸鏡道，吉城縣，建置沿革條載：「本高句麗舊地，久為女真所居。」第 896 頁。
[12] 參見拙文〈努爾哈赤崛起與東亞華夷關係的變化〉，《中國邊疆史地研究》，2012 年 3 期。
[13] 《李朝太宗實錄》卷 11，太宗六年二月己卯。
[14] 《李朝太宗實錄》卷 11，太宗六年五月丁酉。
[15] 《李朝太宗實錄》卷 11，太宗六年五月丁酉。
[16] 《李朝太宗實錄》卷 14，太宗七年九月丁丑。

人經濟生活帶來極大的影響，從而再次加劇與李朝矛盾衝突。永樂七年四月，斡朵里部女真首領仇老等「寇甕丘站，殺男女十五人，及其牛馬而去」。[17]

翌年二月，圖們江流域女真諸部聯兵攻慶源。《李朝實錄》載：

> 兀狄哈金文乃、葛多介等，結吾都里、兀良哈甲兵三百餘騎，寇慶源府。兵馬使韓興寶與戰敗死。毛憐衛指揮甫乙吾，使人謂興寶曰：「聞諸建州衛指揮阿古車云：『將有賊兵侵慶源。』宜預知備禦。」興寶不之信。翌日黎明，賊兵已至城外，（韓）興寶蒼黃（惶）帥戍兵百人出戰，興寶所騎馬中矢而斃，興寶中三矢，僅得入城，三日而死。官軍死者十五人，馬死者五匹。賊遂圍木柵，不克，焚柵外廬舍，蓄積殆盡。[18]

前文所述，永樂四年二月，兀狄哈女真金文乃等攻慶源蘇多老，與兵馬使朴齡激戰，金文乃子被殺。這次，他為了報仇又與葛多介糾結斡朵里、毛憐兀良哈女真約300人攻打慶源。李朝兵馬使韓興寶戰死，官兵死亡15人。李朝獲悉韓興寶戰死，太宗國王驚駭不已，「以興寶為國戰亡，賻米豆四十石，紙百卷，命歸葬」。[19]命吉州察理使趙涓征圖們江流域女真。時，毛憐兀良哈首領把兒遜、斡朵里首領猛哥帖木兒等並未參加此役。

二、「豆門血案」與慶源罷鎮

李朝為征圖們江流域女真，太宗國王於永樂八年（太宗十年）二月十日，召集群臣商議進軍方略。右政丞趙英茂上奏云：

17　《李朝太宗實錄》卷17，太宗九年四月丁丑。
18　《李朝太宗實錄》卷19，太宗十年二月庚子。
19　《李朝太宗實錄》卷19，太宗十年二月丁未。

今兀狄哈等無故入寇殺邊將，釋此不討，彼無所懲。波乙所（把兒遜）指揮亦兀狄哈之別種也，居中兩投，亦當並滅。請令吉州道察理使調其道兵馬一千以往，則可一舉而滅也。[20]

時，領議政事河崙、左政丞成石璘對此次出征女真頗有疑慮地說：

> 蕞爾山寇勝之不武，且此寇本鼠竊狗偷，非欲抗大軍。臣等恐師至其境，即逃竄山谷，師退則復來侵擾，徒勞王師而啟後日之邊釁也。

而力主征戰女真的右政丞趙英茂等仍堅持固見說：

> 小寇敢肆毒於我境，不以此時往殄滅之，即無以示武也。且非止此寇而已，吾都里、兀良哈雜種亦無所懼矣，不如一舉而滅之。[21]

太宗國王對其出兵征戰頗為贊同。遂命吉州察理使趙涓為主將、前都節制使辛有定、前同知總制金重寶為副將，辛有定以下將領皆受趙涓節制。可見，李朝這次征女真的目標，已不限於兀狄哈女真，對斡朵里、兀良哈女真等也要「一舉而滅之」。然而，領議政事河崙對這次北征女真，大軍深入其境，出師無名仍顧慮重重。他奏云：

> 自古越險攻敵，罕能成功。今自慶源至彼賊人之境，賊之強弱眾寡，臣所不知。意其介居山谷，合散不時，或邀於險阻，或起於夜半，出入不意來攻，則恐大軍之見挫於小丑，悔之無及。不若堅壁固守，待其來而應之也。

---

[20] 《李朝太宗實錄》卷 19，太宗十年二月丁未。
[21] 《李朝太宗實錄》卷 19，太宗十年二月丁未。

左政丞成石璘卻加以反對，認為「往征之計已定，不可中變，宜亟進兵，縱未能翦滅渠魁，但令蹂躪賊巢，燔燒廬帳而還可矣」。[22]

二月二十九日，主將趙涓與辛有定、金重寶、郭承佑等率軍馬一千一百五十名，從吉州出發，北上征圖們江流域女真。三月六日，趙涓率軍至阿木河，「執吾都里哈兒非、加時仇，問以賊變，遂並殺之。」[23]他們得知，「慶源入侵賊黨，乃具州接兀狄哈金文乃、葛多介、將老、多非乃」等，卻以路途遙遠為託辭，竟揮師豆門（即土門，在慶源北約五十里）。三月九日，趙涓軍至豆門，擊殺毫不防備毛憐兀良哈女真，誘殺毛憐首領把兒遜等。據趙涓給王廷的報告云：

> 初九日，至兀良哈指揮阿古車居處豆門。獲加時仇兄哈兒非，問得葛多介、金文乃當初同至大父阿亂處，與甫乙吾、阿古車、著和等管下同議入侵。[24]

阿亂、甫乙吾、阿古車、著和均為毛憐衛的首領；加時仇、哈兒非為斡朵里建州衛首領阿亂之孫。可知，女真攻慶源事件是兀狄哈金文乃、葛多介集結兀良哈、斡朵里女真諸首領攻打的。然而，當金文乃、葛多介等獲知「朝鮮行兵問罪」時，事先已逃匿到「難以進兵」之地。而此時，毛憐衛首領把兒遜、阿古車等皆在豆門。於是，趙涓設伏兵於要害，誘殺毛憐衛把兒遜等女真首領。對此，《李朝實錄》記載如下：

> 吉州道察理使趙涓等至豆門，誘殺毛憐衛指揮把兒遜、阿古車、著和、千戶下乙主等四人。縱兵殲其部族數百人，燔燒廬舍而還。生擒男一名，女二十六名及將士所獲人口男女並若干人。[25]

---

[22] 《李朝太宗實錄》卷19，太宗十年二月己未。
[23] 《李朝太宗實錄》卷19，太宗十年三月壬辰。
[24] 《李朝太宗實錄》卷19，太宗十年三月乙亥。
[25] 《李朝太宗實錄》卷19，太宗十年三月乙亥。同書世宗十一年十月甲申條也載：「庚寅，兀狄哈金文乃等入寇慶源，殺節制使韓興富，涓與辛有定、金重寶、郭承佑領兵尋討，至豆門不得其賊，誘殺兀良哈把兒遜等八指揮，並殲部族數百人。」

趙涓奉命征女真，誘殺毛憐衛指揮把兒遜等及部下數百人，燒毀全部廬舍，搶走大量牲畜、財物，掠去大批人口，製造了「豆門血案」。血案發生後，李朝大臣上疏請治趙涓「侵暴之罪」，而太宗國王不以為然地說：「涓何罪之有？遂火其疏」。[26]在太宗國王的庇護下，趙涓非但未受到懲治，反倒因殺害女真有功，獲李朝太宗「寵遇無比」，史載：太宗十三年，轉工曹判書，十六年，升判左軍府事。世宗二年，遷議政府贊成事，世宗五年，改府院君，世宗八年，進議政府右議政。[27]豈不知，趙涓對女真的殘暴屠殺，卻以捷聞，自此女真與朝鮮「構釁益深」。[28]

「豆門血案」是李朝對圖們江一帶女真部落採取的逐殺政策。這些女真部落已先後歸服明朝，各部首領均為明朝衛所的官員，受到明朝的保護。這一點李朝君臣是再清楚不過的。當李朝太宗國王得知毛憐衛首領把兒遜等慘遭官軍殺害後，立刻對大臣說：「指揮（把兒遜）等皆受中朝職事，今而擅殺，是生釁於上國也」。[29]李朝擅殺明廷官員，懼怕明朝懲治，卻惡人先告狀。急忙派中軍總制李玄赴京師向明朝奏報此事。李朝給明朝的奏文中，為逃避懲罰，在敘述「豆門血案」原委時，隱瞞真相，歪曲事實，把李朝軍隊襲擊，誘殺毛憐衛把兒遜等，竟說成是把兒遜等「設計伏兵，邀擊我軍」，以致被殺。明明是罪魁禍首，卻把自己裝扮成襲殺把兒遜等是正當防衛，責任完全嫁禍女真身上，煞有介事地要求明朝對這些「連生邊釁」的女真人，「明降禁約」，[30]禁止女真人作亂。可見，李朝為逃避明朝問罪，竟然顛倒黑白，歪曲事實。

與此同時，李朝即刻召回殺害女真的禍首趙涓，以延嗣宗代之。又派差官田興赴猛哥帖木兒居處賠禮道歉，辯解道：「此兵之舉，非國家之命，實邊將之擅興，國家已使延嗣宗代涓，召涓赴京，欲治擅興濫殺之罪」。[31]李朝之所以

26　《李朝太宗實錄》卷19，太宗十年四月甲子。
27　《李朝世宗實錄》卷46，世宗十一年十月甲申。
28　《李朝世宗實錄》卷46，世宗十一年十月甲申。
29　《李朝太宗實錄》卷19，太宗十年三月乙亥。
30　《李朝太宗實錄》卷19，太宗十年三月辛卯。
31　《李朝太宗實錄》卷19，太宗十年三月壬辰。

這麼做，是因為他們知道猛哥帖木兒是圖們江女真諸部眾望所歸的首領，安撫猛哥帖木兒使其「怒稍解」，可以緩解與女真的矛盾。同時，也是防備明廷派官員赴朝調查此事，為「後日朝廷之詰問亦可對也」。[32]

猛哥帖木兒獲悉毛憐衛首領把兒遜及管下等被殺害後，「由是怒甚」，[33]誓要雪恥復仇。永樂八年（李朝太宗十年）四月五日，猛哥帖木兒與其弟于虛里等集結毛憐衛女真等「合步騎百五十餘人，至慶源雍丘站（今朝鮮雄基），殺擄男女二十二名，馬十匹，牛八頭而去」。隨後，又有女真 20 餘名，「隱於鏡城富珍汀，邀殺慶源鎮撫權乙生等十五名」。同時，又有女真一百餘人攻打時原站。[34]

當猛哥帖木兒率斡朵里、毛憐女真攻打慶源雍丘站時，兀狄哈女真也前來參戰，攻打慶源的阿吾知城。四月十一日，兀狄哈女真三十餘騎攻慶源阿吾知南山。十二日，女真「步騎五十餘，登於汝火山上，俯瞰城中，徜徉不下，欲致官軍」。十三日昧爽有邏卒報：「賊數十騎，于阿吾知洞裡乍出，還騎山矣。」兵馬使郭承佑得報，率數百騎追之，「賊數騎遇官軍佯北，承佑追之。既入洞，賊伏兵四合猝擊，官軍大敗，死者七十三人，傷者五十二人，戰馬百二十匹及兵甲二十四部，皆為賊所奪。承佑亦中矢，率三十餘騎，潰圍而出」。[35]時，猛哥帖木兒亦率軍趕赴參戰，他斥責郭承佑：「吾都里指揮殺之，何罪？」前來參戰的女真部眾「皆有父母妻子之讎，冒死來戰，而承佑恃勇無謀，故敗」。[36]猛哥帖木兒率軍攻打阿吾知城的情況，慶源千戶安乙貴在奏報中言：「本月（四月）十三日辰時，有吾都里仇老、甫也、失家、甫里、哈刺、末乙彥、仇里老、達音波老、也廝禿、金文乃、葛多介等，率領一千餘兵前來本府（慶源）阿吾知城北，哄擾作亂」。[37]仇老、甫也，為斡朵里女真首領；甫里、仇里老、甫乙吾均為兀良哈女真首領。李朝東北面都巡問使林整在報告中云：

---

[32] 《李朝太宗實錄》卷 19，太宗十年三月壬辰。
[33] 《李朝太宗實錄》卷 19，太宗十年三月壬辰。
[34] 《李朝太宗實錄》卷 19，太宗十年四月辛丑。
[35] 《李朝太宗實錄》卷 19，太宗十年四月己酉。
[36] 《李朝太宗實錄》卷 19，太宗十年四月己酉。
[37] 《李朝太宗實錄》卷 19，太宗十年四月甲子。

> 賊兵為寇不止，時原（慶源附近）等處，人皆騎山避寇，道路不通，慶
> 源兩陵朔望奠物與兵馬使稟給未及輸送，賊人相續侵掠，故富家站（富
> 居）以北人物不耕一畝，皆有離心。[38]

慶源府岌岌可危。

猛哥帖木兒為雪「豆門血案」，集結兀良哈等女真攻打慶源等地，他是這次戰鬥的主要指揮者。面對女真的進攻，慶源府告急。新任吉州察理使延嗣宗一面發青州兵三百人救慶源府；一方面派趙涓從吉州回王京，向李朝太宗報告戰情，急商對策。李朝君臣得報後，驚慌失措，莫衷一是。欲向明朝奏報請求出面制止女真的軍事行動，又覺得理虧。因為「豆門血案」係李朝「既不奏聞而行兵」[39]一手精心策劃的。這種對隸屬明朝女真衛所首領大肆殺戮，實屬對明朝的犯上，理應受到明朝嚴厲譴責與制裁。而女真前來復仇，攻打慶源，純屬正義行動。可見，李朝若向明廷奏報此事，無疑是不打自招。在君臣商議對策中，太宗國王提出「欲遷陵而移府」。

在李朝君臣商議對策的同時，東北面都巡問使林整又上疏請求發兵救援。《李朝實錄》載：

> 向者賊兵入寇慶源，進而圍城，至夜乃退。翌日又圍城不克而退，伏兵
> 山谷，賊謀可畏。軍馬不敢出，城外芻豆俱盡，乞加發軍兵救援。[40]

於是，李朝太宗命僉總制盧原湜為慶源助戰兵馬使，率慶源、鏡城、吉州、端州、青州兵一百五十人赴援。

是年五月，斡朵里部首領猛哥帖木兒致吉州察理使的延嗣宗書曰：

> 野人兀狄哈金文乃、葛多介等作賊，人（趙涓）托以道遠，不肯直指其地，

---

38 《李朝太宗實錄》卷19，太宗十年四月辛丑。
39 《李朝太宗實錄》卷19，太宗十年四月癸丑。
40 《李朝太宗實錄》卷19，太宗十年四月己未。

卻於中路，將毛憐衛掌印官員百姓，盡行殺害。今被殺害人父兄子弟之遺
在者，逼迫我云：指揮（猛哥帖木兒—引者）今不去向朝鮮，則指揮必與
朝鮮通書定計，欲挾攻我輩審矣。予亦不得退避，且提兵迎留。[41]

　　猛哥帖木兒既表明自己這次行動態度，也表明毛憐衛首領被李朝「盡行殺害」，
他們皆有父母妻子，「冒死來戰」[42]，純屬正當防衛。

　　女真攻打慶源是因李朝製造「豆門血案」引起的。然而，攻打慶源對於居圖
們江流域女真來說，所付出的代價是難以想像的。戰後，猛哥帖木兒等恐李朝官
軍的突襲，率所部流徙他處。如其所云：「今棄舊土，而從遐域，人多地窄，生理
良艱」[43]，反映出女真諸部所處的困境。後猛哥帖木兒曾派部下李大豆前往朝鮮吉
州，向吉州察理使延嗣宗提出講和條件：「若盡還擄掠人口，使彼我人口依舊居生，
則此實係令公聲譽美事，予謂此事莫如寢息，倘連舉不已，數多種類作賊擾邊，
視聽非祥，惟斟酌施行」[44]。而李朝官員則認為，猛哥帖木兒「領兵作賊，殘破慶
源，殺掠人畜，以快其心，又謀自安之計，乃遣大豆求和」，遂不許。[45]

　　猛哥帖木兒向李朝提出的講和條件被拒絕後，女真人繼續攻打慶源。同年
五月初，兀良哈女真攻慶源，大敗盧原湜軍。時盧原湜率兵為中翼，前判事金
成、前護軍魏臣忠率吉州、端州兵為左右翼與兀良哈女真激戰，女真「佯走至
一里許，大呼反攻，左右翼先潰，甲士亦北」。[46]

　　五月十五日，兀良哈女真又攻鏡城以北的龍城。龍城之戰，李朝東北面敬
差官尹夏、朴楣在給王廷的奏報中有如下記載：

　　（本）月十五日，臣等在鏡城郡，辰初有人來告，賊寇龍城。臣等即與
金乙和率二十餘騎急趨龍城，賊已圍新柵數重，三騎據古柵橋使不得

---

[41]　《李朝太宗實錄》卷19，太宗十年五月丁卯。
[42]　《李朝太宗實錄》卷19，太宗十年四月己酉。
[43]　《李朝太宗實錄》卷19，太宗十年五月己酉。
[44]　《李朝太宗實錄》卷19，太宗十年五月丁卯。
[45]　《李朝太宗實錄》卷19，太宗十年五月丁卯。
[46]　《李朝太宗實錄》卷19，太宗十年五月辛巳。

進，既而賊眾益至。金乙和中矢，（尹）夏射中當路一人，（朴）楣又中
其二人，夏乃奪橋而進，乙和先入柵，楣到古柵門呼曰：可出兵應援，
且問甲士安在？承佑應曰：甲士半為賊所殺，半入新柵無兵可出，速入
柵以圖生。楣曰：何謂入柵？還與夏逆賊，賊群至，夏等亦為所逐，令
軍士盡入古柵。夏背城門，楣立城上，俱發片箭四五，賊稍卻，圍新柵。
適青州代戍兵二百騎至，賊望見以謂援兵，解圍而去。是暮遣四騎覘賊，
三騎為賊所擄，一騎僅脫。還言賊去兩柵未十里，休兵乃退……又言郭
承佑等三將皆中矢，來臥一柵似為不祥。夏又啟：去四月兀良哈等來侵
慶源阿吾知軍士戰亡者八十九人，馬被奪者一百二十四，失鐵甲二十四
部，掩心六十部，紙甲十八部，鐵胄六十七，胄四十七，鐵護項十三，
槍九十七柄，長刀二十柄，角弓六十三丁，加達箭二千六百餘枚。雄丘
甫乙加退兩道入侵，殺男女十二人，牛二隻，馬十三匹，擄男女十二名，
牛二十只。金承霆亦啟：五月十五日兀良哈寇龍城殺害男女二十四名，
馬二匹，擄男女六十九名，馬五十七匹，牛六十九頭，烽卒三名，覘騎
三人，亦皆為賊所殺。[47]

龍城之戰，李朝軍隊慘敗的消息一傳出，太宗國王大為震驚。立即逮治吉州察
理使延嗣宗等，改派柳廷顯為東北面都宣撫使、金南秀為吉州道都安撫察理
使，河敬復為慶源兵馬使，崔閏德為鏡城兵馬使，金加勿為護軍。「賜廷顯斧
鉞」，並下教說：

邊鎮國之保障，豈敢致為憑陵，相臣君之股肱，茲令得專處置。蠢爾小
丑敢肆頑凶，犯我封疆以致城邑失守，士民流亡而將臣率臣不即捕獲，
安集一方，擾動者已經數月，尚未有成效。予茲軫心思欲得人，往行賞
罰，疇諮在庭。咸曰：卿哉！惟卿秉心堅確，威聲夙著，命卿為東北面
都宣撫處置使，將士如有攻守有違者，守令如有安集未至者，嘉善以上

[47] 《李朝太宗實錄》卷19，太宗十年五月乙未。

監囚申請；通政以下，舉律直斷。於戲。非威無以制敵，非惠無以輯民，惟威惠用集厥功。[48]

由此可見，李朝為加強對圖們江流域女真的控制，給予東北面防禦官員更大的權力。與此同時，群臣紛紛上疏要求嚴懲慶源、龍城之役敗將。疏曰：「嗣宗當賊入慶源之時，退舍三日之程，又侵鏡城退在吉州一不與戰，承佑以輕敵敗後，乃退縮不戰，原湜率禁兵赴征不戰而走，罪皆大矣，請論其罪，以懲後來」。[49]

面對女真的強大攻勢，慶源府陷入窘境，罷鎮便提到日程。太宗十年（永樂八年 1410）四月，吉州察理使延嗣宗上疏說：

慶源四面為賊所圍，城中儲糧皆已虛竭，軍民之食，不得樵牧，牛馬饑困。願於鏡城移排以活人命。[50]

太宗國王接報後云：「慶源移置予計已定，胡為多談至今猶豫乎，亟命遷之」。[51]

先是這年二月，女真等攻慶源，李朝商議派趙涓率兵出征時，太宗國王就提議移慶源府於鏡城。《李朝實錄》載：

上謂宰相等曰：「慶源但德安二陵在耳，遷陵古亦有之，遷陵廢郡退守鏡城如何」？皆曰：「可」。乃命議政府擬議陵室奉遷便否以聞。[52]

當趙涓奉命出征前，入見太宗國王時，太宗又云：「慶源置府，為陵室也，彼賊必世為邊警，予欲遷陵而移府，然則彼賊胡為來哉」？[53]太宗欲遷陵移府，群臣唯唯聽命，只有大臣李膺持有疑議。他認為如果遷陵移府，會使女真「有

---

[48] 《李朝太宗實錄》卷 19，太宗十年六月丙申。
[49] 《李朝太宗實錄》卷 19，太宗十年六月乙丑。
[50] 《李朝太宗實錄》卷 19，太宗十年四月甲子。
[51] 《李朝太宗實錄》卷 19，太宗十年四月甲子。
[52] 《李朝太宗實錄》卷 19，太宗十年二月丁未。
[53] 《李朝太宗實錄》卷 19，太宗十年四月辛亥。

蠶食之漸，我有削土之恥哉」！「與其遷陵移府而每歲往逐，不若固守，而禁之」。太宗國王不以為然。[54] 慶源遷陵移府非同小可，關係到李朝疆土的消長。上述君臣對話不難看出，在女真的強大攻勢下，李朝遷陵移府為不得已之舉。

太宗國王主張慶源府南撤的同時，德安二陵也必須隨遷。此二陵實為想像中李朝祖先的陵墓，其目的在於宣揚此地為李朝肇興之地。[55] 當然，即便該地真有李成桂祖先之陵，也只能說明其祖先是遷入元合蘭府轄境的高麗人而已。

是年五月，毛憐衛等女真攻鏡城時，太宗國王曾派金承霑入慶源審視陵寢安否？據左承政成石璘啟文曰：

> 前日命金承霑入慶源古城以守陵室，承霑必多率軍士以入慶源，賊若來侵，鏡城必不及回兵救之，鏡城之戍益危。但慶源陵室所在不可不戍，臣等未能定計。[56]

李朝既怕因派兵守慶源陵寢，女真若來攻鏡城，「必不及回兵救之，鏡城之戍益危」，又擔心慶源陵寢「所在不可不戍」，處於進退兩難之中。為擺脫這種進退兩難的窘境，這年八月，太宗國王任命完城君李之崇、星山君李稷為東北面遷陵使，以中軍都總制李和英為遷陵侍衛，同時，議德安二陵改葬之制。十月，遷陵於咸州韃靼洞之原洞。《李朝實錄》載：

> 遷德安二陵合葬於咸州韃靼洞之原洞，在咸州北五十里葬，用灰隔。德陵在西，安陵在東，啟陵以八月庚申，即日發引，九月到咸州安於殯殿，至是乃葬。[57]

《新增東國輿地勝覽》卷 48，陵墓條載：德陵、安陵「在府西北六十里，舊

54　《李朝太宗實錄》卷 19，太宗十年四月辛亥。
55　據《新增東國輿地勝覽》卷 50，咸鏡道，慶興都護府，古蹟條載：「古安陵、古德陵，在府城南十里，有兩圓峰，南安陵、北德陵。」
56　《李朝太宗實錄》卷 19，太宗十年五月丙申。
57　《李朝太宗實錄》卷 20，太宗十年十月辛酉。

在慶興府城南，太宗十年同時遷於此。」[58]永樂九年（李朝太宗十一年1411）三月，李朝罷慶源鎮。[59]慶源府罷鎮，是斡朵里、兀良哈等女真與李朝浴血奮戰的結果。從這個意義上說，斡朵里、兀良哈等女真抑制了李朝在圖們江流域北拓疆土的欲望。

對於李朝誘殺毛憐衛把兒遜等事件，明朝並未追究李朝的責任。為了加強圖們江流域毛憐兀良哈女真管轄，永樂九年九月，明廷「命建州衛指揮僉事猛哥不花等十八人為毛憐等衛指揮使、千百戶等官」。[60]猛哥不花是建州衛指揮使阿哈出的次子，其兄釋加奴（李顯忠）襲父職掌建州衛事時，他則以建州衛指揮僉事就任毛憐衛指揮使。這個毛憐衛是原毛憐衛的繼續，所轄部眾仍是圖們江流域的兀良哈女真。毛憐衛居圖們江流域，仍為明廷管轄下的衛所，定期向明朝貢。

---

[58]　《新增東國輿地勝覽》卷48，咸鏡道，咸興府，陵墓條，第863頁。

[59]　據《李朝太宗實錄》卷21，太宗十一年三月己丑條載：「罷慶源鎮。慶源嘗為北戎所敗，且德、安二陵遷於咸州，其兵馬使河敬復獨留，無與守者，命敬復還，遂罷其鎮。」

[60]　《明太宗實錄》卷119，永樂九年九月辛酉。

CHAPTER 7

永樂年間圖們江流域女真的遷徙

一、阿哈出建州衛與猛哥帖木兒建州衛的西遷

　　阿哈出的建州衛與猛哥帖木兒的建州衛在圖們江流域與李朝發生衝突後，相繼西遷。

　　阿哈出的建州衛先於猛哥帖木兒的建州衛西遷方州。《李朝實錄》載：

> 平安道兵馬節制使據江界兵馬節制使呈馳報，今四月十七日，小甫里口子對望，越邊兀良哈沈指揮率軍人十三名，將牛馬並十三頭匹來說，吾等在前，於建州衛奉州古城內居住二十餘年。[1]

　　這位沈指揮就是沈時里哈，阿哈出建州衛指揮。據他所說：阿哈出建州衛至永樂二十二年「於奉州古城內居住二十餘年」。當然，他所說的「二十餘年」，並非是實指二十餘年。由此可以推斷，阿哈出的建州衛從圖們江遷往方州（奉州）的時間，應為永樂初年。《李朝實錄》又載：「鳳州即開元，金于虛出（阿哈出）所居。」[2]這裡所說的奉州、鳳州就是方州。阿哈出建州衛徙居方州的時間，日本學者池內宏認為，在永樂四年左右。[3]從上文建州衛指揮沈時里哈在永樂二十二年，對李朝官員所說的，「吾等在前，於建州衛奉州古城內居住二十餘年」的記載來推算，從永樂二十二年，上推二十年為永樂三年，時間與池內宏所說的時間接近。檢索一下《李朝實錄》這段時間的記事，也可推斷阿哈出的建州衛約永樂四年前後遷徙方州的。據《李朝實錄》記載，永樂三年九月，猛哥帖木兒接受明廷的招撫，入明朝貢時曾云：「我若此時不入朝，則于虛出（阿

1　　《李朝世宗實錄》卷 24，世宗六年四月辛未。
2　　《李朝太宗實錄》卷 21，太宗十一年四月丙辰。
3　　池內宏：《鮮初東北境與女真的關係》，第 129-130 頁。

哈出）必專我百姓，故不得已入朝」，[4]說明建州衛此時仍在圖們江。永樂四年
二月，兀狄哈女真攻李朝慶源蘇多老城，《李朝實錄》載：「初野人至慶源塞下，
市鹽鐵牛馬，及大明立建州衛，以于虛出（阿哈出）為指揮，招諭野人，慶源
絕不為市。野人憤怒，建州人又激之，乃入慶源界抄掠」。[5]可見，阿哈出建州
衛至少這時尚未離開圖們江。是年十二月，阿哈出之子猛不花向明朝奏請搬取
留居在朝鮮的原三萬衛百戶楊哈剌等「取回還本衛住坐」。[6]時，三萬衛治所在
開原。說明此時阿哈出建州衛已移居方州，其子莽哥不花才向明朝提出上述請
求的。由此推斷，阿哈出的建州衛移至方州的時間，應為永樂四年二月以後，
十二月以前。

　　阿哈出的建州衛遷徙方州的具體位置。《李朝實錄》載，阿哈出孫李滿住
管下指揮玉古只、千戶童觀音老等對李朝官員說：「原居回波江方州等處」。[7]「回
波江」即灰扒江，今輝發河。方州的具體位置，為輝發河上游最大的古城北山
城子（今吉林省海龍縣山城鎮）。[8]又據《遼東志》卷七，《韓斌傳》載：「建州
虜營，昔居房州，去邊月餘程」。房州，就是方州。《遼東志》卷一，山川條載：
「穩禿河，城東北五百里，源出房州北山，北流入松花江」，穩禿河，為吉林
附近溫德河，全長四、五百里，源頭正在輝發河上游方州附近。

　　阿哈出的建州衛西遷不久，永樂九年（李朝太宗十一年 1411），猛哥帖木
也率部西遷輝發河上游的方州。斡朵里部西遷與「豆門血案」有密切關係。

　　如前所述，圖們江一帶女真對李朝製造的「豆門血案」群情激怒，伺機報
復。以猛哥帖木兒為首的斡朵里、兀良哈等女真，多次向李朝在圖們江的據點
慶源發動進攻。面對女真的進攻，李朝慶源府岌岌可危。永樂九年三月，李朝
將慶源府南撤到鏡城。

4　《李朝太宗實錄》卷 10，太宗五年九月乙巳。
5　《李朝太宗實錄》卷 11，太宗六年二月己卯。
6　《李朝太宗實錄》卷 13，太宗七年三月己巳。
7　《李朝世宗實錄》卷 25，世宗六年七月乙亥。
8　參見箭內亙：〈元明時代の滿洲交通路〉，《滿洲歷史地理》第 2 卷，第 434-435 頁；稻葉岩吉：
　　〈建州女直の原居地び遷居地〉，《滿洲歷史地理》，第 2 卷，東京丸善株式會社，1940 年，第
　　576 頁。

還在永樂八年（李朝太宗十年 1410）四月，猛哥帖木兒率部向慶源發動進攻之時，就曾遣管下千戶李大豆前往青州向察理使延嗣宗進行交涉說：「若還所擄男女，則吾將俾還本土，各安其所，然後詣朝鮮肅拜，倘予有故，遣子以謝」。延嗣宗答應其要求。[9]然而，四月十三日，猛哥帖木兒又參與了兀良哈、兀狄哈攻打慶源阿吾知之役，與朝鮮的關係驟然緊張。五月，猛哥帖木兒再次遣李大豆赴王京交涉。言：「著和、把兒遜管下侵慶源之時，予亦同來者，為其所逼勢不得已耳，非予本心。今棄舊土，而從遐域，人多地窄，生理良艱。願殿下使通曉言語，若金同介者來諭，予當遣子入朝，還我舊土矣」。[10]由此可見，猛哥帖木兒所部遷徙他處，生活陷入困境。為能使所部女真能回阿木河居住，猛哥帖木兒甚至說攻慶源是迫不得已，希望能得到李朝諒解。與此同時，猛哥帖木兒也曾致書吉州察理使延嗣宗要求釋放被掠部民。書云：

前察理使率國家大軍，本為制正野人兀狄哈金文乃、葛多介等作賊人，托以道遠，不肯直指其地，卻於中路，將毛憐衛掌印官員百姓，盡行殺害。今被殺害人父兄子弟之遺在者，逼迫我云：「指揮（指猛哥帖木兒——引者）今若不去向朝鮮，則指揮必與朝鮮通書定計，欲挾攻我輩審矣。」予亦不得退避，且提兵迎留。上項毛憐衛死亡遺種，已先至阿吾知地面，予乃領兵隨至，禁其侵掠，本欲率領還歸，慶源軍馬到來接戰，兩相殺害，毛憐遺種欲將慶源官家破毀，家屬錢物牛馬，並皆奪取，以快其忿。予誘之曰：「予已使人詣朝鮮，請將擄掠人口放還，莫如退軍，各還舊居。」及李大豆還言：「前察理使，國家議罪拿歸。今好察理使到界，欲修舊好。」更使李大豆前往，若盡還擄掠人口，使彼我人口依舊居生，則此實係令公聲譽美事。予謂此事，莫如寢息，倘連纍不已，數多種類作賊擾邊，視聽非祥，惟斟酌施行。[11]

9　《李朝太宗實錄》卷 19，太宗十年四月丁未。
10　《李朝太宗實錄》卷 19，太宗十年五月丁卯。
11　《李朝太宗實錄》卷 19，太宗十年五月丁卯。

書中，列出放還者名單：猛哥帖木兒所部斡朵里女真被擄者三十八人，甫乙吾管下被擄者七人，及妻弟之子都好、仇老等。延嗣宗將猛哥帖木兒之書呈報太宗國王。然而，太宗卻認為：猛哥帖木兒「領兵作賊，殘破慶源，殺擄人畜，以快其心，又謀自安之計，乃遣大豆求和」，遂不許」。[12]翌年正月，猛哥帖木兒派人向朝鮮「獻熊、鹿皮各一張」，[13]希望與李朝的關係得到緩解，返回阿木河居住。不久，李朝派大護軍朴楣赴猛哥帖木兒處，「令還所掠人口牛馬」[14]，表面看雙方的關係有所緩解，其實不然。李朝怕猛哥帖木兒乘機侵掠，遂派「甲士三百，侍衛軍三百，濟鏡城之師」[15]加以防禦。時，猛哥帖木兒所部已陷入饑饉的困境。猛哥帖木兒向朴楣請求道：「國家若給糧餉，不敢離散，否則皆為盜矣」。[16]由於猛哥帖木兒與李朝交涉未果，為了所部生存與發展，唯一的出路就是率部西遷。

永樂九年（李朝太宗十一年）四月，猛哥帖木儿率所部西遷至鳳州。[17]據《李朝實錄》載：「東北面吾音會童猛哥帖木兒徙於開元路……猛哥帖木兒嘗侵慶源，畏其見伐，徙於鳳州。鳳州即開元，金于虛出所居」。[18]開元路係元代的建置，文中的開元路應指開原，方州在今輝發河上游的北山城子一帶。于虛出，即阿哈出。如前所述，他率所部已遷至這一地區。由此可知，猛哥帖木兒所部西遷，一是李朝的逼迫，「畏其見伐」；二是圖們江一帶發生饑饉，「野人甚饑」；三是阿哈出所部的招引。

猛哥帖木兒率部西遷之事，李朝在這年正月就已獲悉。對此，李朝作出各種猜測。據《李朝實錄》載：

> 趙英茂、李天佑進言曰：今猛哥帖木兒雖令招撫，今將移徙於開元路，

---

[12] 《李朝太宗實錄》卷19，太宗十年五月丁卯。
[13] 《李朝太宗實錄》卷21，太宗十一年正月壬戌。
[14] 《李朝太宗實錄》卷21，太宗十一年正月庚午。
[15] 《李朝太宗實錄》卷21，太宗十一年正月辛巳。
[16] 《李朝太宗實錄》卷21，太宗十一年二月丙申。
[17] 鳳州，《李朝實錄》又寫作奉州、房州，今輝發河上游山城子一帶。
[18] 《李朝太宗實錄》卷21，太宗十一年四月丙辰。

恐與種類以間道直向吉州，則鏡城如囊中之物，又牧馬南下，則端（州）、（北）青之地騷然矣。又訴上國（明朝）曰：朝鮮殺我族類，故棄土而來。永興以北在元朝直隸中國，宜削其地，則上國信之。若令納土則甚為未便，宜先遣兵自甲州直抵阿赤郎口，又以兵分入其境，則必為我擒矣。[19]

從上述官員的進言中，反映出李朝有兩個擔心：一是怕猛哥帖木兒西遷途中，集結其他女真諸部「間道向吉州」進軍，這樣的話，李朝剛剛罷慶源府南撤至鏡城的軍事據點將「如囊中之物」，若再乘勢南下，那麼高麗末年李朝初年侵吞的女真故土「端（州）、（北）青之地騷然矣」；二是擔心猛哥帖木兒西遷後，向「上國」明朝控告，「朝鮮殺我族類」，侵我疆土，不得已「棄故土」而被迫西遷，請求明朝收回「永興以北在元朝直隸中國」之地，那麼李朝不是妄費心機了嗎？由此揭示出咸興以北是中國疆土的歷史事實，也反映出李朝對拓占的中國領土懼怕明朝收回那種作賊心虛的心態。

為此，李朝官員建議遣兵從甲州（今朝鮮兩江道甲州）直抵阿赤郎口（今吉林省安圖縣附近），即猛哥帖木西遷必經的路線，設伏「以兵分其境，必為我擒矣」。太宗國王聽後，說：

未可知也。賊雖入吾土，若知我情則難獲矣。況邈在異土，地之遠近，險阻未易知也。雖為我擒後必有患，況未可必乎。上國曾納東北十處人民，遣金瞻以辨之，不於此時削地矣。其將聽猛哥之訴而令納我土乎？[20]

太宗國王似乎摸透了明朝皇帝「普天之下，莫非國土」的天朝大國心理，並以派金瞻赴明索還十處女真之地為例，認為明朝既使聽了猛哥帖木兒的訴說，也不至於收回朝鮮曾佔領的「東北十處人民」之地。基於以上判斷，太宗國王不主張對猛哥帖木兒出兵截擊，認為「雖為我擒，後必有患」，宜給予撫慰，以安其心。為了穩妥起見，太宗國王又徵詢星山君李稷的意見。李稷也認為，「道

---

[19] 《李朝太宗實錄》卷21，太宗十一年正月辛巳。
[20] 《李朝太宗實錄》卷21，太宗十一年正月辛巳。

遠地險不可動眾，況北方年饑馬困，不如來則擊之，去則勿追也」。[21]二月，李朝派大護軍朴楣送穀一百五十石給猛哥帖木兒，[22]以示撫慰。這之前大護軍朴楣曾到女真居地，見「野人甚饑，」[23]故有此舉。

　　猛哥帖木兒西遷路線，大體沿著明代開原東陸驛站行進。據《遼東志》卷九載：「開原東陸路至朝鮮後門」的驛站是坊州城－奚官－納丹府城－費爾忽－弗出－南京－隨州縣－海洋－禿魯－三散。他們所走的路線，可能是從出發地渡過圖們江到南京（今吉林省延吉市東二十里的城子山山城），再從南京至弗出（從費兒忽和南京之間的位置來看，似為今吉林省安圖縣左洞河畔的萬寶古城），至費兒忽（今吉林省敦化縣富爾河流域的大蒲柴河鄉才浪古城），繼續西進至納丹府（今吉林省樺甸縣蘇密城），繼續南走到達奚官（今吉林省海龍鎮古城），最後到達方州（今海龍山城鎮）。這次西遷活動，規模大，環境艱苦。在遷徙過程中最大的問題是糧食問題，西遷隊伍邊行進邊狩獵、捕魚、採集。從圖們江到方州路程長約八百華里，多為高山峻嶺，其艱苦程度難以想像。隨猛哥帖木兒遷徙的有其母也吾巨、同母異父弟于虛里、吾沙哈、阿哈里、凡察等，以及長子阿谷。此外還帶走一批被擄的朝鮮人。未隨猛哥帖木兒西遷仍居原地者也不少（見後文論述）。

　　猛哥帖木兒率部西遷方州與阿哈出所部會合。一般認為猛哥帖木兒所部與阿哈出所部同居一地，其實他們並非聚居一地。如前所述，阿哈出所部自稱「建州衛奉州（即方州）古城內居住」。[24]而猛哥帖木兒的斡朵里部居住在余下地方。《李朝實錄》載，猛哥帖木兒對李朝官員李三哲說：「吾等曾居余下」。[25]宣德六年（李朝世宗十三年 1431）五月，猛哥帖木兒管下千戶伐乙愁也說：「曾居於余下」。[26]余下的位置，不見其他文獻載錄，但從前文居於余下的猛哥帖木兒

<hr>

[21] 《李朝太宗實錄》卷 19，太宗十一年正月辛巳。
[22] 《李朝太宗實錄》卷 19，太宗十一年二月丙申。
[23] 《李朝太宗實錄》卷 19，太宗十一年二月丙申。
[24] 《李朝世宗實錄》卷 24，世宗六年四月辛未。
[25] 《李朝世宗實錄》卷 32，世宗八年六月丁丑。
[26] 《李朝世宗實錄》卷 52，世宗十三年五月丙戌。

管下千戶伐乙愁說：「居於余下，來往巨陽城之日，交易唐人」。[27]「巨陽城」，即今遼寧開原古城，可知余下應位於方州以西，為方州通往開原的交通要道上。可見，西遷後的猛哥帖木兒與阿哈出並非同居一地，但距離很近，關係非常密切。

猛哥帖木兒所部西遷後，與明朝的關係進一步密切。早在猛哥帖木兒遷徙方州之前，明朝於永樂八年八月，命阿哈出的長子釋家奴為建州衛都指揮僉事，賜名李顯忠。此時阿哈出或已衰老，或許故去，釋家奴遂成為建州衛最高首領，執掌衛事。[28]永樂九年九月，明成祖准建州衛指揮僉事猛哥不花之奏請，任其為毛憐衛指揮使。[29]永樂十年，明成祖又准猛哥帖木兒之請，組建建州左衛。猛哥帖木兒為首任指揮使，獨掌建州左衛事。[30]

有關建州左衛設立時間，文獻記載不一。《明史》《萬曆會典》等記載於永樂十年。檢索《明實錄》，在永樂十一年十月仍載：「建州等衛都指揮李顯忠、指揮使猛哥帖木兒等來朝，貢馬及方物，特厚賚之」。[31]而「建州左衛指揮使猛哥帖木兒」見於《明實錄》是永樂十四年二月。[32]因此，關於對建州左衛設立的時間有二說：一是十年說；一是十四年說。筆者認為從左衛組建同毛憐衛的關係看，建州左衛應設於永樂十年。[33]這裡需要指出的是，不能因為《明實錄》沒有載錄，就因此否認建州左衛十年說。其實《明實錄》對東北邊疆民族遺漏記載甚多。建州左衛的組建，對建州女真的發展具有重大意義。從此，猛哥帖木兒執掌一衛，成為建州女真中最具聲望的首領。

---

[27] 《李朝世宗實錄》卷 52，世宗十三年五月丙戌。

[28] 據《明太宗實錄》卷 107，永樂八年八月乙卯條載：「升建州衛指揮使釋家奴為都指揮僉事，賜姓名李顯忠……釋家奴者，指揮阿哈出之子，皆以從征有功也。」

[29] 據《明太宗實錄》卷 119，永樂九年九月辛卯條載：「命建州衛指揮僉事猛哥不花等十八人為毛憐等衛指揮使、千百戶等官，賜之鈔幣，蓋從建州衛都指揮李顯忠所舉也。」

[30] 《明會典》卷 125，兵部，東北諸夷條，第 646 頁。

[31] 《明太宗實錄》卷 144，永樂十一年十月甲戌。

[32] 《明太宗實錄》卷 173，永樂十四年二月壬午條載：賜「建州左衛指揮猛哥帖木兒等宴。」

[33] 據《明會典》卷 125，兵部，東北諸夷條載：建州左衛「永樂十年置。」參見駕淵一：〈關於建州左衛設立年代〉，《歷史與地理》26 卷 6 號，1930 年 12 月。

斡朵里部居住的余下，地處輝發河上游與小清河之間，東接方州，西臨開原，氣候適宜，土地肥沃，適合農耕。它的西部、南部是遼東都司管轄的經濟較發達的地區。早在永樂四年，明朝就在開原開設馬市。居住余下的斡朵里女真人經常到開原進行馬市貿易。他們帶去人參、木耳、松子、蘑茹在馬市上與遼東漢人交換，換回內地所產的布匹、絲綢、米、鹽、鐵鍋、鐵鏵等生產與生活用品。在與漢族的交往中，深受遼東地區先進文化的薰陶與影響。與此同時，斡朵里部出現了用物品換取漢人為奴的現象。據《李朝實錄》記載，斡朵里千戶伐乙愁說：「曾居於余下，來往巨陽城（開原）之日，交易唐人也叱大，至今使喚」。又載：「也叱大言：元居巨陽城，父母皆歿，叔父率我賣與伐乙愁為奴」。[34] 斡朵里部使役的漢人不完全是交易所得，也有搶掠來的。《李朝實錄》記載，猛哥帖木兒曾擄掠，「原住開原城外五里之地」的漢人徐士英與其從兄張顯為奴。[35] 這些被買擄的漢人，供女真人使役，從事田間或家內勞動。還有的漢家女子被女真人納為妾。如猛哥帖木兒之弟凡察說：「我的使喚人口，雖係上國人民，既已作妾為奴」。[36]

二、留居阿木河的斡朵里女真

　　猛哥帖木兒率部西遷後，留居圖們江以南的斡朵里和兀良哈女真勢力大大的削弱，一時難於與李朝抗衡，不得不對李朝表示順服，李朝也注意對他們加以籠絡。

　　首先看一下留居阿木河的斡朵里女真。還在猛哥帖木兒準備西遷時，其弟沙介就明確表示不願意西遷。永樂九年（李朝太宗十一年 1411），東北面都巡

---

[34] 《李朝世宗實錄》卷 52，世宗十三年五月丙戌。
[35] 《李朝世宗實錄》卷 36，世宗九年四月甲戌。
[36] 《李朝世宗實錄》卷 92，世宗二十三年正月丙午。

問使給太宗國王的奏報中言及，猛哥帖木兒之弟沙介曾對李朝官員說：「猛哥往中國（指西遷方州），則吾當來附」，太宗國王閱後云：「果合吾言，此輩宜深撫之，若來附則俾納之」。[37] 沙介，又稱于沙哥、吾沙介、于沙哈，為猛哥帖木兒同母異父弟。斡朵里部未隨猛哥帖木兒西遷的首領，除沙介外，還有指揮李好心波、童多音波老、童于虛周、童所羅、童風只等。這些人大都未參加攻打慶源之役，不願遠離故土。時阿木河地區遭受饑饉，為了生存，他們只好向李朝求援接濟。《李朝實錄》載：

> 議政府上言曰：東北面都巡問使金承霔報：「吾都里、兀良哈、兀狄哈等近因饑饉，絡繹數來，每求鹽糧，欲與之則難繼，不與則必生邊釁，請糴米若干，以答求望之心。臣等得此，深欲殄滅，然未敢輕舉，若不聽所求，則患在不測，請從之」。上曰：「出米三十石，令鏡城兵馬使，每於野人往來，撙節均給」。[38]

由此可知，留居阿木河的女真，迫於饑饉，向李朝邊將請求援助鹽糧。邊將欲乘女真之危，「深欲殄滅」，以解心頭之恨，但怕重開邊釁，才不得不請求政府賑濟。而斡朵里等女真為了擺脫饑饉，很多首領不得不赴李朝王京獻土物，藉以緩和與李朝的矛盾。永樂九年十二月，「吾都里千戶崔于夫介、馬大愁等二人獻種馬」。[39] 是月「吾都里指揮童多音波老等九人來獻土物」。[40] 同月，「建州衛吾都里人來獻土物」。[41] 翌年三月，「建州衛指揮童于虛周及童所羅等來獻土物」。[42] 十一月，建州衛吾都里千戶童甫知、百戶多龍介等「來獻土宜」。[43] 李朝政府對女真所獻土物，作為回賞，給以鹽糧等物，以示籠絡。十二月，李朝

37　《李朝太宗實錄》卷 21，太宗十一年二月丙申。
38　《李朝太宗實錄》卷 21，太宗十一年六月癸卯。
39　《李朝太宗實錄》卷 22，太宗十一年十二月辛丑。
40　《李朝太宗實錄》卷 22，太宗十一年十二月己巳。
41　《李朝太宗實錄》卷 22，太宗十一年十二月戊寅。
42　《李朝太宗實錄》卷 23，太宗十一年三月癸巳。
43　《李朝太宗實錄》卷 24，太宗十二年十一月丁酉。

給建州衛指揮李好心波糧米。據《李朝實錄》載：「給吾都里指揮李好心波糧米。東北面都巡問使報，李好心波等十七人告狀：他人等皆入中原，予等十七家獨留，生理甚難，故也」。[44]永樂十二年三月，「吾都里指揮千戶、百戶並四人來獻土物」。[45]四月，「吾都里指揮童于虛周等及兀良哈千戶于夫老等還」。[46]這位童于虛周，《李朝實錄》屢次記載他赴朝鮮獻土物，恐怕是斡朵里部的重要首領。永樂十七年正月，「東良北吾都里李都兒赤等來獻土物」。[47]東良北即今朝鮮茂山，在阿木河之南。可見，居住這一地區的斡朵里人李都兒赤等，也沒隨猛哥帖木兒西遷。

由此可見，猛哥帖木兒率部西遷後，阿木河仍有數量眾多的斡朵里女真留在故地，他們為了生存不得不經常向李朝進獻土物，換回生活所需的鹽、糧等生活必需品。

圖們江以南慶源（今朝鮮慶興）附近的毛憐兀良哈女真並未遷徙，仍留居此地。永樂初年，明朝招服圖們江流域女真時，居慶源附近毛憐兀良哈女真率先歸服。永樂三年，明廷設毛憐衛。[48]毛憐衛首領把兒遜慘遭不幸後，明朝為加強圖們江以南毛憐兀良哈女真的管轄，於永樂九年「命建州衛指揮僉事猛哥不花等十八人為毛憐衛指揮、千百戶等官」[49]，所轄部眾仍是圖們江以南的兀良哈女真。《明實錄》載：

> 建州衛都指揮李顯忠及毛憐衛指揮使猛吾不花等率其部屬郎卜兒罕、箚不哈等來朝，命郎卜兒罕、箚不哈等為指揮、千戶等官，賜誥命冠帶襲衣鈔幣。[50]

---

[44] 《李朝太宗實錄》卷 24，太宗十二年十二月丙寅。

[45] 《李朝太宗實錄》卷 27，太宗十四年三月辛巳。

[46] 《李朝太宗實錄》卷 27，太宗十四年四月甲辰。

[47] 《李朝世宗實錄》卷 3，世宗元年正月庚戌。

[48] 據《明太宗實錄》卷 49，永樂三年十二月甲戌條載：「毛憐等處野人頭目把兒遜等六十四人來朝，命設毛憐衛以把兒遜等為指揮、千百戶等官，並賜誥印、冠帶、襲衣及鈔幣有差。」

[49] 《明太宗實錄》卷 119，永樂九年九月辛酉。

[50] 《明太宗實錄》卷 172，永樂十四年正月癸丑。

郎卜兒罕，就是常見於《李朝實錄》中的浪卜兒罕，他是圖們江毛憐兀良哈女真的酋長，這次以猛哥不花的部屬身份來明朝貢的。

　　猛哥帖木兒建州衛西遷方州以後，圖們江流域女真的勢力大為削弱，一時難與李朝抗衡，不得不向李朝表示恭順。不僅留居阿木河的斡朵里部女真人向李朝進土物，慶源附近的兀良哈女真也不時向李朝進貢土物。永樂九年二月，毛憐兀良哈女真來獻土物，[51]三月，「兀良哈童于虛出率子來朝」。[52]十一月，「兀良哈崔沙顏不花等三人來獻土物」。[53]十二月，「兀良哈甫乙看指揮、甫乙吾指揮遣人來朝」。[54]是月，「兀良哈指揮者容可等十四人來獻土物」。[55]永樂十年四月，「兀良哈豆叱加茂等二人來朝」。[56]永樂十一年十二月，「兀良哈千戶加乙多等四人來獻土物」。[57]永樂十二年二月，「兀良哈千戶馬大愁三人來獻土物」。[58]十三年正月，「兀良哈千戶等十四人來獻土物」。[59]永樂十六年正月，兀良哈九人「來獻土物」。[60]可見，兀良哈女真幾乎每年都到朝鮮王京獻土物，從朝鮮換回生活必需品，鹽、糧等。不僅如此，居波謝特灣附近的骨乙看兀狄哈，圖們江以北的兀狄哈女真也經常向朝鮮獻土物，因與本節關係不大，暫不在這裡討論。而李朝政府為滿足「小中華」的虛榮，對來朝的女真來者不拒。如前所述，斡朵里部李好心波多次來朝，太宗國王每次都「仍命厚待」。李朝這樣做，一方面可滿足「小中華」的虛榮，另一方面可借機控制女真諸部首領，伺機向女真地區拓展疆土。

51　《李朝太宗實錄》卷21，太宗十一年二月丁巳。
52　《李朝太宗實錄》卷21，太宗十一年三月壬申。
53　《李朝太宗實錄》卷22，太宗十一年十一月壬戌。
54　《李朝太宗實錄》卷22，太宗十一年十二月辛丑。
55　《李朝太宗實錄》卷22，太宗十一年十二月戊午。
56　《李朝太宗實錄》卷23，太宗十二年四月丙子。
57　《李朝太宗實錄》卷26，太宗十三年十二月丁巳。
58　《李朝太宗實錄》卷27，太宗十四年二月丁巳。
59　《李朝太宗實錄》卷29，太宗十五年正月壬子。
60　《李朝太宗實錄》卷35，太宗十八年正月辛未。

三、建州左衛回遷阿木河及與李朝的關係

　　猛哥帖木兒率部西遷後，仍與圖們江流域女真保持密切的聯繫，這是其率部回遷阿木河的重要原因。猛哥帖木兒西遷後，兀良哈毛憐衛仍居圖們江流域，而斡朵里部尚有一部分女真沒有南遷，這些女真與西遷方州的斡朵里女真保持著密切的聯繫。如永樂十五年（李朝太宗十七年 1417）九月，咸吉道都巡問使柳思訥在奏報中云：「猛哥帖木兒遣人欲率去鏡城接李大生等五人」來方州居住，被「據法禁止」。[61]即是明證。

　　猛哥帖木兒回遷阿木河的另一重要原因是明朝加強了對圖們江流域女真的經略。永樂年間，明朝在經略黑龍江流域開設奴兒干都司的同時，也加強了對圖們江流域女真的經略，即興建白頭山（長白山）寺。《李朝實錄》載：

> 姜淮仲報云：五月二十三日，鏡城出來總旗佟阿里答、童不花等二十名言內，內史張信齎陪聖旨，丙申十一月十四日到遼東，率軍馬一千五百名，正月十九日離發，三月二十九日到羅延，置木柵，造倉庫，輸入糧料後，擔來軍人，隨即還送。千戶石脫里，率軍人五百，農牛一百六十只，亦于羅延等地農作。張信又率兵馬一千，四月十七日離發，二十八日到南羅耳，斫材木。令日：「毋令近地接兀良哈及朝鮮人等驚動。」又欲以元朝時，松骨鷹子所獲處吉州阿看、吾甫伊、西之委等處地，沙所坐基趾看審為意，乃率南羅耳接千戶羅吾、阿多毛等二人指路而來事，傳通。然西之委等處，鏡城初面二、三日程途，不宜出送。且阿看等處民多居生，以在前松骨捉得事，未聞為對。[62]

61　《李朝太宗實錄》卷34，太宗十七年九月壬午。
62　《李朝太宗實錄》卷33，太宗十七年五月乙卯。

由此材料可知，明朝為建造長白山寺，永樂十四年十一月，派遣內官張信到遼東。他率軍馬一千五百餘名，於翌年正月十九日從遼東出發，頂嚴寒，冒風雪，三月二十九日抵達羅延（長白山之北）。在此「置木柵、造倉庫、輸入糧料」，建造長白山寺。張信此行，規模宏大，率軍士一千五百餘名。而從事後勤供應的隊伍就更為龐大。《李朝實錄》載：「自遼東至南羅耳，道路極險，糧料擔持軍一萬八千名，往返甚艱」。[63]

　　明朝為何投入這麼大的人力物力來建造長白山寺呢？這與明朝永樂十一年在黑龍江下游特林建造的永寧寺目的是一樣的。如《敕修奴兒干永寧寺碑記》所說：「擇地而建寺，化斯柔民，使之敬順」。鑑於長白山與女真及其先世的特殊關係，在長白山建寺便於明朝「化斯柔民，使之敬順」。女真及其先世對長白山的崇拜由來已久。據《魏書・勿吉傳》載：「勿吉國南有徒太山（長白山）……有虎、豹、羆、狼不害人。人不得山上溲汙，行經山者皆以物盛云」。這是女真先世對長白山崇拜最早記載。金代建國後，認為女真人建大金，歸功於長白山所賜之福。據《金史・禮志》載：「長白山在興王之地，禮合尊崇，議封爵，建廟宇」。大定十二年（1172）十二月，禮部等衙門，尊奉敕旨，封長白山興國靈應王，並在長白山建廟宇。將長白山同中原五嶽一樣進行祭禮。[64]至此，每年春秋二仲擇日致祭。金明昌四年（1193）十月，長白山復冊為開天宏聖帝。鑑於女真民族與長白山的這種特殊的關係，明朝於長白山建寺以此加強對這一地區女真的有效管理。就在張信率軍建長白山寺的同時，明廷設置遼東建州衛僧綱司，「命本土僧塔兒馬班為都綱」。[65]建州衛僧綱司的設置與張信等建長白

---

[63] 《李朝太宗實錄》卷39，太宗十七年五月乙卯。

[64] 據《長白江崗志略》所載〈冊文〉云：「惟年月日，皇帝若曰：自兩儀剖判，山嶽神秀，各鍾於其分野。國將興者，天實作之。對越神體，必以祀事。故肇基王跡。有若岐陽。望秩山稽虞典。厥惟長白，載我金德，仰止其高，實惟我舊邦之鎮。混同流光，源所從出。秩秩幽幽，有相之道。列聖蕃衍熾昌，迄于太祖，神武征應，無敵於天下，爰作神主。肆予沖人，紹休聖緒，四海之內，名山大川靡不咸秩。矧王業所因，瞻彼享麓，可服章爵號，非位於公侯之上，不足以稱焉。今遣某官某，持節備物，冊命茲山之神為興國靈應王，仍敕有司歲時奉祀，於戲。廟食之享，互萬億年。維金之禎，與山無極，豈不偉歟！」

[65] 據《明太宗實錄》卷184，永樂十五年正月己亥條載：「設遼東建州衛僧綱司命本土僧搭兒馬

山寺兩者有著必然的聯繫，張信等建造長白山寺的活動，必有建州等衛女真人的參與。而且依明朝的要求，「造寺後，以達達僧人及近處有善心僧人看直」。[66] 可見，長白山寺應隸屬於建州衛僧綱司。總之，明朝一直通過建州衛，當然也包括建州左衛來招撫管理圖們江流域各部女真，而永樂帝敕許猛哥帖木兒返回阿木河，毫無疑問含有明朝要借猛哥帖木兒威望加強對長白山及圖們江一帶女真諸部的管轄。

猛哥帖木兒率部東遷的直接原因，是蒙古諸部東向襲擾的壓力。明初以來，遼東地區深受北元─蒙古勢力影響。永樂年間，西部蒙古稱瓦剌，東部蒙古稱韃靼，這兩大勢力互爭雄長，並時時襲擾明邊境。為此，明成祖曾先後五次出塞，親征蒙古。永樂八年二月，成祖親征韃靼阿魯台，韃靼勢力大為削弱，瓦剌乘機向東擴展，成為明朝北邊的邊患。永樂十二年三月，成祖又率親征瓦剌，從此韃靼阿魯台勢力又死灰復燃。永樂十九年（李朝世宗三年 1421）十一月，在韃靼的慫恿下，「三衛（蒙古兀良哈三衛）達賊剽掠遼東，殺三堡人，都督巫凱等率兵逐之，又簽軍防禦」。[67] 十二月，據當時從遼東歸國的李朝使臣仇敬夫奏報：「韃靼兵四十萬，屯於瀋陽路，遼東城門晝不開，易換馬送北京，中路見虜四百餘匹」。[68]《明實錄》也有如下記載：

> 禮部尚書兼都察院事呂震劾總兵官都督朱榮，鎮守遼東不謹斥堠，致虜乘間犯邊，殺傷軍民，劫奪孳畜。榮及遼東都司官並廣寧備禦都指揮王真、周興等，俱合付法司治之。上命姑記其罪，令立功以贖。[69]

明遼東地區面臨著蒙古韃靼侵擾。為了擺脫韃靼部威脅，永樂二十年三月，成祖第三次親征阿魯台。這次親征，居住方州的猛哥帖木兒所部也奉命從征。三月二十一日，明成祖從北京出發，七月，率軍進抵殺胡原，阿魯台等丟棄牛馬，

班為都綱。」
66 《李朝太宗實錄》卷33，太宗十七年五月乙卯。
67 《李朝世宗實錄》卷14，世宗三年十一月辛巳。
68 《李朝世宗實錄》卷14，世宗三年十二月辛丑。
69 《明太宗實錄》卷245，永樂二十年正月壬午。

狼狽而逃。成祖繼續揮師東進，襲擊蒙古於屈裂兒河（今洮兒河上游支流歸勒里河）等地。九月八日，班師回京。[70]這次北征，蒙古諸部雖受到沉重的打擊，但並未徹底解除蒙古諸部對遼東威脅。是年五月，李朝朝貢使吳升等回國向世宗國王報告說：「達達佈滿遼東廣寧、山海衛等處，掠奪不已。以故晝則登山四望，夜乃潛行」。[71]遼東民眾為逃避蒙古兵亂，不得不流徙朝鮮避難。如有遼東人李生吉、朴仁吉等四十餘人逃至朝鮮江界「避達達之亂」。[72]又據《李朝實錄》記載，有位名文長的遼東人，「命妻攜所生男女到義州江邊」，「避達達之亂」。[73]遼東人率「男婦二十三人避達達之亂到昌城」。[74]

　　猛哥帖木兒曾隨成祖出征深知蒙古諸部不會善罷干休，還會捲土重來，而其所居距開原較近，必將遭受蒙古的報復。因此，他隨從明軍班師後，便向成祖奏請回遷朝鮮阿木河定居，得到允准。《李朝實錄》世宗五年（永樂二十一年1423）六月癸酉載：

> 建州左衛指揮童猛哥帖木兒移慶源府關白：前年十月，以大明助戰入歸，還來時皇帝聖旨，猛哥帖木兒所居在達達軍馬路邊，可於朝鮮地移居。[75]

「前年十月」永樂二十年（1422）十月，就是說，猛哥帖木兒是年十月，向永樂帝提出得到允准的。同書又載，猛哥帖木兒說：「吾等居中國，近於達達，皇帝以達達擾亂，許各還其所」。[76]猛哥帖木兒擔心所部受「達達擾亂」，並非庸人自擾。就在猛哥帖木兒提出回遷阿木河的兩個月後即永樂二十年閏十二月，蒙古諸部再次侵擾遼東，《李朝實錄》載：「通事任種義還自遼東言：達達侵掠遼東等處」。[77]說明猛哥帖木兒的擔心是有道理的。

---

[70] 和田清：《明初の蒙古經略》，《東亞史研究》蒙古篇，第68-75頁。
[71] 《李朝世宗實錄》卷16，世宗四年五月辛巳。
[72] 《李朝世宗實錄》卷16，世宗四年五月壬申。
[73] 《李朝世宗實錄》卷16，世宗四年五月壬午。
[74] 《李朝世宗實錄》卷16，世宗四年六月丁亥。
[75] 《李朝世宗實錄》卷20，世宗五年六月癸酉。
[76] 《李朝世宗實錄》卷20，世宗五年六月丙子。
[77] 《李朝世宗實錄》卷18，世宗四年十二月丁丑。

猛哥帖木兒率部回遷是經過周詳計畫，有組織地進行的。回遷分三批，首批兩百餘人，於永樂二十一年四月中旬抵達斡木河。據《李朝實錄》載：

> 咸吉道兵馬都節制使馳報：「今四月十四日，童猛哥帖木兒管下童家吾下等二十七名來告慶源府云：『我指揮蒙聖旨，許令復還阿木河地面以居。指揮先令我曹率男女二百餘名，牛一百餘頭，送還舊居耕農，仍使朝京，請穀種口糧，且移鏡城、慶源官文，我等帶來矣。猛哥帖木兒則隨後，率正軍一千名，婦人小兒共六千二百五十名，今四月晦時出來』。又開陽恒居女真楊木答兀，因自中之亂，未得安住，率婦人、小兒共三百餘名，欲居於古慶源，隨後出來。[78]

童家吾下率領男婦兩百餘人是這次回遷的先遣隊，他們攜帶關文，三月十五日從開原附近的居處出發。他們的任務是向李朝遞交文書，並請求李朝提供穀種口糧，解決衣食住的問題。先遣隊到達後，童家吾下將猛哥帖木兒的關文二道，遞交給李朝慶源當局。《李朝實錄》記載如下：

> 一件：本職於永樂二十年四月內赴京，根（跟）駕回到北京。九月內奉天門奏：「有達達常川往來，攪擾邊境，去處住坐不得」。奉欽：「依准他。著他自在好原久去處住坐，打圍牧放」。本職等於永樂二十一年三月十五日起程，前來阿木河等處。
>
> 一件：本職查勘得男婦大小六千五十名口，接濟口糧，得此具啟。[79]

關文的內容十分清楚，一是通報李朝，建州左衛回遷阿木河的原因是「達達常川往來，攪擾邊境，去處住坐不得」，經奏請皇上「依准」回阿木河「打圍牧放」；二是此次回遷「大小六千五十名口」，希望李朝能給予「接濟口糧」。

對此，慶源當局持消極態度，慶源府使接到關文後，認為：

---

78 《李朝世宗實錄》卷 20，世宗五年四月丁丑。
79 《李朝世宗實錄》卷 21，世宗五年八月辛亥。

童猛哥帖木兒曾受國家印信，厚蒙上恩，安住我境阿木河之地二十餘年。去庚寅（1410）背歸大明，改受大明印信，至今居住。今又背大明出來，向大明亦不忠。且未蒙國家之命，擅便來住，亦為不當。[80]

對猛哥帖木兒所部回遷阿木河，繼位不久的世宗國王認為，不能不予接納，下令議府兵曹云：

先令練事人送於阿木河，童猛哥帖木兒果若出來，以王旨諭曰：「汝等還來舊居，可喜。然近年咸吉道失民，國庫米豆，盡支於邊上賑濟，遺在數少，只將豆粟稷種共三十石，米二十石，以補不足，可遣人領受。彼若欲謝恩，請來於京，不過五、六人押來。[81]

世宗國王之所以對猛哥帖木兒所部如此態度，是因為阿木河本來就是斡朵里部的「舊居」，更何況，猛哥帖木兒這次重返「舊居」是得到永樂帝允准的。所以無論從遵從聖旨，還是從猛哥帖木兒部重返故地而言，都必須對猛哥帖木兒所部接納。

猛哥帖木兒親率第二批五百三十二戶，於同年六月二日抵達阿木河。他到達阿木河後，就移書慶源府云：

前年十月，以大明助戰，入歸還來時，皇帝聖旨：「猛哥帖木兒所居，在達達軍馬路邊，可於朝鮮地區移居」。且予無職少時，蒙太祖招安，支給農牛、農器、糧料、衣服，許於阿木河居住。故今六月初二日，率管下百姓五百二十三戶，還到阿木河，乞給糧資生。[82]

關文中再次重申，重返阿木河是皇上恩准的，且在李朝太祖時就定居此地，當

80　《李朝世宗實錄》卷20，世宗五年四月乙亥。
81　《李朝世宗實錄》卷20，世宗五年四月乙亥。
82　《李朝世宗實錄》卷20，世宗五年六月癸酉。

年太祖就曾支給耕牛、農器、糧食等，現在重返故居，希望李朝仍需「給糧資生」。反映出猛哥帖木兒不卑不亢的外交才能。

第三批是後續隊。由猛哥帖木兒之母也吾巨、同母異父弟吾沙哈、凡察率領五百餘戶，加上楊木答兀所部，於六月十九日到達斡木河。《李朝實錄》記載：「咸吉道都節制使報，童猛哥帖木兒母及弟于沙哈（亦稱吾沙哈）、凡察與女真千戶楊木答兀等，今六月十九日到阿木河」。[83]

猛哥帖木兒率部返回阿木河後，所部六千餘口缺穿少吃，生活上面臨著極大的困難。猛哥帖木兒深知要戰勝面臨的困境，只有取得李朝政府的支持。而李朝對返回阿木河居住的猛哥帖木兒所部不敢怠慢，欲借機籠絡。世宗國王在一次君臣議事會上，曾對群臣說：「童猛哥帖木兒請來見，太宗嘗教曰：『此人居吾境內，為吾藩籬，宜待之以厚』」。[84]所謂「為我藩籬」，即李朝想借助居住阿木河一帶的女真人，以阻擋兀狄哈女真人的南進，將斡朵里部女真作為李朝與兀狄哈女真中間的隔離地帶，以便有效地駕馭周邊的女真各部，進一步拓占女真的疆域。有鑒如此，李朝與猛哥帖木兒所部的關係一度出現較為和好的局面。

永樂二十一年（李朝世宗五年）七月，猛哥帖木兒派遣千戶也叱大等到李朝王京「謝賜穀種兼獻土物」，李朝回賜也叱大等「衣服、笠靴」等物。[85]是月，世宗國王令咸吉道監司：「童猛哥帖木兒乞口糧，其給予雜穀一百石，後若更請，以啟達煩數為辭，依常時彼人待接例，雜穀魚鹽布物，隨宜贈送，隨即具由馳報」。[86]不久，猛哥帖木兒派斡朵里千戶李都乙赤「來獻土宜」，李朝「回賜線布十匹，又賜衣服、笠靴」。[87]不僅如此，兀良哈、兀狄哈等部女真也赴李朝王京，致使李朝對女真的「薄來厚往」有些力不從心。《李朝實錄》載：「禮曹啟：咸吉、江原道，近年失農，驛路凋弊，兀良哈、兀狄哈等朝京往返未能支當，其弊莫甚。自今野人欲朝京者，令邊將毋輕上送，厚待送還。如有不得

---

83 《李朝世宗實錄》卷21，世宗五年七月己丑。
84 《李朝世宗實錄》卷45，世宗十一年九月丁卯。
85 《李朝世宗實錄》卷20，世宗五年七月辛巳。
86 《李朝世宗實錄》卷20，世宗五年七月丙戌。
87 《李朝世宗實錄》卷21，世宗五年七月辛卯。

已而朝京者，只送酋首，以除驛路之弊」。[88]這裡沒有提及斡朶里女真，看來李朝對斡朶里女真還是厚愛一層，未加以限制。但至翌年正月，李朝因女真紛赴王京，負擔過重，難以招架。世宗國王傳旨於咸吉道都節制使暨慶源、鏡城僉節制使說：

> 時方歲歉民饑，猛哥帖木兒、楊木答兀等管下人成群連續出來丐乞，應接為難，且恐作耗，命令邊民入堡整軍防戍。然更思之，鄰居兀良哈、吾都里、兀狄哈等不知其意，反生疑貳，或至驚動。當上項野人出來，或上京回還時，諭以邊民難支管下人求索自願入城，非有他意，諄諄開說，使之安心。[89]

世宗國王所云，道出李朝對女真連續請求口糧等「應接為難」的實情，但恐怕女真人不解，「反生疑貳」，故令地方官員對女真「諄諄開說，使之安心」。

猛哥帖木兒所部與李朝的和好關係一直持續到宣德八年（1432）。宣德元年（李朝世宗八年 1426）十一月，猛哥帖木兒遣其子權豆及其孫馬波等赴朝鮮進獻土物。[90]翌年正月返回阿木河時，受到世宗國王的接見，權豆等深表謝意，並對世宗國王說：「臣父（猛哥帖木兒）謂臣曰：我既老矣，汝當往朝，專心奉國。臣願留侍衛」。世宗國王當即表示：「予知汝父好意，且嘉爾言。然爾曾侍衛朝廷（明朝）者也，留此不可。雖不侍衛已知汝忠誠」。[91]並賜鞍馬衣二領、青綿、布綢各五匹。宣德四年九月，猛哥帖木兒曾向李朝表示親赴王京。世宗國王對群臣云：「此人居吾境內，為吾藩籬，宜待之以厚……今乃慕義求見，其心可尚，可不許其來乎？」[92]對猛哥帖木兒如王京持歡迎態度，不知何種原因未成行。

---

[88] 《李朝世宗實錄》卷 21，世宗五年九月壬寅。

[89] 《李朝世宗實錄》卷 23，世宗六年正月壬午。

[90] 據《李朝世宗實錄》卷 34，世宗八年十一月癸卯條載：「斡朶里指揮權豆及子千戶馬波等十一人來獻土物及馬。」

[91] 《李朝世宗實錄》卷 35，世宗九年正月丙申。

[92] 《李朝世宗實錄》卷 45，世宗十一年九月丁卯。

宣德六年正月，猛哥帖木兒再次遣權赴王京，請求做侍衛。大臣許稠卻認為「野人扈駕甚不可」。[93]結果被婉轉拒絕。權豆欲做李朝宮中侍衛未能如願，又提出代父猛哥帖木兒受職於李朝。據禮曹判書申商啟：

> 權豆曰：「太宗殿下授父猛哥帖木兒上將軍職，仍給鎮撫螺匠，使掌北鄙防禦之任。厥後太宗皇帝召為都指揮使，居中原，未幾乞還本土，來住朝鮮之境。洪熙、宣德兩皇帝，不復召用。吾父年老，予當承襲。且予生長朝鮮境內，骸骨已是朝鮮之物，請代吾父職事，當北鄙干城之任」。[94]

權豆代父受職是出於進一步拉進與李朝的關係，有利於女真的生存與發展。世宗國王並未允准，主要原因是權豆已為明廷授「斡朵里指揮」官職。在明朝看來，朝鮮與斡朵里官員皆為大明臣子，臣子間不允許私交。為此，世宗國王為回報權豆的仕朝之心，在其返回阿木河時，賜「鞍衣、笠靴、染綢七匹，染綿布三匹，賞進海青綿布五十匹，染細綢綿布各十匹」。權豆拜受叩頭說：「待小人如此其厚，雖百變吾身何以報之，若向殿下小有不忠之心，雖不拿來抵罪，天必誅之」。[95]並對他未能做侍衛深表遺憾，《李朝實錄》載：「權豆泣下曰：初欲侍衛而來，殿下不允，缺望實深」。[96]應當指出的是權豆此舉，其本意是向李朝示好，維持和好，建立貿易關係，並不意味中斷與明朝的隸屬關係。[97]

總之，從永樂二十一年（李朝世宗五年 1423）猛哥帖木兒返回朝鮮阿木河至宣德八年（李朝世宗十四年 1432），這十年間，是建州左衛與李朝的關係較為和好時期。

李朝與建州左衛的關係發生微妙變化始於李朝官員與女真官員關於座次問題。宣德七年十一月，猛哥帖木兒與明使同赴明京師，途中，遇見因「閭延

---

93 《李朝世宗實錄》卷51，世宗十三年正月己卯。
94 《李朝世宗實錄》卷51，世宗十三年正月癸未。
95 《李朝世宗實錄》卷51，世宗十三年正月壬辰。
96 《李朝世宗實錄》卷51，世宗十三年正月乙巳。
97 參見河內良弘：《明代女真史の研究》，第65頁。

事件」（詳見後文）被掠奪的朝鮮人，猛哥帖木兒派人將所掠朝鮮人截回，受明朝的嘉獎，猛哥帖木兒升為右都督，[98]右都督為明官品中正一品。[99]猛哥帖木兒晉升為右都督後，在明使到朝鮮接見李朝官員與猛哥帖木兒就座次問題發生了矛盾。這之前，女真官員與李朝官員同時受明使接見時，按慣例，李朝都節制使、都觀察使背朝北，向南而坐，女真官員東西分坐。可是，宣德八年三月，明使尹鳳到咸吉道視察，在接見猛哥帖木兒與李朝巡察使時，一反常例，猛哥帖木兒面向東而坐，李朝巡察使面向西壁而坐。對此，《李朝實錄》記載如下：

> 上（世宗國王）曰：「前此野人接待時，都觀察使、都節制使向南，野人雖都督、指揮皆分坐東西。近日尹鳳往咸吉道，童猛哥帖木兒來見鳳，令童猛哥帖木兒坐東壁，我國巡察使等坐西壁，巡察使等不坐乃出，鳳甚怒。予亦以為彼雖中國極品，亦野人也，故中國待童都督，位在我國陪臣之下，豈無意歟？」[100]

看來明使尹鳳是嚴格按著明朝官品排列座位的。猛哥帖木兒為右都督正一品，比李朝東北面都觀察使、都節制使品級高，所以座上坐。而一向以「小中華」自居的李朝官員覺得受到羞辱，居然拂袖而去。

---

[98] 據《明宣宗實錄》卷99，宣德八年二月戊戌條載：「升建州左衛土官都督僉事猛哥帖木兒為右都督，都指揮僉事凡察為都指揮使」。

[99] 據《明史》卷76，職官志五，五軍都督府條載：「中軍、左軍、右軍、前軍、後軍五都督府，每府左右都督，正一品。」

[100] 《李朝世宗實錄》卷59，世宗十五年三月癸酉。

CHAPTER 8

永樂、宣德、正統時期
中朝西段疆界的確立
及建州衛與李朝的關係

一、高麗、李朝向鴨綠江中上游拓展疆土及鴨綠江成為中朝界河

　　如前所述，中朝西北部疆界，在金朝時鴨綠江下游入海口南岸的保州已為高麗所屬，但鴨綠江中上游南岸仍為元朝管轄。具言之，高麗義州以西是以鴨綠江為界，義州以東的走勢是由義州至朔州（今朝鮮平安北道朔州），由朔州延至熙川（今朝鮮慈江道熙川），再由熙川延至甯遠、孟州（今朝鮮平安南道孟山）向東南與東段雙城總管府轄境相接。此線以北以東隸屬於元朝，以南以西屬高麗。元末明初，高麗王朝乘元末勢衰之機，向半島西北部鴨綠江中游極力拓展疆土。元至正十七年（恭愍王六年 1357），高麗派泥城萬戶金進等襲擊鴨綠江中游的女真居地林土、碧團，因當地女真人得不到元朝的支持而被高麗強行驅逐。高麗佔領林土後，「改林土為陰潼，以碧團隸焉，抄南界人戶以實之」。[1] 永樂元年（李朝太宗三年 1403）李朝於此設碧潼郡（今朝鮮平安北道碧潼）。[2] 至正二十一年（恭愍王十年 1361），高麗又強佔鴨綠江中游南岸一百三十里處的禿魯江，置萬戶，洪武二年（1369）改為江界（今朝鮮慈江道江界）萬戶府。江界萬戶府的建置沿革，據《大東地志》載：

> 本高句麗，渤海、女真代有其地。高麗恭愍王十年，始置禿魯江萬戶，十八年（洪武二年）改為江界萬戶府，隸北界，設鎮邊、鎮戎、鎮安、鎮寧四鎮，差上副千戶管之。本朝太祖三年（洪武二十七年）設置都兵馬使。太宗元年（永樂三年）以立石、等伊彥二地合之，稱石州。三年

---

[1] 《新增東國輿地勝覽》卷 55，平安道，江界都護府，碧潼郡，第 1007 頁；《大東地志》，平安道，碧潼條也載：「本女真所據林土、碧團之地，高麗恭愍王六年遣泥城萬戶金進等擊走之，改林土為陰潼，以碧團隸焉，抄南界人戶以實之。本朝太宗三年改碧潼郡。」

[2] 《新增東國輿地勝覽》卷 55，平安道，江界都護府，碧潼郡，第 1007 頁。

復為江界府，以兵馬使兼判府使，十二年改都護府。世宗二十四年（正
統七年）置都節制使營，二十八年罷之，三十二年復置。端宗元年又罷
之。世祖初年，革虞芮、慈城二郡，移其民於府。後置鎮，管渭原、楚
山、神光、平南、上土、楸坡、外叱怪、滿浦、高山里、柔遠、從浦、
代登、馬馬海里。今則渭原、楚山、滿浦、高山里、神光並為獨鎮。十
三年（成化四年），分置東西中三道節度使，以本府為左道，宵邊為中道，
昌州為右道。睿宗元年（成化五年）合三道為一。還營於宵邊府。[3]

與此同時，高麗又向距鴨綠江僅十幾里的「本高句麗，渤海時，契丹女真代有
之地」[4]的豆木里推進。建文四年（李朝太宗二年1402），以山羊會、都乙漢烽
火臺、等伊彥等地合之，復為理州（今朝鮮慈江道楚山），永樂十一年（李朝
太宗十三年1413），改理山郡。[5]

接著李朝又向鴨綠江上游拓展，先後設置四郡。永樂十四年（李朝太宗十
六年1416），李朝於江界府北設閭延郡。據《東國輿地勝覽》江界都護府，古蹟
條載：「東至茂昌多落仇非四十五里，南至慈城新路峴一百五里，西至虞芮下無
路北六十五里，北至鴨綠江四里，本咸吉道甲山府之閭延村。本朝太宗十六年，
以距郡懸遠，割小熏豆以西為閭延郡，屬本道。世宗十七年（1435），升為都護
府，乃置鎮為僉節制使。世祖元年（1456），空其地，移其民於龜城府」。[6]

宣德八年（李朝世宗十五年1433），李朝又設慈城郡。據《東國輿地勝覽》
江界都護府，古蹟條載：「北距上土堡一百二十里，本閭延府時番江之慈作里。
世宗六年（1424），以小甫里等八處居民聚保時番之獐項樹柵防戍。十四年
（1432），婆豬江野人殺掠人口而去，以其地與閭延、江界相隔，不及相救。
明年，就兩邑中慈作里築城置郡，改今名，為江界府所管。至世祖朝，空其地，
移其民於府」。[7]

3　《大東地志》，平安道，江界，建置條，第456頁。
4　《大東地志》，平安道，江界，建置條，第456頁。
5　《新增東國輿地勝覽》卷55，平安道，江界都護府，理山郡條，第1005頁。
6　《新增東國輿地勝覽》卷55，平安道，江界都護府，古蹟條，第1004頁。
7　《新增東國輿地勝覽》卷55，平安道，江界都護府，古蹟條，第1004頁。

正統七年（李朝世宗二十四年 1442）設茂昌郡。據《東國輿地勝覽》江
界都護府，古蹟條載：「東至咸鏡道甲山府磨尚味一百六十里，南至慈城郡竹
田峴八十八里，西至閭延府所溫梁一百三十三里，北至鴨綠江二里。本閭延府
上無路堡。世宗十八年（1436）置萬戶，二十二年以堡去閭延隔遠，聲援不及，
割閭延府出哈、孫梁、厚州、甫山等地民戶，置茂昌縣。二十四年升為郡。世
祖元年（1456），移其民於龜城府」。[8]

正統八年（李朝世宗二十五年 1443）設虞芮郡。據《東國輿地勝覽》江
界都護府古蹟條載：「東至閭延下無路三十里，南至慈城芿叱項五十里，西至
江一里，北至趙明干二十三里。本閭延府虞芮堡，初置萬戶。世宗二十五年
（1443），以堡距本府遙隔，割本府榆坡、趙明干、小虞芮及慈城郡泰日等地
民戶置郡，為江界府所管。世祖元年空其地，移其民於府」。[9]閭延、慈城、茂
昌、虞芮皆位於鴨綠江上游南岸，李朝於此設鎮後，又在這一地帶陸續修築許
多城堡，並遷入大量移民。至此，鴨綠江南岸均為李朝拓占，鴨綠江成為中朝
界河。應當指出的是，李朝在鴨綠江上游雖設置了閭延、慈城、茂昌、虞芮四
郡，但不久，如上引文所說「移其民」，「空其地」，即所謂「廢四郡」。直到李
朝中期對所謂四郡—鴨綠江上游尚未實行有效的管轄。[10]

二、建州衛移住婆豬江與閭延事件的真相

永樂二十二年（李朝世宗六年 1424）四月，居住方州的建州衛首領李滿
住為躲避蒙古韃靼的襲擊，率部遷往婆豬江（即佟家江）多回坪等處居住，隔
鴨綠江與朝鮮為鄰。據《李朝實錄》同年四月條載：

8　《新增東國輿地勝覽》卷 55，平安道，江界都護府，古蹟條，第 1004 頁。
9　《新增東國輿地勝覽》卷 55，平安道，江界都護府，古蹟條，第 1004 頁。
10　參見拙文〈元末明初朝鮮半島的女真族與明、朝鮮的關係〉，《史學集刊》，2001 年 3 期。

平安道兵馬都節制使，據江界兵馬節制使呈馳報：今四月十七日小甫里口子對望越邊兀良哈沈指揮率軍人十三名，將牛馬並十三頭匹來說：吾等在前於建州衛奉州古城內居住二十餘年，因韃靼軍去二月十七日入侵，都司李滿住率管下指揮沈時里哈、沈者羅老、盛舍歹、童所老、盛者羅大等一千餘戶到婆豬江居住。去癸卯（永樂二十一年）年蒙聖旨許於婆豬江多回坪等處居住。今因此到接，然無口糧種子鹽醬，切欲乞丐過活，其所持印信文字上送。[11]

由上引文可知，李滿住所部因避韃靼的突襲，於永樂二十一年得到明廷敕旨後才率所部一千餘戶，從方州遷徙婆豬江。

建州衛遷徙到婆豬江時正逢青黃不接季節。李滿住所部女真上千戶人口遷徙新地，既要建家園，又要生活生產，面臨的困境難以想像。為了解決糧食問題，李滿住派部下沈指揮到鴨綠江對岸小甫口子請求李朝邊將給予接濟。李朝邊將接到沈指揮「所持印信」後，奏報議政府六曹，得到的答覆是：「其酋長許越江，委曲饋餉」，如請求種子，則答曰：「此處無倉庫，守禦軍口糧受於深遠，各官以故種子未得許給，只於軍人所持糧餉，少少科斂助其行糧」。[12]沈指揮又請求貨物交換及「上京肅拜」，邊將答：「此防禦所，無所持物質，未得買賣」，[13]至於「上京肅拜」，邊將的答覆：「汝等既是中朝之民，無聖旨，不可私交」。[14]由此可見，建州衛明初接受明廷招撫，攜助明廷招撫李朝控制下的女真諸部，因此結怨於李朝。此時，建州衛雖奉聖旨遷徙到與朝鮮為鄰的婆豬江而居，李朝表面上不得不做出給予接待的姿態，實則欲對建州衛實施經濟封鎖，軍事圖謀，以解除建州女真對李朝邊境的威脅。

---

[11] 《李朝世宗實錄》卷 24，世宗六年四月辛未。
[12] 《李朝世宗實錄》卷 24，世宗六年四月壬申。
[13] 《李朝世宗實錄》卷 24，世宗六年四月壬申。
[14] 《李朝世宗實錄》卷 24，世宗六年四月壬申。

是年七月，建州衛指揮玉古只、千戶童觀音老等二十六人，攜帶牛馬來鴨綠江滿浦口子對岸的皇城平居住，向李朝請求糧食接濟。李朝令邊將「依前四月接待之例，乞糧則以斗升給之，」如女真人攜武器成群而來，「邊將固守不許入境，若入作賊，臨機應變」。[15]十一月，居住皇城平的建州女真童所吾、王都乙好、張三甫等五戶，「領妻子牛馬，造土宇於鴨綠江邊，為過冬之計，陸續來往，丐乞口糧鹽醬」，而且人數越聚越多，邊將只好「或斗或升，再三接濟，邊民亦以升合與之」。[16]對此，李朝邊將認為，「連續賑給勢難」，只好上報議政府六曹。議政府六曹以女真「係上國（明朝）建州衛人民，不可私通」為藉口，禁止江邊朝鮮邊民與女真人往來，並令邊將「勿令渡江，若強渡來，邊將勿許接待，不與酒食」。[17]如發現女真人渡鴨綠江掠奪財物，村屯保甲長可「隨奪還取，禁止侵漁」，並令江邊居民入堡，「清野以備之」。[18]

建州女真因不能及時得到接濟生活陷入困境。據《李朝實錄》世宗七年（洪熙元年 1425）正月載：「李滿住等百七十三名到江界，童甫答等二百六名到閭延，俱以衣糧為辭，留連不還」。[19]三月，居皇城平的建州衛人童所乙好、張三甫等又來滿浦口子，請求謁見節制使，被邊將拒絕。[20]鑒於建州女真接二連三來乞糧，李朝再次明確規定：今後女真雖有「印信文字，以無聖旨不可私通，據理開說，勿接待，禁買賣」。[21]這種「勿接待，禁買賣」的封鎖政策致使女真的生活陷入困境。宣德五年（李朝世宗十二年 1430）四月，李滿住給明朝的奏疏說：「欲與朝鮮市易，而朝鮮不納」，而宣宗帝敕諭則云：「若欲市易，聽於遼東境上，不爾禁也」。[22]但婆豬江距遼東路途較遠，來往不便，遠水解不了近渴。

---

15 《李朝世宗實錄》卷 25，世宗六年七月乙亥。

16 《李朝世宗實錄》卷 26，世宗六年十一月甲申。

17 《李朝世宗實錄》卷 26，世宗六年十一月甲申。

18 《李朝世宗實錄》卷 26，世宗六年十一月甲申。

19 《李朝世宗實錄》卷 27，世宗七年正月辛卯。

20 《李朝世宗實錄》卷 27，世宗七年三月丁亥。

21 《李朝世宗實錄》卷 29，世宗七年七月辛未。

22 據《明宣宗實錄》卷 65，宣德五年四月己卯條載：「建州衛都指揮李滿住等奏：欲於朝鮮市易，而朝鮮不納。上遣敕諭之曰：『朝鮮國王素守禮法，其事朝廷小心敬慎，不與外交於理為宜，

李朝對建州女真經濟上不僅不加以援助，還收納建州衛逃亡的奴婢，致使雙方關係緊張。時，女真社會大小首領皆有奴婢，從事農耕和家務，這些奴婢多為女真擄掠遼東漢民與朝鮮邊民。因不堪女真的壓迫，奴婢經常逃亡，很多奴婢逃入鄰近朝鮮。此事發端於建州衛人金夫介的奴婢粉伊。她是朝鮮鴨綠江邊閭延人，洪熙元年（世宗七年）六月，隨同其他人逃入閭延郡趙明干口子。為刷還奴婢粉伊，其主人金夫介及建州衛千戶沈于許老等四人，曾帶建州衛指揮沈者羅老的印信到閭延，要求刷還。而閭延地方官員認為「粉伊原係我國人，不可輕易給還，姑匿不許」。[23]九月，建州人下老、通事李都巨等又到閭延郡，刷還粉伊，並揚言：「如不還給，則待冰凍率軍來戰」。[24]而李朝官員態度更強硬，凡是女真擄掠為奴的「上國軍丁（指遼東漢人）」解送遼東，「本國人口仍令復業」[25]決不許女真刷還。李朝強硬態度助長了女真奴婢的逃亡，結果使女真人無使喚之人。住皇城平女真張三甫曾對李朝鎮撫使安有謙說：「我等奴婢，汝節制使解送京師，使我等不得存接，故已將家財小兒送婆豬江，吾以皮船五六隻，乘隙渡江剽掠江邊農民，可以償吾所亡」。[26]宣德三年（李朝世宗十年1428）二月，李滿住私屬奴婢十人逃入朝鮮江界，這些奴婢卻被安置到禮賓寺服役，李滿住得知，「意頗憤怨」。[27]更加深了對李朝的不滿。

　　建州衛遷徙婆豬江流域，隔鴨綠江與朝鮮為鄰，因缺乏糧食等生活物品，亟待希望朝鮮救援接濟，而對建州女真早存怨恨的李朝卻採取封鎖政策，還收納女真的逃亡奴婢，這對建州女真來說，無疑是雪上加霜，致使雙方關係緊張。不僅如此，李朝一直將建州衛視為鴨綠江邊境上的心腹大患，認為女真「人面獸心，生變難測」，令鴨綠江沿岸官兵分三番防禦，伺機圖謀解除女真對其的威脅。[28]宣德七年（李朝世宗十四年1432），發生的「閭延事件」恰好給李朝製造事端提供了藉口。

爾等既受朝廷爵命，亦當禁絕外交，毋縱下人侵越鄰境，若欲市易聽於遼東境上，不爾禁也。」

23　《李朝世宗實錄》卷 29，世宗七年七月丙申。

24　《李朝世宗實錄》卷 29，世宗七年九月己酉。

25　《李朝世宗實錄》卷 58，世宗十四年十二月丙午。

26　《李朝世宗實錄》卷 32，世宗八年七月壬辰。

27　《李朝世宗實錄》卷 39，世宗十年二月丁丑。

28　據《李朝世宗實錄》卷 33，世宗八年七月壬辰條載：「兵曹據平安道監司關啟：『彼既人面獸心，生變難測。江界道軍馬，若分六番，則三翼番上軍士，才九十餘名，恐未能應變，請分

宣德七年十二月，發生了女真四百餘騎突襲鴨綠江上游南岸閭延的事件。據平安道監司馳報：

> 野人四百餘騎突入閭延之境，剽掠人物。江界節制使朴礎率兵追之，還奪被擄人二十六口，馬三十四，牛五十只。我國人戰死者十三，中箭者二十五，日暮未得窮追。上怒甚⋯⋯遣上護軍洪師錫於江界、閭延審察接戰之狀。[29]

女真突襲閭延，李朝官兵戰死十三人，中箭受傷二十五人，這是李朝得到的最初報告。據翌年正月平安道的第二次報告：「被擄人七十五，戰亡人四十八」。[30] 前後所報數字出入很大，說明是突發事件，真實情況一時難以搞清。平安道監司的報告中對突襲者只稱「野人」，說明究竟是哪部女真，李朝尚不清楚。得此報告後，世宗國王大為震怒。因為在鴨綠江流域雖然發生過小股女真突襲事件，但女真一次四百人突襲事件尚屬首次，這不能不使李朝感到來自鴨綠江北岸女真人的威脅。依李朝君臣的主觀臆斷，突襲閭延必是李滿住建州衛人所為。[31]

其實，突襲閭延的女真並不是建州衛女真，而是忽剌溫女真。宣德七年十二月，李滿住管下建州衛千戶劉乙哈向李朝報告了閭延事件真相。據平安道都節制使奏報：

> 蒲州江（婆豬江）住李滿住管下兀良哈千戶劉乙哈等二人齎汝屯指揮文牒，率被虜男婦七名到閭延郡言：「滿住承聖旨，入深遠處捕土豹，空

三番防禦』。從之。」

[29] 《李朝世宗實錄》卷58，世宗十四年十二月甲午。

[30] 《李朝世宗實錄》卷59，世宗十五年正月癸亥。

[31] 據《李朝世宗實錄》卷59，世宗十五年正月癸亥條載：平安道監司啟：「閭延、江界戰亡被擄人七十五，戰亡人四十八。」召議政府六曹議曰：「前日卿等議云：『宜待洪師錫還，送人于李滿住。』予姑停之。今觀監司所啟推核文案，滿住所為無疑，雖不待師錫之還，遣人問之何如？」沈道源等議曰：「何待師錫還，然後決其可否？今觀鞫案，實為痛心，宜於此時發遣。」黃喜等議曰：「文案詳悉，師錫之言，必不過此。然其還當在近日，擇可遣人，待師錫還後，發遣為便。」從喜等議。」

家之時，忽剌溫兀狄哈領兵百餘兵到閭延、江界作亂，掠男婦六十四名
以還。滿住率六百餘兵，把截山谷要路，盡奪而留養之。宜遣人率還。[32]

據此可知，突襲閭延是忽剌溫女真，被掠的朝鮮邊民六十四人為李滿住率部截
獲，擬遣還朝鮮。就是說李滿住所部非但未突襲閭延，反而還為朝鮮奪回被擄
者。這一事實，還為明使張童兒與建州左衛首領猛哥帖木兒所證實。據《李朝
實錄》世宗十五年（宣德八年）正月壬戌條載：

> 童猛哥帖木兒從張天使赴京，忽遇忽剌溫兀狄哈寇閭延，掠人馬而歸。
> 猛哥帖木兒告天使，欲盡殺之。天使曰：「不可，若盡殺則朝廷使臣往
> 來奴兒干之時，不無含恨生變之虞。只令還其被擄人物可矣」。乃取男
> 婦六十四名還送。[33]

「張天使」即明使張童兒，以上所述情形與前引建州衛劉乙哈所述完全吻合。
    而李朝得知「閭延事變」後，一面派上護軍洪師錫前往閭延調查事件真相；一
面派金乙玄為奏聞使向明廷奏報。金乙玄於十二月到北京，在奏書中云：「野人入
我北境閭延口子，劫殺人口，盡奪家產，虜男婦六十四人以歸，使我無辜之民虔劉
不遣，其暴不可勝言，非我國之力不足以雪其恥也。只緣朝廷所撫綏者，不敢擅自
加兵耳」。[34]奏書字裡行間暗指突襲者是建州衛女真。翌年三月，金乙玄從明回國。
明朝給李朝的敕諭中也十分清楚地說明「閭延事件」的真相及明朝的態度：

> 敕曰：比聞本國後門被忽剌溫地面野人頭目木答兀、南不花、阿魯兀等
> 搶去頭匹，經過建州衛地方為都指揮僉事李滿住等奪下男女六十四名，
> 拘留在衛，不曾發回。已敕李滿住等奪下前頭人口，送回本國。已敕忽
> 剌溫地面野人頭目木答兀等，如搶去人口頭畜見在，亦皆送往。仍戒木

---

[32] 《李朝世宗實錄》卷58，世宗十四年十二月丙午。
[33] 《李朝世宗實錄》卷59，世宗十五年正月壬戌。
[34] 《李朝世宗實錄》卷59，世宗十五年三月丁卯。

答兀等自今務要敬順天道，恪遵朕命，各守方面，毋相侵犯。[35]

所謂「本國後門」，係指朝鮮鴨綠江邊閭延。可見，明廷敕諭內容應是依據前文所述的明使張童兒將其親眼所見上奏朝廷而成的，所以是對「閭延事件」最真實的描述。

以上所述可知，「閭延事件」的突襲者是忽剌溫女真頭目木答兀、南不花、阿魯兀等，並不是李滿住建州衛所為。然而，對建州衛心存怨恨的李朝仍認為，該事件是「（李）滿住所為無疑」，[36]將進攻的矛盾指向建州衛。在李朝看來，建州衛隔鴨綠江與其為鄰，時時威脅著邊境安全，是最危險的「門庭之寇」，此次建州衛「負德背恩，無故入侵，殺掠平民，窮凶極惡，罪不容誅。若不征討，後無悔悟，每年必有如此之事矣」。[37]

三、李朝兩次出兵建州衛與李滿住遷徙

如前所述，李朝決意出兵建州衛後，便積極籌畫出征方略。宣德八年（李朝世宗十五年 1433）正月，世宗國王與大臣商討方略時，吏曹判書許稠以軍糧、馬料缺乏，建州地方山川險阻為由加以勸阻，但世宗國王不改初衷。他說：「今舉大兵掃蕩無遺，非予本心，但賊來侵掠而去，我乃安受其辱，一不往問則彼必輕我，每來侵之。遣人於其處，審知賊黨舉兵往伐，雖不能取勝，猶足示威而警服賊心」。[38]於是，命平安道都節制使崔潤德、都鎮撫金孝誠、經歷崔致雲於四五月間出兵建州衛。

---

[35] 《李朝世宗實錄》卷59，世宗十五年三月乙亥。
[36] 《李朝世宗實錄》卷59，世宗十五年正月癸亥。
[37] 《李朝世宗實錄》卷59，世宗十五年正月癸酉。
[38] 《李朝世宗實錄》卷59，世宗十五年正月壬申。

二月，李朝派少尹朴朴好問、護軍朴原茂赴李滿住等女真居地，調查女真「種類多少與山川險阻，道路遐邇」。[39]朴好問等至李滿住居處，熱情好客的李滿住「欣然待之」。[40]至女真吒納奴等居處，也同樣受到接待。朴好問利用女真人純樸好客的心理，偵察建州附近「山川險夷、道路曲直、部落多少」。[41]李朝獲得上述情報後，「上（世宗）決意討之」。[42]為征建州女真，李朝調兵遣將，由平安道都節制使崔潤德為總指揮，發平安道馬步軍一萬人，黃海道軍馬五千人，會於江界。

是年四月二日，李朝在出兵前，派上護軍金乙玄攜奏赴明京師。其中聲稱：

> 今來婆豬江住野人等稔惡不悛，糾合同類野人四百餘騎，於各人面上墨畫刺形，例做忽剌溫野人貌樣，突入邊郡江界、閭延等處，殺害軍民男婦，劫掠人口、牛馬、財產。孤人之子，寡人之妻，其為酷害尤甚。不但輕蔑本國，乃敢為欺罔朝廷，詐稱忽剌溫地面野人等，搶去人口、頭匹，奪下拘留在衛。臣竊謂忽剌溫地面，與本國相去夐遠，本無釁嫌，乃緣婆豬江等處野人等，誘引前來，托為賊首，本非忽剌溫野人造意作耗。[43]

奏本中還稱：「事若倉卒，難以應變，著令邊將部領軍兵前去，從宜設策」相機處置。[44]

四月十日，李朝軍隊渡過鴨綠江分七路進兵建州衛。據總指揮平安道都節制使崔潤德遣朴好問馳啟云：

> 四月初十日，江界府一會分軍：中軍節制使李順蒙領兵二千五百十五向首賊李滿住寨裡；左軍節制使崔海山領兵二千七十向車余等處；右軍節制使李恪領兵一千七百七十向馬遷等處助戰；節制使李澄石領兵三千一

39　《李朝世宗實錄》卷59，世宗十五年二月甲午。
40　《李朝世宗實錄》卷59，世宗十五年三月甲戌。
41　《李朝世宗實錄》卷59，世宗十五年三月甲戌。
42　《李朝世宗實錄》卷59，世宗十五年三月甲戌。
43　《李朝世宗實錄》卷60，世宗十五年四月乙酉。
44　《李朝世宗實錄》卷60，世宗十五年四月乙酉。

十向兀剌等處;金孝誠領兵一千八百八十八向林哈剌父母寨裡;洪師錫領兵一千一百一十向八里水等處;臣(崔潤德)領兵二千五百九十九名,直趨正賊林哈剌等寨裡。[45]

建州衛女真在毫無思想準備的情況下,蒙受巨大損失。慘遭殺害者一百八十三人,被擄走兩百四十八人,牛馬被掠一百七十七頭。[46]後被掠的女真人也慘遭殺害。[47]李滿住受重傷,其妻子被殺。弘治二年(1490),李滿住之孫完者禿在追述宣德八年這段往事時說:「大國舉兵來圍,祖父自料身無所犯不避,身被九創,然後登山僅避,祖母則死於鋒刃」。[48]

五月十一日,世宗國王在慶會樓召開慶功宴,他對群臣云:「婆豬江之寇悉平,而我師萬全,予欲以捷告於宗廟」。[49]

李朝世宗國王在舉行慶功的同時,派遣戶曹參議權復赴明京師奏報出兵女真一事。奏文曰:

近者婆豬江住野人等,糾合同類,成群突入本國江界、閭延等處,殺害軍民,擄掠人口、牛馬、財產去訖。其後本賊等頻頻遣人,詐稱忽剌溫

---

[45] 《李朝世宗實錄》卷60,世宗十五年五月己未。

[46] 據《李朝世宗實錄》卷60,世宗十五年五月己未條載:「本月十九日,諸將潛師剿捕訖,今將生擒斬頭及奪取牛馬軍器數目,並軍士中箭致死人及中箭人馬數目,開坐以聞。臣生擒男女六十二名,殺死賊九十八名,角弓二十一,箭四百二十,環刀三,矢箭八,羅鞱三,弓袋三,槍刃二十八,小鼓一,馬二十五匹,牛二十七頭。本國軍士中箭死者四,中箭者二十,中箭馬十八匹,中箭死馬二匹。中軍節制使李順蒙,生擒男女五十六。(殺死之數不錄—原文注)。左軍節制使崔海山,生擒男子一,斬首三,角弓六,箭一百四,矢箭六,羅鞱二,環刀一。右軍節制使李恪,生擒男女十四,殺死賊四十三,馬十一匹,牛十七頭。助戰節制使李澄石,生擒壯男十八,壯女二十六,男女兒童各十二,射殺割耳五,甲二,角弓十五,矢箭七,環刀一,箭三百三十,槍二,馬二十五匹,牛三十三頭,鞍子三。助戰節制使金孝誠,生擒男女十六,殺死賊十三,中箭賊七,角弓二,箭十四,馬六匹,牛十二頭,中箭軍士二,中箭馬六匹,一匹即死。上護軍洪師錫,生擒男女三十一,殺死賊二十一,中箭賊二十八,角弓八,箭一百十二,環刀一,牛二十一頭,中箭軍士三,馬三匹。」

[47] 《李朝世宗實錄》卷60,世宗十五年五月壬申。

[48] 《燕山君日記》卷19,燕山君二年十一月甲辰,學習院東洋文化研究所,1958年。。

[49] 《李朝世宗實錄》卷60,世宗十五年五月癸亥。

野人等，欲要再來作賊，如此恐嚇，窺伺邊郡，賊計難測。於宣德八年
四月間，著令平安道都節制使崔閏德等部領軍士，哨探賊蹤，本賊等抗
拒對敵，力窮逃竄。今將捕獲賊徒數內，曾被本賊擄掠遼東、開元等處
住坐男婦共二十四名，到於中途病故二名，其餘廖蠻子等二十二名，就
差通事護軍宋成立，管押解送遼東都司交割外，臣竊詳先為此事，已令
陪臣金乙玄齎擎奏本赴京去後，今據上項事理，理宜奏達。[50]

可見，李朝的奏文避重就輕，向明廷隱瞞了事實真相。當遼東總兵官巫凱得知
此消息後，立即上奏說：「朝鮮國擅攻建州衛，請詰問之」。[51]而明宣宗卻說：「遠
夷爭競，是非未明，豈可偏聽，遽有行遣，宜待使還議之」，命巫凱「但謹邊
備而已」。[52]可見，明宣宗既沒有對李朝入犯明版圖建州衛的行徑給予譴責，也
沒有對一向忠於明朝的建州衛表示同情，反而認為是「遠夷爭競」，從旁觀者
的角度敕諭：「宜解怨釋仇，改過遷善，各還所掠，並守封疆，安其素分，庶
上天降康，福祿悠久」。[53]明廷的這種態度，反映出對女真政策上的某些變化，
這種變化與明朝政局變化有密切關係。宣德末年，大明帝國已開始走出繁榮，
各種矛盾已經顯現。尤其蒙古問題，再次對明朝北邊構成嚴重的威脅，此時，
明朝已無暇中朝國境地區李朝和女真的問題。

　　八月，明廷派指揮孟捏哥來、百戶崔真等前往朝鮮，調解雙方衝突，刷還
雙方被擄人員等。在明使的調解下，李朝送還捕獲的建州衛越沙羅甫下等。[54]建

50　《李朝世宗實錄》卷60，世宗十五年五月乙丑。
51　據《明宣宗實錄》卷103，宣德八年六月癸未條載：遼東總兵官都督巫凱奏：「朝鮮國擅政建州
　　衛，請詰問之」。先是朝鮮國王奏：「毛憐、建州之人詐為忽剌溫野人裝束凡四百餘騎，犯朝鮮
　　邊境，劫殺軍民」。建州、毛憐二衛亦奏：「忽剌溫野人頭目木答兀等掠朝鮮人口，遇朝廷所差
　　內官已追還之。」朝鮮謂實建州所為，故加以兵。上遣人齎敕諭：「朝鮮國王李裪及忽剌溫野人
　　頭目木答兀等：『建州、毛憐二衛官曰：『天之於物，必使各遂其生，帝王於人亦欲使各得其分』。
　　今爾等皆受朝命而乖爭侵犯為之不已，豈是享福之道。朕為天下主，所宜矜恤。敕至宜解怨釋
　　仇，改過遷善，各還所掠，並守封疆，安其素分，庶上天降康福祿悠久。至是凱復奏其事。上
　　曰：「遠夷爭競是非未明，豈可偏聽，遽有行遣宜待使還議之」。敕凱但謹邊備而已。
52　《明宣宗實錄》卷103，宣德八年六月癸未。
53　《明宣宗實錄》卷103，宣德八年六月癸未。
54　《李朝世宗實錄》卷61，世宗十五年八月己丑。

州衛也主動返回從忽剌溫女真截獲的人員[55]，雙方關係有所緩解。李滿住還主動向李朝提出「欲令子弟侍衛，」[56]以示友好。李滿住之所以在李朝剛剛出兵建州，部眾屍骨未寒，就提出派子弟到李朝王京作侍衛，完全是從當時建州衛的處境考慮。李朝出兵建州沒有得到明朝的應有保護，建州衛面臨生死存亡，如果委蛇於李朝，有可能生存下去。而李朝以「小中華」自居，認為建州女真「慕義投降，則聽從其言，是聖人包容之德也」。[57]這樣，建州衛又開始前往朝鮮「獻土宜」，[58]以便「討索鹽醬米糧等物」。[59]但是這種關係難以持久。從朝鮮方面而言，對女真一直心懷忌恨，對建州女真索糧僅是象徵性給予，仍實行經濟封鎖。李朝認為：「婆豬江野人托以乞糧而來，若許留則相續不絕，供億之弊不小，且譎計難測，陽為歸附，陰費糧餉，乞令給糧遣還。後有出來者，並不許留」。[60]對建州女真而言，以漁獵為生，正處於以掠奪為交往和積累財富的歷史階段，他們與比自己經濟發達的朝鮮為鄰，因糧食虧缺，為生活所迫，必然向朝鮮邊境地區掠奪糧食、人口。基於上述兩方面因素的不斷增長，鴨綠江畔的形勢再度惡化。

宣德十年（世宗十七年 1435）五月，李滿住管下千戶梁阿難、林帖木兒等到江界府對邊將云：「滿住有乘農月入寇之議」。[61]七月十六日，據平安道監司馳報：「野人二十餘名，今七月初十日質明越江，戰於小熏豆地面」。[62]世宗國王得報後，對大臣云：「年前征討後，皇帝特降敕諭，兩國交好不相侵伐，予欽奉敕諭，每野人到國待之如初，或賜米糧以資饑乏，彼乃不顧撫恤之恩，去春率兵來掠，今又如此開具犯邊」。[63]主張即刻奏達明廷。群臣極為贊同，並

---

[55] 《李朝世宗實錄》卷61，世宗十五年八月丙午。

[56] 據《李朝世宗實錄》卷61，世宗十五年八月丁酉條載：「李滿住及沈吒納奴等，欲令子弟侍衛，然未知野人之心，不可輕許，徐觀其勢以啟。」

[57] 《李朝世宗實錄》卷61，世宗十五年八月己卯。

[58] 《李朝世宗實錄》卷62，世宗十五年十二月庚午。

[59] 《李朝世宗實錄》卷69，世宗十七年九月己丑。

[60] 《李朝世宗實錄》卷70，世宗十七年十二月庚子。

[61] 《李朝世宗產錄》卷68，世宗十七年五月辛己。

[62] 《李朝世宗實錄》卷69，世宗十七年七月乙酉。

[63] 《李朝世宗實錄》卷69，世宗十七年七月乙酉。

建言：「義當奏聞。然奏聞內，除處置之辭，但具犯邊事由，脫有事變，雖興兵問罪，皇帝必將以為朝鮮再奏野人虜掠，不得已而為之耳」[64]。由此可見，上述君臣對話中已顯露出李朝再次出兵建州衛的殺機。

九月，李朝遣同知中樞院事李思儉為賀正使，並向明廷奏報建州女真「犯邊事由」。奏文曰：

> 宣德八年閏八月初十日，欽蒙敕諭節該：「特遣指揮僉事孟捏哥來、百戶崔貴敕諭王，並諭忽剌溫野人頭目木答兀、毛憐衛都督僉事撒滿答失里、建州衛都督僉衛李滿住等，令各將所搶去人口馬牛頭畜，盡行給還，王亦須以所得建州等衛人口頭畜等物還之。而自今各順天道，謹固邊備，輯和鄰境。」欽此。即令攸司挨刷所獲人口頭畜家財零碎等物，並行送回，續刷出邊遠居民收留馬匹，亦令發回去後。李滿住等連連使人討索鹽醬米糧等物，悉令給付，多方撫恤間，不期前項野人稔惡不悛，今年正月，誘引忽剌溫，結聚群黨，前來本國閭延地面圍城劫掠。又於七月初十日，成群潛入本郡城外屯種寨裡，殺害男女並三口；本月十八日本賊九十餘人到來殺死人三名，搶虜人口頭畜財產，去訖。如此連續作耗，繫於邊警，理宜奏達。[65]

明英宗接到李朝的奏文後，在回敕中說：

> 朝鮮國王李祹奏：「建州衛都指揮李滿住等稔惡不悛，屢誘忽剌溫野人擾害本國邊境，願行天討，以慰徯來之望」。上以敕覆之曰：「此小寇耳，不足煩師遠征，王宜自飭兵備以慴之」。[66]

敕諭中明確告戒李朝不要興師征討，宜「自飭兵備」而已。而翌年二月，從明

---

[64] 《李朝世宗實錄》卷69，世宗十七年七月乙酉。
[65] 《李朝世宗實錄》卷69，世宗十七年九月己丑。
[66] 《明英宗實錄》卷11，宣德十年十一月壬辰。

京師歸國的李朝正朝使李思儉所齎英宗帝的敕書全文為《李朝實錄》世宗十八年（正統元年 1436）二月十七日條所載。文曰：

> 正朝使李思儉齎奉敕書回自京師，上率王世子及文武群臣迎敕如儀。敕曰：「所奏建州衛都指揮使李滿住等稔惡不悛，屢誘忽剌溫野人前來本國邊境劫殺等事具悉。蓋此寇禽獸之性非可以德化者，須震之以威。敕至，王可嚴飭兵備，如其再犯，即剿滅之，庶幾還民獲安。[67]

比較兩種《實錄》記載內容明顯不同，《明實錄》所載敕書內容，望李朝保守疆土不必「煩師遠征」，「自飭兵備以儆之」；而《李朝實錄》所載內容則是女真「如其再犯，即剿滅之」，這意味著明廷同意李朝發兵建州。可見《李朝實錄》所載的敕書更符合李朝的需要，可依皇旨至明境內，入犯建州衛。

這年五月，又發生兀良哈女真襲擊朝鮮邊郡閭延等處的事件。平安道監司報：

> 兀良哈五百餘騎到閭延趙明干口子，搶虜男女十四名，馬四十一匹，牛三十四首，中箭七人，內死者一人。[68]

這一事件再次成為李朝進攻建州衛的藉口。

六月，李朝調遣李蕆為平安道都節制使，全權負責出兵建州事宜。[69]經過一年的準備，於翌年九月七日，李朝軍分三路出兵建州。據平安道監司馳報：

> 都節制使李蕆月初七日分軍三道：上護軍李樺領一千八百十八人向兀剌山南紅拖里；大護軍鄭德成領一千二百三人向兀剌山南阿間，皆自理山越江，李蕆與閭延節制使洪師錫、江界節制使李震領四千七百七十二人

67　《李朝世宗實錄》卷 71，世宗十八年二月癸丑。

68　《李朝世宗實錄》卷 72，世宗十八年五月戊子。

69　《李朝世宗實錄》卷 72，世宗十八年六月己未。

向甕村、吾自帖、吾彌尉等處。自江界越江。[70]

九月十一日，李朝軍隊攻入建州古音閑地「夾攻賊田莊，賊皆逃遁」。十二日，「過婆豬江搜索兀剌山城及阿間地面，賊皆逃遁，只斬一級，焚其廬舍及菽粟，即還涉婆豬江」。[71]十三日，攻入吾彌府，「圍其賊穴，賊已預知皆遁，遂焚其空舍二十四戶及所蓄菽粟」。[72]這次建州衛對李朝的進攻有所準備，事前轉移深山老林躲避，遇害者僅六十餘名。[73]正統三年二月，李滿住向明朝奏報李朝出兵建州之事。而明英宗在給李滿住的敕諭中說：

> 得奏，知朝鮮人馬無故殺戮爾農人，爾亦率眾往彼，必屯城仇殺。朕惟朝鮮國與爾接境，爾能睦鄰通好，彼豈殘害無辜。況角力爭強，甚非保境安民長策，爾繼今宜遵守法度，鈐束部屬，各守爾土，毋相侵犯，以稱朕一視同仁之意。[74]

明英宗在敕諭中雖認為李朝出兵建州是越境「無故殺戮」，但又言是雙方「角力爭強，甚非保境安民長策」，告誡建州衛「遵守法度」，「毋相侵犯」。可見，明廷對建州女真遭受李朝的侵害，沒能給以公平公正的說法。

建州衛李滿住面對明朝這種不辨是非的態度，為避開李朝再度突襲，決定向西北渾河上游移居。據《明實錄》正統三年（1438）六月條載：

> 建州衛掌衛事都指揮李滿住遣指揮趙歹因哈奏：「舊居婆豬江，屢被朝鮮國軍馬搶殺，不得安穩。今移住灶突山東渾河上，仍舊與朝廷效力，不敢有違……事下行在禮部、兵部議：渾河水草便利，不近邊城，可令居住。[75]

---

[70] 《李朝世宗實錄》卷78，世宗十九年九月辛丑。
[71] 《李朝世宗實錄》卷78，世宗十八年九月己酉。
[72] 《李朝世宗實錄》卷78，世宗十八年九月己酉。
[73] 《李朝世宗實錄》卷78，世宗十八年九月己酉。
[74] 《明英宗實錄》卷39，正統三年二月戊寅。
[75] 《明英宗實錄》卷43，正統三年六月戊辰。

由上可知建州衛的遷徙，是得到明廷允准的。「灶突山」即興京老城以東的煙筒山，流經此山北麓的渾河，今稱蘇子河。[76]時渾河上游一帶，「其地多虜豹，屢害牛馬，不能安業」，新遷來的建州女真面臨的困難是難以想像的。但這裡離遼東較近，李滿住「其管下人或持土物往來開原買賣覓糧，或往遼東取保寄住，或買糧米鹽醬，如此者絡繹不絕」。[77]建州衛西遷渾河流域後，加強了與遼東地區的往來。渾河流域後成為建州女真崛起的基地。

---

76 園田一龜：《建州女直史研究》，第 111 頁。
[77] 《李朝世宗實錄》卷 82，世宗二十年八月庚申。

CHAPTER 9

宣德、正統時期李朝拓疆置鎮
與中朝東段疆界的確立

一、猛哥帖木兒為明朝招撫叛軍及其遇難

如前所述，永樂二十一年六月，猛哥帖木兒率部返回阿木河。與此同時，內遷開原的女真千戶楊木答兀率部起事，也叛逃圖們江一帶。據咸吉道都節制使報：

> 童猛哥帖木兒母及弟于沙哈、凡察與女真千戶楊木答兀等今六月十九日到阿木河。[1]

又據《李朝實錄》載：

> 遼東開陽衛女真千戶楊木答兀，連家小、軍丁、男婦共五百餘名，亦於本年六月十九日到來，與猛哥帖木兒一處住坐。[2]

開陽為開原。開陽衛，為明初在開原城內設的三萬衛。《遼東志》卷二，建置志・城池條載：「開原城，洪武二十二年設三萬衛」。《明實錄》正統八年三月條載：「永樂間，開原城設立安樂、自在二州，每州額除官吏四名，專令撫安三萬、遼海二衛歸降達官人等」。[3]所謂「歸降達官人等」，係指明初內遷到遼東開原的女真首領。當時內遷開原的女真人，皆編入三萬衛和遼海衛，成為明遼東衛所的官軍。女真千戶楊木答兀就編在三萬衛內。

---

[1] 《李朝世宗實錄》卷 21，世宗五年七月乙丑。
[2] 《李朝世宗實錄》卷 21，世宗五年八月辛亥。
[3] 《明英宗實錄》卷 102，正統八年二月甲戌。

楊木答兀原屬女真何部？何時內遷？據《華夷譯語》女真譯語中肅慎館來文載：「女真野人楊木答兀謹奏：『奴婢都是毛憐衛人，在邊境外看守地方，報事殺賊，不曾有違，出力氣多年了，可憐見奴婢小功，討升百戶職事，奏得聖皇帝知道』」。由此可知，楊木答兀是毛憐衛人，該衛設於永樂三年十二月。[4]楊木答兀內遷的時間應為毛憐衛設立後。另外，他從一內遷開原的「降夷」，升為百戶，至宣德時晉升為千戶，需要一段時間。所以《李朝實錄》稱他為「開陽恒居女真楊木答兀」。[5]

楊木答兀為明初內遷開原女真頭領中較有實力、有威望者。《李朝實錄》稱其「驍勇無比」。[6]明朝稱他「歸順朝廷，久效勞勳」。[7]他曾因朝廷信任，被委以三萬衛千戶官職，率部守遼東靖安堡。明初在開原設慶雲、古城、鎮夷、清陽、鎮北、威遠、靖安、松山等八堡。據《遼東志》卷三，兵食條載：「靖安堡官軍三百五十一員，於楊木答兀屯屯兵」。靖安堡為從慶雲到松山之間八堡中的第七堡，位於開原東南四十里左右。在遼東，除楊木答兀屯外，還未見以個人名字命名的屯堡，從中反映出楊木答兀當時的聲望。那麼，楊木答兀何以率軍叛逃？據《明實錄》永樂二十二年八月條載：

遼東都指揮僉事王雄，以激變虜人楊木答兀逃逸，降登州衛指揮僉事。[8]

《李朝實錄》世宗七年（洪熙元年 1425）六月庚申條，引永樂帝敕諭云：

皇帝敕諭千戶楊木答兀等，爾等本朝廷恩養之人，輸誠效力有勞於國亦非一日。前者因都指揮王雄不能扶綏，生事虐害，致爾驚恐，挈家逃竄。[9]

4　《明太宗實錄》卷 39，永樂三年十二月甲戌。
5　《李朝世宗實錄》卷 20，世宗五年四月乙亥。
6　《李朝世宗實錄》卷 21，世宗五年八月己酉。
7　《明仁宗實錄》卷 7，洪熙元年二月辛丑。
8　《明仁宗實錄》卷 1，永樂二十二年八月乙未。
9　《李朝世宗實錄》卷 28，世宗七年六月庚申。

可見，因遼東都指揮僉事王雄「不能撫綏，生事虐害」，致使楊木答兀率兵反叛，逃至圖們江流域阿木河。

楊木答兀所部雖與猛哥帖木所部同時來到阿木河，但猛哥帖木兒所部是朝廷允准遷徙的，而楊木答兀所部是叛逃來的，兩者是有本質區別的。他們何以同行？如前所述，楊木答兀原屬毛憐衛，與猛哥帖木兒所部同時遷徙圖們江上游以南居住。楊木答兀所部叛軍隨同猛哥帖木兒所部同來，希求得到關照與保護，也是在情理之中。但猛哥帖木兒萬萬沒料到，楊木答兀的到來，卻埋下了自己遇難的隱患。

李朝對猛哥帖木兒與楊木答兀同時到來的態度也是有區別的。對猛哥帖木兒重返阿木河，因持朝廷敕諭，表示「汝等還來舊居可喜」。[10]而對楊木答兀所部的態度，則認為，他原「是中國居住人，不可許接於境內」，[11]楊木答兀「人面獸心，驍勇無比，一有激怒，制之甚難。況我國饑饉相仍，倉庫虛竭，脫有不虞，將何以哉」？[12]持不歡迎態度。

楊木答兀到達斡木河後，李朝即刻商議對策，隨後派判司譯事崔雲為奏聞使，前往明朝奏報。時，明成祖正在征討蒙古韃靼途中，於軍營行在接見崔雲，得閱李朝的奏報，下敕諭云：

> 往者楊木答兀違逆天道，屢曾逃竄，朕體天地好生之心，特加寬宥，仍復任用，無有疑忌。不意其冥頑無知，負德幸恩。近又挈家逃竄且又用言哄嚇良善，將歸順朝廷好人，一概迫脅前去。既而又聞其詐傳朕命，來於王邊居住，索糧接濟。若此所為，豈罪可容。茲特以敕諭王，王即遣人前去，諭以朕意，如果楊木答兀能敬順天道，改悔前非，輸誠來歸，朕悉宥其罪，仍復任用，令其與妻子團樂於本地方居住自在快活，享有富貴於悠久。如是執迷不改，王即擒拿來獻……王切不可循情容匿，以負納逋逃之咎。故茲敕諭，宜體至懷。[13]

---

[10] 《李朝世宗實錄》卷 20，世宗五年四月乙亥。

[11] 《李朝世宗實錄》卷 20，世宗五年四月乙亥。

[12] 《李朝世宗實錄》卷 21，世宗五年八月庚戌。

[13] 《李朝世宗實錄》卷 23，世宗六年正月甲午。

明朝的態度很明確，要求李朝對楊木答兀所部，「不可循情容匿」，即刻「擒拿來獻」。李朝得到明成祖的敕諭後，即刻派咸吉道敬差官柳季聞、大護軍池含前往阿木河傳達明成祖的敕諭。不巧，楊木答兀去距阿木河「四舍程常家等處」[14]尋找糧食。猛哥帖木兒率兵兩百餘人迎接李朝敬差官，並再三表示：「楊木答兀背皇帝到此，予亦心不寧，來到予當開說」。[15]表明猛哥帖木對楊木答兀叛逃所持的態度。

與此同時，明朝也派使臣前往朝鮮招撫楊木答兀所部。永樂二十二年初，明廷派欽差指揮王紀前往阿木河招撫楊木答兀。《李朝實錄》載：「楊木答兀等本人驚怕，未曾相見。有猛哥帖木兒著人四散根尋，不知去向。指揮王紀未曾得見回京」。[16]六月，明朝又派指揮金聲率一百五十餘人到斡木河再次招撫楊木答兀。金聲持敕諭兩道：一道給楊木答兀本人，一道給建州左衛猛哥帖木兒等人。[17]給楊木答兀的敕諭，重申明朝對楊木答兀的招撫政策；給猛哥帖木兒的敕諭是希望他積極配合朝廷做楊木答兀的招撫工作，充分說明朝廷對猛哥帖木兒的信任。金聲在猛哥帖木兒的積極配合下，對楊木答兀的招撫初見成效。不久，猛哥帖木兒等隨金聲入明朝聽命。《明實錄》載：「東甯衛指揮使金聲、建州左衛指揮使猛哥帖木兒來朝貢馬，賜采幣表里有差」。[18]

永樂二十二年七月明成祖病故，太子朱高熾繼位，年號洪熙。洪熙元年（1425），明朝再次派金聲招諭楊木答兀。[19]十月，猛哥帖木兒「率弟凡察、管下四十餘人及楊木答兀弟馬言彼（即楊滿皮）等五人赴中朝（明朝），楊木答兀不朝」。[20]當猛哥帖木兒等抵京時，洪熙帝已逝世，宣宗朱瞻基已繼位。宣宗帝對楊木答兀繼續招撫。為鼓勵叛逃者入朝，明廷特授楊木答兀之弟楊滿皮為正千

---

[14] 《李朝世宗實錄》卷 23，世宗六年二月丁卯。
[15] 《李朝世宗實錄》卷 23，世宗六年二月丁卯。
[16] 《李朝世宗實錄》卷 24，世宗六年四月己酉。
[17] 《李朝世宗實錄》卷 24，世宗六年六月癸亥。
[18] 《明仁宗實錄》卷 5，永樂二十二年十二月甲子。
[19] 《李朝世宗實錄》卷 28，世宗七年六月庚申。
[20] 《李朝世宗實錄》卷 28，世宗七年十月戊辰。

戶。[21]又據朝鮮咸吉道都節制使馳報:「楊彎皮奔告於會寧都節制使李澄玉曰:
『昔與童猛哥帖木兒居斡木河,指揮金聲奉使招安,吾兄不歸順,予獨入朝,受
千戶職,仍奉敕書而還,諭兄同入朝』」。[22]可見,楊木答兀「不歸順」,其弟楊滿
皮「獨入朝」,表明楊木答兀叛逃軍中已出現分化。楊滿皮同猛哥帖木兒回阿木
河後,仍繼續招撫楊木答兀。據《李朝實錄》世宗八年(宣德元年)七月條載:

> 咸吉道都節制使河敬復馳啟:「今六月十七日,女真千戶楊木答兀弟楊
> 滿皮使千戶于乙於、百戶兀良哈多陽哈等來說:『我奉聖旨推刷親兄楊
> 木答兀率來人物,今到斡木河,然親兄率來人五十餘名皆逃在貴國地
> 面,幸即送還』」。[23]

楊滿皮送還上述「五十餘名」叛逃官軍後,前往招撫親兄楊木答兀卻被脅持到
具州兀狄哈女真處。據楊滿皮自稱:「諭兄同入朝,中路被虜於具州兀狄哈阿
多吾居管下,予又請兄入朝,兄不從,予強之,兄乃潛請兀狄哈等欲殺予,予
率妻孥管下並竊兄馬十四匹而逃」。[24]可見,當時楊木答兀已脫離居住在阿木河
部眾,投奔具州兀狄哈阿多吾居處,失去部眾「已為獨夫」。[25]

在整個招撫楊木答兀過程中,猛哥帖木兒始終積極配合明廷工作。據《李
朝實錄》世宗十二年(宣德五年)四月條載:

> 咸吉道都節制使報:童猛哥帖木兒使人謂曰:帝下詔於我,令刷還楊木
> 答兀所擄中國人物,我欲刷送,但道經兀狄哈部落恐被掠不能達也。曾
> 赴貴國者已皆遣還,今欲刷送貴國,護送上國。[26]

---

21 《李朝世宗實錄》卷33,世宗八年七月癸卯。
22 《李朝世宗實錄》卷69,世宗十七年八月辛亥。
23 《李朝世宗實錄》卷33,世宗八年七月癸卯。
24 《李朝世宗實錄》卷69,世宗十七年八月辛亥。
25 《李朝世宗實錄》卷37,世宗九年九月己酉。
26 《李朝世宗實錄》卷48,世宗十二年四月辛巳。

猛哥帖木兒為避開兀狄哈部落的截掠，企圖將楊木答兀「所擄中國人物」送往朝鮮，再經朝鮮護送回明朝。猛哥帖木兒忠明之心可見一斑。宣德七年（李朝世宗十四年1432），猛哥帖木兒等隨明使張童兒帶著「刷出楊木答兀擄掠人口一百三十名」回京。明宣宗為表彰其功晉升「猛哥帖木兒為都督，凡察為都司」，並下諭旨：「楊木答兀所虜人口，雖三歲小兒無遺刷來，猛哥帖木兒等乘旨回還」[27]。《明實錄》也載：「升建州左衛土官都督僉事猛哥帖木兒為右都督，都指揮僉事凡察為都指揮使」，[28]「敕建州左衛掌衛事右都督猛哥帖木兒、都指揮使凡察等令以初隨楊木答兀漫散官軍悉送京師」。[29]猛哥帖木兒奉明廷敕諭回阿木河。

宣德八年八月，明朝為儘快招撫楊木答兀等逃軍，又派遼東指揮裴俊率軍一百六十一人前往阿木河。裴俊所持明宣宗給猛哥帖木兒等的敕諭云：

> 建州左衛掌衛右都督猛哥帖木及男阿谷（即童權豆）並大小頭目人等，比先楊木答兀一起漫散出去軍官，已陸續招還復業。近聞高早化等六十九家，見在爾處地方居住。茲遣指揮同知裴俊、千戶趙鎖古老、百戶王茂齋敕諭前來，招其回還。敕諭至日，爾等即令高早化等六十九家，盡數收拾，同指揮阿谷、裴俊等送回原衛所，安生樂業。尤見爾報效朝廷之誠心，爾等其欽承朕命毋怠。故諭。[30]

阿豆，即猛哥帖木兒長子權豆。敕諭中所說的，叛逃官軍「已陸續招還復業」，說明明朝的招撫工作，在猛哥帖木兒等的積極配合下已取得明顯成效。唯有高早化等六十九家還逃匿在斡木河。裴俊此次的任務就是「招其回還」。

裴俊一行這年六月十九日從開原出發，八月二十七日到阿木河。因阿木河地方「草枯馬瘦」，於閏八月十四日，決定「移營於人家附近田地處下營」。[31]第

---

27 《李朝世宗實錄》卷61，世宗十五年八月壬申。
28 《明宣宗實錄》卷99，宣德八年二月戊戌。
29 《明宣宗實錄》卷99。宣德八年二月戊申。
30 《李朝世宗實錄》卷61，世宗十五年閏八月戊午。
31 《李朝世宗實錄》卷62，世宗十五年十一月乙巳。

二天，裴俊等「駄載賞物、衣服等件到於中途」，突然遭遇楊木答兀勾引來兀狄哈女真三百餘人的襲擊。雙方激戰時，猛哥帖木兒等率部前來救援，楊木答兀及兀狄哈女真這才退卻。[32]

十月十九日，楊木答兀又糾合兀狄哈女真八百餘人，突襲猛哥帖木兒居地阿木河。據明欽差指揮裴俊奏報：

> 楊木答兀糾合各處野人約有八百餘名人馬，各披明甲到來，猛哥帖木兒、凡察、阿谷、歹都等家，並當職（裴俊）營寨，圍繞房屋，放火燒毀。困至申時，見得阿谷大門燒毀，及攻開牆垣，賊人入內，將猛哥帖木兒、阿谷等男子俱被死殺，婦女盡行搶去。酉時分，本職將領官軍，奮力殺出，舍人王贇等殺死，本職同高忽沙忽等被傷，衣服、鑼鍋、米糧俱被搶去。[33]

因為是突襲，猛哥帖木兒、阿谷等毫無防備下殉難，凡察、裴俊倖免於難。這次事件史稱「斡木河事變」。[34]猛哥帖木兒父子殉難，使建州左衛遭受沉重打擊，李朝乘機在圖們江上游拓疆置鎮。

---

[32] 據《李朝世宗實錄》卷 62，世宗十五年十一月乙巳條載：「十五日卯時，分駄載賞賜衣服等件，到於中途，忽被楊木答兀同古州野人阿答兀等，約有三百餘人馬，前來搶殺。當與對敵間，都指揮凡察、指揮阿穀等八名協同對敵，殺死野人阿答兀等二名，陣亡旗軍七名，被傷都指揮凡察、指揮阿穀、官軍四名。將駄載賞賜等件馬二十八匹搶去，都督猛哥帖木兒等收拾人馬，仍與當職官軍，追至河北對敵。」

[33] 《李朝世宗實錄》卷 62，世宗十五年十一月乙巳；據《明宣宗實錄》卷 110，宣德九年四月庚申條載：「建州左衛都督僉事凡察奏：『去年野人木答忽、木冬哥、哈當加等糾合七姓野人寇掠，殺死都督猛哥帖木兒及其子阿古等，盡取其財，請發兵問罪。』」

[34] 參見董萬崙：《清肇祖傳》，第 169-171 頁。

二、李朝拓疆置鎮與中朝疆界北移

　　猛哥帖木兒父子遇難，在李朝看來是拓疆置鎮的天賜良機。就在猛哥帖木兒遇難的二個月後，宣德八年十一月，李朝世宗國王急召群臣商議拓疆置鎮事宜。他對群臣云：

> 今童猛哥帖木兒父子俱亡，凡察率其眾欲來居境內，議諸大臣僉曰：「不可輕許，其論至矣」。然每思之斡木河，本是我國境內，倘或凡察等移居他處，又有強敵來居，斡木河非但失我國之境，又生一強敵也。予欲乘其虛，移寧北鎮於斡木河，移慶源府於蘇多老，以復舊疆，以繼祖宗之志何如？且太祖置慶源於孔州，太宗置慶源於蘇多老，其後韓興寶戰死，郭承佑中箭而敗，太宗猶不忍棄之，設木柵於富居站，屯兵守之，是祖宗以斡木河為界之心未嘗忘於懷也。予欲移排者，非好大喜功，如祖宗設藩籬為子孫者從而補之耳。始置兩鎮開拓舊境，是祖宗已成之規，夫豈予之功哉！予意以為童猛哥帖木兒父子一時而亡，若天亡之也。今其時如此，其可失之乎？況豆滿江回抱我疆，而天作之險乎？甚合古人大江為池之意，予意已定，卿等熟議以啟。[35]

世宗所說「斡木河本是我國（朝鮮）之境」顯然是歪曲歷史事實的。如前所述，阿木河從來都未隸屬過朝鮮，這是不可爭的事實。世宗國王這麼說，是欲乘猛哥帖木兒之死，實現其以圖們江為界既定國策的一種藉口而已。朝臣們對世宗所言一拍即合。都體察使河敬復、副使沈道源說：「時不可失」，應即刻派人「審

---

[35] 《李朝世宗實錄》卷62，世宗十五年十一月戊戌。

知斡木河形勢，同議啟達」。[36]大臣權軫、黃喜也認為：「上教至當。臣等亦謂乘虛置鎮，惟其時矣」。[37]大臣孟思誠更是引經據典附和說：「詩云：『昔召公日闢國百里』，此乃傷今思古，憤激而言也。惟我璿源，世居孔州，今也鞠為茂草，為野人所據，何歟？昔慶源之敗，以（韓）興寶之非，其人故也。若有將略者居之，何敗之有？今其時如此，正是辟國之秋也」。[38]可見，拓疆置鎮是李朝君臣既定的國策，而猛哥帖木兒父子為明廷殉職，恰好給李朝拓疆置鎮提供了絕好的機會。

李朝在圖們江流域推進，拓疆置鎮首選目標是在阿木河設會寧鎮。然而，阿木河是猛哥帖木兒所部女真人居住之地，為明朝的疆土，李朝在阿木河置鎮是對明朝疆土的拓占。所以，李朝若在此置鎮，總要有編制出個說法。為此，世宗國王編造出所謂女真「借居其地」之說。據《李朝實錄》世宗十六年（宣德九年）正月載：

> 然斡木河本是我國之境鄉也，童猛哥帖木兒借居其地，今見滅於兀狄哈，其地蕭然閒曠，在我不可不作鎮以鎮之。[39]

如前所述，阿木河是女真人的故地，從來都不曾為朝鮮之地，世宗國王所謂女真「借居其地」之說，純屬歪曲歷史的謬說，不過為其拓疆置鎮尋找藉口而已。

宣德九年（李朝世宗十六年 1434）二月，世宗國王命咸吉道觀察使金宗瑞與都體察使河敬復、副使沈道源、兵馬節制使成達生、慶源節制使宋虎美、寧北鎮節制使李澄玉等審定城基。據金宗瑞上奏云：斡木河土地偏小，薄田居半，間有好田，皆為女真人所占。再南遷民入此，可耕之田很少，按理不宜置鎮。但此地為通女真要衝之地，又是斡朵里女真故地。且西距斡木河三十里，東距所多老六十里的伯顏愁所，土地廣闊沃饒可居，可「移甯北鎮於伯顏愁所，

---

36 《李朝世宗實錄》卷62，世宗十五年十一月戊戌。
37 《李朝世宗實錄》卷62，世宗十五年十一月戊戌。
38 《李朝世宗實錄》卷62，世宗十五年十一月戊戌。
39 《李朝世宗實錄》卷63，世宗十六年正月丙午。

造壁城周回六千尺」。[40]即將原在石幕的寧北鎮移至伯顏愁所。兩城可遙相互應，便於控制女真。於是，李朝便在斡木河置會寧鎮。據《新增東國輿地勝覽》會寧都護府建置沿革條載：

> 本高句麗故地，胡言斡木河，一云吾音會。本朝太宗朝，斡朵里童猛哥帖木兒乘虛入居。世宗十五年兀狄哈殺猛哥父子，斡木河無酋長。十六年遂移石幕寧北鎮於伯顏愁所，尋以斡木河西北當賊衝，且斡朵里遺種所居，特設城堡，令寧北鎮節制使兼之。然其地距鎮阻隔，聲援懸絕。是年夏別置鎮於斡木河，以豐山、圓山、細谷、宥洞、高郎岐、阿山、古富居、釜回還等地為界，稱會寧鎮，置僉節制使。[41]

阿木河稱會寧鎮，置僉節制使。會寧的「會」，取自吾音會（阿木河）的會，會寧的「寧」，取於寧北鎮的寧。首任會寧鎮僉節制使為河敬復之子河漢。

李朝在阿木河築會寧城的工役均從各地徵集軍隊承擔。據《李朝實錄》載：慶源征六百名、鏡城八百名、吉州兩千五百名、端川一千名、北青一千名、洪原三百名。[42]同年四月，李朝又向斡木河移入朝民四百餘戶。[43]為了解決朝民土地問題，據寧北鎮節制使李澄玉的建議，將寧北鎮南面古山城南北緣野洞、僧伽院等處可耕之地撥給移入阿木河的朝民耕種。[44]

---

[40] 《李朝世宗實錄》卷 63，世宗十六年二月壬戌條載：咸吉道觀察使金宗瑞啟：臣與都體察使河敬復、副使沈道源、兵馬節制使成達生、慶源節制使宋虎美、寧北鎮節制使李澄玉等審定慶源、寧北鎮兩處城基佈置條件，開寫以聞：……斡木河則非唯壤地偏小，而薄田居半，間有膏腴之地，皆為彼人之田，入居人民耕作之田數少，不可置其郡邑也。然西距東良北不遐，北通賊路要衝之地。且是斡朵里等聚居之處，造壁城，用布帛尺周回三千尺。伯顏愁所，則西距斡木河三十里，東距所多老六十里，東西救援甚易，土地廣闊沃饒，可居人民三百餘戶，北連童巾、愁州賊路相通要害之處。移排寧北鎮於伯顏愁所，造壁城，周回六千尺。於斡木河壁城，則節制使率領軍人，常時守禦，鎮服彼人之心。於伯顏愁所，則差判官，量給軍人守禦，節制使往來審治之，軍人多少，以賊變緊緩，酌量分率。一所多老則土廣且饒，東西與北，皆通賊路要害之處，審定基地，移置慶源府，造壁城，周回六千尺。」

[41] 《新增東國輿地勝覽》卷 50，咸鏡道，會寧都護府，建置沿革條，第 905 頁。

[42] 《李朝世宗實錄》卷 63，世宗十六年正月甲申。

[43] 《李朝世宗實錄》卷 64，世宗十六年四月乙卯。

[44] 《李朝世宗實錄》卷 64，世宗十六年五月甲申。

阿木河本為隸屬於明朝的建州左衛女真居地，處於交通要衝，其重要性不言而諭。八月，右議政崔潤德上書言斡木河在邊防上的重要地位，建議調位高老成將領鎮守。書曰：

> 甯北鎮都節制使李澄玉在伯顏愁所、僉節制使河漢在會寧鎮，會寧鎮野人來侵初程也，新進之士雖有驍勇之才，在初程備斥候則可矣。若禦大敵則不如位高老成之將也，請移李澄玉於會寧，以河漢鎮守伯顏愁所何？[45]

時，李朝已在阿木河設會寧鎮，為了防禦女真，他建議調征女真的老手李澄玉於會甯，以加強對女真的控制。咸吉道監司金宗瑞也贊成此議。他說：「會寧住居野人等類，或遷徙，或仍居，其心難測……姑令甯北府節制使李澄玉仍鎮會甯，以嚴瞻視」。世宗國王令議政府等議之。議政府也認為「防禦緣急，難以遙度，始從監司之請」。由此可見，鑒於會寧戰略地位重要，為加緊防禦女真，李朝決定：會甯鎮，稱會寧都護府，派遣節制使判官；甯北府還稱寧北鎮，差僉節制使，[46]調李澄玉判會寧都護府事，河漢為寧北鎮僉節制使。[47]正統元年（世宗十八年 1436）九月，會寧府城竣工。據《李朝實錄》載：

> 城會寧府。初上遣戶曹判書沈道源於咸吉道稱為都巡撫使，與本道監司鄭欽之、都節制使金宗瑞發安邊以北各官軍丁二萬三百築之。周回三千九百尺，高十五尺。[48]

會寧府東至海一百四十九里，南至富寧府界六十八里，西至圖們江六里，北至鍾城府界三十里。[49]

---

[45] 《李朝世宗實錄》卷 65，世宗十六年八月丁未。
[46] 《李朝世宗實錄》卷 65，世宗十六年八月己酉。
[47] 《李朝世宗實錄》卷 66，世宗十六年十二月乙巳。
[48] 《李朝世宗實錄》卷 74，世宗十八年九月戊午。
[49] 《新增東國輿地勝覽》卷 50，咸鏡道，會寧都護府條，第 906 頁。

李朝在阿木河女真之地設置會寧府的同時，宣德九年（世宗十六年）二月，將原設在富居的慶源府移至所多老以北會叱家。據《李朝實錄》載：「所多老則土廣且饒，東西與北皆通賊路要害之處，審定基地移置慶源府，造壁城，周回六千尺」。[50]《李朝世宗實錄‧地理志》慶源都護府條也載：

> 本高麗[51]地，中為胡人所據。太祖七年初置府於孔州，始號慶源，太宗九年移於所多老營基設木柵以治。十年斡朵里酋長童猛哥帖木兒誘引深處野人入寇殺府使韓興實等，於是徙民戶合屬鏡城，遂虛其地。十七年割鏡城豆籠耳峴以北復置都護府於富家站，復舊號。世宗十五年猛哥帖木兒及其子管禿為兀狄哈所殺。十六年議復古境，以所多老地廣且饒，賊路要害，乃於古基北偏會叱家地設壁城，徙南道民戶以實之，移府置判官及土官，其後改築石城。[52]

此慶源不是孔州的慶源，孔州的慶源稱古慶源，後為慶興。

宣德十年（世宗十七年 1435），李朝又在伯顏愁所寧北鎮設鍾城郡。據《東國輿地勝覽》鍾城都護府建置沿革條載：

> 本高句麗舊地，女真乘虛入居，號愁州。本朝世宗十六年，既別置會甯鎮於斡木河。明年於寧北本鎮（即伯顏愁所）置郡，號鍾城，以鎮節制使兼知郡事。以俯溪、林川、鹿野、防山、造山、時反等地民戶屬之。二十二年，以愁州陡入江隈，賊路要衝，遂移郡治。於是乃以本鎮為都節制使行營。二十三年升都護府，置判官，設土官，又徙南界民戶實之。[53]

[50] 《李朝世宗實錄》卷 63，世宗十六年二月壬戌。
[51] 此高麗為高句麗簡稱。
[52] 《李朝世宗實錄》卷 155，地理志，咸吉道，慶源都護府條。
[53] 《新增東國輿地勝覽》卷 50，咸鏡道，鍾城都護府，建置沿革條，第 909 頁；《李朝世宗實錄》卷 155，地理志‧咸吉道‧鍾城都護府也條載：「本高麗地，野人乘虛入居，號稱愁州。世宗十六年春，移甯北鎮於伯顏愁所，尋別置會甯鎮於斡木河於寧北本鎮，差僉節制使防禦。十七年，即甯北置鍾城郡（胡人謂鍾為童巾，府有童巾山，故名之）。以鎮節制使兼知郡事，以府溪林川、鹿野、防山、造山、時反等地民屬之。二十二年，以愁州陡入江隈，賊路要害，

鍾城南界至會寧府界八十七里，西至圖們江一里，東至穩城府界二十七里。[54]

正統二年（世宗十九年 1437），李朝又於孔州（古慶源）置慶興郡。據《東國輿地勝覽》慶興都護府建置沿革載：

> 古孔州之地。慶源府既移治於會叱家，世宗以距孔州古地隔遠，難於守禦，復修孔州舊城，差萬戶兼孔州等處僉節制使。十七年，割傍近民戶三百屬之，別置縣稱孔城，以僉節制使兼縣事。十九年，以穆祖肇基之地，升為郡，改今名。二十五年，更廣其城，升為都護府，置土官。[55]

慶興都護府，東至造山浦三十五里，南至海岸四十里，西至慶源府界三十六里，北至圖們江三十五里。[56]

正統五年（世宗二十二年 1440），李朝又於多溫平置穩城郡。據《東國輿地勝覽》穩城都護府建置沿革條載：

> 本高句麗舊地，女真乘虛入居，號多溫平。本朝世宗二十二年始置郡，改今名，徙慶源及吉州南、安邊北諸邑民戶實之。二十三年升都護府，置判官，設土官。二十四年置鎮。[57]

穩城郡東至慶源府界三十四里，南至海岸兩百六十一里，西至鍾城府界三十七里，北至圖們江五里。[58]

遂移郡治於此，以古城為都節制使行營。二十三年，升都護府，置判官，又徙南道民戶以實之。」

[54] 《新增東國輿地勝覽》卷 50，咸鏡道，鍾城都護府，建置沿革條，第 909 頁。
[55] 《新增東國輿地勝覽》卷 50，咸鏡道，慶興都護府，建置沿革條，第 913 頁。
[56] 《新增東國輿地勝覽》卷 50，咸鏡道，慶興都護府，建置沿革條，第 913 頁。
[57] 《新增東國輿地勝覽》卷 50，咸鏡道，穩城都護府，建置沿革條，第 911 頁。
[58] 《新增東國輿地勝覽》卷 50，咸鏡道，穩城都護府，建置沿革條，第 911 頁。

正統十四年（世宗三十一年 1449），李朝又增置富寧鎮於石幕。據《東國輿地勝覽》富寧都護府建置沿革條載：

> 本鏡城郡石幕之地，本朝世宗十三年，以東良北女真往來之衝，始置寧
> 北鎮，以節制使兼判鏡城郡事。十六年移鎮於伯顏愁所，石幕舊地則土
> 官、千戶守之。三十一年，省富居縣，移民戶於石幕，割本縣堀浦以西、
> 會寧府錢掛峴以南、黃節坡以北屬之，號富寧，升都護府，又置土官。[59]

富寧都護府東至海岸八十三里，南至鏡城府界六十二里，西至女真地界 35 里，
北至會寧府界三十八里。[60]

綜上所述，李朝乘猛哥帖木兒父子遇難，斡朵里女真群龍無首陷入混亂之
機，從宣德八年十一月至正統十四年，十幾年間在圖們江以南女真人所居之地
先後設置會寧、慶源、鐘城、慶興、穩城、富寧六鎮。六鎮的設置是對圖們江
以南女真故地的拓占，是元末明初以來北拓中國疆土的繼續。六鎮的設置使中
朝東段疆界北移至圖們江以南。

李朝在圖們江以南拓疆置鎮北拓疆土並非一帆風順，首先遭致圖門江流域
女真的抵制與鬥爭。在李朝強佔阿木河置會寧鎮時，斡朵里女真就尖銳地抗
議：「今作鎮斡木河仍率我以居乎？無乃黜我等乎？蓋其意欲其率居也」。當咸
興道官員將此事報告給世宗國王時，其答道：「願為之氓則何逐之有？若欲出
去則何拘之有？作鎮斡木河，彼必不肯」。[61]可見，李朝已預感到在斡木河設鎮
會引起斡朵里等部女真的強烈不滿。事實正是如此，宣德九年，「凡察朝京師，
繼帖木兒為都督僉事，新授誥命、印信」，返回斡木河時，李朝已置會寧鎮。
對此，凡察「反側未安」。[62]右議政崔潤德在談到凡察對置會寧鎮的反應時說：

59　《新增東國輿地勝覽》卷 50，咸鏡道，富寧都護府，建置沿革條，第 915 頁
60　《新增東國輿地勝覽》卷 50，咸鏡道，富寧都護府，建置沿革條，第 915 頁
61　《李朝世宗實錄》卷 63，世宗十六年正月丙申。
62　據《李朝世宗實錄》卷 65，世宗十六年八月癸亥條載：「初，童猛哥帖木兒及子權豆，為楊木
　　答兀所滅，帖木兒弟凡察朝京師，繼帖木兒為都督僉事，新授誥命、印信，來斡木河。時我
　　國初置鎮，凡察反側未安」。

凡察有可能「交連兀狄哈為害於邊境」，不久，有人報告：「凡察謀眾曰：飲寧北鎮節制使酒以醉，乘間殺害」。[63]反映出以凡察為首的斡朵里部女真對李朝拓疆置鎮的仇恨。[64]

李朝在圖們江流域女真所居之地設置六鎮，遭到女真的強烈反抗。宣德十年（世宗十七年 1435）九月，兀狄哈女真攻慶源府，殺掠人畜三百餘。翌年八月，又攻會寧，「擄男婦共九名，馬一匹而去」，「凡察管下人十三名亦從焉」。[65]同月，女真三千餘人圍慶源。十一月，咸吉道都節制使金宗瑞上書說：今攻慶源之女真，「殺我人民，虜我人畜」，主張發兵討之，否則「後日肆毒有甚此日……則邊氓之禍將不可勝言」。[66]世宗國王不贊成出兵，他說：近來「災異屢見，年歉民饑，且方民心未集，不可輕舉」[67]。並認為，女真等進攻會寧、慶源等城是凡察後面指使。[68]因為，李朝君臣明顯感到此次女真攻新設四鎮[69]與以往不同，前此女真「犯邊之時，但要得財不顧其他」，而這次女真攻慶源等城，「不惟虜掠人口、頭畜，以至燒禾穀之積，焚土宇之人其禍慘矣」，其目的非常明確，即「令我不得永建四鎮者」。[70]

李朝在圖們江以南女真居住地區相繼設置六鎮，不僅遭到女真的抵制與鬥爭，也遭天譴。曾為李朝守邊二十餘年的邊將金宗瑞於同年十一月上邊事疏中云：「政治日衰，災異屢見，人民失所，凡不如意之事十常七八」。[71]所見深刻，切中時弊。自宣德八年置鎮以來，半島連續幾年災害頻仍。正如世宗國王所言：「今年下三道饑饉之變，國家災厄莫甚，天道之不順斷可知矣」。[72]

---

[63] 《李朝世宗實錄》卷 65，世宗十六年八月癸亥。

[64] 參見拙文：《正統年間建州左衛西遷考實─兼論東亞地區女真與明朝、李氏朝鮮的關係》，《中國邊疆史地研究》，2010 年 4 期。

[65] 《李朝世宗實錄》卷 74，世宗十八年八月己亥。

[66] 《李朝世宗實錄》卷 75，世宗十八年十一月庚子。

[67] 《李朝世宗實錄》卷 75，世宗十八年十一月庚子。

[68] 《李朝世宗實錄》卷 76，世宗十九年四月己酉條載：「慶源之賊，安知非彼人之引道歟？」按「彼人」指凡察。

[69] 指會寧、慶源、鍾城、慶興。此時穩城、富寧尚未設鎮。

[70] 《李朝世宗實錄》卷 77，世宗十九年四月己酉。

[71] 《李朝世宗實錄》卷 75，世宗十八年十一月壬辰。

[72] 《李朝世宗實錄》卷 77，世宗十九年四月己酉。

面對女真人激烈反對與鬥爭以及遭受天譴，統治層內部對設六鎮有異議者也大有人在。宣德九年秋，判中樞院事河敬復曾上疏云：新設各鎮「居民甲寅（宣德八年）、乙卯（宣德九年）兩年饑饉之後，疾疫致死者以萬計」。[73] 世宗國王「聞之驚駭」，急命敬差官趙遂良「推訪死者之數」，[74] 約三千六百二十餘人。世宗國王以為河敬復「前日所啟欺罔，罷其職」[75]。此事《李朝實錄》有詳細記載：

> 丁丑召黃喜、崔閏德、盧閈等議事。其一曰：咸吉道斡木河等處本是我國之境，曩為野人所居，今自底滅亡，予繼祖宗之意，欲設郡邑，朝論紛紜，予獨斷於心，設四邑以居民眾。厥後河敬復謂予曰：前朝之時，欲創九城而終不允成其意，蓋欲勿置邑也。乙卯（宣德九年）秋，河敬復又曰：新邑居民甲寅、乙卯兩年饑饉之後，疾疫致死者以萬計。予令咸吉道巡撫使沈道源訪問其數，死者六百四十八人。其後監司鄭欽之、都節制使金宗瑞等上來，親問死者之數，亦不甚多。又乙卯冬十月，河敬復受都巡檢使之任，歸於咸吉道，令副司正宣錫年來啟曰：甲寅、乙卯兩年饑疫而死者數萬餘人，白骨布野。又與黃喜書曰：年前民饑致死，今年救荒非予力可及。予聞之驚駭，以為人臣所言如此矛盾，不可不知其實。命趙遂良推訪死者之數三千二百六十二人，且民食雖不裕，亦不至匱乏也。以此言之，敬復之造虛言浮動新邑之人審矣。夫新邑之民本是安居之人，而今徙北邊其心易搖者也。今當欽之、宗瑞等安集之時，敬復有如此浮動之言，豈宜並處於朝，欲放黜之外，以懲其罪。然素有鎮撫安邊之功，故只令罷職，卿等知之。且今四邑之民率皆新徙，去甲寅、乙卯年饑饉之餘，疾疫而死者頗多，予甚悶焉。然死者既不得施吊恤之恩，見在居民撫恤之方不可不舉，如欲減租則軍需不裕，如欲免軍則防禦最緊，欲送京中棉布五千匹，分賜窮民。當每戶分賜乎？付之監司都節制使擇貧民無賴者給之乎？[76]

73　《李朝世宗實錄》卷72，世宗十八年五月丁丑。
74　《李朝世宗實錄》卷72，世宗十八年五月丁丑。
75　《李朝世宗實錄》卷72，世宗十八年五月甲戌。
76　《李朝世宗實錄》卷72，世宗十八年五月丁丑。

這段史料很長，但很說明問題。第一，反映出李朝重臣河敬復對設鎮持有異議。他以歷史為鑒，認為高麗朝尹瓘設九城最終「不允成其意，蓋欲勿置邑也」。然而，拓疆置鎮是李朝的既定國策，正直大臣的諫言是無濟於事的。第二，河敬復因不主張設六鎮，所以他所報設鎮後死亡人數不免有些誇大事實，其目的是欲此阻止設鎮。第三，世宗國王派人核實後，認為河敬復等人係「造虛言浮動新邑之人」，對於拓疆置鎮持不同政見者，豈能「並處於朝」，必須「欲放黜於外，以懲其罪」。最後，還是網開一面，以河敬復「素有鎮撫安邊之功，故只令罷職」。充分反映出以世宗國王為代表的統治集團，在拓疆置鎮問題上固執己見，聽不得反面建議。第四，世宗國王也不得不承認，拓疆置鎮以來「疾疫而死者頗多」的事實。第五，更主要的是李朝處理無方。對死者不能「施吊恤之恩」；對生者，「如欲減租則軍需不裕，如欲免軍則防禦最緊」，使君臣「甚悶焉」，陷於束手無策的窘地。

朝鮮王廷對拓疆置鎮持有異議者，不止河敬復，熟知半島東北部防禦的一些邊將都持有異議。正統二年（世宗十九年 1437）四月，世宗國王在給咸吉道都節制使的教書中也反映了王廷內部的分歧。書云：

> 癸丑（宣德八年）冬移慶源府於蘇多老，移寧北鎮於阿木河，徙南道之民二千二百戶以實之。又募江原、忠清、慶尚、全羅之人以補之，將以輕徭薄賦以厚其生，練兵養卒以固邊境。適初年旱荒，加以大雪，頭畜多斃。又次年疾疫大興死者甚眾，新徙之民不安其居，思歸故土，或至亡命，（指宣德八、九年）因而造言者以為新邑不可永建，朝夕當罷。至於一二大臣亦言，高麗時尚不能以豆滿江為疆域，今以磨天嶺為界亦可守也。中外喧擾胥動浮言。[77]

針對「中外喧擾胥動浮言」，世宗國王於八月，親自撰文，針對有些大臣所謂

---

[77] 《李朝世宗實錄》卷77，世宗十九年四月己酉。

「西北之鴨綠，東北之豆滿，豈有輕重之別乎」的說法，再次表明朝廷固見：「建立藩鎮以固封疆，義之盡也，其或輕議之者皆無識之人，大臣之言則如此，予獨以為憂，蓋築城不可緩也，民弊不可顧也」。[78]拜讀世宗敎書的咸吉道都節制使金宗瑞對世宗的一番敎誨心領神會。即刻「手自為書，密封以啟」，文中進一步發揮世宗拓疆置鎮的旨意。他針對有人提出與女真以龍城（今朝鮮慶興龍城）為界之說，[79]指出有一不義，二不利，即「縮先祖之地不義也，無山川之險一不利也，無守禦之便二不利也」，進而提出以圖們江為界有一大義，二大利，即「復興王之地一大義也，據長江（指圖們江）之險一大利也，有守禦之便二大利也」。[80]接著，他又針對在圖們江流域設置四邑（會甯、慶源、鍾城、慶興）帶來的「民弊」發表如下言論：

> 臣又聞成大事者不顧小弊，建大業者不計小害，事巨則弊必生，業廣則害相隨，非獨今時，自古為然。今四邑之設非為好大，復先祖之地則事莫大於此矣，繼先王之業則義莫重於此矣，何慮乎小弊？何患乎小害？況初年之雪雖云大矣，而頭匹不甚斃損，次年之疫雖曰大矣，而人民不甚死亡。若如議者之說則農牛戰馬從何而出，軍卒之多，餘丁之眾尚不減於舊額又何歟？其說之過，情不待明者而可知也。且以去年之事言之，其禍雖曰重矣，比之興富（實）之身戮，承佑之覆軍，龍城之大敗固有間矣。[81]

需要指出的是，文中所說的「復先祖之地」純屬歪曲歷史事實的謬說，而拓疆置鎮，以圖們江為界才是李朝既定的基本國策，豈能因有持不同見解大臣的反對而能改變得了的。

　　李朝在圖們江以南女真居住地區設置六鎮，那麼當時圖們江以南所居女真人數大體有多少呢？咸吉道都節制使金宗瑞曾提供一個數字，其云「斡朵里八

---

[78] 《李朝世宗實錄》卷 77，世宗十九年四月己酉。

[79] 《李朝世宗實錄》卷 78，十九年八月庚申條載：「曩者在朝鮮臣獻議曰：『縮慶源於龍城，則北方佈置得宜，而民弊盡去矣』」。

[80] 《李朝世宗實錄》卷 78，世宗十九年八月庚申。

[81] 《李朝世宗實錄》卷 78，世宗十九年八月癸亥。

百，兀良哈數千之眾」[82]。也就是說，居住這一地區的女真人的土地已為李朝強佔置鎮，這些失去土地，生活在六鎮附近的女真，李朝稱為「城底女真」。這些「城底女真」歸屬？李朝是非常清楚的，認為這些「城底女真」，仍屬於明廷管轄。據《李朝實錄》載：

> 傳旨咸吉道都節制使前日到京親啟，判會寧府事李澄玉將本府附近住居斡朵里凡察同類人（指凡察屬下）等依本國軍丁，勒令分番守禦邑城。或有聲息征聚率領待變，已曾成例。我今思之，此輩非我族類，人面獸心，反側難信，且羈縻撫綏，來則厚待，去則不追，不可以為腹心親信共事也。但此輩素有讎嫌之敵，若結黨類托以復讎來攻，或執而與之，或坐視不救，則殊失前日親信撫綏之議，若興兵救援，則是代受其禍，生釁構怨實非細故，靜思其終關係匪輕。自今羈縻撫綏待之以誠，接之以厚，停罷率領守禦之役，勿與親濟共事，以絕後患，實為永世長策。但慮已曾親信共事，而一朝無緣遽罷，以嚴彼我之分，則必生疑貳，慎勿露此意。懇勤開諭曰：爾等寄生境內，國家至極憐憫，汝等自生自育，本無統屬，不知服役奔走之勞。今國家不忍加汝以服役之事，許罷率領守禦之役，俾安生業，汝等當知國家待汝至意，安心營業，永保生生之樂。然邊事難以遙度，必待邊將目擊利害，然後可以算無遺策，而必能集事。其與李澄玉將上項利害熟議以啟。[83]

由此可知，判會寧府事李澄玉主張將斡木河居住的斡朵里部眾，依李朝軍丁例「分番守禦邑城」，將其視為準朝民。但世宗國王卻認為，這些女真人是「寄生境內」的明朝屬民，與李朝「本無統屬」關係，「勿與親濟共事，以絕後患，實為永世長策」。即將女真人視為寄居朝鮮境內的明廷屬民，對其「羈縻撫綏，來則厚待，去則不追，不可以為腹心親信共事也」。

---

[82] 《李朝世宗實錄》卷75，世宗十八年十一月壬辰。
[83] 《李朝世宗實錄》卷69，世宗十七年七月乙未。

三、凡察、董山的西遷

　　正統五年（李朝世宗二十二年1440），凡察、董山西遷遼東地區，緣於李朝在其所居地拓疆置鎮，而凡察、董山衝破李朝的阻撓西遷，造成圖門江流域女真人減少，客觀上便利了李朝在圖門江流域拓疆置鎮以及對該地區女真的控制。

　　如前所述，宣德八年十月，猛哥帖木兒父子在「斡木河事變」殉難後，斡朵里部受到沉重的打擊。猛哥帖木兒之弟凡察倖免遇難，翌年初輾轉到北京，凡察赴京不僅是向明朝朝貢，主要向朝廷報告「斡木河事變」的原委，希望朝廷出兵為其報仇雪恥。他給朝廷的奏疏中請求：「去年野人木答忽、木冬哥、哈當加等，糾合七姓野人寇掠，殺死都督猛哥帖木兒及其子阿古等，盡取其財，請發兵問罪」。[84]然而，令凡察未想到的是，明朝雖提升他為建州左衛都督僉事，但對「斡木河事變」認為是「彼之相仇，乃常事，朕豈應疲中國之力，為遠夷役乎」？[85]明宣宗對為明朝殉職的猛哥帖木兒及所部沒能給予應有的保護，僅派遣指揮僉事施者顏帖木兒等前往招諭兀狄哈木答忽等，令其將「所掠人馬資財，悉令追還」，[86]與凡察釋仇通好，可赦免其罪。凡察向明朝奏請對兀狄哈「發兵問罪」是正當的要求。因為，「斡木河事變」猛哥帖木兒父子是為明廷殉難的，是大明的忠臣。而明宣宗卻把猛哥帖木兒父子殉難視為與兀狄哈女真間相仇殺，似乎與朝廷沒有關係。這種不辨是非極不負責的態度，對建州左衛的發展帶來了難以估量的負面影響：一方面猛哥帖木兒父子殉難後，斡朵里部群龍無首、人心渙散，另一方面李朝乘機向圖們江流域女真地區拓疆置鎮，建州左衛處境十分嚴峻，最後只好選擇離開阿木河，西遷遼東。

---

[84]　《明宣宗實錄》卷109，宣德九年四月庚申。
[85]　《明宣宗實錄》卷109，宣德九年四月庚申。
[86]　《明宣宗實錄》卷109，宣德九年四月庚申。

宣德九年五月，凡察從北京返回阿木河。此時，正是李朝乘猛哥帖木兒遇難，凡察未在之際，強佔了阿木河，在此置鎮，並以此向圖們江以南拓展勢力的時期。凡察回到阿木河，無疑對李朝拓疆置鎮構成極大的威脅。還在凡察未歸之時，李朝邊將就曾言：凡察與「本國（朝鮮）素有仇嫌，若統其眾，則後害可慮」。[87]甯北鎮節制使李澄玉甚至揚言：「凡察屢無禮於我國，常懷疑二，若盡領其眾，則必不利也。老胡赤分領其眾，則勢分力弱。須及凡察未還之時，給老胡赤領眾之文，時勢相當，機不可失也」。[88]李澄玉甚至請求討伐凡察。《李朝實錄》世宗十六年（宣德九年）四月己酉條載：

> 上曰：甯北鎮節制使李澄玉請伐童猛哥帖木兒之弟，都觀察使金宗瑞以為不可伐。兩議如何？領議政黃喜啟曰：無侵掠之釁，而伐之則彼必憤怒，多引雜類來侵矣。上曰：然，予亦以為猛哥帖木兒喪亡之後，我國因而置鎮，不可無釁端而輕動以伐之。卿等熟議以啟。[89]

甯北鎮節制使李澄玉曾建議趁凡察「未還之時」，立權豆養子老胡赤為建州左衛首領，世宗國王則認為「汲汲除職委任似乎不可，況凡察今既入覲，天庭若受統眾之命而還，則如之何」？[90]沒敢貿然行動。李澄玉請求殺之而後快，但熟悉邊事的重臣金宗瑞、黃喜等人持反對意見。世宗國王也認為，「我國因而置鎮，不可無釁端而輕動以伐之」。

凡察回到阿木河後，深知所部及自己的處境。宣德九年冬，凡察派指揮李張家赴京，向明朝奏報斡朵里部的處境，懇請西遷遼東與李滿住一同居住。翌年二月，明朝給凡察的敕書云：「建州左衛都督僉事凡察等，爾差指揮李張家等來奏，楊木答兀引領野人來廝殺情由朕已具悉……爾等又奏，大小官民人等及百戶棗火等五十家見要往建州衛都指揮李滿住那裏一處住坐，從爾等所便。

---

[87] 《李朝世宗實錄》卷63，世宗十六年三月己亥。
[88] 《李朝世宗實錄》卷63，世宗十六年三月己亥。
[89] 《李朝世宗實錄》卷64，世宗十六年四月己酉。
[90] 《李朝世宗實錄》卷63，世宗十六年三月己亥。

茲因指揮李張家等回，特諭爾等知之」。[91]由此可知，明廷是同意凡察等西遷李滿住居處的。

當指揮李張家攜帶敕諭從明京回阿木河，凡察等欲西遷之事，在斡朵里女真和李朝邊將中引起強烈反響。據咸吉道監司報告說：

> 今童凡察、李將家等將移婆豬江，欲令斡朵里等舉種以隨，造為浮言曰：朝鮮欲捕汝等，須從我徙，斡朵里等頗皆信之。今若都節制使領眾而到，則恐彼人等自相驚惑，並皆移居，且以新徙人民供億之弊亦不小矣。況今欲移婆豬江者十三戶，其欲留者眾多，都節制使姑駐綠野歧以為聲援。[92]

凡察等得到明廷允准西遷婆豬江後，為能使所部女真「舉種以隨」，便「造為浮言」，做動員工作。他講述西遷理由「朝鮮欲捕汝等，須從我徙」。然而李朝地方官聞訊，則加以阻止，使女真人「自相驚惑」，為防女真西遷，派軍隊「駐綠野岐以為聲援」。由於凡察等準備倉促，加之李朝從中作梗，部眾回應者僅有十三戶。四月，這些十三戶女真在李張家率領下西遷遼東。據《李朝實錄》載：「李將家只率東良北接其子指揮月下及甫乙下接指揮權赤、斡朵里馬多多溫等，還向波豬江」。這是建州左衛第一批西遷者，而凡察考慮到自己是建州左衛首領未隨西遷，率所部暫時遷至會寧西約五十餘里的上甫乙下之地居住，[93]以便尋找西遷機會。

凡察等西遷的原因是李朝強佔了所居之地阿木河，失去家園，不堪忍受李朝對其欺凌與加害。正統元年（1436）十一月，斡朵里女真馬自和言：「我斡朵里等憚李節制使威嚴，皆欲移居遠處」。[94]這位李節制使就是會寧都護府李澄玉。此人「性資剛勇」，任寧北鎮節制使時就執意討伐凡察，就任會寧節制使

---

[91] 《李朝世宗實錄》卷67，世宗十七年二月丙寅。

[92] 《李朝世宗實錄》卷67，世宗十七年三月戊子。

[93] 據《李朝世宗實錄》卷68，世宗十七年四月壬子條載：「斡朵里指揮李將家齎敕書與其婿凡察誘斡朵里、兀良哈欲徙婆豬江，斡朵里等不從。李將家只率東良北接其子指揮月下及甫乙下接指揮權赤、斡朵里馬多多溫等還向婆豬江，凡察則徙居上甫乙下之地。」

[94] 《李朝世宗實錄》卷75，世宗十八年十一月丁巳。

後，對女真仍是嚴酷無情，聲稱:「若聞賊變，即具鎧仗出城以待，無不勝捷」，女真「甚畏憚之，不敢犯號」，罵他是「有牙大豬」，皆「懷怨者謀曰:『乘其醉，可射殺之』」。[95]由此可見，女真人對其深懷仇恨。他對凡察的加害之心始終存焉。同年十一月，李澄玉曾言:

> 凡察奸謀非一朝一夕，此賊終必為患，我固知之，恨不早除也。前日加湯其之事亦凡察之謀也，故我欲因其事誅之。沈道源、鄭欽之等止之，故不即誅之，乃今深悔焉。今可速啟:誅其酋長三四人，仍撫恤其眾，援立權豆三歲子為酋長，使有統屬，則大奸去，而斡朵里、兀良哈之類各安其心，此策之善者也。或盡滅之無遺種，以絕後日之患，策之尤善者也。失此事機則悔將何及?[96]

而咸吉道都節制使金宗瑞基於李朝當時在圖們江所處的局勢考量，以為不妥。他說:「今新設四邑，唯會寧築石城，其餘皆未築，且糧餉未足，守禦未甚固，軍率未甚眾」，且「西有忽剌溫，北有嫌真」皆「乘隙而窺伺矣」，況且「執凡察而誅之」，會激起女真眾怒，指出這種作法「何異刺人之父而殺之，撫其子欲安，寧有是理哉」![97]世宗國王倒贊成金宗瑞之論，傳旨李澄玉勿輕舉妄動，令其「堅壁固守，密伺彼人動靜，稍有釁端」，[98]即採取應變措施。可見，凡察處境險惡，隨時都有被李朝加害的危險。

正統二年（1437）初，凡察再次派指揮李兀黑赴京，陳述李朝對斡朵里部的壓迫及所處窘境，懇請西遷以擺脫李朝的控制。二月，明廷對其上奏答覆如下:

> 命建州左衛指揮李兀黑齎敕諭其頭目都督凡察等曰:「得李兀黑奏稱，爾等居鄰朝鮮，數被其國人侵擾，且言欲遵先敕移建州衛，又被朝鮮沮

---

[95] 《李朝世宗實錄》卷76，世宗十八年十一月戊午。
[96] 《李朝世宗實錄》卷75，世宗十八年十一月丁巳。
[97] 《李朝世宗實錄》卷75，世宗十八年十一月丁巳。
[98] 《李朝世宗實錄》卷75，世宗十八年十一月丁巳。

之。然朝鮮國是自先朝恪守法度,事上交鄰,未曾違理,恐未必然。誠如爾言,宜遷建州,果復爾阻,具實來聞,朕為處之。蓋朝鮮國與爾等皆朝廷之臣,惟睦鄰守境而相和好,是朕一視同仁之心也。爾其體之」。[99]

明廷敕書所云:「居鄰朝鮮,數被其國人侵擾」,欲「遵先敕移建州衛」李滿住處又被「朝鮮沮之」,是重複李兀黑奏書內容。而敕書中,對凡察及所部處境似乎不加同情,卻認為朝鮮「恪守法度,事上交鄰,未曾違理」,並告誡凡察等與朝鮮應「睦鄰守境而相和好」。敕書的最後不得不表示,若象李兀黑奏書所說「被朝鮮沮之」,「具實來聞,朕為處之」。顯而易見,明朝對凡察及所部西遷態度曖昧,既未表示不同意西遷,又不阻止李朝對凡察等西遷阻撓,這種態度助長了李朝阻止女真西遷的氣焰。

應當指出的是,先前居住婆豬江的建州衛李滿住對凡察等西遷持積極態度,並直接參予了西遷活動。如前所述,正統二年二月,明英宗給凡察的敕書是由李兀黑帶回,而建州衛李滿住率部下五十餘人隨行。約同年四五月到達阿木河,《李朝實錄》載:「今五月初九日,李滿住率軍人五十名,陪聖旨出來」。[100]李滿住來阿木河是與凡察等商議如何衝破李朝的阻撓西遷婆豬江事宜的。這期間,李滿住祭拜童猛哥帖木兒,卻被會寧都護府察知,認為「滿住來此,累日留連,賊謀難測,請乘機討之」。[101]會寧都護府官兵曾「圍權豆家搜之,曳出權豆妻及盲人」審訊,李滿住「聞此,驚懼還歸婆豬江」。[102]李滿住的到來,引起李朝的警覺,認為一旦李滿住與凡察聯手「賊謀難測」。為此,極力阻止凡察西遷與李滿住會合。

為阻止凡察及所部西遷,李朝抓住凡察給明敕書中「欲遵先敕移建州衛,又被朝鮮沮之」[103]這句話,向凡察發難。官員朴好問詰問凡察:「聖旨內本國

---

[99] 《明英宗實錄》卷27,正統二年二月辛酉。
[100] 《李朝世宗實錄》卷77,世宗十九年五月辛丑。
[101] 《李朝世宗實錄》卷77,世宗十九年五月壬寅。
[102] 《李朝世宗實錄》卷80,世宗二十年正月丙申。
[103] 《明英宗實錄》卷27,正統二年二月辛酉。

軍馬往來攪擾及阻擋不肯放來數語，非本國所為，實是虛事，汝等何為有此奏」？[104]並厲聲恐嚇凡察道：

> 汝誣奏朝廷欺天罔上，汝罪大矣。我若究其欺罔本末，啟於我國，轉奏朝廷，則皇帝豈信汝夷狄，而不信我乎？我國家恩恤汝等，無異我民，且我承國家之意，愛養汝等無異赤子，何不念恩德，反誣奏乎？汝若不改前心，事我不誠，汝無生理矣。汝之七子二女與諸族屬皆在此，汝何不愛惜乎？古之將軍受命在外，不聞天子之詔，生殺與奪，皆在掌握，汝雖夷狄，豈不知此義乎？[105]

對於李朝官員的恐嚇，凡察為部族的身家性命，只好謝罪，並發誓云：「我無移去之意，永世歸順，死於都節制使足下矣。歲月久則當知予之誠偽矣」。[106]一再表明無遷徙之意。是年七月，迫於李朝的壓力，凡察率部下十六人前往王京朝貢。世宗國王接見凡察時，當面質問，「今欲移徙，其意如何？」凡察回答：「管下愚民，無知犯法，抵罪不赦；邊人或輕蔑我民；且牛馬互相放逸，踏害禾穀，故欲退居爾，暫無他心。」[107]

在凡察於朝鮮王京期間，咸吉道都節制使金宗端上疏言：「臣所見凡察歸附似勤，但其為人執心不固，奸詐難測，固不可信」。[108]有官員甚至建議向猛哥帖木兒權豆之子授官職，以此分裂凡察部眾。《李朝實錄》世宗十九年（正統二年）七月癸卯條載：

> 斡朵里酋長童猛哥帖木兒父子自底滅亡，其弟凡察以奸計獲免朝見，上國受都督僉事，遂為酋長。其部落強從之耳，非心服也。憚凡察荷察，欲以權豆之子為主者頗或有之。自古夷狄力分則中國之利也，漢元成間

---

[104] 《李朝世宗實錄》卷77，世宗十九年六月乙丑。
[105] 《李朝世宗實錄》卷77，世宗十九年六月乙丑。
[106] 《李朝世宗實錄》卷77，世宗十九年六月乙丑。
[107] 《李朝世宗實錄》卷78，世宗十九年七月己丑。
[108] 《李朝世宗實錄》卷78，世宗十九年七月丁酉。

五單于爭立，匈奴遂衰，中國無邊境之虞。今權豆之子年雖幼稚，若授以職則部落之久事童猛帖木者，今猶不忘恩愛矣，其附權豆之子而背凡察者多矣。如此則斡朶里中自有二酋長，其力必分，誠我國之利也。或云：如此則凡察必忌妄懷異心矣。宜諭凡察曰：「汝兄童猛哥帖木兒父子久事我國，忽底於亡，予甚湣焉，汝又歸順無二，予乃嘉之。權豆之子年雖幼稚，授以某職，以賞汝歸附之誠」，則凡察當感謝之不已矣。如此則外示以褒嘉之寵，而實分凡察之力也。[109]

這位建議者甚是高明，可為一箭雙雕，既分化離間凡察與部眾的關係，又使凡察感激涕零，歸順李朝，阻止其西遷。當然，也有持反對意見者，認為：「權豆之子，未免繦褓，其母所居，距凡察之居三四里，無有一人救護之者。若國家授之以職，而部落歸附，則凡察凶狡有餘，必陰害之矣。姑停此議，待其壯長，然後議授官職為便」。[110]因朝臣對此有爭議，世宗國王未加允准。

凡察在朝鮮王京，表面上看是向李朝表示友好，其實是在麻痺李朝。後來的事實證明，他一直沒有放棄西遷念頭。

是年十一月，建州左衛又以董山（董倉）的名義向明朝奏請西遷。據《明實錄》載：

> 建州左衛都督猛哥帖木兒子童倉奏：「臣父為七姓野人所殺，臣與叔都督凡察及百戶高早化等五百餘家，潛往朝鮮地，欲與俱出遼東居住，恐被朝鮮拘留，乞賜矜憫」。上敕朝鮮國王李祹：「俾將凡察等家送至毛憐衛」。復敕毛憐衛都指揮同知卜兒罕：「令人護送出境，毋致侵害」。[111]

董山為猛哥帖木兒次子，猛哥帖木兒父子遇難後，他與其兄權豆妻被兀狄哈擄

[109] 《李朝世宗實錄》卷78，世宗十九年七月癸卯。
[110] 《李朝世宗實錄》卷78，世宗十九年七月癸卯。
[111] 《明英宗實錄》卷36，正統二年十一月戊戌。

去，後被毛憐衛指揮哈兒禿等贖回。[112]關於董山的情況，正統三年（世宗二十年 1438）七月，世宗國王給咸吉道都節制使金宗瑞的傳旨中云：

> 童倉幼弱之時，猶領管下，以為一部首長。今童倉年滿二十，體貌壯大，一部人心咸歸童倉而輕凡察。卿久在邊境，必熟知形勢，斡朵里一部之心果如予所聞歟。[113]

董山被贖回後，利用其在斡朵里部的威望，號令所部。在建州左衛西遷問題上，他與其叔凡察不謀而合。

這次董山的上奏是凡察奏請西遷的繼續。明朝准其所請，還命其「襲為本衛指揮使」。[114]對此，李朝立即上奏明朝，極力加以阻止。李朝在奏本中歪曲事實將猛哥帖木兒父子殉難後，強佔女真居地阿木河並在此設鎮，說成是七姓野人「乘勝侵掠，不計本國地方欲要奪占，為此本國開設衙門，」將對阿木河女真的欺凌壓迫說成是阿木河設鎮以來，對女真「撫綏如前」，因而斡朵里女真並沒有「搬移他處」之言，將女真西遷的原因，說成是李朝遵明敕旨將楊木答兀所掠到半島東北面的軍士刷還於遼東，斡朵里女真「以此含蓄怨恨」，所以才西遷。而李朝阻止凡察西遷的理由，是怕凡察等與李滿住「一處聚居，同心作賊，本國邊患益滋不絕」。因此，請求明朝令斡朵里等女真「仍舊安業，以安邊民」。[115]明朝偏聽偏信，竟一改先前允准的態度，轉而支持李朝阻止西遷。明廷在給凡察、董山的敕諭曰：

> 前因建州左衛都猛哥帖木兒男童倉奏欲同李滿住一處居住已准所奏，敕王令人護送出境。今得王奏：「李滿住等釁嫌未解，若令聚處將來同心作賊，邊患益滋」，王所計慮亦當。其童倉、凡察等聽令仍在鏡城地面

---

[112] 《李朝世宗實錄》卷 80，世宗二十年正月辛卯。
[113] 《李朝世宗實錄》卷 82，世宗二十年七月辛亥。
[114] 《明英宗實錄》卷 36，正統二年十一月甲寅。
[115] 《李朝世宗實錄》卷 80，世宗二十年正月丙午。

居住，不必搬移，此輩皆朝廷赤子在彼在此一也。王惟善加撫恤使之安生樂業，各得其所，庶副一視同仁之意。[116]

敕諭中所云：「李滿住等讎嫌未解」，指李朝宣德八年、正統二年兩次征建州衛，使建州女真蒙受巨大的損失。凡察、董山西遷「與李滿住一處居住」正是為了聯合起來，與李朝抗爭。明廷以天下共主自居，在女真與李朝的矛盾衝突時，貌似公允，非但不申張正義，對女真予以保護，相反出於對女真的偏見，往往祖護李朝。

這樣一來，建州左衛的西遷活動，由於李朝阻止，又失去明廷支持，不得不暫時中止。對此，《李朝實錄》世宗二十年（正統三年）七月己丑條記載如下：

> 議於政府六曹曰：「斡朵里住居境內而猶有移動之心久矣。今已蒙奏准童倉等仍舊安業，其不能擅自遷徙一也；四鎮領兵而居以示制禦之威，其不能遷徙二也；酋長雖欲移徙，管下之人皆不肯從，棄管下而獨徙則為匹夫而已，其不能遷徙三也；彼久居斡木河自在耕牧，安心土著，一朝棄已熟之田，挈家遠徙，依付草木之間亦人情之所不忍也，其不能遷徙四也。以是觀之，固無移徙之疑矣。[117]

上述所列四條，確是斡朵里部西遷面臨的大問題。尤其第二條，「四鎮領兵而居，以示制禦之威」。時斡朵里女真，包括兀良哈女真處於李朝新設會寧、慶源、慶興、鍾城四鎮的軍事控制中，行動不自由，稍不留意就有被殺害危險。因此，西遷之事只有等待時機。正如咸吉道都節制使金宗瑞所言：「童倉及他斡朵里等畏我國威靈，不敢出移動之言，勤治農事，無移徙之狀。然詐謀難測，臣於朝夕窺其去留」。[118]

---

116 《李朝世宗實錄》卷81，世宗二十年五月丙申。
117 《李朝世宗實錄》卷82，世宗二十年七月己丑。
118 《李朝世宗實錄》卷81，世宗二十年四月辛酉。

CHAPTER 9———宣德、正統時期李朝拓疆置鎮與中朝東段疆界的確立 213

這期間斡朵里女真與明、李朝交涉出頭露面的主要人物是董山。為麻痺李朝，以便尋找西遷的時機。正統三年七月，董山首次赴李朝王京獻朝貢，並向世宗國王提出受職、求婚之事。董山言：「吾父，中朝、本國皆受職，吾亦願依父例受職」。[119]世宗國王認為，董山已受職明朝，再授其職是犯上行為，委婉回絕[120]；對求婚，李朝以為是擾絡董山的機會，准其娶鏡城、吉州家境富饒且有姿色女子為妻。條件是，娶朝鮮之女必須在朝鮮境內「往來彼此」，若率其遷徙他處，則是「誠心向國之意未著」不可以。[121]可見，李朝同意董山娶朝鮮女的條件是只許在朝鮮境內娶妻生子，不許遷徙他處。這對董山來說，無論如何也不能接受。回到阿木河後，董山決定娶李滿住之女為妻。李朝得知，派會寧節制使到董山居地進行威脅恐嚇，若董山娶李滿住之女，「強欲移居，則臨機處置亦可也」。[122]董山的處境也十分危險。

為擺脫危險的處境，正統四年（1439）正月，董山再次赴李朝王京朝貢。《李朝實錄》載：「吾都里指揮童倉等九人，護軍童所老加茂等五人，千戶禹亡乃等六人，指揮童吾沙介等六人，骨看虧知哈指揮波泰等七人，隨班獻土物」。[123]李朝為籠絡董山等，竟無視明朝，外藩屬國不許向其「屬夷」女真授官職的規定。授董山為嘉善雄武侍衛司上護軍，[124]並賜董山等「金帶、紗帽、靴及衣」等物。[125]與此同時，李朝進一步加強對阿木河女真的軍事控制。正統五年二月，世宗國王傳旨咸吉道都節制使金宗瑞：「須即量率兵馬，臨境耀威」，[126]企圖使「斡朵里凡察之輩梗化」，達到「悔罪歸順」的目的。[127]然而，李朝的軍事控制，非但未使凡察、董山等畏懼，相反更加促使他們義無反顧地西遷。

---

[119] 《李朝世宗實錄》卷 81，世宗二十年六月己卯。

[120] 據《李朝世宗實錄》卷 81，世宗二十年六月辛巳條載：「其受職之事，既受中朝官爵，不可又受本國官爵。」

[121] 《李朝世宗實錄》卷 82，世宗二十年七月己丑。

[122] 《李朝世宗實錄》卷 82，世宗二十年八月庚午。

[123] 《李朝世宗實錄》卷 84，世宗二十一年正月乙未。

[124] 《李朝世宗實錄》卷 84，世宗二十一年正月丙午。

[125] 《李朝世宗實錄》卷 84，世宗二十一年正月丁未。

[126] 《李朝世宗實錄》卷 88，世宗二十二年二月癸未。

[127] 《李朝世宗實錄》卷 88，世宗二十二年二月癸未。

正統五年（李朝世宗二十二年 1440）四月，斡朵里護軍童者音波向董山等報告：「兵曹判書領兵與觀察使、都節制使將盡殺汝輩，」[128]童倉懼，率所部離開阿木河。咸吉道都節制使金宗瑞派會甯節制使洪師錫、鍾城節制使李仁和率軍追捕。據金宗瑞的奏報云：

　　　　使會甯節制使洪師錫、鍾城節制使李仁和領兵於南羅耳等處要其歸路，
　　　　臨機追捕。臣亦領兵倍道追之，至阿赤郎耳大山下，童倉等棄其資產馬
　　　　畜皆逃遁山谷，分兵跡之，獲倉麾下男婦共二十七人，並獲牛馬資產。
　　　　洪師錫、李仁和等追至斜地上岐伊，倉等家小皆逃匿山間，虜壯者拒戰。
　　　　仁和等急擊，虜力盡棄馬登山，搜捕男婦共二十餘人，盡獲資糧兵仗而
　　　　還。其逃去者不過三十餘戶，餘皆依舊居住。[129]

　　董山等此次行動，因是臨時的行動，「其逃去者不過三十餘戶，餘皆依舊居住」。而此時，董山、老古赤等被李朝官軍所追捕，「馬畜資產悉皆見奪，只著一破衣往托于兀良哈」。[130]童山等財產盡失，暫居兀良哈，只好向李朝邊將「備陳事由，依舊居生」。[131]李朝得報，商議對策，決定對董山等採取撫綏之策。這樣童山等又返回到阿木河。可是，其他斡朵里等女真皆潛徙伐引、阿赤郎耳、東良北等處，藏匿山林，將「其本家所藏米穀，冒夜潛隱齎去，時未復還，其心難測」。[132]
　　凡察、董山率部西遷迫於李朝的壓力，只好伺機而動。不過，下層部民因失去土地與財產強烈要求西遷，凡察、董山欲召開酋長會議決定去留。據《李朝實錄》世宗二十二年六月丁亥條載：

　　　　馬邊者、卞孝文奉書承政院曰：千戶馬波羅來言：凡察、童倉等皆無離
　　　　叛之心，但童權豆收養子指揮老古赤父母皆在李滿住部落，滿住欲娶權

---

[128] 《李朝世宗實錄》卷89，世宗二十二年四月戊寅。
[129] 《李朝世宗實錄》卷89，世宗二十二年四月戊寅。
[130] 《李朝世宗實錄》卷89，世宗二十二年四月庚辰。
[131] 《李朝世宗實錄》卷89，世宗二十二年四月庚辰。
[132] 《李朝世宗實錄》卷89，世宗二十二年五月甲辰。

豆之妻已定謀約，指揮大也吾乃權豆妻之同產也。故此三人與前日資產
被奪，幹朵里三十餘人同謀，數請凡察等徙居李滿住部落。時當未定。
凡察等今欲征聚各處酋長乃決去留。臣等又遣馬仇音波偵候。仇音波路
遇凡察子阿下大，問之答曰：吾父略無移徙之心，麾下被奪資產者請之
甚切，吾父不獲已，乃征聚五十餘人已到東良北，當時去留之議未定。[133]

文中凡察子阿下大所云：「吾父略無移徙之心」，顯然與事實不符，凡察
等對再次西遷處於猶豫之中倒是符合實情。因為率部西遷沒有充分的準備顯然不妥，當時
最主要的準備是糧食問題，從阿木河遷徙遼東婆豬江需一個月路程，時逢五六月
間，青黃不接，糧食問題如何解決？即便糧食問題解決了，七、八月到達遼東，
農耕季節已過，在新居區又如何生存？可部民恐怕就不考慮這些，在他們看來，
在哪都一無所有，與其這樣，倒不如換一個新環境，恐怕還有生存的希望。

　　正統五年六月二十七日，凡察、董山等在部民的鼓動下，率建州左衛部眾
三百餘戶，率部西遷。[134]李朝得知凡察、董山率部西遷後，立即派吏曹參判崔
致雲赴明，奏報「童倉、凡察等逃竄事由」。奏文云：

臣竊詳本人（指凡察、董山）等陰謀詭計，反覆無常，上以欺詐朝廷，下
以謀擾本國，妄構多端。臣仰體屢降敕諭事意，更戒所在官吏，一切差發
稅糧，並不科擾耕農打圍，以至畜牧，亦聽自便，其有所求，隨請隨給，
多方撫恤。不期凡察猶蹈前非，不遵聖旨，欲與李滿住為黨，侵害本國，
誘脅年少無知童倉，不順眾情，強率逃走。臣竊念小邦累蒙聖恩，使本人
等不許搬移，本國邊民，稍得寧息。今若凡察等逃往李滿住在處，同心作
賊本國邊患，遂復如前。伏望聖慈下令遼東都司，將前項人等，發還元住
鏡城地面，仍舊復業，使小國邊民永被聖恩，不勝幸甚。[135]

《李朝世宗實錄》卷89，世宗二十二年六月丁亥。
[134] 《李朝世宗實錄》卷89，世宗二十二年六月丁酉：「今咸吉道都節制使馳啟：『凡察、童倉等
　　　舉種逃竄』」。
[135] 《李朝世宗實錄》卷89，世宗二十二年七月辛丑。

請求明廷將凡察等「發還元（原）住鏡城地面，仍舊復業」。明朝得到李朝的奏報，認為凡察等返還斡木河已不可能。所以，敕諭凡察等：「至蘇子河家口糧食艱難，今已敕遼東總兵官曹義等安插爾等於三土河及婆豬江迤西冬古河兩界間，同李滿住居處。若果糧食艱難即將帶回男婦口數從實報與總兵官給糧接濟，聽爾自來關給」。[136]三土河，為今吉林省海龍縣附近，合流於輝發河的三屯河。冬古河，為吉林省桓仁縣西，合流佟家江的董鄂河。[137]凡察、董山率部西遷由於李朝從中阻止，費盡周折，最後終於與李滿住匯合，其後建州女真以蘇子河為基地逐漸發展壯大。

　　凡察、董山率部西遷緣於李朝在圖們江流域拓疆置鎮，而凡察、董山率部西遷後，圖們江流域女真人數減少，力量削弱，更加有利於李朝向圖門江流域拓展勢力，便於對圖們江流域女真的控制。

　　隨凡察、董山西遷的斡朵里部女真約三百餘戶，除先前已遷徙的人戶外，圖們江以南斡朵里部女真還有相當部分留居阿木河等地。據《李朝實錄》記載：「不肯隨去仍留安業，凡察親兄斡沙哈、阿哈里、哈失八及管下人等共計一百八十戶」。[138]這些留居的斡朵里女真，因苦於李朝地方官欺壓和兀狄哈女真的侵掠，正統五年（李朝世宗二十二年 1440）七月，向李朝提出：「欲移居幽隱之處，以避侵掠」。[139]十月，據咸吉道都節制使馳報：「無乙界住居吾都里所乙非、虧乙也赤、多非、別羅茂、侯侯里等，率其妻子舉群逃去」。[140]反映留居阿木河的斡朵里部女真不安其居的實況。對此，李朝邊將派兵追捕，「捕所乙非等，盡奪資產，所乙非等皆繫會寧獄」。針對留居的女真不斷有流徙的狀況，李朝邊將認為：「如此逃叛者若不罪之，潛逃者繼踵，乞斬其魁首，以

---

[136] 《明英宗實錄》卷 71，正統五年九月己未。
[137] 參見稻葉岩吉：《建州女直の原居地遷居地》，《滿洲歷史地理》第 2 卷，第 572 頁。
[138] 《李朝世宗實錄》卷 90，世宗二十二年七月辛丑。
[139] 據《李朝世宗實錄》卷 90，世宗二十二年七月丁卯條載：「（斡朵里）阿下里啟曰：『臣前此住於吾弄草地面，今聞虧知介、林阿車謂我寡弱，將肆侵掠，今臣上來之時，匿臣之妻子於慶源旁近之處，臣亦欲移居幽隱之處，以避侵掠。』」
[140] 《李朝世宗實錄》卷 91，世宗二十二年十月戊戌。

懲後人」。[141]可見，留居阿木河的斡朵里部女真，由於李朝的欺壓和兀狄哈女真的侵掠，生活處於極度不安定的窘境。

凡察等西遷遼東後，與留居阿木河斡朵里部仍有密切聯繫，並深知他們的處境。十一月，凡察等向明廷奏請將留居阿木河的斡朵里女真遷移遼東。據《明實錄》記載；

> 敕諭朝鮮國王李祹曰：……今凡察等奏：「將率眾還，為王軍馬追逐搶殺，內有一百七十餘家，阻當不放」。朕惟凡察疑懼不還，此小人之心無足怪者，而使其父子兄弟夫婦離散情則可憐，此或下人所為，王不知也。敕至可遣人覆實，果有所遺人民一百七十餘家，即遣去完聚。如凡察妄言，或其人在彼不欲去者，王善加撫恤，俾遂其生。[142]

李朝得此敕諭後，於翌年正月，遣中樞院副使金乙去攜帶奏本赴京，奏本中極力反對阿木河女真遷徙。金乙去的奏本圍繞著洪武朝以來半島東北部居住的女真與李朝、明廷的交涉進行了詳細的記述。尤其論及凡察西遷以後，留居阿木河凡察親兄斡沙哈、阿哈里、哈失八等如何表白「我等只緣國恩深重，不忍棄去，誓將終身」[143]留居的態度，以此表明朝鮮對留居的女真遷徙從未阻止過。並云，凡察奏本中所云：「對留居者搶殺阻當，實為虛捏」，[144]指出「凡察、滿住人面獸心，天地間一種丑類也……不奉累降聖旨，罪惡之重，亦朝廷之所知。今彼反得其計，偃然自肆，輕侮小邦」。[145]奏文最後仍請求明廷敕諭：「凡察等遣還舊居」。[146]明廷見李朝奏文後，敕諭李朝，凡察等「蓋其志已離勢難復合，強之變合終不為用，不若姑聽之耳。其所遣人口在王國者，王加厚撫綏之，勿

---

[141] 《李朝世宗實錄》卷 91，世宗二十二年十月戊戌。
[142] 《明英宗實錄》卷 73，正統五年十一月乙丑。
[143] 《李朝世宗實錄》卷 92，世宗二十三年正月丙午。
[144] 《李朝世宗實錄》卷 92，世宗二十三年正月丙午。
[145] 《李朝世宗實錄》卷 92，世宗二十三年正月丙午。
[146] 《李朝世宗實錄》卷 92，世宗二十三年正月丙午。

致失所，彼如感德自然無異志」。[147]可見，李朝希望凡察等返回阿木河的請求，明朝已有明確態度，但關於留居阿木河的斡朵里女真的遷徙問題尚未解決。

正統六年（李朝世宗二十三年 1441）七月，凡察等又向明廷提出，李朝若不送還阿木河斡朵里部女真，明年欲率部眾前往朝鮮，通過武力取回。明英宗敕諭凡察等「率兵往取」，「昧於天道，不順人情，欲生釁端，自取危亡」，不允許凡察率兵武力取回留居女真，此事要等朝廷派人到朝鮮對留居的人員調查核實後，再作決定。[148]

是年底，明朝派錦衣衛指揮僉事吳良為敕使，前往朝鮮進行調查核實。李朝在吳良等未動身前就獲悉，急商對策。據《李朝實錄》世宗二十三年（正統六年）十一月辛巳條載：

> 上聞皇帝遣指揮吳良驗問留住吾都里去留情願。召右議政申概、左贊成河演、右贊成崔士康、兵曹判書鄭淵、禮曹判書金宗瑞、兵曹參判辛引孫等議曰：「今敕使欲驗問留住吾都里去留情願，敕使若親往取招，其弊不貲，何以處之？」僉曰：「敕使若親往，則不徒支待之弊，野人等去留情願未可必也，莫若於敕使未到前，招集酋長及凡察之諸兄上京，敕使到國，則云留住吾都里酋長已曾上來，當問去留情願，何必於遠路冒寒親往，如此懇請甚便」。上從之。[149]

李朝應對之策甚是，事前將斡朵里女真首領召至王京，這些首領置於李朝的監

---

[147] 《明英宗實錄》卷 76，正統六年二月丁酉。

[148] 據《明英宗實錄》卷 81，正統六年七月乙卯條載：敕建州左衛都督僉事凡察及建州衛都指揮李滿住等曰：「爾奏朝鮮國王李祹，將爾叔指揮逢吉等所屬人民一百八家，拘留不遣；又稱各人不願回還，乞朝廷差人往彼分豁，已敕朝鮮將所留爾處人口願回還者，發還完聚。朝鮮復奏，各人在彼居住年久，結為婚姻，不願回還，已諭爾等知之。今爾等奏乞朝廷差人往彼分豁，此言可行。至云如彼不與，候明年率眾往取，此言非理。此蓋由爾等昧於天道，不順人情，欲生釁端，自取危亡，朕深憫之。敕至爾等謹遵法度，約束部屬，毋犯朝鮮。待其使臣來朝，審其實情，必為爾等從公處之，若不遵朕言，擅動人馬，自作不靖，必有天殃人禍，爾等其慎之、慎之」。

[149] 《李朝世宗實錄》卷 94，世宗二十三年閏十一月辛巳。

視威懾之下，讓明使當著李朝官員面進行所謂的調查，還美其名曰，「何必於遠路冒寒親往」，可謂用心良苦。

十二月，明欽差錦衣衛指揮僉事吳良等到達朝鮮，世宗國王率群臣迎於慕華館。明使帶給李朝的敕書云：

> 王可招集凡察、李滿住等所索之人，面對吳良等及所遣來者自言願留願回，如誠心願留，即聽在國居住，則凡察等亦難復言；如其願回，則付其所遣來人帶去，王亦令人護送出境，不致失所。[150]

最初，吳良拿出凡察書寫的「居住野人姓名」[151]名單，名單上留居者中願遷回遼東者很多。李朝認為「良（吳良）所招來者甚多，不可盡從」。[152]於是，對吳良施以賄賂，「密遺（吳）良甚厚」，此法果然奏效，「凡所求索無不曲從」。[153]在李朝的授意下，吳良等只問被招至王京的女真首領。在明使問對這些女真首領去留時，李朝官員也在座，女真首領不知內情，不敢說出心裡話，違心地說願留居，不願遷徙。[154]這種欺上瞞下的問對一直到明使歸國前。

正統七年（李朝世宗二十四年 1442）二月，明使吳良等回國。《李朝實錄》載：「上率王世子及群臣幸慕華館設餞宴，宴訖，上送至館門，吳良曰：感恩萬萬，墮淚而去」。[155]七月，明朝在給凡察等的敕書中，通報了吳良等赴朝鮮審問的結果。《明實錄》載錄如下：

> 比因爾遺下鏡城人口與朝鮮各執一詞，積久不已。朕慮爾等構怨日深，特敕錦衣衛指揮僉事吳良等齎敕諭朝鮮國王李祹，令拘前項人口對眾面審，果願還爾處者即付領回，願留朝鮮者亦聽在彼安住。今吳良等回奏：

---

150 《李朝世宗實錄》卷94，世宗二十三年十二月戊午。
151 《李朝世宗實錄》卷94，世宗二十三年十二月己未。
152 《李朝世宗實錄》卷94，世宗二十三年十二月己未。
153 《李朝世宗實錄》卷94，世宗二十三年十二月己未。
154 《李朝世宗實錄》卷94，世宗二十四年正月己巳。
155 《李朝世宗實錄》卷94，世宗二十四年二月丁巳。

「同爾頭目擊款赤及朝鮮委官審得童阿哈等八十五名，俱稱世居朝鮮，父母墳塋皆在，又受本國職事，不願回還，其餘有已故者，有先徙遠處者，有原非管屬不識其名者，俱審實明白，皆非朝鮮拘留」。爾自今宜上順天理，下體人情，安分守法，用圖長遠享福。[156]

凡察等試圖通過明朝解決留居阿木河的斡朵里女真遷徙遼東問題，由於李朝從中作梗，最終未果。李朝這麼做有他的考慮：這些女真「賊謀難測」，如回遷遼東定會與李滿住、凡察等聯手，對其拓展的鴨綠江流域疆域構成隱患，將其繼續留居在圖們江上游阿木河附近為「城底女真」，即便於對其控制，又可作為防禦兀狄哈女真的一道藩籬。

---

[156] 《明英宗實錄》卷 92，正統七年五月庚申。

CHAPTER 10

景泰天順時期留居圖們江上游以南的女真與李朝的關係

一、留居圖們江上游以南的女真部落

正統五年，凡察、董山西遷後，圖們江上游以南仍留居數量眾多的女真部落。這些女真不僅是居住阿木河的斡朵里部，還有兀良哈毛憐衛等女真。關於留居圖們江上游以南女真部落的分佈、族屬及各個部落的情況，我們根據《李朝實錄》端宗三年（景泰六年 1445）三月，李朝咸吉道都體察使李思哲對居住該區域女真人的調查報告，可知其大致情形。

景泰年間，李思哲對居住圖們江流域女真進行調查，是與世宗末年李朝政局變化有密切關聯。世宗國王於世宗三十二年（景泰元年 1450）逝世，世子李珦即位，即文宗國王。文宗於翌年五月病故，世子魯山君弘暐即位，即端宗國王。端宗年幼，朝政由世宗朝重臣皇甫仁、金宗瑞、許詡、鄭苯等輔佐。而窺伺王位的文宗之弟首陽大君李瑈（即李朝世祖國王），與親信大臣韓明澮、洪達孫等密謀發動「靖難之變」，誅殺輔政大臣，將金宗瑞、皇甫仁等家族，年十六歲以上者盡行絞殺，房屋、田宅沒收，分賜「靖難功臣」。首陽大君發動「靖難之變「後，掌軍國重事，其他「靖難功臣」均委以重職。如鄭麟趾為左議政、申叔舟為右承旨、朴好問為咸吉道兵馬節制使等。伴隨著李朝中樞權力更替，地方人事也發生變化。如咸吉道都節制使李澄玉被貶。李澄玉為金宗瑞部下，在半島東北部女真地區經略多年，如《李朝實錄》所載：「澄玉有武藝，鎮兩界（半島東北、西北）二十餘年，野人畏服」。[1]接替他的是朴好問。李澄玉得知金宗瑞等被誅殺，自己也難免一死。與其等死，不如鋌而走險，殺朝廷命官朴好問，以半島東北部為基地，建大金國政權，自稱大金皇帝。[2]據《李朝實錄》端宗元年（景泰四年 1453）十月戊申條載：

---

[1] 《李朝世宗實錄》卷 129，世宗三十一年八月辛未。
[2] 河內良弘：《明代女真史の研究》，第 365-370 頁。

（澄玉）召鍾城教導李善門曰：「此地方乃大金皇帝奮興之地，時有古今英雄未曾不同，吾今欲定大策，汝其草詔」。善門辭不能。澄玉曰：「汝把筆，口呼曰：『自大金以後，禮義度絕，諸種野人或殺無罪，或殺父母，以致傷和，天諭揆治，朕以薄德難保，惟命不敢自己，乃陟位蓋亦有年矣，今天覆諭之，余不敢廢上天之命，以某年月日昧爽即位，境內大小臣民想宜知悉』」。[3]

當然，李澄玉圖謀另立政權，與李朝抗衡，必然失敗。但這裡要說明的是，這位「鎮兩界二十餘年」的邊將深知半島東北部邊情。半島東北部為遼金以來女真人故居，他最清楚不過。他之所以欲建大金國，是為得到居住半島女真人的支持。他在所謂即位詔書中，揭露李朝對當地女真人「或殺無罪，或殺父母，以致傷和」的罪行，恰是李朝對女真人殘殺的自白。為此，他曾向女真酋長請兵援助，[4]不久，卻為身邊將領所殺。

此時的首陽大君（李朝世祖），圖謀即位在即，[5]欲極力籠絡女真部落。然而，當時熟悉邊事的邊將皇甫仁、金宗瑞、李澄玉等已不在世，時任邊將皆不熟悉半島東北部邊事，尤其不甚熟悉女真情況。這樣，在接待女真首領時，頗有難處，這就促使李朝要對圖門江流域女真進行一次調查。據《李朝實錄》端宗三年（景泰六年 1455）正月戊午條載：

諭咸吉道都體察使曰，禮曹當接待野人之時，每患未知強弱。卿與都節制使同議，兀良哈、斡朵里、骨看兀狄哈、火刺溫等諸種野人酋長麾下多少部落，族屬強弱及雖非酋長族類強盛者，秘密聞見，詳錄以啟。[6]

---

[3] 《李朝端宗實錄》卷 8，端宗元年十月戊申，學習院東洋文化研究所，1957 年。

[4] 《李朝端宗實錄》卷 8，端宗元年十月戊午。

[5] 據《李朝實錄》載，首陽大君於景泰六年六月即國王位。

[6] 《李朝端宗實錄》卷 13，端宗三年正月戊午。

於是，剛剛上任咸吉道都體察使的李思哲等派人至女真地區，進行實地調查。據李思哲的啟文云：

> 咸吉道都體察使李思哲因諭書與都節制使同議：第其野人部落族類強弱以啟。曰：火剌溫、愁濱江、具州等處兀狄哈則居於深遠之地，未曾歸順，故其部落族類強弱及麾下名數不可得知。兀良哈、斡朵里、骨看兀狄哈內酋長，則分等為難，故並以一等施行。雖非酋長，部落族類強盛人亦以一等施行。其餘各人以強弱分為二三四等，其不得詳知強弱者亦具事由。以憑後考。[7]

李思哲等調查的範圍除火剌溫、愁濱江、具州等地的兀狄哈女真外，圖們江流域兀良哈、斡朵里、骨看兀狄哈等諸部落女真均為調查對象。在調查中將女真人所在的部落，及勢力強弱分為四等，並對各部落女真酋長及家族成員的構成，及部落成員的姓名都進行詳細考察。[8]下面我們根據李思哲的調查報告，再結合其它史料，重點研究一下圖們江上游以南女真部落（也涉及圖們江以北女真）的情況及與李朝的關係。

首先，研究一下女真的村落分佈情況。據李思哲的調查報告，當時李朝所置六鎮除富寧鎮外，其它五鎮周圍所居的女真都一一進行了調查。下面我們將五鎮周圍所居女真部落分別製成表，加以論述。

1、會寧鎮女真部落分佈表[9]

居地	族屬	酋長	戶數	壯丁數	備註
吾弄草	斡朵里	李貴也	40	80	
沙吾耳	兀良哈	也乃	7	10	圖們江北
吾音會	斡朵里	馬仇音波	9	20	
會寧附近	斡朵里	所老加茂	15	30	
下甫乙下	斡朵里	童吾沙可	7	15	

---

[7]　《李朝端宗實錄》卷 13，端宗三年三月己巳。
[8]　參見旗田巍：《吾都里族之部落構成》，《歷史學研究》5 卷 2 號，1935 年 12 月。
[9]　表格係根據《李朝實錄》端宗三年三月己巳調查報告製成。

居地	族屬	酋長	戶數	壯丁數	備註
下多家舍	斡朵里	無伊應可	2	9	圖們江北
上甫乙下	兀良哈	浪仇難	7	15	
斜地	兀良哈	阿弄可	15	30	
無乙界	兀良哈	屢時巨	20	40	
仍邑包家舍	兀良哈	林黃巨	20	40	
和尚家舍	兀良哈	斜弄可	9	20	
甫伊下	兀良哈	金仇赤	20	30	
阿赤郎貴	兀良哈	虧老可	50	110	圖們江北
常家下	兀良哈	阿下	14	20	
伐引	兀良哈	哈兒禿	45	100	
毛里安	兀良哈	所衆可	30	60	
下東良	兀良哈	浪卜兒罕	20	70	
中東良	斡朵里	阿下二	40	80	
虛水羅	兀良哈	童波好二		10	
上東良	斡朵里	童馬知里	10	20	
20			380	809	

　　據會寧鎮女真部落分佈可知，會寧鎮附近有 20 個村落，從族屬上看，屬於斡朵里的 7 個，兀良哈的 13 個。從所屬的家即戶來看，30 家以上的村落 4 個，30 家以上的村落 1 個，20 家以上的村落 4 個，10 家以上的村落 4 個，10 家以下的村落 10 個。會寧鎮女真部落總計 20 個，380 家（戶），壯丁為 809 人。

2、鍾城鎮女真部落分佈表

居地	族屬	首領	戶數	壯丁數	備註
鍾城附近	兀良哈	毛下呂	5	9	
江內愁州	兀良哈	好時古	15	26	
江外愁州	兀良哈	柳尚同介	24	50	圖們江北
	兀良哈	老沙	23	40	居地不明
童巾	兀良哈	東良介	10	20	
江里江內	兀良哈	也音夫	12	41	
阿赤郎貴	兀良哈	金都乙溫	6	300	圖們江北
伊應巨	兀良哈	伊時乃		30	戶數不清
8			95	516 人	

據鍾城鎮女真部落分佈表可知，鐘城周圍有 8 個女真村落，其中有一個居地不明的村落。從族屬上看，均為兀良哈。從所屬的家（戶）來看，只有伊應巨地方的村落沒有記載家數，只載「族類三十餘名」，其餘 7 個。20 家以上村落 2 個，10 家以上村落 2 個，10 家以下的村落 3 個。所居女真約 98 戶，壯丁 516 人。

3、穩城鎮女真部落分佈表

居地	族居	首領	戶數	壯丁數	備註
末餞	女真	于許里			戶數、壯丁數不清
多穩	兀良哈	多乃	7	13	圖們江北
尼麻退	兀良哈	豆伊	6	13	
時建	兀良哈	所時右	10	22	圖們江北
甫青浦	兀良哈	所澄介	19	30	圖們江北
5			42	98	

據穩城鎮女真部落分佈表可知，穩城鎮周圍有 5 個女真村落，從族屬上分屬於兀良哈的 4 個，屬於女真的 1 個。從所屬的家（戶）來看，10 家以上村落 2 個，10 家以下的村落 2 個，戶數不清的一個。會寧鎮女真約 42 戶，壯丁 98 人。

4、慶源鎮女真部落分佈表

居地	族屬	首領	戶數	壯丁數	備註
	兀良哈	金權老	9	30	圖們江北
伯顏家舍	女真	訥郎介	6	20	
件加退	女真	之下里	3	10	
吾弄草	女真	下乙金	6	20	與前表的同名異地
汝甫島	女真	好時乃	25	40	圖們江北
下訓春	女真	都乙甫下	10	15	圖們江北
	女真	仇音所	27	60	居地不詳
	兀良哈	多乙非	43	80	居地不詳
訓戎江外	兀良哈	李舍土	24	50	
上訓春	兀良哈	波難	61	120	
10			194	445	

據慶源鎮女真部落分佈表可知，慶源鎮周圍有女真村落 10 個，屬於兀良哈的 4 個，屬於女真的 6 個，從所屬的家（戶）來看，60 家以上村落 1 個，

40 家以上村落 1 個，20 家以上村落 3 個，10 家以上村落 1 個，10 家以下村落 4 個。所居女真約 194 戶，壯丁數 445 人。

5、慶興鎮女真部落分佈表

居地	族居	首領	戶數	壯丁數	備註
何多山	骨看兀狄哈	金時仇	17	36	圖們江北
草串	骨看兀狄哈	李阿時應可	20	42	圖們江北
余山	骨看兀狄哈	金照郎可	3	8	圖們江北
丁知末	骨看兀狄哈	劉沙乙只大	2	6	圖們江北
會伊春	女真	朴波伊大	6	21	圖們江北
汝吾里	女真	金毛多吾	8	18	
阿乙阿毛丹	女真	金舍大	1		戶數、壯丁數不清
江陽	骨看兀狄哈	李多弄可	4	10	
8			61	131	

據慶興鎮女真部落分佈表可知，慶興鎮周圍有女真 8 個村落，從族屬上屬骨看兀狄哈的 5 個，屬女真的 3 個，其中慶興 45 里江內阿乙阿毛丹地方僅有一戶居住。從所屬家（戶）來看，20 家的村落 1 個，10 家以上村落 1 個，10 家以下的村落 8 個。慶興鎮所居女真約 61 家（戶），壯丁約 131 人。

綜合上述會甯、鐘城、穩城、慶源、慶興五鎮女真所居村落共 51 個，約 771 戶，壯丁 1979 名。其中居圖們江以北的女真村落至少 13 個，即兀良哈 7 個、骨看兀狄哈 4 個、斡朵里 1 個、女真 1 個，壯丁約 663 名，182 戶；居住圖們江以南女真所居村落 38 個，近 600 戶，壯丁約 1300 餘名。兀良哈女真部落因未遷徙，故村落、戶數、壯丁最多，其次，斡朵里部，再次之為女真和骨看兀狄哈，說明留居圖們江上游以南女真人數還是很多的。這些女真李朝稱為「城底女真」。雖居六鎮周圍，特別是李朝世宗晚年以降對女真授予官職，實行羈縻統治。這些女真為生存需時常向李朝王京進獻土物，接受李朝所封名譽上的官職，但這些女真與「歸化女真」有本質不同。「歸化女真」（或向化女真）是已入朝鮮籍，與李朝編戶齊民一樣，向李朝政府交納賦稅，而上述這些「城底女真」並未歸化李朝，雖居李朝之地，但仍為明朝子民，是隸屬於明朝所轄下邊疆民族衛所。

以上我們僅就會寧、鐘城、穩城、慶源、慶興五鎮周圍女真各部落的分佈、戶數等進行了考察，從中可知女真各部在圖們江上游以南的分佈、戶數、壯丁數。

下面我們就會寧鎮斡朵里部女真村落進行個案研究，就其部落內部族系、家族成員的構成及與李朝的關係加以考察。

1、吾弄草部落

關於吾弄草部落的情況。據《李朝實錄》端宗三年三月條載：

> 會寧鎮北指二十里江內，吾弄草住斡朵里萬戶李貴也，族類強盛，酋長，一等。子護軍李巨乙加介上京侍衛，次子司直阿伊多可，次子處巨乃，已上四等。護軍童南羅，故都萬戶阿下里子，族類強盛，一等，子息迷弱。護軍童毛多赤，族類強盛，阿下里弟，侍衛，二等，子也車石，四等，次子名不知。護軍浪加加乃，族類強盛，二等，子護軍浪三波，侍衛，四等，次子司直浪金世，次子浪沙吾介，次子沙乙之，次子浪三下，次子毛可，已上四等。護軍朴訥于赤，侍衛，二等，子司直毛都吾，次子司正家老，已上四等，次子二名不知。護軍浪愁佛老，族類強盛，二等，子浪乙愁，四等，次子三名不知。副萬戶童敦道，族類強盛，二等，子三名不知。司直李溫赤，族類強盛，三等，子都老古四等，次子一名不知。司直浪下毛羅，族類強盛，三等，子阿下，四等。司直李都致，李貴也弟二等，子這巨乃，四等，次子三名不知。司直阿弄可，三等，子阿古赤，四等，次子三名不知。司直童速時，族類強盛，三等，子四名不知。副司直童也童夫，四等，子兒家，四等，次子一名不知。司直李注音比，李貴也侄，三等，子二名不知。副萬戶童所乙吾，三等，子三名不知。護軍文加乙巨，族類強盛，二等，子公時大，四等，次子三名不知。右里四十餘家，內壯丁八十餘名。已上並李貴也管下。[10]

---

[10] 《李朝端宗實錄》卷13，端宗三年三月己巳。

會寧鎮（朝鮮咸鏡會甯），時為會寧都護府。所謂的「江內」指圖們江以南。吾弄草位於會寧鎮「北指二十里江內」。據《新增東國輿地勝覽》卷五十，會寧都護府，烽燧條載：「吾弄草烽燧，在府北十五里」，[11]與上文記載基本吻合。引文中人名前冠以都萬戶、萬戶、副萬戶、護軍、司直等號，是當時李朝授予女真各首領名譽上的官職。引文最後所載「右里四十餘家，內壯丁八十餘名」，而我們統計發現，實際上戶（家）數不過十幾戶，壯丁數，加上「名不知」者也不足60名。上述情況的出現，或許在調查中遺漏，或許調查中沒有遺漏，卻在載錄時遺漏。儘管如此，並不妨礙我們對吾弄草村落內部的考察。據上文所載可知，吾弄草村落李姓、童姓、浪姓占居多數，其他朴姓、文姓為少數。

那麼，先考察下童姓的族屬關係。上引文中載：「童南羅，故都萬戶阿下里子」。即童南羅父為阿下里。阿下里，又作阿哈里、于虛里。如《李朝實錄》載：「凡察親兄幹沙哈、阿哈里」。[12]阿哈里又記為于虛里。同書又載：「凡察親兄阿哈里告於邊將，我子所老加勿欲要逃去」，[13]同書同月丙辰條又載：「童于虛里子所老加茂」。[14]由此可知，阿下里與阿哈里、于虛里為同一人，為建州左衛凡察之兄。這位凡察之兄當年不贊成凡察、董山西遷。正統五年春，當凡察等欲率眾西遷，李朝得知，率軍追捕，阿下里曾向李朝表示：「予欲親往都乙溫部落，率童倉以來」。[15]凡察西遷後，留居幹朵里部女真尚多，李朝為籠絡留居的幹朵里女真，欲從其中選一人作酋長，阿下里在首選之列。正統五年七月，世宗國王傳旨咸吉道都節制使金宗瑞：「今吾都里等酋長雖去，留住之戶尚至百餘，其中豈無巨魁者乎？共戴以為酋長者誰也」？熟悉邊情的金宗瑞以為，阿下里為合適人選。他言：阿下里「歸順誠心終始不變，且存留之中官高亦有人望，臣意以為但此人而已」。[16]阿下里，約在正統九年（世宗二十六年1444）故去。《李朝實錄》二十六年九月條載：

---

11 《新增東國輿地勝覽》卷50，咸鏡道，會寧都護府，烽燧條，第908頁。
12 《李朝世宗實錄》卷92，世宗二十三年正月丙午。
13 《李朝世宗實錄》卷92，世宗二十三年正月丙午。
14 《李朝世宗實錄》卷92，世宗二十三年正月丙辰。
15 《李朝世宗實錄》卷89，世宗二十二年四月庚辰。
16 《李朝世宗實錄》卷90，世宗二十二年七月己酉。

諭咸吉道都觀察使鄭甲孫，故都萬戶童于虛里（阿下里）久居城內，不隨凡察逃竄，納款效力，終始不渝。其子所老加茂能繼父志，順服無貳，予乃嘉之。授于虛里萬戶，擢所老加茂，授以高官，賜以印章，俾為酋長，唯此父子非他野人之比，今者聞于虛里訃音，誠可憐悶，特遣禮官致祭，仍賜賻物，卿其知悉。[17]

阿下里故去，李朝授予都萬戶之職，其子童南羅此時為護軍，所以，其家族「族類強盛，一等」。

關於浪姓有三家，從族屬上看，不屬於斡朵里女真，應為兀良哈毛憐衛女真。浪姓最為著名的是毛憐衛首領浪孛兒罕，但在斡朵里部落中也有浪姓居住。世祖元年（景泰六年　1455）十一月，《李朝實錄》載：「斡朵里護軍浪愁音佛等六人來獻土物」。[18]吾弄草所居的浪姓中，至少浪加加乃一族與兀良哈浪孛兒罕有血緣關係。據咸吉道助戰元帥洪允成馳啟：

有野人告於鏡城鎮曰：「我去年十月入中朝（明朝），及還路見浪三波屯兵三百餘騎，問其故答曰：『從兄浪孛兒罕死於朝鮮，故欲報之』」。[19]

浪三波為吾弄草所居浪加加乃長子，與浪孛兒罕是從兄弟關係，得知浪孛兒罕為李朝殺害，率兵三百餘騎，欲向朝鮮為其兄浪孛兒罕報仇。

2、吾音會部落

吾音會（阿木河）部落的情況，據《李朝實錄》端宗三年三月己巳條載：

（會寧鎮）四里江內吾音會住斡朵里都萬戶馬仇音波，族類強盛，酋長馬邊者侄，所老加茂妹夫，一等，子護軍伐伊多，三等，次子毛多赤，

17　《李朝世宗實錄》卷 106，世宗二十六年九月丁亥。
18　《李朝世祖實錄》卷 2，世祖元年十一月癸未，學習院東洋文化研究所，1957 年。
19　《李朝世祖實錄》卷 20，世祖六年四月壬申。

次子阿唐可，已上四等。都萬戶童亡乃，族類強盛，酋長，一等，子護軍伊時可，三等，次子司直約沙、次子麻舍、次子甫郎可，已上四等。上護軍馬朱音波，仇音波弟，二等，子甫郎可，三等，次子甫多赤，四等。上護軍馬金波老，仇音波弟，二等，子司直馬千里，三等，次子多弄可、次子阿乙多，已上四等，次子一名不知。副萬戶童三波老，族類強盛，都萬戶吾沙介子，二等，子護軍伊時可，三等，次子司正者吐、次子者邑可，已上四等。護軍馬加弄可，仇音波弟，二等，子三名不知。右里九家，內壯丁二十餘名。[20]

吾音會即阿木河，曾為猛哥帖木兒建州左衛所居之地。猛哥帖木兒父子殉難，凡察、童山率部西遷後，此地仍留居著斡朵里部族。阿木河所居壯丁數 25 名，戶數馬姓 4 家，童姓 2 家，與引文末「右里九家，內壯丁二十餘名」所載數，戶數差 3 家，壯丁數基本吻合。

　下面分析下阿木河部落內部情況。馬姓 4 家，人口占阿木河村落人口的一半以上。這裡應引起注意，在李思哲的部落調查報告中，其他部落未見有馬姓者，僅是阿木河部落中有此姓，說明馬姓集中在阿木河村落，而且在阿木河馬姓中很可能是同族。而童姓 2 家，首領為童亡乃、童三波老。童三波老族系屬於猛哥帖木兒、凡察族系。童三波老之父吾沙可，時居會寧附近下甫乙下部落。吾沙可族系，《李朝實錄》世宗二十年（正統三年）七月辛亥條載：

（金）宗瑞回啟：凡察之母僉尹（官名）甫哥之女也吾巨，先嫁豆萬（官名）揮厚，生猛哥帖木兒。揮厚死後，嫁揮厚異母弟容紹（官名）包奇，生于虛里、于沙哥、凡察。包奇本妻之子吾沙哥、加時波、要知。[21]

由此可知，吾沙哥與凡察是同父異母兄弟，與猛哥帖木兒是同族兄弟。至於童亡乃，《李朝實錄》屢見其名，是斡朵里部有實力首領，但與猛哥帖木兒的童

---

[20] 《李朝端宗實錄》卷 13，端宗三年三月己巳。
[21] 《李朝世宗實錄》卷 82，世宗二十年七月辛亥。

氏好像沒有血緣關係，屬於另一族系的童姓。這樣看來，阿木河村落有三個族系，之所以居住同一村落，恐怕是相互聯姻。

童亡乃與馬姓的關係。據《李朝實錄》世祖七年（天順五年 1461）十月丁卯條載：

> 前年秋間，自會寧逃移童亡乃，與其子若沙伊兄弟、其婿馬愁音波等五人，今居何處？[22]

文中童亡乃之子若沙伊，應為前引文中「童亡乃……次子司直約沙」，馬愁音波應為前引文中「上護軍馬朱音波」，即馬朱音波娶童亡乃之女，馬朱音波（馬愁音波）為童亡乃女婿。又據《李朝實錄》世祖三年（天順二年 1458）十月癸巳條載：

> 諭咸吉道都節制使郭連城曰：「今見本道觀察使移刑曹關文，知馬金波老毆傷其叔童亡乃，罪固重矣。然禽獸之行，何足誅責？且（馬金）坡（波）老本來自謂不下于（童）亡乃，故國家並除職。今卿當以予命召金波老、童亡乃等，語金坡（波）老曰：『爾受予都萬戶，亡乃受予中樞之職，尊卑固不如也。且亡乃爾之叔父，而毆傷之，是不畏國法，而又不畏予也，當殺無赦。然汝等皆予所愛護，且地遠情狀難究，故特赦汝。汝可贖于亡乃，以相和解，悔過自新，後勿復然，使金波老知其罪，亡乃雪其憤也』」。[23]

童亡乃為馬金波老叔父。馬金波老與前引文馬仇音波、馬朱音波、馬加弄可為兄弟，即童亡乃是這幾位兄弟叔父。然而，童姓與馬姓為異姓，所以童亡乃肯定不是馬金波老之父的兄弟，應是馬金波老之母的兄弟。可見，童亡乃與馬姓有姻親關係確定無疑。

---

[22] 《李朝世祖實錄》卷26，世祖七年十月丁卯。
[23] 《李朝世祖實錄》卷9，世祖三年十月癸巳。

童波老與馬姓的關係，如前引文所述，馬仇音波為所老加茂妹夫，所老加茂為于虛里之子。于虛里為凡察之兄，童三波老之父吾沙哥異母兄弟，這樣童三波老與童所老加茂為從兄弟。同時，所老加茂之妹為馬仇音波之妻，他們之間也有婚姻關係。由此可知，阿木河居住童亡乃和童三波老恐怕沒有血緣與婚姻關係，但兩家分別與馬姓通婚，間接地發生關係。

3、會寧附近的部落

關於會寧附近的部落情況，據《端宗實錄》三年三月己巳條載：

> （會寧鎮）西指十三里江內住斡朵里中樞童所老加茂，族類強盛，首長，一等。子青周，二等，次子三名不知，皆迷弱。司直高羅邑，多孫無子，四等。司直高羅麟可，無子，四等。護軍童伊麟可，無子，四等。楊里人童候候里四等，子三下，次子三波，四等。楊里人李多非，四等，子佐吾下，次子佐化老，已上四等。右楊里人十戶，並十五家內壯丁三十餘名。已上並吾音會人所老加茂、馬仇音波等管下。[24]

引文中所云：「西指十三里江內」，是指位於會寧以西十三里圖們江以南。該村落沒有名字，不是載錄遺漏，恐怕這個村落根本就沒有名字。如端宗元年（景泰四年 1453）十月條載：「會甯府住中樞童速魯帖木兒」。[25] 同書十一月又載：「會甯府住中樞童速魯帖木兒」，[26] 均稱此居地為「會寧府住」。童速魯帖木兒，據《李朝實錄》記載看與童所老加茂為同一人。

引文中所載：「右楊里人十戶，並十五家內壯丁三十餘名」。實際上，楊里人僅有二戶，即「楊里人童候候里」，「楊里人李多非」。除楊里人以外 5 家，為童所老加茂父子 2 家、童伊麟可 1 家、高姓 2 家。該部落首領童所老加茂，為凡察兄于虛里子，是斡朵里部女真中較實力首領。童伊麟可，《李朝實錄》

24　《李朝端宗實錄》卷 13，端宗三年三月己巳。
25　《李朝端宗實錄》卷 9，端宗元年十月庚戌。
26　《李朝端宗實錄》卷 9，端宗元年十一月癸亥。

世宗二十八年（正統十一年）二月條載：「野人童伊麟可哈來朝，賜衣服、笠靴」。[27]這位來朝的童伊麟可哈應是童伊麟可。其他情況不甚清楚。高姓二人，在《李朝實錄》未見有其他記載，與斡朶里部有何關係不清。關於童侯侯里，《李朝實錄》世宗二十四年（正統七年1445）二月丙申條載：

> 傳旨咸吉道都節制使，今卿啟：「侯侯里等五戶給于虛里，則爭端不絕，處之實難。」議諸大臣僉曰：「藉係中國人口，於古鍾城城內久居，實為未便。且甫乙看等共相爭，占獨於于虛里父子就付，亦為未便。依吾同古例，聽其自便，任意居住」。卿知此意，當諭于虛里父子曰：「前日汝等欲與侯侯里等聚居，故國家姑令就付，今者甫乙看等爭之，本人等元係開陽之民，我國不敢擅便處置，汝等如欲率居，則任意施行」。[28]

根據引文可知，侯侯里為童侯侯里，于虛里父子為童于虛里及童所老加茂。甫乙看為《李朝實錄》中屢見毛憐衛首領浪孛兒罕。因斡朶里部于虛里父子與兀良哈浪孛兒罕爭「侯侯里等五戶」，李朝難以裁決，最後「聽其自便，任意居住」。李朝這麼處置的理由：侯侯里等人戶，原「係開陽（開原）之民，我國不敢擅便處置，汝等如欲率居，則任意施行」。可見，侯侯里等並非斡朶里人，在當時，（世宗二十四年）尚未確定為童所老加茂管下，也未在侯侯里名前冠以童姓。冠以童姓，應是確定為童所老加茂管下以後之事。那麼，李朝在端宗三年對女真部落調查時，侯侯里等已為童所老加茂管下了。

4、下甫乙下部落

下甫乙下部落，端宗三年（景泰六年1455）三月己巳條載：

> （會寧鎮）西指二十里江內下甫乙下住斡朶里部萬戶童吾沙可族類強盛，酋長，一等，子護軍童宋古老，四等。護軍童吾乙沙，故都萬戶因

27　《李朝世宗實錄》卷110，世宗二十八年二月戊申。
28　《李朝世宗實錄》卷95，世宗二十四年二月丙申。

豆子，無子，二等。司直阿下大，四等，子訥許，四等。司直童沙下知，無子，四等。護軍童夫里可，故都萬戶也吾太子，童亡乃姪，二等，子二名不知。指揮多可，童吾沙可女婿三等，子家老，四等。司直童束時，亦童吾沙可女婿，無子，三等。右里七家內壯丁十五餘名，已上並吾沙可管下。[29]

酋長童吾沙可，如前所述，為居阿木河童三波老之父吾沙介（吾沙可），是童猛哥帖木兒、凡察兄弟。童吾乙沙之父童因豆，屢見《李朝實錄》，為斡朵里部中有實力首領。據《李朝實錄》端宗二年（景泰五年 1454）五月辛酉條載：

> 世祖寄書於咸吉道都節制使曰：「前日金虛乙豆介、劉于應巨等來言曰：『多有欲上京近侍者，我已啟殿下，都節制使招童所老加茂、李貴也、馬仇音波、童亡乃、童吾沙介、童因豆……等，聽其言選，其心忠才勇，可近侍者。』以聞」。[30]

引文中世祖為首陽大君，此時尚未即位國王，他代表端宗國王招斡朵里部有實力首領入王京為近侍，其中童因豆在召之列。

童夫里可為童亡乃之姪，阿下大，為凡察之子，據《李朝實錄》世宗十九年（正統二年 1437）十二月丙子條載：

> 御勤政殿受朝，斡朵里童阿下大、童所老帖木兒等來獻馬，阿下大凡察子也，所老帖木兒于虛里子也。[31]

其他童束時、多可，如前引文所載：為「童吾沙可女婿」。

---

29 《李朝端宗實錄》卷 13，端宗三年三月己巳。

30 《李朝端宗實錄》卷 11，端宗二年五月辛酉。

31 《李朝世宗實錄》卷 79，世宗十九年十二月丙子。

5、上東良部落

上東良部落，端宗三年三月己巳條載：

（會寧鎮）西南指二百一十里上東良住，斡朵里護軍童毛知里，族類強盛，二等，護軍童宋古老，族類強盛，三等。護軍童劉豆，族類強盛，三等，右人等童干古從弟。兀良哈萬戶李沮里，李甫兒弟，二等，子指揮宮時大，四等，副萬戶阿下，三等。右里十餘家內壯丁二十餘名。[32]

引文中所載的童干古，多次見於《李朝實錄》，是歸化李朝斡朵里女真。其從弟毛知里、宋古老、劉豆三人，據《李朝實錄》世宗二十六年（正統九年 1444）九月丙辰載：

咸吉道都節制使金孝誠啟馳：「臣聞我太祖朝，吾都里童于虛主宿衛京師，娶本國女率還本土，至於今同居東良北，產三子：長曰毛知里，次曰流豆，次曰松古老，皆職護軍職事」。[33]

這三子毛知里、流豆、松古老應為《端宗實錄》所載的毛知里、宋古老、劉豆 3人。其父童于虛主，李朝太祖六年（洪武三十年 1397）前往朝鮮，太祖李成桂賜童于虛主等「各采綢、絹采、綿布、苧布有差」。[34]永樂初年，童于虛主接受明朝招撫，被任命為建州衛指揮。據《李朝實錄》太宗十二年（永樂十年 1412）三月癸巳條載：「建州衛指揮童于虛周及童所羅等來獻土物」。[35]童于虛主（即童于虛周），世宗二十六年（正統九年 1444）故去，所以《端宗實錄》中未見其名。

關於李沮里，《端宗實錄》中載為「兀良哈萬戶」有誤，他是斡朵里萬戶。據《李朝實錄》載：「以斡朵里護軍李沮為萬戶」。[36]

---

[32] 《李朝端宗實錄》卷 13，端宗三年三月己巳。
[33] 《李朝世宗實錄》卷 106，世宗二十六年九月丙辰。
[34] 《李朝太祖實錄》卷 11，太祖六年正月丁丑。
[35] 《李朝太宗實錄》卷 23，太宗十二年三月癸巳。
[36] 《李朝世宗實錄》卷 107，世宗二十七年二月辛亥。

以上我們重點對圖們江上游以南女真村落的分佈及會甯鎮周圍所居斡朵里村落結構作以考察，從中可知：女真人基本上為同一部族人居住一個村落，部族仍具有一定的凝聚力。但從另一方面看，同一部族的女真人已經不是大聚居，而是分居在許多村落中，如斡朵里部分居在會寧鎮附近 7 個村屯中，且每個村屯中居住的並非同姓。如吾弄草李貴也管下斡朵里村屯有 40 餘家，有 13 個姓氏，其中李姓 2 家、童姓 5 家、浪姓 3 家，還有朴姓、文姓等。即便是童姓，檢考其族系，也並非同一血緣族系。又如凡察一族，父子、兄弟竟分居在幾個不同村屯、不同部族中。可見，斡朵里部女真村屯，雖仍保持著同部族居住的血緣聯繫，但已逐漸地讓位於地緣組織了。這種地緣組織的基本單位就是家。以下以包奇這一族系為例，看下此族系是如何分成各家的。猛哥帖木兒父揮厚死後，其母也吾巨嫁揮厚異母弟包奇。包奇與也吾巨生于虛里、于沙哥、凡察，包奇本妻之子有吾沙可、加時波、要知。[37] 為了說明問題，將包奇這一族系分成的各家作一世系表：

也吾巨（又娶妻）	于虛里	童南羅（住吾弄草）
	于沙哥	童所老加茂（住會寧西）
	于沙哥—童三波老（住吾音會）	
包奇	凡察	
本妻	吾沙可（住下甫乙下）	童末應巨加勿
	加時波	
	要知	毛多吾（住下多家舍）

37　《李朝世宗實錄》卷 82，世宗二十年七月辛亥。

據上列世系表可知，童南羅和童所老加茂均為于虛里子，是兄弟，分居在吾弄草和會寧西指 13 里江內之地。童三波老是他們叔伯兄弟，居吾音會。吾沙可與毛多吾是叔侄，分別居住在下甫乙下和下多家舍。可見，包奇一家到第三代時就分成 5 家，分別居住 5 個不同村屯。包奇另一子凡察，為猛哥帖木兒同母異父兄弟，正統五年遷徙婆豬江，其兄弟子侄卻仍留圖們江以南。這種情況不僅幹朵里女真如此，居住在圖們江流域的兀良哈等女真也是如此，整個女真的居住地區莫不如此。說明女真的血緣關係已開始解體，為分居另立的家戶所代替。這種家在滿語中稱「boo」，本意為一間房屋。可見，住在一間房屋的是建立在婚姻和血緣關係基礎上的家庭。每家每戶就是一個個體經濟單位，家長是這個家庭財產的所有者。

我們還從李思哲的調查報告中得知，在記錄每個部落村屯最後都要說：某某管下若干家，內壯丁若干名。圖們江流域女真共計近 800 戶，近兩千餘名壯丁，平均每戶 2 個半壯丁。這些壯丁每逢漁獵時「率以二十餘人為群，皆於鬱密處結幕，每一幕三四人共處，晝則游獵，夜則困睡」。[38]幕是臨時居留的小屋，這種成群結幕圍獵之人，就是以各家為單位所出的壯丁，分成若干幕，從事狩獵。如有戰鬥，幾百人集結在一起，共同行動。《滿洲實錄》卷三，曾記載過編制八旗牛錄以前女真人生產戰鬥的情形：「前此凡是行師、出獵，不論人之多寡，照依族寨而行。滿洲人出獵開圍之際，各出箭一枝，十人中立一總領曰額真，率領十人而行，各遵處所，不許違犯」。

綜上所述，我們對留居圖們江以南女真部落的分佈，及幹朵里部女真部落內部結構以及女真人生活諸方面進行了考察。從中可知，當時居住圖們江以南女真村落近 40 個，600 戶，約 3000 餘口，其中壯丁約 1300 餘名。這些女真人以漁獵為生，也兼事農業。他們時常為生計所迫不得不向朝鮮掠奪糧食、布帛及人口，李朝政府為使這些生活在六鎮周圍的女真人成為阻止兀狄哈等女真的藩籬，對這些女真實行授官、賞賜等政策。

---

[38] 《李朝世宗實錄》卷 113，世宗二十八年八月辛酉。

二、李朝對女真的政策

　　對李朝而言，如何處理好與居住在半島女真人的關係是李朝政府極為關注的問題。尤其是明中葉宣德、正統年間，李朝在半島東北地區設置六鎮以後，對居住六鎮地區，隸屬於明朝的女真部族採取什麼政策，更是李朝面臨的新問題。因為與這些女真關係的好壞，直接關係到同宗主國明朝的關係，更直接關係到中朝邊境地區的安全與穩定問題。如前所述，明廷在建國初年，對這一地區歸服的女真部落，於其地設置衛所，女真酋長授予都督、都指揮使、指揮使等官職，給衛印，並根據女真首領的身分給予貿易特權。這一政策在明前期，對維持明朝邊疆地區的穩定起了重要作用。因此，李朝也仿效明廷的作法對女真採取羈縻政策。李朝對女真採取的羈縻政策主要在正統「土木之變」以後。明前期國力強盛，對中朝邊境地區的女真部落尚能實行有效的管理，李朝作為明朝的藩屬國對邊境地區明朝管轄的女真，尚不敢以「小中華」自恃，公開授予女真首領官職。宣德末年以降，明朝統治開始出現危機，各種矛盾不斷顯露，已無暇對邊疆地區的管理，對女真的政策開始收縮。如對女真朝貢人數、回次都加以限制。尤其是正統十四年「土木之變」後，明朝對女真的管轄無能為力，對女真的賞賜也今非昔比，已明顯地暴露出無駕馭女真的能力。於是，李朝便乘機對女真首領公開授予官職，明朝對此心知肚明，並不追究，甚至希望借助李朝這種作法控制女真，換取中朝邊境地區的穩定；就女真自身而言，明朝所賜敕書多毀於也先之亂，其子孫不復承襲，向明朝貢所得遠遠滿足不了所需，與李朝發生矛盾衝突，明朝不能伸張正義，往往袒護李朝。這樣為了自身生存需要，女真對李朝的羈縻政策也只好接受。以下對李朝對女真的政策加以考察。

1、對女真首領授予官職

　　李朝對女真首領授官始於李朝太祖二年（洪武二十六年 1393）。是年五月，授兀良哈宮富大為上萬戶。[39]太祖七年（洪武三十一年 1398）正月，授斡朵里部童多老為「吾都里上千戶」。[40]李朝太宗時，見於記載僅有一次，太宗四年（永樂二年1404）授猛哥帖木兒為上護軍，崔也吾乃大護軍，馬月者為護軍，張權子司直等官。[41]世宗二十年（正統三年 1438）以後，李朝對女真授官職的人數增多。這與宣德末年以來，明朝政局的變化及明朝對女真政策的變化有直接關聯。

　　李朝對女真首領所授官職基本依據明廷授予女真首領的官職為標準。李朝世宗二十年三月，咸吉道監司的啟文云：女真「既受中朝之職，又欲受本國之職者，指揮以上依國初例，除散官，隨其所居地面，或稱都萬戶，或稱萬戶、副萬戶似無妨也」。[42]那麼，要清楚李朝授官，必須首先梳理明廷對女真首領如何授予官職。據《明史》卷 90，兵志‧羈縻衛所條載：「洪武、永樂間，邊外歸附者，官其長為都督、都指揮、指揮、千百戶、鎮撫等官」。這些官職的品級，據《明史》卷 76，職官志五‧五軍都督府條下載：

> 中軍、左軍、右軍、前軍、後軍五都督府，每府左、右都督，正一品，都督同知從一品，都督僉事正二品……都督府掌軍旅之事，各領其都司衛所。

同書都司、衛所條下又載：

> 都指揮使司。都指揮使一人，正二品，都指揮同知二人，從二品，都指揮僉事四人，正三品（下略）。

---

[39]　《李朝太祖實錄》卷 3，太祖二年五月辛酉。
[40]　《李朝太祖實錄》卷 13，太祖七年正月壬申。
[41]　《李朝太宗實錄》卷 7，太宗四年三月甲寅。
[42]　《李朝世宗實錄》卷 80，世宗二十年三月壬辰。

衛指揮使司，設官如京衛，品秩並同。（京衛指揮使司，指揮使一人，正三品，指揮同知二人，從三品，指揮僉事四人，正四品）

所，千戶所，正千戶一人，正五品，副千戶二人，從五品，鎮撫二人，從六品。其屬，吏目一人，所轄百戶所凡十，共百戶十人，正六品，升授改調增置無定員。[43]

以下考察李朝是如何以明朝對女真授予的官職為參數對女真首領授予授官的。

李朝對女真都指揮使授予都萬戶職。世宗二十三年（正統六年 1441）十月，李朝授兀良哈都指揮使浪卜兒罕都萬戶職。[44]世祖四年（天順三年 1459）十月，居住圖們江流域愁所好地方女真都指揮使權赤率部來朝，李朝授都指揮使權赤都萬戶職。[45]李朝成宗七年（成化十二年 1476）十一月，兀良哈都指揮使老童言：「父伐伊初受中朝都指揮使職，後上京受都萬戶職。我亦曾受都指揮使為酋長掌印，請依父例受都萬戶」。[46]李朝允准其請。

對女真指揮使、指揮同知、指揮僉事授副萬戶職。世宗三十一年（正統十四年 1449）正月，李朝授兀良哈指揮使林多陽可為副萬戶。[47]端宗二年（景泰五年 1454）二月，李朝授兀良哈指揮僉事忽失塔阿下副萬戶。[48]翌年正月，授「兀良哈指揮使納刺禿、指揮僉事也隆哥速古，斡朵里指揮大斜為副萬戶」。[49]世祖五年（天順四年 1460）三月，授「建州衛住指揮王者多、王昆伊等為本處副萬戶」。[50]

對女真千戶授司直職。世宗二十四年（正統七年 1442）四月，「吾郎哈千戶波難授司直，侄童之授副司正，並賜衣服、笠靴以送」。[51]

---

[43] 《明史》卷 76，職官志五，五軍都督府，都司，衛所。
[44] 《李朝世宗實錄》卷 93，世宗二十三年十月丙寅。
[45] 《李朝世祖實錄》卷 14，世祖四年十月甲申。
[46] 《李朝成宗實錄》卷 73，成宗七年十一月戊申。
[47] 《李朝世宗實錄》卷 123，世宗三十一年正月丙戌。
[48] 《李朝端宗實錄》卷 10，端宗二年二月丁亥。
[49] 《李朝端宗實錄》卷 13，端宗三年正月戊申。
[50] 《李朝世祖實錄》卷 15，世祖五年三月庚戌。
[51] 《李朝世宗實錄》卷 96，世宗二十四年四月丙辰。

由此可見，李朝對女真都指揮使授都萬戶，指揮授副萬戶，千戶授司直官職，基本以明廷授予女真的官職為參數的，正如《李朝實錄》所載：「自今野人都指揮則從三品，指揮則正四品，千戶、百戶則正五品，隨班肅拜」。[52]即李朝授予女真官職，都萬戶相當從三品，萬戶、副萬戶相當正四品。司直、副司直為正五品。應當指出，李朝對女真酋長所授的官職皆非實職，原則上沒有俸祿。世宗二十八年（正統十一年 1446）七月，斡朵里都萬戶童所老加茂向李朝請求：「臣既受京職，仍居境內，乞賜祿俸」。[53]世宗國王命禮曹議之。禮曹認為：「遙受祿俸，目無前例，隨歲豐歉，量給米糧」。[54]世宗國王極為贊同。可見，對所老加茂「量給米糧」恐怕是特例。至李朝世祖時（1456-1469），對女真授官者始給些俸祿，但仍是「一時之權宜，然其受祿者亦不多」。[55]在李朝看來，對於授予官職的女真發給俸祿，會造成「官爵猥濫，費用甚廣」等諸多弊端，[56]所以，對授官職的女真僅給一定數量的賞賜品。

2、女真入朝王京所獻土物與李朝的回賜品

居住中朝邊境地區的女真，因遠離遼東地區，更遠離中原地區，他們所需的生活必需品只有通過與臨近朝鮮貿易才能得以解決。而女真攜帶土物赴朝鮮王京，李朝以「小中華」自居，本著「薄來厚往」的原則，待女真歸還時，賞賜女真豐厚的回賜品，這種所謂的貢賜，實際上成為一種互通有無的貿易活動。李朝太祖、太宗時期女真人赴王京者較少。至世宗時期，尤其是李朝設六鎮後，圖們江流域女真人入王京者逐漸增多。女真人上京，先到六鎮節制使處申明理由，得到六鎮節制使允許，方許入京。世宗二十六年（正統九年 1444），會寧、鍾城等節制使對女真上京者不加限制，連老小殘疾者都許上京。據《李朝實錄》是年二月戊子條載：

---

[52] 《李朝世宗實錄》卷 51，世宗十三年正月乙酉。

[53] 《李朝世宗實錄》卷 113，世宗二十八年七月戊子。

[54] 《李朝世宗實錄》卷 113，世宗二十八年七月戊子。

[55] 據《李朝睿宗實錄》卷 3，睿宗元年正月乙亥條載：「高靈君申叔舟啟曰：『今野人等請受祿，欲貿其土所無之物。野人給祿，世祖一時之權宜，然其受祿者數亦不多。今尚冬哈等可從請給祿，使之感悅，且緩其行。』上曰：『是』」。

[56] 《李朝成宗實錄》卷 38，成宗五年正月庚戌。

礼曹启：「诸种野人部落强盛有所关系者，送於京，其餘各人随宜赠物厚待还送，已曾立法。今会宁、钟城节制使等不顾大体，族属残微无所关系者及童稚之輩数多上送。且虽酋长伴從，毋过二三人可也，今一人所率多至七八，或十餘人，驛路有弊，害及生民。请自今其道监司、都节制使择其不得已上送者，方许送京」。从之。[57]

为此，李朝规定出女真人上京的人数。据《李朝实录》世宗二十七年（正统十年1445）十一月壬申条载：

议政府据礼曹呈启：「诸种野人每年往来频数，驛路凋弊，若禁其来朝，有乖抚绥之义。自今定每岁来朝之数，兀良哈十行，骨看及吾都里七行，每行酋长则正官一，伴人四，其餘则正官一，伴人二，以为恒式。毋使一人每年上来，量其疏数，待满三年轮番上送。且忽剌温地壤隔絕……一岁来朝不过五行，其近居边境林阿车、虧未车、大小居节、南纳、高说、高漆等诸种虧知介来朝者，一岁不过二行，正官、伴人之数如上」。[58]

依据李朝的规定，女真上京次数与人数：兀良哈女真每年10次，骨看兀狄哈、斡朵里女真每年7次，海西女真即忽剌温每年5次，其他兀狄哈，如林阿车等每年2次。每次限部落首领为正官1人，随從4人，其餘则「正官一，伴人二」。同一人限3年「轮番上送」。若诸部女真一时同来，「则驛路受弊，量其多少，必待农隙分运上京」。[59]上述规定，近似明廷对女真朝贡的规定。

女真人前往李朝王京所经驛站，最初每个驛站给女真每人备马一匹，後来因女真上京人数增多，驛站难以支付。世宗二十五年（正统八年1443）三月，咸吉道都节制使金孝诚在启文中道出这种苦衷：

---

57 《李朝世宗实录》卷103，世宗二十六年二月戊子。
58 《李朝世宗实录》卷110，世宗二十七年十一月壬申。
59 《李朝世宗实录》卷110，世宗二十七年十一月壬申。

CHAPTER 10————景泰天顺时期留居图们江上游以南的女真与李朝的关系　245

本道東南大海，西北大山，間有一路使客往還，野人來朝共由此路。每
當野人朝見，藉言驛路之弊，數百人中或揀一人上送。不多月內其數不
下百人，支待之難固不細矣。然野人以未得上京為恨，若潛來鼠竊，則
必興師禦之，新邑之人亦皆入保，如此數年新邑民食何自而出？軍需何
自而足？興師動眾其弊倍於數百野人來往驛路之弊，又野人所至各驛不
能遞馬，此亦不可不慮。[60]

有鑑於此，他建議改先前以馬護送女真為以牛護送，[61]至李朝成宗十六年（成
化二十一年 1485），對女真人上京有更嚴格的限制。如途中只能宿驛舍，不允
許宿民家；到王京後宿野人館，不許自由活動；在京的女真人必須隨李朝百官
朝賀進獻土物，所謂「朝賀朝參，彼亦隨班，當此之時偶爾接見可也」。[62]

女真人上京一般都帶土物進獻，李朝根據女真的貢獻物及貢獻者的身份給
予一定數額的回賜品。世宗五年（永樂二十一年 1423）七月，「斡朵里千戶李
都乙赤來獻土宜，回賜綿布十匹，又賜衣服、笠靴」等物。[63]十七年（宣德十
年 1435）七月，兀狄哈都指揮豆稱哈遣子吾昌哈赴王京「來獻土宜」，李朝於
「回賜外，別賜豆稱哈青木綿六匹，苧麻布各二匹，吾昌哈青木綿三匹，苧麻
布各一匹」，待吾昌哈從王京歸還時，又「賜衣服、笠靴」等物。[64]李朝的回賜
品主要是綿布等物。而女真所獻土物，主要是貂鼠與馬匹等。據《李朝實錄》
世宗八年（宣德元年 1426）正月壬寅條載：

戶曹啟：野人進馬者其回賜，大馬，上等綿布四十五匹，中等四十匹，
下等三十五匹；中馬，上等三十匹，中等二十五匹，下等二十匹；小馬，

---

[60] 《李朝世宗實錄》卷 99，世宗二十五年三月己巳。
[61] 《李朝世宗實錄》卷 99，世宗二十五年三月己巳。
[62] 《李朝成宗實錄》卷 186，成宗十六年十二月乙未。
[63] 《李朝世宗實錄》卷 21，世宗五年七月戊申。
[64] 《李朝世宗實錄》卷 69，世宗十七年七月壬申。

上等十五匹，中等十四，下等六匹，以為恒式。從之。[65]

女真人進獻的土物馬匹，李朝回賜的綿布是對女真所獻馬匹的一種回報。這種回報是根據女真所獻馬匹的等次，給予數量不等綿布。實際上女真人所獻的馬匹與李朝回賜綿布之間存在著一種以物換物的貿易關係。可見，女真人去王京獻土物不僅體現李朝對女真的羈縻政策，而且也體現女真與李朝之間的一種貿易關係。

除回賜外，李朝還以進獻土物的女真身份給予數額不等的物品。最初，李朝給予女真的「衣服雜物，本無式例，臨時磨勘，」而女真卻因李朝給予物品不均，「因此生怨」。[66]為此，世宗國王下令：「今後，分諸種野人族屬強弱職秩高下，詳定賜給物件之數，以為恒式」。[67]於是，李朝依據女真身分定為三等：都萬戶、都指揮以上為一等；上護軍、大護軍、護軍、萬戶、副萬戶以上為二等；司直、副司直、司正、副司正以至無職者為三等，「定衣帶、笠靴、棉布賜給之式」。[68]但未規定賜給數額。不過，世祖元年（景泰七年 1456）十二月，世祖國王接見女真首領，所賜的物品是按女真身份等級給予不同的數額。據《李朝實錄》世祖元年十二月乙卯條載：

> 上御慶會樓下，世子與宗親、承旨等侍，引見琉球國使者道安、倭護軍井大郎及野人浪字兒罕等六十餘人，賜酒，宗親以次進爵。命野人射侯，以爵秩高下部落強弱分為三等；賜一等浪字兒罕等五人各鞍、馬、刀子、有環、細條、刀子、藥囊；二等李多弄介等六人各馬一匹、弓角、有環、細條、刀子、藥囊；三等柳乃也等五十人各青紅綿布各三匹、刀子、有環、細條、藥囊。道安、井大郎等二人各虎豹皮各一張，細綢三匹、藥囊。倭、野人皆拜謝，醉飽還館。[69]

---

[65] 《李朝世宗實錄》卷 31，世宗八年正月壬寅。
[66] 《李朝世宗實錄》卷 111，世宗二十八年正月戊寅。
[67] 《李朝世宗實錄》卷 111，世宗二十八年正月戊寅。
[68] 《李朝世宗實錄》卷 111，世宗二十八年正月戊寅。
[69] 《李朝世祖實錄》卷 2，世祖元年十二月乙卯，學習院東洋文化研究所，1957 年。

由此可知，李朝對來朝的女真分為三等，一等者賜給鞍、馬；二等者無鞍，有馬，三等無馬、無鞍。其它物品基本相同。此外，李朝對女真首領入京貢土物，除賜給以外，還有別賜、特賜。世宗二十六年（正統九年 1444）正月，兀良哈浪卜兒罕來朝，李朝「賜吾郎介（兀良哈）都萬戶浪卜兒罕衣服及笠靴，別賜綿布三匹、柳青綢二匹、紅綢五匹、白苧布三匹、黑麻布三匹」。[70]

3、任命女真人為侍衛

李朝任命女真人為侍衛是李朝世宗以後對女真羈縻政策的重要體現。女真人為侍衛最早見於李朝太宗四年（永樂二年 1404）三月，斡朵里部猛哥帖木兒等來朝，回還時，「留其弟及養子與妻弟侍衛」。[71]女真人最初為李朝侍衛多為生活所迫。永樂二十一年六月，猛哥帖木兒率斡朵里部從方州遷回阿木河，部落老少約六千餘口，時農業季節已過，部族內尤其是下層部眾生活尤為困苦，部落中有相當一部分人所迫充當李朝侍衛。據《李朝實錄》世宗八年（宣德元年 1426）二月丁卯條載：

> 禮曹啟：自願侍衛上來兀狄哈、斡朵里、兀良哈女真等，或年老、或無才、或無父母族親，或彼此流亡，丁零失所，生理艱難者，托以侍衛上來。[72]

相反，女真上層或家業殷實者為侍衛者較少。所謂「今女真之種，稍有武才而侍衛者……不過數人」。[73]對女真而言，充當李朝侍衛可解決「生理艱難」問題；對李朝而言，則著眼於六鎮地區的安定考量，即「北方之人來仕者，給糧安居，而北邊因以無虞。」[74]這樣女真中願做侍衛者多為下層部眾，女真首領願做侍衛者不多。如世宗國王所言：「今之從仕京中者，率皆無賴之徒，無所依託，

---

[70] 《李朝世宗實錄》卷 103，世宗二十六年正月丁丑。

[71] 《李朝太宗實錄》卷 7，太宗四年三月壬戌。

[72] 《李朝世宗實錄》卷 31，世宗八年二月丁卯。

[73] 《李朝世宗實錄》卷 82，世宗二十年十一月庚寅。

[74] 《李朝世宗實錄》卷 37，世宗九年九月癸卯。

仰望衣食者也。其首長則固無一人來仕。獨馬邊者自其父來仕，其意可賞，故予之待遇亦特異於他人，然其伯叔兄弟在斡木河者自樂其土，終不求仕，其性然矣」。[75]

女真首領為李朝侍衛始於世宗二十二年（正統五年 1440），與凡察、董山西遷有關係。是年，童山率部遷至東良北，再伺機遷徙婆豬江。李朝為阻止女真西遷，商議對策。大臣提議任命斡朵里首領及子弟為京中侍衛，作為人質，絕其西遷之心。《李朝實錄》是年四月癸巳條載：

> 上曰：「今童倉等逃遁山谷，不安其居，撫綏制禦之策何以處之？若禁其出入，繩之以法，則必致怨恨，若任其往來則必有逃匿之弊。或曰：『移置酋長及妻子於慶源，絕其往來』；或曰：『授子弟官爵往來京中以為之質，若之何？』則得安其居，永絕逃叛之心」。[76]

世宗國王採納大臣的建議。據《李朝實錄》載：

> 仿古者質子之法，童倉、凡察及居首用事人等子弟，刷回京中，依他向化子弟例，除授官職，仍令娶妻，安心侍衛，使之迭相往來覲親，則彼自有永久按堵之心，而管下及諸種野人亦無攜貳浮動之心矣，此最羈縻之上策。[77]

這裡所言「質子之法」，對女真首領而言，帶有強迫性，但並非完全禁止女真自由，只是允許女真首領往來於所居之地，不允許遷徙他處。

李朝世宗二十三年（正統六年 1441）正月，李朝強迫斡朵里等女真各部酋長子弟入質京中為侍衛。《李朝實錄》是年正月丙辰條載：

---

[75] 《李朝世宗實錄》卷 82，世宗二十年七月癸巳。
[76] 《李朝世宗實錄》卷 89，世宗二十二年四月癸巳。
[77] 《李朝世宗實錄》卷 89，世宗二十二年四月丙申。

命右議申概、右贊成河演、左參贊皇甫仁、兵曹參判辛引孫等議，撫禦
吾都里之策，仍賜書咸吉道都觀察使、都節使凡五條：……其二曰：予
欲依古質子之例，將授吾都里等職，令侍衛於京，侍衛日久醇謹者，亦
令升職近侍。其選子弟才幹，族屬強盛者敦遣之。其三曰：童于虛子所
老加茂、吾沙介子、加波子一人、亡乃子副司直伊童時可、也吾他長子、
阿何里弟毛多吾赤、李貴也弟也吾乃、愁音佛伊子一人、高早化子副司
直吾同古、童于虛取子松古老風，其取崔寶老妹所出子沙乙下等，宜善
諭連續上送。如或不從，勒令上送。[78]

由此可知，李朝令留居阿木河斡朵里部酋長，將其子弟送王京為侍衛，所列酋
長子弟共 11 人。這些人上送子弟到王京受職因是不情願的，所以，後來大部
分受職者都陸續返回居地，但仍在李朝的監控之下。如童于虛之子所老加茂，
其父童于虛為凡察兄弟，猛哥帖木兒異父同母弟。所老加茂於世宗二十三年（正
統六年）四月，被李朝任命為「大護軍，賜衣冠、鞍馬，許娶妻，仍賜第及奴
婢資財。其從者，亦賜冠帶」。[79]五月，世宗國王出巡，所老加茂作為侍衛，率
20 餘人扈從，至三田渡地方時，所老加茂「跪謁叩頭」，[80]不願留王京作侍衛。
他對世宗國王說：「父母年逾八十，臣獨子，思欲奉養。聞朝臣有老親者，皆
令歸養，何獨於野人不然乎？」未被允准，他卻「以因稱病或不食以拒之」。[81]
世宗國王無奈，只好允准其返回居地。臨行，世宗國王又晉升他為「僉知中樞
院事兼阿木河等處都萬戶」。[82]所老加茂雖回居地，但行動並無自由。據咸吉道
都節制使金孝誠馳啟曰：

所老加茂謂會寧節制使李仁和曰：「吾父母年逾八十，朝夕當辭盛代，
吾以獨子不得奉養，別居城內，殊無人子之義。吾欲挈妻歸父母之側，

---

[78] 《李朝世宗實錄》卷 92，世宗二十三年正月丙辰。
[79] 《李朝世宗實錄》卷 92，世宗二十三年四月癸未。
[80] 《李朝世宗實錄》卷 92，世宗二十三年五月庚子。
[81] 《李朝世宗實錄》卷 92，世宗二十三年五月辛亥。
[82] 《李朝世宗實錄》卷 92，世宗二十三年五月戊申。

朝夕孝養」。其與仁和言，或和顏色，或憤然曰：「吾之居城內無異罪人」。[83]

所老加茂雖免於在王京為人質，返回居地後，監控於會寧城內不許與父母同居，「無異罪人」。而童于虛取之子松古老的情況也類似。童于虛取是猛哥帖木兒一族中有實力的酋長。其子松古老於世宗二十三年（正統六年）為李朝王京侍衛。《李朝實錄》載：「以吾都里童松古老為副司直，賜衣冠、鞍馬，許娶妻，仍賜第及資財、奴婢」。[84]松古老後來也返回居地，但李朝不允許他與父母妻兒同住，一直為李朝維持地方的治安，直至景泰、天順年間才還居會寧鎮西南上東良，與家人同居。可見，這些女真酋長子弟入王京為侍衛，李朝賜給奴婢、資財，娶妻授職，享受優厚待遇，雖大都返回居地，替李朝維持所居地方的治安，不允許遷徙他處，甚至不允許與家人團聚。從中反映出這些授李朝官職的女真與李朝的隸屬關係。

上述李朝對女真實施的政策，一方面出於穩定李朝邊境地區考慮，尤其是宣德、正統年間李朝設置「六鎮」，對於寄居在「六鎮」周圍的「城底女真」加大羈縻力度，以此維持在「六鎮」地區的統治，並將「六鎮」周圍的「城底女真」作為藩籬，以阻止圖們江以北兀狄哈女真。另外，也是滿足李朝「小中華」的虛榮心。所謂女真等「俱為我藩籬，俱為我臣民，王者等視無異，或用為力，或用為聲，不可以小弊拒卻來附之心」，[85]是這種「小中華」心態的最充分體現。對明朝而言，李朝與女真皆大明臣子，臣屬之間不許外交上「相往來，法禁甚嚴」。[86]所以，在明初，李朝對女真授予官職尚有所顧忌，明宣德末年以降，明朝統治危機四伏，無暇對女真的管理，李朝乘機對女真授官封職。對此明朝也不追究，心知肚明，只求邊境地區沒有事端而已。對女真而言，他們雖是明朝屬民，但遠離中原地區，與朝鮮為鄰，甚至生活在李朝的控制區內，衣

---

[83] 《李朝世宗實錄》卷 105，世宗二十六年八月辛亥。
[84] 《李朝世宗實錄》卷 92，世宗二十三年四月丙子。
[85] 《李朝世祖實錄》卷 8，世祖三年七月壬午。
[86] 《李朝宣祖實錄》卷 65，宣祖二十八年七月壬午。

食住行多依賴朝鮮，為了自身的生存需要，只好接受李朝授官封職，從中得到好處。應當明確指出，女真雖接受李朝授官封職，並未改變其隸屬明朝的性質。對此，李朝君臣有清醒的認識，「羈縻撫綏，來則厚待，去則不追，不可以為腹心親信共事也」。[87]這種情況，不僅明朝如此，遼金時期中朝邊境地區的女真也存在類似的情況，換言之，這是生活在中朝邊境地區女真族普遍存在的歷史現象。

三、毛憐衛浪卜兒罕遇難

景泰、天順年間，在圖們江上游附近，當時稱下東良地方居住的是兀良哈毛憐衛首領浪卜兒罕。據《李朝實錄》端宗三年三月己巳條載：

> 下東良住都萬戶浪卜兒罕，族類強盛，首長，一等。子護軍加麟可，三等，次子大護軍伊升巨，侍衛，三等，次子司直于乙巨豆，三等，次子于羅豆，四等，次子三名不知。[88]

浪卜兒罕是當時兀良哈部女真中最有實力的首領。據韓國學者李仁榮考證，下東良位於今茂山郡永北面西湖洞附近。[89]

如前所述，兀良哈女真元末明初與斡朵里女真同時遷徙到圖們江流域，永樂初年接受明朝的招撫。永樂三年十二月，明廷設毛憐衛，「以把兒遜等為指揮、千百戶等官」。[90]永樂八年，李朝製造「豆門血案」，毛憐衛首領把兒遜等

---

[87]　《李朝世宗實錄》卷 69，世宗十七年七月乙未。
[88]　《李朝端宗實錄》卷 13，端宗三年三月己巳。
[89]　李仁榮：《韓國滿洲關係史研究》，乙酉文化社，1954 年 10 月，第 88 頁。
[90]　《明太宗實錄》卷 39，永樂三年十二月甲戌。

252　中朝疆界與民族

遇難，毛憐衛受到極大的損失。明朝為加強對圖們江一帶兀良哈女真的管轄，重新組建毛憐衛，以建州衛首任指揮使阿哈出次子猛哥不花為毛憐衛指揮。[91]這個毛憐衛是原毛憐衛的繼續，所轄部眾仍是圖們江一帶的兀良哈女真。浪卜兒罕在永樂年間，隨猛哥不花赴京朝貢，被授予指揮，宣德年間升指揮同知，正統時升都指揮。正統二年（李朝世宗十九年 1437）十月，為防備兀狄哈女真的侵襲，他曾對李朝提出：「我兀良哈散在各處不能相救，乞聚居一處，以防不虞」。[92]世宗國王以「且此野人皆耕農以生者也，昔居於豆滿江內，今皆徙居江外，倘聚於一處，則耕農之地，無乃不足乎？」[93]為藉口，反對遷徙一處。正統五年，凡察、童山等遷徙遼東，其率領的兀良哈部沒有遷徙。正統六年（世宗二十三年 1441）被李朝授予都萬戶官職。[94]正統九年（世宗二十六年 1444）正月，他率領三子浪伊升巨與部下四十九人前往朝鮮，其子以「心氣和平，容貌端正」被世宗國王任命為護軍兼司僕，充當國王近侍。[95]翌年三月，再次入朝。[96]正統十年（李朝世宗二十七年 1445）十一月，浪卜兒罕率龍城之妻及長子浪加麟可、次子浪仇難及管下二十餘人入明朝貢。[97]翌年二月，明廷升他為毛憐衛都指揮使。[98]天順二年（李朝世祖三年 1458）二月，浪卜兒罕入明朝貢，明廷晉升他為毛憐衛都督僉事。[99]

　　浪卜兒罕與李朝的矛盾源於李朝邊將對毛憐衛女真實行粗暴的歧視與壓迫政策。李朝邊將對女真歧視輕蔑的態度從世宗晚年就已顯露。正統八年（世宗二十五年 1443），浪卜兒罕曾向世宗國王申訴：「今都節制使待我輩甚卑賤，

91　《明宣宗實錄》卷 21，宣德元年九月丁巳。

92　《李朝世宗實錄》卷 76，世宗十九年十月丁巳。

93　《李朝世宗實錄》卷 76，世宗十九年十月丁巳。

94　據《李朝世宗實錄》卷 94，世宗二十三年十月丙寅條載：「吾郎哈都指揮同知浪卜兒罕辭，仍授都萬戶。」

95　《李朝世宗實錄》卷 103，世宗二十六年正月庚午。

96　《李朝世宗實錄》卷 107，世宗二十七年三月甲申條載：「兀良哈都萬戶浪甫兒罕來朝。」

97　《李朝世宗實錄》卷 110，世宗二十七年十一月乙巳。

98　據《明英宗實錄》卷 138，正統十一年二月壬寅條載：「升毛憐衛都指揮僉事北赤協，同都指揮同知郎卜兒罕俱為都指揮使。」

99　據《明英宗實錄》卷 287，天順二年二月壬辰條載：「升毛憐衛指揮使郎卜兒罕為都督僉事。」

視若狗彘，我輩深悶」。[100]正統十四年（李朝三十一年 1449），發生邊將凌辱浪卜兒罕之弟事件。是年五月，浪卜兒罕與其弟前往會甯，途中抓獲一頭帶箭小豬，浪卜兒罕弟取其箭鏃，被會寧人發現而告官，邊將不容分說，將其弟「縛之，又投於穢水中」。[101]此事純屬細末小事，李朝邊將如此小題大做，將其弟五花大綁，投置污水中。這種欺凌女真事件的發生，足以證明生活在朝鮮六鎮周圍女真所受李朝的歧視與壓迫。世宗國王在給咸吉道都節制使金允壽下教中也道出女真受欺壓的實情：

> 境內接居野人，雖授中朝指揮、千戶之職者，本國邊郡官吏常時接待及論罰之際，不以高官待之。非唯官吏，居民亦且不畏，彼野人亦不敢自以官爵高抗衡，恐懼屈伏，久已成風。[102]

天順二年（李朝世祖四年 1458）十二月，浪卜兒罕與其子率十五人赴王京朝見世祖國王時[103]，以莫須有的罪名，說其無禮於咸吉道都節制使楊汀，受到世祖國王叱責。世祖言：「予待汝異於諸野人，且見汝子伊升巨愛護之。今聞汝無禮於邊將，予欲懲之，然以伊升巨之故，特釋不問」，「命饋於外庭」。[104]是日，浪卜兒罕退朝時，曾泣語其子云：「上責我，我心欲死，都節制使奏我所失，甚負於我」。[105]可見，浪卜兒罕受到都節制使楊汀欺凌，帶著莫大委屈返回居地的。

時，正值兀良哈與兀狄哈女真矛盾衝突處在白熱化階段。天順三年（李朝世祖五年 1459）三月，李朝任命申叔舟為咸吉道都體察使，前往會寧調解兀良哈與兀狄哈女真之間矛盾。申叔舟召兀狄哈、兀良哈、斡朵里女真諸酋長到

---

[100] 《李朝世宗實錄》卷99，世宗二十五年三月己卯。
[101] 《李朝世宗實錄》卷124，世宗三十一年五月戊申。
[102] 《李朝世宗實錄》卷124，世宗三十一年五月戊申。
[103] 據《李朝世祖實錄》卷14，世祖四年十二月乙丑條載：「野人浪孛兒罕等十五人來獻土物。」
[104] 《李朝世祖實錄》卷14，世祖四年十二月丙寅。
[105] 《李朝世祖實錄》卷15，世祖五年正月庚寅。該條也載：「御書論咸吉道都節制使楊汀曰：浪孛兒罕無禮於卿，故予初引見思政殿，令申叔舟問曰：汝何無禮於都節制使耶？汝雖切欲朝見，而輕慢邊將，予欲治汝罪。而汝子侍朝勤誠，故待汝素厚，異於諸酋長。是以赦汝，汝勿復為如此。孛兒罕懼而飾辭辨明。予再三從容問之，命引出饋之。」

慶源，商議返還各自所掠人口。時「諸酋皆來，獨浪卜兒罕辭病不赴」。[106]申叔舟還京，將後續事宜託付都節制使楊汀，於四月十七日返回王京覆命。[107]楊汀遵照申叔舟的囑託，繼續完成後續和解事宜，五月二十三日，召集兀狄哈、兀良哈、斡朵里各部酋長到慶源進行和解，商議送還各自所掠人口事宜。參會的酋長中，唯獨浪卜兒罕未到，楊汀派通事前去通報。據《李朝實錄》，世祖五年（天順三年）六月辛酉條載：

> 及申叔舟還，囑楊汀令遣通事開諭之。李兒罕子于兒哥禿及侄月郎哥遇通事於路，月郎哥彎弓欲射，于兒哥禿遽止之。且問因何事來，通事答曰：「將與兀狄哈和解，招汝等來也」。又李兒罕道遇通事，其族人浪明家等二人亦引彎，于兒哥禿、月郎哥等又止之。李兒罕問委來之由，通事答之如初。李兒罕云：「朝鮮將發兵擊我，遣汝等詗吾出處爾（李兒罕素憾楊汀，且不欲還兀狄哈之人，詐稱朝鮮轉伐，諸種又作木契相傳，欲煽動構釁—原文注）」。通事云：「倘疑間諜，可遣人探候」。李兒罕云：「昔在庚寅（李朝太宗十年 1410——引者注）安乙貴與阿古車交親反間窺詗，尋引兵馬殺擄妻子殆盡，汝等所言實未可保」。通事云：「汝子伊升哥近侍輦下，愛護甚篤，豈有是事？」李兒罕云：「安知汝國先殺我子乎？前者富寧兵馬審盧水刺道路，我等皆懷疑慮，分軍望候。今四月十五日即是寅日（野人俗忌寅日—原文注）豈不疑慮？並令妻子登山耳」。遂不來。[108]

先前浪李兒罕託病不來，這次其屬下欲引弓射李朝通事，說明兀良哈女真對調解其與兀狄哈女真的矛盾心存疑惑。加之，他屢受楊汀欺凌，以及在王京受到的冷遇，再勾起到五十年前，李朝太宗出兵慘殺其先族的記憶，認為是「朝鮮將發兵擊我」，先派通事前來探候。可見，兀良哈女真對李朝邊將失去信任感，

---

[106] 《李朝世祖實錄》卷 16，世祖五年六月辛酉。
[107] 據《李朝世祖實錄》卷 16，世祖五年四月戊辰條載：「都體察使右議政申叔舟來覆命，引見設酌，問邊事。」
[108] 《李朝世祖實錄》卷 16，世祖五年六月辛酉。

所以，對李朝所派通事有些過激行為是情理之中的。世祖國王得此奏報，令楊汀對浪卜兒罕「從權處置」。[109]

七月，浪卜兒罕率同其子阿兒哥禿、侄月郎哥到鍾城拜見咸吉道敬差官康孝文。康孝文追究他們欲射殺通事之罪，浪孛兒罕叩頭申辯：「此人彎弓非真欲射，才與鄰人飲酒大醉相詰，適逢通事作彎弓勢耳。況在胡人逢人則彎弓相戲常事也」，[110]懇求不要追究此事，結果未被諒解。

不久，在李朝作侍衛的浪卜兒罕子浪伊升巨請假，往吉州溫泉療養。而李朝得到的密報卻說：他並未去吉州溫泉療病，而是去浪卜兒罕處，「欲往中國（明朝），預備行裝有日」。[111]世祖國王召右議政申叔舟及兵曹判書韓明澮商議，認為，「孛兒罕父子罪不可赦，命以兵曹正郎吳伯昌為咸吉道敬差官往囚孛兒罕父子家小」。[112]八月，吳伯昌與楊汀囚浪卜兒罕父子於會甯，「歷數其罪」，浪孛兒罕不服「隨辭辯明」，他們令「力士拘執」。[113]在座的女真首領童亡乃、柳尚冬哈等皆失色請求：「孛兒罕受中國高職，年又老耄，請輕論」。[114]都節制使楊汀厲聲叱責道：「此上旨也，非我所為也」，在場的女真首領皆「驚懼不安」。[115]與此同時，又相繼囚禁浪卜兒罕子仇難、加麟應哈；仇難子毛多哥、者邑哈；加麟哈子無同可等。時，浪卜兒罕的妻子其沙哥同其子阿兒哥、禿無者、女兒吐勞古及奴婢伊兒河、奴夕漢在富甯青岩母親家，李朝也不放過，「令鏡城判官禹貢執囚之」，其子浪伊升鉅在吉州，也令都鎮撫趙繼宗執送王京。浪卜兒罕一族中僅其子阿比車與浪伊升鉅子十三四歲小童、加麟應哈子時郎哥倖免被捕。[116]八月二十八日，世祖國王與申叔舟議浪卜兒罕子浪伊升巨之罪，「命義禁府誅伊升哥於門外」。[117]同時，遣通事金國光急回咸吉道，向楊汀

[109] 《李朝世祖實錄》卷 16，世祖五年六月辛酉。
[110] 《李朝世祖實錄》卷 17，世祖五年七月丙申。
[111] 《李朝世祖實錄》卷 17，世祖五年八月壬子。
[112] 《李朝世祖實錄》卷 17，世祖五年八月壬子。
[113] 《李朝世祖實錄》卷 17，世祖五年八月壬申。
[114] 《李朝世祖實錄》卷 17，世祖五年八月壬申。
[115] 《李朝世祖實錄》卷 17，世祖五年八月壬申。
[116] 《李朝世祖實錄》卷 17，世祖五年八月壬申。
[117] 《李朝世祖實錄》卷 17，世祖五年八月丁丑。

傳諭殺浪卜兒罕一族。世祖國王教書中,歷數斬殺浪卜兒罕的所謂「罪狀」。據《李朝實錄》載:

> 孛兒罕受予厚恩,位至二品,遣子入侍,予所特待,所宜不避水火,乃當和解之時,以私怨忌童速魯帖木兒、柳尚杜哈、金把兒歹、金管妻、浪妻時哈等諸酋之順命,殺所虜兀狄哈剌斡里,使和事不成,妄動浮言驚恐諸部,欲生邊釁,又使麾下彎弓欲射使者罪一也;申叔身受命而往,招之不來罪二也;與其子伊升哥,相應謀叛罪三也。其罪犯不可不令諸種知之,明白曉諭,使遠近悉知。大抵明罰而寬仁,只誅渠魁,不令諸落生疑畏,察察之政耳。[118]

教書中羅列浪卜兒罕的罪名,無論如何也構不成浪卜兒罕等死罪。而處死浪卜兒罕一族的深層原因,是浪卜兒罕等對李朝強烈的不滿,致使其施以淫威,體現李朝的國威,以此達到對圖們江流域女真殺一儆百的作用。

兀良哈女真獲悉浪卜兒罕一族殘遭殺害後,群憤激奮,紛紛報仇雪恥。天順四年(世祖六年)正月,浪卜兒罕子阿比車,集兀良哈女真千餘人於斜地(兀良哈居地),是月二十日,突襲會寧。據咸吉道都節制使楊汀奏報:

> 正月二十日來屯會寧長城外,毀木寨而入,臣出兵與戰,殺賊二十餘人,賊退屯速魯帖木兒家前,臣還守會寧,賊夜焚長城門,毀木寨。翼日,賊分道而入,臣更率三衛力戰,賊退走,追至古堡兒下距會寧三十餘里而還,殺賊五十餘級,賊多棄牛馬、器仗而走。[119]

兀良哈女真為復仇才攻打會寧,其代價沉重,五十餘人戰死。二月初九日,居住鍾城的女真八百餘人攻鍾城,「焚邑城南門外野人館,又欲焚長城門」。[120]十

---

[118] 《李朝世祖實錄》卷 17,世祖五年八月丁丑。
[119] 《李朝世祖實錄》卷 19,世祖六年正月丙午。
[120] 《李朝世祖實錄》卷 19,世祖六年二月丙寅。

四日，女真又攻「富寧府邑城下盧水剌洞」，另有女真「約百餘人入鏡城吾村口子，殺別差前萬戶宋憲等」。[121]二十四日，女真百餘騎攻鏡城附近朱乙溫口子，浪卜兒罕子阿比車「死於是戰」[122]。

當兀良哈女真向李朝復仇之時，建州衛都指揮童火你赤與毛憐衛都指揮柳尚杜哈已遣部下廣失塔赴明廷，奏報李朝謀殺浪卜兒罕之事。[123]明英宗得報後，立刻派以禮科給事中張寧為正使，錦衣衛都指揮武忠為副使，「齎敕來問殺字兒罕事由」。[124]李朝得知明使欲來調查的消息後，惡人先告狀，於天順四年二月十日，派僉知中樞院事李興德前往明朝，奏報浪卜兒罕所謂的罪狀及阿比車攻打會寧、鍾城、鏡城之事。李朝在奏報中顛倒黑白，竟然說：「字兒罕父子潛謀反逆，內外相應，誑誘同類，遞相連結，謀構邊患。當職差人拿問情由，依法科罪」。[125]

明禮科給事中張寧等三月初到朝鮮王京，宣讀英宗敕諭。敕諭要求李朝對此事件原委「從實開奏，要見是非明白，毋或隱情掩飾」。十日，李朝派使赴明，回奏明使張寧帶來敕諭。[126]

四月，赴明的僉知中樞院事李興德也於四月二十五日回到朝鮮王京，他帶回英宗給李朝的敕諭：

> 敕曰：先該建州等衛頭目奏稱：「毛憐衛都督僉事浪字兒罕等十六人被王誘去殺死，本衛要聚人馬報讎，已差給事中張寧等齎敕往問王殺死緣由，要見是非明白庶可處置」。今王奏稱：「浪字罕父子潛謀叛逆，結構

---

[121] 《李朝世祖實錄》卷 19，世祖六年二月辛未。

[122] 《李朝世祖實錄》卷 19，世祖六年三月戊寅。

[123] 《李朝世祖實錄》卷 19，世祖六年二月癸丑。

[124] 《李朝世祖實錄》卷 19，世祖六年二月癸丑。

[125] 據《李朝世祖實錄》卷 19，世祖六年二月丁巳條載：「奏曰：野人浪字兒罕世居本國咸吉道會寧地面，其子亦升哥來住國都。不意字兒罕父子潛謀反逆，內外相應，誑誘同類，遞相連結，謀構邊患。當職差人拿問情由，依法科罪。去後，政府狀啟：據咸吉道都節制使楊汀呈節該：『浪字兒罕親男阿比車誘引諸種野人約數千餘名，於天順四年正月二十日侵犯本道會寧鎮，卑職帶領軍馬，廝殺趕逐，猶且處處屯結，頑謀難測』，得此具啟。臣據此參詳上項事理，係干邊境聲息，為此謹具奏聞。」

[126] 《李朝世祖實錄》卷 19，世祖六年三月丁亥。

邊患，差人命問，依法科罪」等因。但浪卜兒罕為都督僉事是朝廷所授之職，雖稱謀構邊患，然亦未見形跡，而遽然殺之，是王自啟釁端。今其子阿比車引誘諸野人侵犯爾境，意在報讎。王宜自省，若與之講和，庶免邊境之患，不然兵連禍結，非爾國之利也。王其圖之。[127]

明英宗在敕諭中嚴詞訓誡世祖國王：浪卜兒罕是明朝所授之命官，既便罪名屬實，李朝也無權殺之。況且浪卜兒罕等人之罪「亦未見形跡」，李朝殺之，「是王自啟釁端」。至於阿古車，「引誘諸野人侵犯爾境」，「意在報讎」無可厚非，斥責世祖國王宜自省，否者「兵連禍結，非爾國之利也」。表明明廷對李朝擅殺本國命官十分不滿的態度。受到明廷叱責的世祖，在同年五月，向臣下吐露出對明朝的憤懣：

> 野人跋扈不從中國之命，故中國畏之。我國每事不違命，故中國易之。比野人為兩國，是我國不能素夷狄之所致也。到今野人每來侵而中國不責，我國每從命而野人日慢，如此則國威盡喪，而將為中國郡縣矣。[128]

天順四年六月，赴明朝的李朝謝恩使金淳等歸國，又帶回明英宗給世祖國王的敕諭：

> 其敕曰：「今得王回奏，殺死浪卜兒罕實情，蓋因其通謀扇亂，依法置罪，委無誘引緣由等具悉。且王之依法置罪，止可行於王國，不可行於鄰境。今以王國之法，罪鄰境之人，欲其不生邊釁得乎？若浪卜兒罕父子通謀扇亂，既已監候，宜奏聞朝廷，暴白其罪，令三衛頭目曉然知之，然後付彼領去，遂與相絕，彼亦自知其非……今王輒將伊父子九人殺死，其族類聞之，得不忿然以復讎為事乎？無怪其子阿比車之不靖也，

---

[127] 《李朝世祖實錄》卷20，世祖六年四月辛未。
[128] 《李朝世祖實錄》卷20，世祖六年五月壬寅。

是王依法置罪之計失矣。但將來之患，王可自圖。[129]

敕諭中再次重申朝廷的態度，浪卜兒罕為明廷命官，李朝無權處置。殺浪卜兒罕是「以王國之法，罪鄰境之人」，因此引起邊釁。其族人聞之此事，能不「以復讎為事乎？明朝希望世祖國王做好善後工作，將阿比車之母等五人通過遼東都司，使之與阿比車團聚。[130]可見，明英宗此時尚不知阿比車為報父仇而死的信息。

四、李朝北征兀良哈女真

李朝殺害浪卜兒罕後，毛憐衛女真群情激憤，紛紛報仇，連續攻打會寧、鍾城、富寧等地，使李朝六鎮地區陷入極為混亂的狀態。天順四年（李朝世祖六年）三月，世祖國王接到咸吉道都節制使楊汀的女真人夜襲富寧石幕里的馳啟，決意北征圖們江流域女真。他令申叔舟為咸吉道都體察使「專管道內軍務，都節制使以下悉聽卿節度」。[131]

申叔舟受命，前往咸吉道，「巡行諸鎮，部署士馬，整理器杖」，部署戰前準備。他集步騎約四千餘，定於四月十四日出師。還「命康純領統吉州、鏡城、富寧兵一千六十九名到茂山堡待令」。[132]四月十二日，據前來歸順的女真阿兒豆等報：「冰雪始消，江水方漲，諸灘皆舟渡，胡地火燒馬草俱盡，用兵勢難」。

---

[129] 《李朝世祖實錄》卷20，世祖六年六月甲寅。

[130] 據《李朝世祖實錄》卷20，世祖六年六月甲寅條載：「朕為王慮，或可釋怨以其猶有五人存焉，而一阿比車之母，敕至王宜將此五人差人照管送至遼東都司交割朝廷。令阿比車收領完住，俾母子得會，庶可諭以解仇釋兵，如或不然，兵連禍結。王雖自恃國富兵強，恐亦不能當其不時之擾害也。且王國素為禮義之邦，尊敬朝廷，故為王慮如此，無非欲其境土寧靜，安享太平之福也。王其毋忽朕命。」

[131] 《李朝世祖實錄》卷19，世祖六年三月己亥。

[132] 《李朝世祖實錄》卷20，世祖六年四月丙辰。

申叔舟遂與楊汀等商議，認為此時用兵不合時宜，「待秋水落，野草未燒，禾亦登場」時，再出師，屆時可一舉滅女真。[133]他將此議馳報世祖國王后，「量留京軍士付（楊）汀，餘皆送還」。[134]申叔舟也於六月二日回王京。

七月，明派使臣馬鑑攜帶敕諭前往毛憐衛，馬鑑來此專為和解女真與朝鮮之事而來。他所經路線不是以往明使先到朝鮮王京，再到女真居地的路線，而是先到毛憐衛居地，後到朝鮮王京的路線。馬鑑一到達毛憐衛居地就宣讀聖旨，告誡速與朝鮮和解。[135]當馬鑑欲從女真居地前往朝鮮王京時，李朝邊將卻以其所帶「敕旨不干我國，邊將無擅便接待之禮」，而所行路線「非使臣來往之路」為藉口，「拒而不納」。[136]邊將對馬鑑的態度充分地暴露出李朝上下對明朝在處置浪卜兒罕問題上的不滿。而李朝拒明使於門外的舉動更加引起女真的不滿。「是時野人等累犯邊鄙，又以孛兒罕事訴於馬鑑，猶欲謀寇，（馬）鑑亦右之」。[137]這樣，女真與李朝的矛盾非但沒有緩解，反而因明使馬鑑的到來而更加激化。《李朝實錄》載：「上（世祖）怒甚，是以決征討之」。[138]遂命申叔舟為江原咸吉道都體察使、宣慰使，並下教說：「委卿東北軍務，副將以下如有違節度者，卿其以軍法從事」。[139]

申叔舟受命後，即刻到達會寧，他擔心女真得知李朝出兵的消息逃匿，一方面親為宣慰使，接待馬鑑，「請館於城內，厚慰之」；另一方面「發江原、咸吉之兵，分道進攻」。[140]上述戰前準備都是秘密進行的。當得知馬鑑率女真百

---

133 《李朝世祖實錄》卷20，世祖六年四月丙辰。
134 《李朝世祖實錄》卷20，世祖六年四月丙辰。
135 據《李朝世祖實錄》卷21，世祖六年七月己亥條載：咸吉道都節制使楊汀馳啟：「馬鑑聚諸種野人，開說聖旨，且曰：『朝鮮殺浪孛兒罕，汝柳尚冬哈等告朝廷云：「朝鮮無故殺浪孛兒罕父子。」朝廷遣使朝鮮，究問虛實。朝鮮奏：「孛兒罕父子厚受國恩，而潛謀叛逆，事覺伏誅。」又奏：「野人竊發邊境，侵害不止。」皇帝令命汝輩還所掠朝鮮人物，又令朝鮮亦還俘虜，以相和解。』野人等曰：『朝鮮先歸俘虜，然後我輩還所掠人物。』鑑怒曰：『朝鮮禮義之國，汝若還所掠，則朝鮮豈不還汝俘虜？』野人等曰：『請依命刷還。』」
136 《李朝世祖實錄》卷21，世祖六年七月己卯。
137 《李朝世祖實錄》卷21，世祖六年七月辛丑。
138 《李朝世祖實錄》卷21，世祖六年七月辛丑。
139 《李朝世祖實錄》卷21，世祖六年七月辛丑。
140 《李朝世祖實錄》卷21，世祖六年七月辛丑。

餘名從伐引回國後，申叔舟立即斬殺「賊酋之來者九十餘人」。[141]隨後，命令早已部署的軍隊八千餘人，於八月二十三日「分道並進」圖們江流域女真居地。[142]從八月二十三日至三十日，李朝軍隊分四路對圖們江流域女真分道襲擊，「剿殺四百三十餘級，焚蕩室廬九百餘區，財產俱盡，殺獲牛馬千餘」。[143]

李朝四路軍出兵情況如下：

第一路由吉州牧使吳益昌率步騎八百餘人，八月二十三日，從鏡城吾村出發，「入攻朴加非剌、上東良，從入路而還」。[144]吾村，在鏡城西二十里。[145]朴加非剌，為兀良哈女真豆時所居。上東良，為斡朵里女真童毛知里所居之地。[146]

第二路由寧北鎮節制使康純統領步騎九百餘人，八月二十七日，從富寧出發，越車逾嶺，入攻虛水剌，攻中東良（今朝鮮茂山地方），與郭連城軍會合。虛水剌，在會寧西南兩百一十里，為兀良哈副萬戶童波好居地。[147]

第三路軍由楊汀統領，八月二十七日從會寧出發，至甫兒下。然後兵分三隊：一隊由吏曹參判郭連城率步騎六百人，沿圖們江而下攻下東良，和康純軍會合；一隊由會寧鎮節制使林得楨、安邊府使禹貢率步騎一千三百人，渡江攻斜地、無兒界等地；一隊由楊汀率穩城節制使金處智領步騎六百人渡江，從何多里經由南羅貴，在掩護林得楨的同時至和尚里。甫兒下即甫乙下，在會寧西二十里江內，斡朵里部萬戶童吾沙可所居。[148]下東良，在會寧西一百二十里，浪卜兒罕的居地。[149]斜地，會寧西九十里兀良哈指揮阿弄可的居地。[150]無兒界，

---

[141] 《李朝世祖實錄》卷21，世祖六年九月丁丑。
[142] 《李朝世祖實錄》卷21，世祖六年九月丁丑。
[143] 《李朝世祖實錄》卷21，世祖六年九月甲申。
[144] 《李朝世祖實錄》卷21，世祖六年九月甲申。
[145] 《新增東國輿地勝覽》卷50，咸鏡道，鏡城都護府，關防條，第894頁。
[146] 《李朝端宗實錄》卷13，端宗三年三月己巳。
[147] 《李朝端宗實錄》卷13，端宗三年三月己巳。
[148] 《李朝端宗實錄》卷13，端宗三年三月己巳。
[149] 《李朝端宗實錄》卷13，端宗三年三月己巳。

應為無乙界，會寧西一百三十五里，兀良哈萬戶屢時臣的居地。[151]和尚里，會寧西一百八十里，兀良哈指揮斜弄可的居地。[152]

第四路由申叔舟親率步騎四千餘人，八月二十七日，從鍾城出發，渡江後從愁州過嶺，兵分四隊：一隊由僉知中樞院事康孝文率百餘步騎攻河伊亂；第二隊由漢城府尹金師禹等率領千餘步騎西進常家下；第三隊由江原道觀察使金繼孫等率千餘騎攻甫里下；第四隊由申叔舟等率二千餘騎溯阿赤郎貴大川，疾行兩百餘里至阿赤郎貴與女真人交戰。愁州，會寧西二十里圖們江北，住兀良哈都萬戶柳尚同介。[153]河伊亂，應為圖們江以北，地點待考。

八月二十九日，申叔舟的第四路軍又分成數隊繼續攻打女真部落。朴炯、金貴孫率五百精騎進攻毛里安女真部落，與楊汀會合，經由南羅貴，返回會寧。金師萬攻常家下，是日晚，女真「四面攻撓之」。[154]三十日，申叔舟軍返回鍾城。其他幾路軍仍與女真繼續激戰。

從八月二十七日至三十日，李朝軍隊燒毀女真人房屋九百餘座，殺害女真四百三十餘人，掠奪牛馬千餘匹。時「毛憐衛人聞妻子盡死，聚哭含怨」。[155]

九月十一日，申叔舟派金嶠、黃守正回王京奏報出兵經過，世祖國王聽後，派中樞院事洪逸童為咸吉道宣慰使，前去嘉獎、賜宴。申叔舟在向世祖國王奉箋謝恩中云：「乃與諸將，分董偏師，電擊千群，悉掃狗鼠之穴，煙燒萬落，已見沙漠之空」。[156]由此可見，兀良哈女真受害之慘狀。

九月二十一日，李朝世祖國王派中樞院副使金有禮為奏聞使赴明，奏報出兵征女真之事。此奏報隱瞞事實真相，避重就輕，將出兵責任強加於女真身上。[157]而此前八月赴明奏聞使尹子雲在閏十一月十六日返回王京。其帶回明英宗的敕諭云：

---

150 《李朝端宗實錄》卷13，端宗三年三月己巳。

151 《李朝端宗實錄》卷13，端宗三年三月己巳。

152 《李朝端宗實錄》卷13，端宗三年三月己巳。

153 《李朝端宗實錄》卷13，端宗三年三月己巳。

154 《李朝世祖實錄》卷21，世祖六年九月甲申。

155 《李朝世祖實錄》卷22，世祖六年閏十一月丁巳。

156 《李朝世祖實錄》卷21，世祖六年九月庚子。

157 據《李朝世祖實錄》卷21，世祖六年九月甲午條載：「近者本國後門散住諸種野人等，累次作賊，殺虜邊民，臣不獲已著令咸吉道節制使楊汀等，整齊軍馬，相機處置外，差陪臣尹子雲

今得王連奏女直野人事情，一稱斡朵里等自生疑惑，潛往建州，欲令復業；一稱諸種野人累次犯邊，欲令邊將相機處置，所言雖異，事實相關。顧王激切之情，朕已具悉。蓋釁端禍機，本起于阿比車父子。今斡朵里等雖居王國，終係異類。既與彼同謀結党，勢必懼罪逃生，假使未逃，猶應竄逐，何必令其復業，以遺後患。今曲從王意，特令兵部移文建州衛，令其省諭復業，不許阻留，亦不許結構邊患。王慮門庭之寇，欲相機處置，此誠不獲已者。但前此建州、毛憐二衛奏言：「欲為浪孛兒罕父子報讎。」朕已敕各衛，不許屯聚讎殺，續又遣指揮馬鑒齎敕往彼宣諭。今馬鑒回還奏稱：「於今年七月初八日到彼宣敕，曉諭各衛，即將所聚人馬退散。」且言「再不敢與朝鮮結怨報讎。」其都指揮尚冬哈等就隨馬鑒來京謝恩，及浪孛兒罕孫男木哈尚亦來襲職，又將原虜王國男婦得里哈等九名口送至遼東。據此則王所奏事情，皆在馬鑒未到之先，非敕諭已至，而彼故違也。朕撫臨四海，一視同仁，前敕諭和，實欲兩處人器，各安生業。今彼既釋怨從化如此，王可不必慮其復為患矣。所送人口就令使臣領回。繼今王宜斂兵自守，不可復啟釁端。特敕以諭，王其體朕至意。[158]

由此可知，英宗帝在敕諭中，對李朝所云「慮門庭之寇，欲相機處置」表示理解，但明確指出，朝廷已敕諭女真各部勿欲復仇，續又遣馬鑒前往女真各衛宣諭，「所聚人馬退散」不許與「朝鮮結怨報讎」。而且浪孛兒罕孫木哈尚亦來京襲職，所掠的九名朝鮮男婦已送至遼東，由此可見，女真各部與朝鮮已「釋怨

具由奏達。去後議政府狀啟：『據本道都節制使楊汀呈該：承奉箚付調兵策應間，欽差官馬鑒前來會寧鎮附近地面，說稱爾每與毛憐等衛輯和撫綏。聽此前項野人益加綏輯，賊輩又謀竊發數十為群，托以索討衣糧，潛來各處，窺覘虛實。卑職詗知其狀，皆出甲帶仗，毒手垂舉，禍機甚迫，未及啟達，捕斬殆盡。餘賊逃脫走回，即便與同裨將分道追縱，直搗巢穴，除軍前殺死外，餘黨四散竄匿。呈乞照詳施行』。得此具啟，臣據此參詳，上項事理，緣係邊警聲息，理宜奏達，為此謹具奏聞。」
[158] 《李朝世祖實錄》卷22，世祖六年閏十一月戊午。

從化」，進而告誡朝鮮國王勿「慮其復為患矣」，言外之意是朝鮮不欲再啟兵患。
這裡明廷只關注勿要朝鮮出兵，沒有充分關切居住六鎮地界的女真部落為大明
管轄的衛所子民。在明朝看來，女真欲朝鮮的恩怨只不過是「外夷」相爭而已。
而且，女真已按此前馬鑒所帶詔諭「釋怨從化」，放棄復仇，意想不到的是，
卻遭到申叔舟所率軍隊的致命打擊。

是役兀良哈女真遭受了沉重地打擊，部落十分渙散。時主張歸順者有之，主
張遷徙者有之。如居住伐引的毛憐衛阿兒帖木等，「以浪孛兒罕之事，不得甯居，
移於萬車遷」。[159]多數女真認為，這一切都是李朝出兵造成的，欲復仇雪恥。天順
五年（李朝世祖七年 1462）五月，女真三百餘人突入吉州西北口子，[160]屯集甲山
的女真二百餘人突入惠山口子，分別與李朝軍隊交戰。[161]這樣，李朝邊將請求再
次出兵剿滅兀良哈女真。據《李朝實錄》世祖七年（天順五年）九月壬寅條載：

> 都體察使韓明澮遣咸吉道都事李恕長上書曰：「臣到界與邊將謀曰：『諸
> 種野人深負聖恩，寇盜不止。臣承命領重兵至此，今計於渡江數日程之
> 地，就水草屯營，發精兵數百騎直擣賊穴。又遣援軍繼其後，共為犄角，
> 且進且攻。今秋如是使不得，刈獲冬又如是，使其父老妻子登山凍餒，
> 頭匹亦然，明年春又如是，使不得耕耨，不數年間，流離頓踣，坐待死
> 亡，萬勝之策也。此以區畫，宜若可為，仍分置魚得海於鐘城，閔發於
> 穩城，各率軍管留鎮使之練兵，耀威以張聲勢。又慮江漲難濟，諸虜自
> 恣，令於諸鎮造舟及桴，以示不時渡江之意。臣巡按五鎮點閱兵馬，將
> 以九月十日舉事計已定』」。[162]

李朝邊將認為，兀良哈等女真「寇盜不止」，請求發兵數百「直擣賊穴」，擬定
於九月十日再次出兵女真。

---

[159] 《李朝世祖實錄》卷 24，世祖七年五月丁巳。
[160] 《李朝世祖實錄》卷 24，世祖七年五月癸亥。
[161] 《李朝世祖實錄》卷 24，世祖七年六月戊寅。
[162] 《李朝世祖實錄》卷 25，世祖七年九月壬寅。

李朝出兵的消息迅速傳到女真諸部。為了免遭李朝再次殘害，諸部首領紛紛前來投順。《李朝實錄》記載：「諸種野人絡繹來投，三東良、三斜地、無兒界、甫兒下、毛里安、吾治安、沙吾貴、下伊亂、廬包、伐引、阿赤郎貴等處諸酋，若光時大、甫兒哈、也吾乃、屢時哈、好心波」[163]等一百多人皆來歸順。這些女真首領為了本部落妻兒老小免遭李朝的血腥塗炭不得不前來歸順。他們對邊將說：來時「自分必死，與妻孥永訣。今而得生，再造之恩也」。[164]十一月，兀良哈無兒界居住的女真伊沖巨與阿赤郎耳居住的女真吾老甫等主動刷還掠去的朝鮮邊民牛馬，無兒界居住的女真余弄哈等因掠去朝鮮邊民的馬死亡則以牛償還。[165]至此，李朝對圖們江流域女真的出兵剿殺，最後以該地區女真歸順而結束。

---

[163] 《李朝世祖實錄》卷 25，世祖七年九月壬寅。
[164] 《李朝世祖實錄》卷 25，世祖七年九月壬寅。
[165] 《李朝世祖實錄》卷 26，世祖七年十一月戊戌。

CHAPTER 11

成化時期女真與明朝、李朝的關係

一、明朝對女真朝貢的限制

如前所述，洪武、永樂時期，明朝在邊疆女真地區先後設立許多衛所，並不斷派官員，到各衛所去巡視，對其實施有效的管理。據《明史・兵志》載：「洪武、永樂間邊外歸附者，官其長，為都督、都指揮、指揮、千百戶、鎮撫等官，賜以敕書印記，設都司、衛所」。[1]這種衛所，專指邊疆地區女真首領歸附明朝而設的。明朝對其首領委任各種官職，並給予「敕書」和「印信」，表明朝廷承認其權力。這些首領對明朝的義務：一是「代朝廷守邊」；二是「以時朝貢」。目的是使女真首領「世受節制，不敢擅為」，[2]盡心竭力地為明朝守好邊土。為此，從永樂初年至宣德年間，明朝鼓勵女真首領朝貢。江島壽雄據《明實錄》作過統計，女真等大的衛所，往往一年二貢、三貢，乃至四貢。如建州衛，宣德元年、二年、三年、四年、六年二貢；建州左衛，宣德元年、三年、六年、七年二貢；毛憐衛，宣德六年、九年二貢。[3]可見，永樂、宣德時期，明廷對女真的朝貢時間、人數和次數，一般不加限制。朝貢對女真各部首領而言，一方面是承認對明朝隸屬關係，另一方面，對女真首領又是政治權力，明朝發給女真首領印信與敕書，是統治權力的標誌與憑證。女真首領憑此可約束部眾。有貢就有賞，有賞就有市，賞與市已成為女真經濟生活中不可缺少的組成部分，成為女真首領擴充權柄，增殖財富的重要途徑。

然而，大明帝國從宣德末年始已走出繁榮，各種矛盾不斷顯現。表現在邊疆治理上，實行保守的收縮政策。正統二年（1437）十月，明廷始限制女真朝貢人數。據《明實錄》載：

---

1   《明史》卷 90，兵志二，第 2222 頁。
2   《明英宗實錄》卷 162，正統十三年正月乙巳。
3   江島壽雄：《明正統期における女直朝貢の限制》，《東洋史學》第 6 輯，1952 年 12 月。

行在兵部奏:「兀良哈及韃靼女直人等來朝貢者，進馬或三五匹，動輒三四十人，有回至中途復來者，多有不逞之徒，詭冒其間，引誘為非，俱無公文照驗，道經城鎮關隘，總兵鎮守等官，略不誰何，一概縱放。所過凌辱驛傳，騷擾軍民，需索剽奪，其害非一，乞禁止之」。上是其言，仍敕遼東等處總兵等官:「今後外夷以事來朝者，止許二三人或四五人，非有印信公文，毋輒令入境。」[4]

然而，明朝僅在女真朝貢的人數上加以限制，收效並不明顯，還必須在女真朝貢的次數上加以限制才行。正統四年（1439）八月，明英宗敕諭遼東總兵官都督僉事曹義等:

今遼東境外女直野人諸衛，多指進貢為名，往往赴京營私，且當農務之時，勞擾軍民供送。今因其使臣回衛，已遣敕諭之，如系邊報，不拘時月，聽其來朝，其餘進貢、襲職等事，許其一年一朝或三年一朝，不必頻數，其有市易生理，聽於遼東開原交易，不必來京。如仍數遣使，爾等詢察，即令退回，脫有違礙，仍奏定奪，庶幾不擾軍民，亦不失遠人歸向之意。[5]

明英宗在上諭中對女真來朝作出明確的限定:「如係邊報，不拘時月，聽其來朝」;正常朝貢，女真各部只許「一年一朝」或「三年一朝」;專為貿易的女真「聽於遼東開原交易，不必來京」。

正統十四年（1449）「土木之變」，蒙古瓦剌也先南犯，脫脫不花東侵。在這場事變的動亂中，女真各部的朝貢受到極大的影響。到天順年間，女真各部赴京朝貢者絡繹不絕，這對於剛剛蒙受戰亂洗劫的明朝實在感到力不從心。天

4　《明英宗實錄》卷35，正統二年十月癸未。
5　《明英宗實錄》卷58，正統四年八月乙未。

順八年（1464），明朝再次限定女真朝貢的人數。同年十月，會昌侯孫繼宗、吏部尚書王翱等議奏曰：

> 自古撫馭外夷，來則嘉其慕義，固不厭其多而拒之，亦不病其少而招之。今野人女直僻在東荒，永樂間相率歸附，時月有期，名數有限。近年絡繹不絕，動以千計。彼所貪得者，宴賞之優厚，而豺狼之心，何厭之有哉？如不限其來數，中國勞費實多，限之太狹，則失其向化之心。合酌量事體，建州、毛憐等衛，衛許百人；海西、兀者等衛，衛許三五人，不得重複冒名，審驗然後入關。從之。[6]

由此可見，因女真來京朝貢「中國勞費實多」，故對女真朝貢再次加以限定。應當指出的是，明朝對女真朝貢的限定也含有對其防範。成化元年（1465）五月，巡撫遼東副都御使滕昭奏言：「撫順千戶所，乃建州夷人入京朝貢之路，其來多或五六百人，少亦二百人，俱於城中軍民家憩宿，間有覘知邊情虛實，或內應為奸者」。[7]

按明朝天順八年的規定，建州、毛憐等衛只限百人入京朝貢。那麼，建州衛實為建州衛、建州左衛、建州右衛三衛，加毛憐衛一共限定 400 人之內。而建州三衛居住地鄰近遼東，近水樓臺，先入為主，待居住圖們江流域的毛憐衛來朝貢時，就已超過 400 人定額之限。可見，直接受害者是遠居圖們江流域的毛憐衛。正如總督遼東軍務左都御使李秉給朝廷奏疏中所云：「近日供費浩繁，減限人數，而建州三衛多冒毛憐衛人，以規賞賜。及毛憐人至，而守關者以數足不容入，致毛憐人怨，恐生邊釁」。[8]

---

6   《明憲宗實錄》卷 10，天順八年十月乙巳。
7   《明憲宗實錄》卷 17，成化元年五月乙卯。
8   《明憲宗實錄》卷 38，成化三年正月辛未。

二、毛憐衛女真掠奪遼東與建州左衛首領董山遇難

居住圖們江流域的毛憐衛女真到明朝京師朝貢，通常是每年十月從居地出發，翌年三月返回居地。據咸吉道都節制使康純馳啟云：

> 臣聞上中東良及朴加別羅等處兀良哈光應時太等百餘人，十月十六日發程；無兒界兀良哈好心波等十四人，十一月發程；毛里安則汝羅頭林大阿下、伐引則愁靈大、甫尹下則時時哈等，率其徒三百餘名，十月初發程；又各里兀良哈三百餘名及火刺溫兀狄哈四百名，歸遼東，遼東並送北京。蒲州野人壯者，並歸中朝。兀良哈等每年十月、十二月間往中朝，翌年二月二十日間，還到遼東，三月晦時，各還其家。[9]

引文中的兀良哈人就是毛憐衛的朝貢人員。據康純所說，僅毛憐衛朝貢人員就有四百餘人。加上其他部的女真朝貢人員，共有七百餘人。這個龐大的朝貢隊伍恐怕就是以往圖們江流域女真的朝貢人數。

天順八年（1464）十月，圖們江流域的毛憐衛女真象以往一樣，從居地出發前往京師朝貢。當他們到遼東時，因建州三衛以先入為主，明朝規定的女真朝貢人數已額滿，不允許進京朝貢，致使毛憐衛女真懷著對明朝與建州三衛的怨恨返回居地。成化元年（1465），毛憐衛女真仍舊來朝貢，同樣也因貢額已滿，遼東邊將不允許入貢，並「以樸頭箭射之，使不得往」。[10]毛憐衛女真受此

---

[9] 《李朝世祖實錄》卷31，世祖九年十二月丁酉。
[10] 《李朝世祖實錄》卷40，世祖十二年十月丁未。

侮辱，紛紛不平，回還時，掠奪遼東人畜而歸。[11]當圖們江流域毛憐衛女真得知真相後，群情激憤，欲攻掠遼東。據咸吉道節度使康孝文給承政院書啟云：

> 會寧下家舍住兀良哈阿下來告曰：「東良住多郎介等欲寇中國，聚兵百餘，已就途。吾亦聚二百餘兵將入歸」。又廬包住朱將哈來告曰：「阿下等又聚兵八十餘，將入寇中國」。[12]

果不失言，成化二年（1466）九月，以多郎介為首的毛憐衛女真，率四百餘騎，從居地東良北出發，十月九日，經過建州衛，徑向遼東。據朝鮮滿浦節制使奏報：多郎介「領軍入遼東，掠人畜並一千餘，遼東總兵官追來接戰，兀良哈指揮伐伊應哥中流矢死，其餘中箭者二十四人」。[13]翌年正月，毛憐衛女真又攻遼東鴉鶻山屯、梁家台等，「縱火焚堡門營舍，大肆殺掠而去」，遼東指揮金榮、千戶李桀、百戶劉興等因「失機致寇」，均被處置。[14]二月，毛憐衛女真又攻鴉鶻關，都指揮使鄧佐率兵五百人，至雙嶺遭遇女真埋伏戰死，明軍「一時陷沒者百餘人」。[15]四月，毛憐衛女真分成數隊攻遼東。巡撫遼東右都御史袁凱等奏：

> 虜賊從饅頭山雪裡站入境，搶虜男婦三百一十七人，馬牛驢六百四十一頭，殺死官舍餘丁十人；又從威遠堡金家寨守屯入境，搶虜男婦七十二人，馬牛驢九十三頭，殺死燒死男婦三十六人；又從小尖山墩入境，搶虜男婦六十八人，馬牛四十三頭；又從靖遠墩入境，搶虜男婦十二人，牛十隻。[16]

---

[11] 據《李朝世祖實錄》卷38，世祖十二年五月癸巳條載：「伐引、阿赤郎耳、愁州人等，去年十月欲入朝中國，遼東大人不許，故回還時，掠遼東人畜而來。」

[12] 《李朝世祖實錄》卷40，世祖十二年十月丁未。

[13] 《李朝世祖實錄》卷40，世祖十二年十二月庚戌。

[14] 《明憲宗實錄》卷38，成化三年正月庚辰。

[15] 《明憲宗實錄》卷39，成化三年二月己亥。

[16] 《明憲宗實錄》卷41，成化三年四月丁巳。

毛憐衛女真攻掠遼東地區，朝鮮方面反映強烈，成化三年（李朝世祖十三年，1467）二月，世祖國王憂心忡忡地對咸吉道節度使說：「賊迭出剿掠中國，雖遣人尋問終必不得要領矣」，「中國不靖，則我國亦不得甯矣，苟不預慮，安能應猝」。[17]告誡他要加緊防備，以防不測。

如前所述，成化三年正月，毛憐衛女真攻遼東鴉鵲山屯、梁家台等處，遼東總督李秉給明憲宗奏疏云：毛憐衛女真之所以犯邊，是「建州三衛多冒毛憐衛人以規賞賜，及毛憐人至，而守關者以數足不容入，致毛憐人怨。」他建言應派使臣「敕建州頭目，毋更詐冒，及明諭毛憐頭目，俾知此意」。[18]憲宗採納他的建議，派錦衣衛帶俸署都指揮使武忠為欽差出使建州衛、毛憐衛。然而，憲宗並未理解李秉建議派使臣出使的真正意圖，反而認為，對遼東地區的攻掠是建州三衛夥同毛憐衛的聯合行動。《明實錄》載：

> 命錦衣衛帶俸署都指揮使武忠往諭建州、毛憐等衛都督董山等。初董山等謀為叛逆，屢為邊患。朝廷命將帥師往征之。至是始畏服。故命忠齎敕以責其累叛之罪，令改過自新。因而獎其歸順者，令益效忠義。[19]

其實，此事件與建州三衛沒有關係，因毛憐衛女真不能入明朝貢，又受明遼東邊將欺辱引起的。都指揮使武忠奉命於同年三月四日到建州衛，九日到建州右衛，四月十五日左右，到圖們江流域的毛憐衛，傳達明憲宗的敕諭。[20]

成化三年四月，應明使武忠的招諭，建州左衛都督董山、建州衛都督李古納哈、建州右衛都督童納郎哈等同赴京師，貢獻馬匹、貂皮。董山等女真到京，集於宮外，由禮部官員宣讀成化帝敕諭如下：

> 爾等俱是朝廷屬衛，世受爵賞，容爾在邊住牧。朝廷何負於爾，今卻縱

---

[17] 《李朝世祖實錄》卷 41，世祖十三年二月乙丑。

[18] 《明憲宗實錄》卷 38，成化三年正月辛未。

[19] 《明憲宗實錄》卷 38，成化三年正月癸酉。

[20] 據《李朝世祖實錄》卷 42，世祖十三年四月庚戌條載：「咸吉道節度使康孝文馳啟曰：『中朝武大人，奉敕到毛憐衛，刷還被擄人物。」

容下人，糾合毛憐等處夷人，侵犯邊境，虜掠人畜，忘恩背義。論祖宗之法，本難容恕。但爾等既服罪而來，朕體天地好生之德，姑從寬宥。今爾回還，務各改過自新，戒飭部落，敬順天道，尊事朝廷，不許仍前為非，所掠人口，搜訪送還，不許藏匿。若再不悛，必動調大軍問罪，悔將何及，其省之，戒之。[21]

董山等人經通事翻譯，明白其意。但董山等並未攻掠明遼東地區，是毛憐衛女真所為，與其無任何關係。因此，感到冤枉，不願服罪。並在明朝賞賜問題上，董山等認為，他們遵聖諭返還被掠的人口，因而，請求蟒衣、玉帶、金頂帽等賞物。然而，董山等無論如何也想不到，是年七月末，他們從京城返歸居地，途經廣甯時，卻被明總兵趙輔拘留。董山等感到莫名驚詫，怒不可遏。一面罵朝廷背信棄義，出爾反爾；一面「袖出小刀，刺傷通事」，總兵官趙輔急「令甲士捕擒之」。這時，留在驛館的其他女真首領得知事情有變，「亦各持刀，亂刺館伴兵卒」，殺出驛館，卻被早已埋伏好的明軍截住，當場殺死二十六人，餘者也都被擒。[22]董山被押送北京，十一月被處死。其他女真被流放兩廣、福建等地。[23]明廷處死董山等的罪名是「忘恩悖義，輒率丑類，侵犯我邊，殺掠人財」。[24]如前所述，董山等與毛憐衛女真的行動的確沒有關係，明朝加給他們的罪名根本不成立。董山等被處死純屬冤枉。這裡需要強調的是，明憲宗所指的「邊境」，是指明朝當時的遼西、遼東、東部三邊，在明朝看來，這三邊以外的「外夷」相爭，如女真之間的矛盾，或女真與朝鮮之間的矛盾，明朝都不感興趣。而對於三邊以內的紛爭，明朝十分敏感，必至於死地而後快。由此我們能夠體會到，明朝對中朝邊境地區居住的女真受李朝欺壓不管不顧的冷漠態度。

---

[21] 《明憲宗實錄》卷41，成化三年四月癸亥。
[22] 《明憲宗實錄》卷45，成化三年八月庚子。
[23] 據談遷《國榷》成化三年十一月乙酉條載：「召提督軍務左都御史李秉還朝，董山伏誅。」
[24] 《明憲宗實錄》卷45，成化三年八月庚子。

三、成化年間明朝與李朝兩次征建州女真

如前所述，明朝為徹底根除「外夷」對遼東地區的騷擾，決定對建州女真用兵。成化三年八月，明憲宗任命武靖伯趙輔佩靖虜將軍印率軍即刻進兵建州。於此同時，派人告諭毛憐、海西女真，阻止其與建州女真結盟，並要求他們協征。明朝征建州女真的理由，明憲宗在給毛憐、海西女真的敕諭中云：

> 仍敕毛憐、海西，以離其黨。敕曰：祖宗以來，設立建州三衛，俾其近
> 邊居住，管領部屬，為我藩屏，授之爵秩，錫以冠帶，及其朝貢，屢加
> 宴賞，朝廷推恩於彼，亦已厚矣。乃者都督董山等忘恩悖義，輒率丑類，
> 侵犯我邊，殺掠人財，不可勝計，朕體天地之量，不即加誅，遣使詔諭，
> 令還所擄人口，赴京謝罪，與其自新，彼來朝貢，待之加厚。豈期各虜，
> 陽為順從，陰懷不軌，與其黨類意圖內外應援，侵擾邊方，為惡愈甚。
> 似此譎詐反復，神人共怒，天地不容。朕不得已，遣將率師，往正其罪。
> 重念爾等素守臣節，今又遣人隨都督武忠來朝，朕甚嘉悅。自今建州三
> 衛逆虜，或使人誘引爾等為惡，或奔竄爾處藏匿，爾即盡數拘執送來。
> 若能統率爾眾，與我大軍相應，彼此夾擊，克期剿滅，則朝廷大加賞賚，
> 必不爾吝。爾等其省之，圖之。故諭。[25]

明朝決意征討建州女真，並進行了周密部署後，於九月十四日，派遼東百戶白顒携帶令李朝出兵相助的敕諭，前往朝鮮。敕諭云：

---

[25] 《明憲宗實錄》卷45，成化三年八月庚子。

建州三衛董山等，本以藩臣，世受朝恩，近者陽為朝貢之名，陰行盜邊
之計，朕宥之而愈肆，不得已用兵致討。惟爾朝鮮國王，世守禮義，忠
於我國家，有加無替，朕甚嘉焉。若我兵加於彼逆虜。王宜閉絕關隘，
使彼奔迸無所入，以就擒殄。若王能遣偏師，與我軍遙相應，伺便蹙之，
則彼之授首尤易。而王之功愈茂，忠愈昌矣，朕豈無以報王哉。勉樹勳
名，時不可失。欽此。[26]

其實，在此敕諭未到之前，即八月十七日，李朝進鷹使成允文從遼東歸國，曾
攜帶李秉、趙輔的二封諮文，諮文中預告將於九月初征伐建州。並云：「朝鮮
與建州，素有世仇，復仇之議，誠不可緩，亦當乘此，大舉共圖剿滅」。[27]接到
明朝的敕諭翌日，世祖國王即刻召集群臣商議，協助明廷出兵建州事宜。《李
朝實錄》詳細載錄了李朝君臣與明使白顒有關出兵的對話，從中暴露出李朝對
出兵建州的積極態度。明使白顒到朝鮮後，李朝於慕華館設宴款待。席間，世
祖國王使申叔舟向明使白顒表達李朝對出兵的態度：

皇帝不鄙夷小邦，今出兵助戰，感戴無已。初因總兵官文移，知有征討
之舉。已令邊將，勒兵江上，今聞帝命，即令領精兵一萬，於本月二十
七，依約入攻建州小丑，不足介懷。但大兵勢重，賊必先知，若皆逃竄，
慮無所得。然今予既知皇帝之意，大兵既去，賊必復下。予揀輕兵，更
出迭入，隨斬獲以聞，期盡滅賊，以報帝恩。[28]

明使白顒聽了申叔舟所表達上述李朝的態度後，言：

天下蕃國雖多，朝廷每以貴國為禮義之國，蕃王雖多，朝廷每以殿下為
賢，茲皇帝所以有是命也。今聞命，益知殿下誠敬。

---

[26] 《李朝世祖實錄》卷43，世祖十三年九月丙子。
[27] 《李朝世祖實錄》卷43，世祖十三年八月庚申。
[28] 《李朝世祖實錄》卷43，世祖十三年九月丁丑。

世祖國王聽後，心中竊喜，答曰：「但慮我國所發兵少，然亦足用」。白顒立即回答：

> 殿下之堅甲利兵，何往不克？固不在多。且違天悖理之賊，制之何難？今天兵與貴兵，夾攻建州滅之，則毛憐、海西之賊聞之，必寒心款服矣。

接著，白顒又與世祖國王商量：「建州西至婆豬江路遠，貴兵二十七日入攻，則官兵恐未及到，二十八九日間，入攻何如？」世祖言：「當更諭之。」[29] 由上述對話可見，李朝對出兵征建州的積極態度，令明使感到吃驚，從中揭示出李朝對建州女真的仇恨可謂刻骨銘心，欲協同明廷出兵，置建州於死地而後快。由此可見，建州女真的災難即將來臨了。

成化三年九月二十四日，明三路大軍進攻建州。李秉、趙輔所率一路為中軍，自撫順關，經薄刀山，過五嶺，渡蘇子河，至建州左衛董山等居地。據提督遼東軍務左都御史李秉奏：29 日，遇女真百餘眾，「俱在薄刀山屯聚，急麾兵進」軍，女真暫退，晚間女真復來戰，「又用神槍攻打，賊退」，次日，女真「俱在五嶺及迤東密林隘口，阻截官軍」，派都指揮柯忠選精奇三千，「徑趨賊屯處所」，至十月初四、初五日攻至建州左衛居地[30]；右翼軍由總兵官韓斌率領經連山關、通遠堡進入靉陽邊門至女真地區；左翼軍由武忠率領從鐵嶺方面從東南進入女真地區。這次戰役，明軍生擒女真 97 名，斬首 638 名，俘獲男婦 510 名，奪回被俘男婦 1165 名。[31] 李秉、趙輔征討建州女真大獲全勝。明憲宗對征討建州的將領論功行賞，總兵官武靖伯趙輔晉武靖侯、左都御史李秉加太子少保銜。

李朝軍隊也於九月二十六日，由中樞府知事康純任全軍統帥，魚有沼、南怡為兩翼大將，率精兵一萬，渡鴨綠江向建州衛的根據地吾彌府進軍。突襲建州李滿住等居地。李朝軍隊出征建州的情況，據主將康純給承政院的書啟云：

29　《李朝世祖實錄》卷 43，世祖十三年九月丁丑。

30　《明憲宗實錄》卷 47，成化三年十月甲寅。

31　《明憲宗實錄》卷 47，成化三年十月甲寅、壬戌。

臣領兵九月二十六日，與右廂大將南怡，自滿浦入攻潑豬江，斬李滿住及古納哈、豆里之子甫羅充等二十四名。擒滿住、古納哈等妻子，及婦女二十四口。射殺未斬頭一百七十五名。獲漢人男一名，女五口，並兵仗器械牛馬，焚家舍積聚，退陣以待遼東兵，累日無聲息。故本月初二日還師，初三日渡江。左廂大將魚有沼，自高沙里入攻兀彌府，斬二十一級，射殺未斬頭五十，獲漢女一口，並兵仗器械牛馬，焚家舍九十七區。[32]

此書啟實為朝鮮出兵建州的一份戰果報告，由此可知，李朝軍主將康純、右廂大將南怡率軍征吾彌府洞的李滿住居地，滿住一族或被殺或被生擒。李朝援軍班師，世祖國王親自設宴招待，並嘉獎有功將士。

李朝征女真的捷報告由吏曹參判高臺弼攜帶，於是年十二月下旬至北京，明憲宗見後甚喜。嘉獎世祖國王曰：

向者朕命將率師致討建州逆虜，俾王協助天兵。王遣中樞府官康純統眾萬餘入虜地，斬虜酋李滿住、古納哈父子等，斬獲其部屬頭畜。焚其廬舍積聚，得其所掠我東宵衛人口，遣吏曹參判高臺弼來獻，已將王所獻賊屬，依例處置，人口給親完聚，牛畜給軍屯種。良由王世篤忠貞，故朕以尺箚命王，而王國之眾，回應於海東，朕之將士，雷屬風驅，內外合勢，逆虜瓦解，王可謂能副朕所命矣。朕與王君臣同心，豈不美哉。[33]

此敕諭由明詔使內官姜金、金輔兩人赴朝鮮宣旨。詔使四月九日到達王京，世祖國王率百官在慕華館接受諭旨。

成化三年之役，明與李朝聯合出兵對建州女真，使建州女真蒙受難以估量的損失，處於極度的恐懼之中。據滿浦節制使李可均諮文云：「被掠唐人也時應

---

[32] 《李朝世祖實錄》卷 44，世祖十三年十月壬寅。
[33] 《明憲宗實錄》卷 50，成化四年正月戊辰。

可逃來本鎮言曰:『野人等疑大國（李朝—引者）再征，鼠伏山谷，牛畜為半凍死，於大國來路三處，令壯男各十人把截，晝夜登山偵候，擬於秋入寇」。[34]

　　成化三年之役後，明朝為防備建州女真復仇，便加強東部地區的防務，始增修遼東邊牆。遼東邊牆始修正統年間，邊牆由廣甯至開原，沿遼河東西兩岸修築，主要為防蒙古寇擾遼東地區。成化三年，明征建州之役結束，李秉擔心女真復為邊患，建議增鳳凰山城駐兵2400人，並於鳳凰山、鴉鶻關、撫順所、奉集堡等地「築立千戶所城堡」。[35]東段邊牆始修於成化四年，據《全遼志》載:「自撫順而南四十里設東州堡，東州之南設馬根單堡，馬根單堡之南九十里設清河堡，清河之南七十里設城場堡，城場堡之南一百二十里設靉陽堡，烽堠相望，遠近接應」。[36]翌年，遼東都司官員對李朝宣慰使金有禮言:「自今年四月去遼東五十里松鶻山東，自撫順千戶所築長牆至貴國（朝鮮）碧潼江邊而止，每三十里營一大堡，常令軍馬三四百戍禦。又於十里設煙墩，候望賊變，兼護貴國赴朝使臣之行」。[37]為了確認遼東官員所言是否屬實，李朝曾派李淳叔為平安道敬差官率軍渡過鴨綠江進行實地考察。其同年八月所上的馳啟中詳細彙報了所見新修遼東邊牆的情形:

　　　　臣領軍三百渡江至也郎洞，見長牆之界川溪則以木石交構作溝牆，高六
　　　　尺，廣四尺。平地則以木交置，廣百餘尺。南距十餘里，高峰築煙臺，
　　　　用木交積，高八尺，四面各十三尺，臺上造板屋，高五尺。煙臺相距，
　　　　或二十餘里，或十五餘里。自長牆東距昌城府云豆伊煙臺百餘里，南距
　　　　仇甯口子六十餘里。[38]

東段邊牆的修築，成化六年（1470）竣工。修築工作由遼東副總兵官韓斌主持。據賀欽的韓斌墓誌銘載:新修邊牆「緣邊自撫順關抵鴨綠江，相其地勢創東州、馬根單、清河、城場、靉陽等五堡，後又設鳳凰、鎮東、鎮夷等三堡。廣袤千

34　《李朝成宗實錄》卷46，成宗十四年四月壬戌。

35　《明憲宗實錄》卷48，成化三年十一月丁卯。

36　《全遼志》卷4，「宦業」遼海叢書本，第617頁。

37　《李朝睿宗實錄》卷6，睿宗元年六月甲寅。

38　《李朝睿宗實錄》卷7，睿宗元年八月甲子。

餘里，立烽堠，實兵馬」。由此可知，新修東段邊牆作為遼東內地與建州女真分界線，是為阻止建州女真寇擾而增設的。

如前所述，建州女真遭受明與李朝的打擊後，以李滿住之子李甫兒加大為首，時時不忘雪恥。[39]海西指揮使你拖哈言：「李滿住子娶妻居海西衛，請本衛及毛憐衛兵，要往朝鮮報復」。[40]《李朝實錄》也載：「李滿住子甫兒加大，以貴國殺其父，征聚管下人，具請兵於火剌溫兀狄哈，待冰合，將寇於閭延、江界等處」。[41]為此，李朝十分恐懼，「一邊馳報遼東都司，請求支援」；一邊備兵「分道追討，以懲凶醜」。[42]成化十年（李朝成宗五年 1474）十二月，建州女真「約三千餘騎，來圍理山（今朝鮮楚山）」，成宗國王得知，令北道節制使魚有沼云：「今聞理山賊變甚緊，理山雖與六鎮地勢懸絕，然諸種野人彼此煽動，理或有之。防禦諸事更加嚴備。理山之賊其數三千，非但建州之人，諸中野人亦必有從往者」。[43]翌年正月二十三日，女真又圍攻昌州鎮，二十五日，女真四千餘人又圍碧團鎮。[44]建州女真對朝鮮邊鎮的突襲，使李朝感到措手不及，對建州女真究竟有多少兵力一時難以搞清。成宗國王斥責永安北道節度使魚有沼云：「或曰三千餘騎，或曰四千餘騎，或曰八千餘騎，以此觀之，雖不至八千，亦不下三四千，實非小賊」。[45]同年二月八日，李朝給禮部諮文云：

> 成化十年十二月二十二日，建州衛野人約三千餘騎，突至本國平安道理山鎮，搶擄野處人畜。十一年正月二十三日，又寇昌城鎮管內昌洲口子，本月二十五日，又寇碧潼鎮管內碧團口子。此賊世擾本國邊境，又自成化三年，本國奉敕攻斬李滿住父子等後，滿住黨類，謀欲報復，窺覦間隙。今者嘯聚同惡，誆誘火剌溫、毛憐衛諸種，眾至數千，恣行兇狡，非徒凌蔑

---

[39] 據《李朝成宗實錄》卷 57，成宗六年七月癸丑條載：「李滿住三妻，一則斡朵里，一則兀良哈，一則火剌溫，其子酋長甫兒加大者，火剌溫所出也。」「火剌溫」是海西女真。

[40] 《李朝世祖實錄》卷 45，世祖十四年三月壬戌。

[41] 《李朝成宗實錄》卷 8，成宗元年十一月壬辰。

[42] 《李朝成宗實錄》卷 9，成宗二年三月丙申。

[43] 《李朝成宗實錄》卷 50，成宗五年十二月戊申。

[44] 《李朝成宗實錄》卷 52，成宗六年二月壬午。

[45] 《李朝成宗實錄》卷 52，成宗六年二月壬午。

本國，亦是不敬朝廷。竊計此賊，為謀既久，鳩合亦廣，勢不便止，煩為
聞奏，明降戒飭本賊，戢兵守分。刷還所搶人畜，倘或不悛，似前寇盜，
當職欲要著令邊將，相機乘勢，出兵追討。直搗追巢穴，以懲奸猾。[46]

諮文懇請明朝出兵。其實，就在建州女真圍攻李朝鴨綠江流域邊鎮時，也同時
攻打明遼東地區。

成化八年（1472）十一月，巡撫遼東右副都御史彭誼等奏：「九月間，虜
寇掠定遠堡境內，右參將都指揮周俊等率軍追之，虜棄所獲牛畜三十餘以去。
旬日復糾眾二千餘入寇」。[47]十二月，彭誼等又奏：「八月間，虜眾殺掠剌榆堝
並核桃山等處修築邊牆軍士一百六十餘人」。[48]成化十三年（1477）十一月，巡
撫遼東右副都御使陳鉞奏：「十月中，建州虜寇清河、靉陽二堡。副總兵韓斌
逗留不進，虜大掠而去」。[49]不僅如此，建州女真還與海西女真共同行動：

時海西虜酋，糾建州三衛入寇靉陽。言往年受朝廷厚遇，今無故添一官
人，伴送我行，飲食之如犬豕，禁制我市買，使男無鏵鏈，女無針剪，
因是入寇。[50]

成化十五年（1479）十月，明朝決定聯合朝鮮討伐建州女真。《明實錄》載：「命
太監汪直監督軍務，撫寧侯朱永佩靖虜將軍印，充總兵官，討建州夷」。[51]十月
二十八日，明軍分五路，約兩萬餘人，攻建州女真居地蘇子河。這次戰役的情
況，《明實錄》記載如下：

靖虜將軍撫寧侯朱永等，襲敗建州夷，上章奏捷。謂建州賊巢在萬山中，

---

[46] 《李朝成宗實錄》卷 52，成宗六年二月丁亥。
[47] 《明憲宗實錄》卷 108，成化八年十一月甲寅。
[48] 《明憲宗實錄》卷 111，成化八年十二月庚申。
[49] 《明憲宗實錄》卷 172，成化十三年十一月壬午。
[50] 《明憲宗實錄》卷 172，成化十三年十一月己丑。
[51] 《明憲宗實錄》卷 195，成化十五年冬十月丁亥。

山林高竣，道路險狹。臣等分為五路，出撫順關，半月抵其境，賊拒險迎敵，官軍四面夾攻，且發輕騎，焚其巢穴，賊大敗，擒斬六百九十五級。俘獲四百八十六人，破四百五十餘寨，獲牛馬千餘，盔甲軍器無算。[52]

明朝在向建州女真出兵的同時，還令李朝出兵「夾擊建州女真」。[53]李朝接到明廷敕諭後，分兩路進軍建州：一路由魚有沼統領，進至鴨綠江滿浦鎮，因「江水冰合旋解，難以渡師」，留駐旬日，罷兵而還；另一路由尹弼商統領，十月初九日越江，十三日深入建州女真居地，「分道入攻，斬首十五級，割耳二馘，生擒唐女七口，野人七口，射殺頭畜，焚蕩室廬」。[54]十六日還師。

明朝為嘉獎李朝出師之功，遣太監鄭同、姜玉前往朝鮮「賜王采段、白金、文錦、西洋布，其領兵官左議政尹弼商、節度使金嶠，亦各如例有賜」。[55]

明與李朝兩次征建州女真後，強盛的建州三衛衰落下去，有威望，有號召力，能統轄建州各部一致行動的首領都死於這兩次戰役。明與李朝為何征建州女真？究其原因，明朝與李朝對女真心寸偏見，視女真為「犬羊之輩」，不時地進行征討。尤其在女真與李朝矛盾衝突時，明朝又多偏祖李朝，認為朝鮮是「禮義藩邦」，不像女真，「犬羊」成性，女真的復仇心理，又誘發其入邊搶掠；在朝貢貿易和馬市上，明朝禁止女真購買鐵器和耕牛，嚴重地危及其生產與生活，明邊官邊將在驗關之際勒索挑剔，對女真人凌辱等，是激怒女真寇邊的重要原因。然而，明朝與李朝兩次征建州女真，並沒有從根本上解決明、李朝與女真的矛盾，反而激起女真的更大仇恨。

---

[52] 《明憲宗實錄》卷197，成化十五年十一月丁未。

[53] 據《明憲宗實錄》卷195，成化十五年十月丙申條載：「命朝鮮國王李娎出兵夾擊建州女直。賜之敕曰：『朕誕膺天命，君主華夷，施惠行仁，乃朕素興兵動眾，豈所願為？奈何建州女直，逆天背恩，累寇邊陲，守臣交請剪滅。朕念彼中亦有向化者，戈鋌所至，玉石不分，爰遣大臣撫諭，貸其反側之愆，聽其來京謝罪，悉越常例，升賞宴待而歸。曾未期歲，賊首伏當加等復糾丑類，侵犯我邊，雖被官軍驅逐出境，而未遭挫衂。廷議皆謂，此賊冥頑弗悛，罪在不宥。已令監督總兵等官，選領精兵，刻期征剿，我師壓境，王宜遣兵遙相應援，賊有奔竄至國境者，必擒而俘獻之。逆虜既除，則王敵愾之功愈茂，而聲名永享於無窮，報酬之典，朕必不爾緩也』」。

[54] 《李朝成宗實錄》卷112，成宗十年十二月辛未。

[55] 《明憲宗實錄》卷200，成化十六年二月己卯。

CHAPTER 12

嫌真兀狄哈女真與明朝、李朝的關係

一、嫌真兀狄哈女真與斡朶里、兀良哈女真的關係

　　嫌真兀狄哈女真居住在斡朶里、兀良哈女真以北，與斡朶里、兀良哈女真相鄰而居，因素有仇隙，加之李朝的調唆，雙方的關係始終處於敵對狀態。

　　嫌真兀狄哈女真是元代居住松花江口至阿速江（烏蘇里江）口一帶的「生女真」。元末明初，從居地南遷到牡丹江中上游及綏芬河一帶的古州（亦稱具州）[1]。《李朝實錄》載：「嫌真兀狄哈則古州括兒牙乞木那、答比那、可兒答哥」[2]。《龍飛御天歌》也載：「嫌真兀狄哈，部種名也。古州，地名。自會寧府北行二日至阿赤郎貴，行一日至常家下，又行四日至古州」[3]。古州，位於朝鮮會寧之北約六七日程的地方。嫌真兀狄哈在明景泰年間改稱尼麻車兀狄哈後，其勢力東向越過分水嶺，進入綏芬河及嘎呀河上源地區。《李朝實錄》載：「諸種兀狄哈部落皆在速平江（綏芬河─引者）之邊，尼麻車居其上流，如南訥、巨節、虧乙未車等種沿江而居，尼麻車最近三四日可到，其餘遠者不過四五日」[4]。同書又載：「我國豆滿江與彼地速平江皆自西東流入海，速平江則至末流北入海。彼虜諸種沿流列居，尼麻車、都骨最居上流，與穩城（今朝鮮穩城）相對，而相距不過五六日程；南訥最居下流，與造山（朝鮮邊鎮）相對，而相距七八日程」[5]。這條「自西東流入海」的速平江，就是綏芬河。由此可見，尼麻車兀狄哈已東進入綏芬河上流。不過，其核心部落仍居住具州（古州）一帶。尼麻車兀狄哈在具州居住的狀況，據弘治四年（李朝成宗二十二年 1491），李朝出兵北征尼麻車兀狄哈具州居地，北征副元帥李季仝等班師後，觀見成宗

---

[1]　大致在黑龍江省甯安縣一帶的牡丹江左岸。
[2]　《李朝太祖實錄》卷 8，太祖四年十二月癸卯。
[3]　《龍飛御天歌》卷 7，第 53 章，685 頁。
[4]　《李朝成宗實錄》卷 250，成宗二十二年二月甲子，學習院東洋文化研究所，1957 年。
[5]　《李朝成宗實錄》卷 253，成宗二十二年五月壬午。

國王奏對時，君臣對話談及尼麻車兀狄哈部眾數、居住情形。《李朝實錄》是年十一月戊子條記載如下：

> （李季仝言）廿三日馳至賊巢，則賊已奔竄。許琮分遣鄭有智、嚴貴孫、許熙，焚蕩室廬。上曰：「焚燒幾室乎？」季仝曰：「臣因火焰沖起，望見數之，則四百餘戶也」。上曰：「居室何如？」季仝曰：「一梁之室，其制與唐人居室相似。此則兀狄哈昔時搶掠開原衛之人，男婚女嫁，累代而居，故其居室之制如此」。

尼麻車兀狄哈女真的生活情形。同書載：

> 上曰：「其計活何如」？季仝曰：「臣曾見斡朵里、兀良哈居室不豐，室廬厄陋。兀狄哈則室大淨潔，又作大櫃盛米，家家有雙砧。田地沃饒，犬豕雞鴨亦多廚矣。」上曰：「有瓦屋乎」？季仝曰：「皆茅屋也」。賊所積之穀，軍士取以飼馬。斡朵里等素知賊藏物處，掘地搜得女服與匹段分之。[6]

以上是居住在具州尼麻車兀狄哈的情況，可見，他們已在此地「男婚女嫁，累代而居」，從事農耕，「田地沃饒，犬豕雞鴨亦多廚矣。」

居住在周邊的尼麻車兀狄哈，其中比較有名的為虧乙未車兀狄哈、都骨兀狄哈、南突兀狄哈等。虧乙未車兀狄哈，也寫為兀未車、虧未車。其居地，《李朝實錄》載：「愁濱江虧未車、虧知哈、應巨等三人，東良北住吾郎哈指揮蔣家等九人，並隨班獻土物」。[7]愁濱江為綏芬河，說明他們居住在綏芬河流域，與兀良哈女真同時去朝鮮進獻土物。可見，其住地與居圖們江流域慶源兀良哈女真居地相距不遠。都骨兀狄哈[8]，也做骨看兀狄哈，《李朝實錄》載：「尼麻

6　《李朝成宗實錄》卷 259，成宗二十二年十一月戊子。

7　《李朝世宗實錄》卷 84，世宗二十一年正月庚申。

8　都骨兀狄哈，《龍飛御天歌》作闊兒看兀狄哈，《明實錄》作土成哈。

車兀狄哈居初面，都骨部落在後面」。[9]同書又載：「西有尼麻車，東有虧未車，都骨在東北」，[10]「都骨與尼麻車及諸種人，男婚女嫁，或有雜居者，然都骨部落，別有其地……自尼麻車至都骨，徐行四日程，急行則三日可到」。[11]都骨兀狄哈部落有「酋長時加老、麻多下、巨尼等三人，彼人等率其麾下三百五十家」。[12]都骨兀狄哈周圍也有許多小部落，「相距十日程，其部落次第，則初沙車、次少居節、次虧乙仇車、次時加乞、次好時渴、次伊乙仇車、次都骨」。[13]由此可見，其居地應在琿春東部沿海與咸鏡北道沿海，東北到琿春河口一帶，清初逐漸向西北移動，琿春為其主要居住區，成為琿春著名土著庫雅喇滿族。[14]

都骨兀狄哈經常招集附近部落兀狄哈女真襲擊圖們江流域的兀良哈女真。《李朝實錄》載：「深處住都骨兀狄哈一百餘人，到下伊亂家住兀良哈者邑同介戶，射殺男女十一人，虜十七人」。[15]天順五年（李朝世祖六年 1461）十月，兀未車兀狄哈招集都骨、都亂、巨切等四姓兀狄哈二百餘名，擊阿赤郎耳住兀良哈「虜掠頗多」。[16]成化十年（李朝成宗五年 1474）十一月，成宗國王曾對具州諸姓兀狄哈言：「爾具州諸種兀狄哈與骨看、兀良哈、斡朵里世相仇剿，此往彼來，殆無寧歲。予不忍彼此婦人老幼橫罹慘毒。況又近日累寇穩城。雖曰：都骨、南訥、車節兀狄哈所為，其餘無與，予豈不知汝情？」[17]可見，都骨兀狄哈不僅襲擊兀良哈、斡朵里女真，也時常突襲朝鮮六鎮。弘治四年（李朝成宗二十二年 1491），李朝出兵尼麻車兀狄哈就是因都骨兀狄哈女真突襲李朝邊鎮造山堡引起的。南訥兀狄哈所居。據《李朝實錄》載：「愁濱江住南訥兀狄哈豆羅大、愁州住兀良哈李洪所老等來獻土宜」。同書又載：「諸姓兀狄哈

9　《李朝成宗實錄》卷 252，成宗二十二年四月丁卯。
10　《李朝成宗實錄》卷 261，成宗二十三年正月己卯。
11　《李朝成宗實錄》卷 258，成宗二十二年十月庚申。
12　《李朝成宗實錄》卷 266，成宗二十三年六月戊辰。
13　《李朝成宗實錄》卷 266，成宗二十三年六月戊辰。
14　參見董萬崙：《清肇祖傳》，第 296 頁。
15　《李朝世宗實錄》卷 51，世宗十三年二月戊午。
16　《李朝世祖實錄》卷 22，世祖六年十月壬申。
17　《李朝成宗實錄》卷 49，成宗五年十一月辛巳。

入寇慶源以下諸鎮者，必路由南訥」。[18]由此可知，南訥兀狄哈應居住綏芬河以南，圖們江流域以北之地。

嫌真兀狄哈後改稱尼麻車兀狄哈及所部與斡朵里、兀良哈女真素有舊怨，所以，經常襲擾斡朵里、兀良哈女真。其仇怨是在他們南遷以前，即元末明初釀成的。元代在松花江及黑龍江下游一帶設五個軍民萬戶府。斡朵里、胡里改即兀良哈就是其中二個軍民萬戶府。元順帝至正六年（1346）四月，吾者野人及水達達女真為元朝採捕海東青所擾，反叛朝廷，擊殺前來鎮壓的元軍。[19]在元朝鎮壓吾者野人及水達達女真的過程中，斡朵里、兀良哈軍民萬戶府參與了鎮壓行動。嫌真兀狄哈是水達達女真中的一支，從此就與斡朵里、兀良哈女真結下仇怨。明初斡朵里、兀良哈南遷圖們江流域後，嫌真兀狄哈也南徙牡丹江中上游及綏芬河一帶，對斡朵里、兀良哈女真構成威脅。永樂年間，明廷招撫女真，廣置衛所以轄之。斡朵里、兀良哈、嫌真兀狄哈等女真先後歸附明廷，明廷置建州衛、毛憐衛、阿速江衛等。但，他們之間的仇怨並未消除。最終在宣德八年十月發生了楊木答兀勾結嫌真兀狄哈女真襲殺猛哥帖木兒父子的事件。釀成這一事件的原因，一方面是楊木答兀對斡朵里首領猛哥帖木兒父子的仇恨，另一方面是嫌真兀狄哈女真與斡朵里素有仇怨。可見，楊木答兀之所以能勾結嫌真兀狄哈，正是利用了其與斡朵里女真素有仇怨。猛哥帖木兒父子遇難後，斡朵里、兀良哈女真的勢力大為削弱，並經常遭到嫌真兀狄哈的侵襲。宣德九年（李朝世宗十六年 1434）二月，嫌真兀狄哈等七十餘人襲掠在東良北居住的斡朵里、兀良哈女真。[20]翌年十一月，具州嫌真兀狄哈四百餘人「來侵斡朵里，焚十四戶，掠壯男女八十六，弱男女六十三，牛馬四百四十五，中箭者三人，死者二人」。[21]這次斡朵里女真的損失很大。正統五年（李朝世宗二十二年 1440）二月，世宗國王傳旨咸吉道都節制使金宗瑞：

---

18 《李朝成宗實錄》卷 268，成宗二十三年八月甲子。
19 據《元史》卷 41，《順帝本紀》載：「遼陽為捕海東青煩擾，吾者野人及水達達皆叛。」
20 據《李朝世宗實錄》卷 63，世宗十六年二月乙卯條載：「嫌真兀狄哈及楊木答兀等七十餘騎，掠東良北野人人口、牛馬。」
21 《李朝世宗實錄》卷 70，世宗十七年十一月丁亥。

兀狄哈、吾良哈（兀良哈）等自相侵掠，搶奪人畜，其被耗者亦必報復，依數征還而後已……近來童凡察來言曰：「嫌真巨節、南訥等類所居地面，居本國或七日，或五六日之程，非惟侵虜吾良哈及我輩，又於本國邊境連年入侵殺掠人物，我等至極痛憤」。[22]

面對嫌真兀狄哈的侵擾，兀良哈、斡朵里女真也曾予以反擊，但充其量是征還而後已，受害的還是兀良哈、斡朵里女真。所以，凡察曾請求李朝聯合對付嫌真兀狄哈的侵擾。

如前所述，為擺脫李朝的控制和嫌真兀狄哈的侵擾，正統五年六月，凡察、董山率部眾遷徙到遼東地區。留居的斡朵里、兀良哈女真的勢力進一步削弱，他們一方面不得不依附李朝，一方面加強聯合，以對付嫌真兀狄哈的侵擾。正統八年（李朝世宗二十五年 1443）十月，留居會寧的斡朵里女真首領所老加茂赴王京向李朝請求將部眾集聚一起，以此對付嫌真兀狄哈的侵擾。《李朝實錄》載：

請於所居築壁城與管下人聚居……且具州兀狄哈種類不多，我與都乙溫、卜兒罕等欲同五鎮軍馬殲滅之。下禮曹與議政府同議，僉議啟曰：「壁城則可從其願……其親往攻具州事，則不答為便」。[23]

都乙溫、卜兒罕是兀良哈女真首領，在共同對付嫌真兀狄哈女真的侵擾上是一致的。對於所老加茂的請求，李朝認為，可以一起聚居壁城，因為這樣便於其對女真的控制，但對聯合攻打嫌真兀狄哈女真卻避而不答。事實上，李朝正是想利用斡朵里、兀良哈女真與嫌真兀狄哈女真的矛盾，達到「以夷治夷」，「分而治之」的目的。天順四年，李朝北征圖們江流域兀良哈女真，就曾利用兀狄哈女真來夾擊兀良哈女真的。《李朝實錄》載：「無未車兀狄哈招集都骨亂巨切等四姓兀狄哈二百餘名，擊阿赤郎耳住兀良哈，擄掠頗多」。[24]同年十二月，

22　《李朝世宗實錄》卷 88，世宗二十二年二月癸未。
23　《李朝世宗實錄》卷 102，世宗二十五年十月甲辰。
24　《李朝世祖實錄》卷 22，世祖六年十月壬申。

兀狄哈虜豆等率三百餘騎，擊居高嶺之處的斡朵里、兀良哈女真，「焚廬舍，擄人畜」而去。[25]而弘治四年，李朝北征尼麻車兀狄哈女真時，則又利用斡朵里、兀良哈女真進擊尼麻車兀狄哈女真。《李朝實錄》是年十一月戊子條載，當時尼麻車人與斡朵里人陣前的一段對話如下：

> 彼賊（尼麻車人）登高峰，呼斡朵里，指天語之曰：「此天開後，朝鮮曾不來此侵我，汝等嚮導，焚蕩我家產，朝鮮軍士則歸入長城中，汝歸何往？」斡朵里答曰：「汝等屢犯國家（朝鮮），朝鮮命我等隨往，故我等來耳」。賊又曰：「汝為朝鮮，則何不著朝鮮紗帽，而著我等衣冠乎」？[26]

這段對話，不僅說明尼麻車兀狄哈對斡朵里女真的仇恨，也反映他們之間的相互仇殺是受李朝的指使。

嫌真兀狄哈女真與斡朵里、兀良哈女真的矛盾使雙方都蒙受損失。還在正統七年時，斡朵里首領吾沙哈就提出，與兀狄哈「欲結和親，以解仇嫌」。[27]天順五年七月，尼麻車兀狄哈首領阿仁帖木兒也說：「尼麻車與斡朵里仇隙已久，又虜豆殺掠吾弄草等處斡朵里，彼此相仇不已，願令和解」。[28]直到弘治年間，雙方的矛盾最終才緩和，「六鎮城底野人與深處虜知介（兀狄哈首領）結婚締交，出入境上」。[29]以至於李朝同知事尹殷輔在上疏說：「臣聞五鎮城底彼人欲和親深處虜知介，送者乙羅（猶言通事）議和焉，或結婚焉云。夫夷狄相攻乃中國之利也，而今焉若此，甚非國家之利也」。[30]尼麻車兀狄哈等女真與斡朵里、兀良哈女真的和好，致使李朝的「分而治之」，「以夷治夷」控制女真的目的無法實現，所以，「甚非國家之利也」。

---

[25] 《李朝世祖實錄》卷 22，世祖六年十二月癸巳。
[26] 《李朝世祖實錄》卷 259，世祖二十二年十一月戊子。
[27] 《李朝世宗實錄》卷 95，世宗二十四年二月壬辰。
[28] 《李朝世祖實錄》卷 25，世祖七年七月癸卯。
[29] 《李朝中宗實錄》卷 21，中宗九年十月壬寅。
[30] 《李朝中宗實錄》卷 72，中宗二十六年十一月壬子。

二、嫌真兀狄哈女真與明朝及李朝的關係

中朝邊境地區居住的女真諸部中，嫌真兀狄哈女真接受明朝的招撫較早。《李朝實錄》太宗三年（永樂元年）六月辛未條載：「三府會議女真事。皇帝敕諭女真、吾都里、兀良哈、兀狄哈等招撫之，使獻貢」。[31]這裡明廷招撫的兀狄哈，就是指南遷至牡丹江中上游及綏芬河一帶的古州（具州）嫌真兀狄哈。永樂三年，明朝始招撫嫌真兀狄哈女真。《李朝實錄》載：

> 朝廷使臣王可仁與巨陽人二十餘到兼進、骨看兀狄哈居處，欲招諭與之還朝也。耽州、耳州、阿赤郎貴、吾音會等處人，往年與王教化的入朝者六人。帝賜衣，今與王可仁俱來。[32]

兼進，即嫌真，耽州，即潭州或探州，耳州，應為具州之誤，均為嫌真兀狄哈女真的居地。他們永樂初年接受明朝的招撫，並隨明使入京朝貢。

永樂四年，明朝以嫌真兀狄哈女真歸附，設阿速江衛。《明實錄》載：「女直野人頭目打葉等七十人來朝，命置塔魯木、蘇溫河、阿速江、速平江四衛，以打葉等為指揮、衛鎮撫、千百戶等官，賜誥印、冠帶、襲衣及鈔幣有差」。[33]據《龍飛御天歌》載，時嫌真兀狄哈首領有乞木那、答比那、可兒答哥兄弟三人。《李朝實錄》中，將此三人寫作金文乃、多非乃、葛多介。李朝官員言：金文乃、葛多介等「受職於中朝（明朝）」。[34]換言之，他們是明朝阿速江衛的

---

31 《李朝太宗實錄》卷 5，太宗三年六月辛未。
32 《李朝太宗實錄》卷 9，太宗五年四月乙酉。
33 《明太宗實錄》卷 40，永樂四年二月庚寅。
34 《李朝太宗實錄》卷 19，太宗十年三月壬午。

官員。宣德八年（1433，李朝世宗十五年），「巨兒帖哈（葛多介）率家小赴京」朝貢。[35]

　　如前所述，在刷還楊木答兀所部叛逃官軍問題上，嫌真兀狄哈女真與斡朵里首領猛哥帖木兒的態度截然不同。猛哥帖木兒遵從明朝的旨意，積極配和刷還叛軍，而嫌真兀狄哈首領卻接納楊木答兀所部叛逃官軍，拒絕明朝的招撫。最後釀成猛哥帖木兒父子遇難事件。對此事件，明朝大為惱火，欲派兵征討嫌真兀狄哈女真。據咸吉道都節制使馳報：

> 去歲，指揮裴俊以被虜人招安，率軍到野人地面，見敗於嫌真兀狄哈。帝怒，思欲問罪，命內官張信、鴻臚寺一員，率帝所火燬軍二百，遼東軍一千，本月晦時，將到斡木河。[36]

恐怕是因軍隊長途遠征的緣故，明朝改武力征討為派使臣招撫。同年九月，派禹者顏帖木兒到斡木河近境，「兀狄哈巨乙杜哈（葛多介）處」，傳達聖旨，勒令將搶掠猛哥帖木兒管下人口與牛只返還給斡朵里。[37]宣德十年（1435）三月，明朝再次派使臣前往嫌真兀狄哈，令其刷還掠去的斡朵里人畜。《明實錄》載：

> 遣敕諭阿速江等衛野人頭目弗答哈等，責還原虜建州左衛人馬財物。先是，建州左衛都督僉事凡察奏：「被阿速江等衛殺其兄猛哥帖木兒等並掠去人馬財物，請兵剿捕」。宣德皇帝謂兵部臣曰：「蠻夷仇殺，習俗則然，不必勤兵，但遣使齎敕往諭，俾還所掠」。使回未報，至是，上復有是命。[38]

是年正月，明宣宗皇帝逝世，太子朱祁鎮即位，是為明英宗。此敕諭是明英宗

---

[35]　據《李朝世宗實錄》卷 61，世宗十五年閏八月壬戌條載：「去年巨兒帖哈率家小赴京，帶去奴僕到北京，皆逃匿，皇帝命追捕給之。」

[36]　《李朝世宗實錄》卷 64，世宗十六年五月戊子。

[37]　《李朝世宗實錄》卷 65，世宗十六年九月辛巳。

[38]　《明英宗實錄》卷 3，宣德十年三月戊子。

即位後發佈的。所謂「使回未報」，應為去年派去的使臣禹者顏帖木兒招諭未果，故明朝再次遣使招諭。據禮部尚書胡濙等奏：「亦馬剌衛指揮完者禿來朝，貢方物，言：『古州地面野人克里歹哥、伏塔哈欲赴京師，但伺敕旨招撫』」。[39] 說明這時尚未得到明英宗的敕諭。不過，從《李朝實錄》世宗二十年（正統三年）正月辛卯條，猛哥帖木兒之子董山「得毛憐衛指揮哈兒禿等贖回」[40] 的記載分析，嫌真兀狄哈女真已得到明朝的敕諭，並著手刷還所掠的人口。

正統四年（1429），嫌真兀狄哈首領葛多介病逝，[41] 其子虜豆繼為首領。景泰五年（1454），虜豆赴明京襲職。《明實錄》載：「阿速江衛指揮同知可里帖哥子兀都……俱襲職」。[42] 其他首領，如阿仁加茂也曾至京朝貢。[43] 但是，此後相隔近三十年，才有嫌真兀狄哈女真的記事。《明實錄》弘治十六年（1493）三月乙亥條載：

> 遼東鎮巡官奏：「阿速江衛並埇坎、蘇分地面野人及寄住毛憐等衛女直都指揮我里哥等孫男箭答等並林脫脫等，俱欲朝貢。各夷不憚跋涉，納款歸誠，若拒沮使回，必致嗟怨。乞每年准令三五人輪流朝貢，以慰遠人之心」。兵部復奏：「建州、寄住毛憐女真，歲有來貢之數。阿速江衛、蘇分地面野人，舊無來朝，今乃欲求朝貢，其向化之情，有可憫念，宜令鎮巡等官支給官庫錢物，參酌禮部賞格，量加犒賜，發回原地，仍令通事備為省諭」。從之。[44]

阿速江衛，在古州，埇坎，就是通肯山區，蘇分，是綏芬河，他們皆為嫌真兀狄哈，此次赴京朝貢。從其「舊無來朝，今乃欲求朝貢」來看，這些兀狄

---

[39] 《明英宗實錄》卷 13，正統元年正月庚寅。

[40] 《李朝世宗實錄》卷 80，世宗二十年正月辛卯。

[41] 《李朝世宗實錄》卷 85，世宗二十一年四月癸未。

[42] 《明英宗實錄》卷 238，景泰五年二月己丑。

[43] 據《李朝世祖實錄》卷 19，世祖六年三月丁酉條載：「兀狄哈阿仁加茂啟曰：「殿下曩者朝天之時，臣亦赴京，獲睹天顏。」

[44] 《明孝宗實錄》卷 197，弘治十六年三月乙亥。

哈女真已有相當一段時間未赴京朝貢了。他們請求明朝恢復舊有朝貢關係。嫌真兀狄哈未向明朝貢這期間，正是李朝世祖六年（天順四年 1460）至李朝成宗末年（弘治四年 1491）。世祖五年北征圖們江流域兀良哈女真，誘殺毛憐衛首領郎卜兒罕，並利用兀狄哈與兀良哈女真的矛盾，極力打擊兀良哈女真，致使嫌真兀狄哈女真依附李朝。但至李朝成宗末年，嫌真兀狄哈女真與李朝的關係開始緊張，以致成宗二十二年（弘治四年），李朝北征尼麻車兀狄哈女真，雙方關係中斷。兀狄哈女真與李朝的關係中斷後，自然要求恢復與明朝的朝貢關係。

嫌真兀狄哈女真與朝鮮的關係。最早見於記載是太宗五年（永樂三年 1405）。《李朝實錄》載：「賜骨乙看兀狄哈萬戶金豆稱介、兼進兀狄哈萬戶童難等衣一襲，靴、笠、銀帶一腰。又賜伴人綿布、苧布有差」。[45]金豆稱介，也作土成改，後為明喜樂溫河衛指揮；兼進，即嫌真，而萬戶童難者僅見此記載，後不見其人活動。嫌真兀狄哈主要首領為金文乃、答比那、葛多介兄弟三人，他們從未歸附李朝，也未接受李朝官職。時李朝正向圖們江流域拓展疆土，設置慶源府，將其作為圖們江流域前沿據點。為阻止李朝拓展疆土，兀狄哈女真經常抗擊北拓的李朝勢力。如前所述，圖們江流域本為女真的故土，對於李朝拓展疆土，居住圖們江一帶的各部女真必然奮起抗爭。永樂八年，兀狄哈女真與斡朵里、兀良哈女真等聯兵進攻李朝慶源府。《李朝實錄》載：「兀狄哈金文乃、葛多介等結吾都里、兀良哈甲兵三百餘騎寇慶源府，兵馬使韓興寶戰死……官軍死者十五人，馬死者五匹。賊遂圍木柵，不克，焚柵外廬舍，蓄積殆盡」。[46]當李朝獲悉韓興寶戰死，急命吉州察理使趙涓征圖們江女真。是年三月，至圖們江北豆門，設伏於要害，誘殺兀良哈首領把兒遜等，「縱兵殲其部族數百人，燔燒廬舍而還」。[47]這就更加激起女真對李朝的仇恨。同年四月，嫌真兀狄哈等女真聯軍進攻慶源阿吾知城，李朝「兵馬使郭承佑與戰敗績」。[48]面對女真的

---

45 《李朝太宗實錄》卷9，太宗五年正月乙巳。
46 《李朝太宗實錄》卷19，太宗十年二月庚子。
47 《李朝太宗實錄》卷19，太宗十年三月乙亥。
48 《李朝太宗實錄》卷19，太宗十年四月己酉。

進攻，李朝於永樂八年四月，慶源罷鎮，南移鏡城。慶源罷鎮，南移鏡城，是嫌真兀狄哈等女真與李朝浴血奮戰的結果，阻止了李朝向圖們江流域北拓疆土的步伐。

到李朝世宗朝，嫌真兀狄哈女真與李朝仍處於敵對狀態。永樂二十年（李朝世宗四年 1422）九月，嫌真兀狄哈巨乙加介「率兵百餘侵慶源府，殺二人，射一人」。[49]同月二十四日，又率眾「入寇慶源府境高郎歧阿山等處」，十月初二日，又「入寇本府境釜回還之地」。[50]永樂二十二年（李朝世宗六年 1424）五月，嫌真兀狄哈一百餘名攻阿山地面，慶源僉節制使李澄玉率兵擊之，部眾中箭者二十三人，李朝官軍「中箭者亦十餘人」。[51]正統三年（李朝世宗二十年 1438）正月，世宗國王傳旨咸吉道都節制使云：「巨兒帖哈，去庚寅（永樂八年、李朝太宗十年，1410）二月，侵我慶源，殺節制使韓興寶，其年五月，又侵龍城，與節制使田時貴相戰。壬寅（永樂二十年、李朝世宗四年，1422）九月，唱率雜種又侵慶源之阿山，丙辰（正統元年、世宗十八年，1436）九月，又教速平江諸部圍我慶源邑城。前後侵突，殺虜人口、牛馬不知其幾。咸吉一道之人，憤怨刻骨，思食其肉久矣」。[52]可見，李朝一直將嫌真兀狄哈女真視為嚴重的邊患，置於死地而後快。正統二年（1437）秋天，兀狄哈首領巨兒帖哈攜妻子等到朝鮮鏡城，李朝認為是「體探我軍馬多少，人物居處而作賊」，將其拘捕，押解王京。圍繞對其處置，君臣商議，認為「宜置典刑」，但考慮到「其族類繁盛，故姑全之」，責令返還先前被掠的朝鮮邊民，並將巨兒帖哈及妻子等安置於江華島，「官給衣糧，以全性命」。[53]翌年病逝江華島。

---

[49] 《李朝世宗實錄》卷 17，世宗四年九月戊寅。

[50] 據《李朝世宗實錄》卷 19，世宗五年正月丙午條載：「義禁府啟：『兀狄哈巨乙加哈等四十餘人，於壬寅九月二十四日，入寇慶源府境高郎歧、阿山等處，節制使田時貴不即領兵親赴，只遣管下軍官，應敵失機。又十月初二日，入寇本府境釜回還之地，相戰無功。前後入寇，人馬多被殺擄，而匿不實報罪，從重斬。」

[51] 據《李朝世宗實錄》卷 24，世宗六年五月乙未條載：「咸吉道都節制使據慶源僉節制使李澄玉呈馳報曰：『今五月十三日午時，嫌進兀狄哈百餘名，境內阿山地面突入作賊，高郎岐伊留防軍與戰。澄玉領都鎮撫金得海等八名，馳至擊之，賊退北。澄玉追之，管下人金乙信射獲一級，賊人中箭者二十三名，仍奪賊人鞍子三面、馬三匹。我軍中箭者亦十餘人。」

[52] 《李朝世宗實錄》卷 80，世宗二十年正月壬辰。

[53] 《李朝世宗實錄》卷 80，世宗二十年正月壬辰。

巨兒帖哈的病逝，對朝鮮而言，失去了有力的敵手，將籠絡兀狄哈的希望寄託其諸子身上。正統六年（李朝世宗二十三年 1441）五月，巨兒帖哈子土豆、虧豆等至王京，世宗國王對其言：

> 爾父巨兒加介於我國本有罪惡，頃者廷臣請置於法，予乃哀憐，特赦其罪，至賜衣食、室宇、奴婢，俾之永享其生，不幸病死，厚其喪葬，以示終始之恩。今汝等慕義來朝，予亦嘉之，欲以憐恤汝父之心，移於汝等，益厚撫之。[54]

　　為籠絡巨兒帖哈子土豆、虧豆，世宗國王授予其護軍之職。正統十二年（李朝世宗二十九年 1447）十二月，虧豆等至李朝獻土物。李朝借機「升虧豆爵，賜衣服、笠靴及青紅木綿三匹」，包括其「侄甫要麼等除司正，賜衣服、笠靴」。[55]到世祖時期，李朝更加緊對嫌真兀狄哈女真的籠絡。天順五年（李朝世祖六年 1461）二月，世祖國王在御慶樓設宴，款待尼麻車兀狄哈非舍等，對其言：「兀良哈等累犯邊鎮，予猶慮脅從，故赦之。若猶執迷，予當擊滅之，汝須以兵來會」。[56]

　　李朝世祖時期，進一步對嫌真兀狄哈女真加以籠絡。成化二年（李朝世祖十二年 1467）十一月，世祖國王在款待尼麻車兀狄哈首領阿仁加茂的宴會上，與其有如下對話：

> 爾等跋履險阻來覲，於今四度，爾之誠款可尚，然無乃勞苦乎？加茂對曰：「殿下仁恩廣大，所在館待尤厚，加以驛騎無滯，有何勞苦乎！」上曰：「汝雖為萬戶，自是例職，何今將授汝大官厚祿，汝其知之」。仍命進酒，又賜金帶。加茂稽顙拜謝。[57]

---

[54] 《李朝世宗實錄》卷 92，世宗二十三年五月丙辰。

[55] 《李朝世宗實錄》卷 118，世宗二十九年十二月庚午。

[56] 《李朝世祖實錄》卷 19，世祖六年二月壬申。同書六月壬戌條又載，世祖國王對咸吉道都節制使楊汀：「兀狄哈澄乃等予厚待遣之，卿亦然之。此人等密啟擊毛憐衛等人，欲自中報仇。予曰：『汝等之事，予何令之止之乎？毛憐之人屢犯邊境，若猶未已，則予亦伐之，任汝所為』。澄乃等拜辭，予令中官厚饋之酒，賞一等。」

[57] 《李朝世祖實錄》卷 40，世祖十二年十一月癸巳。

可見，李朝對嫌真兀狄哈女真之籠絡可謂用心良苦。

　　嫌真兀狄哈女真與李朝的關係成宗年間又激化起來。成宗年間，「兀狄哈屢犯邊境」，李朝只好「謹守城池，嚴加堤備」。[58]弘治四年（李朝成宗二十二年 1491）尼麻車、都骨等兀狄哈女真攻擊朝鮮邊鎮造山堡，使李朝大為震驚。廷議出兵北征尼麻車兀狄哈等女真。十月，李朝以永安道觀察使許琮為都元帥，率兵北征尼麻車兀狄哈的村落。[59]至此，尼麻車兀狄哈與李朝的關係中斷。

三、李朝北征尼麻車兀狄哈女真

　　弘治四年（李朝成宗二十二年 1491）正月十二日夜裡，兀狄哈女真突然圍攻朝鮮邊鎮造山堡（慶興造山），射殺軍士 3 人，傷軍士 26 人，掠奪人口 7 名及牛馬而去。李朝慶興府使羅嗣宗，率兵越圖們江十餘里，與兀狄哈女真相戰，中箭身亡。[60]因是夜裡圍攻，造山守軍對來攻者及人數一時無法判斷。所以大司憲李季全啟文言：「造山之賊，或云尼麻車，或云七姓兀狄哈、九姓兀狄哈，今不的知」。[61]依據李朝邊將判斷，認為「來寇者必尼麻車、都骨之類」。[62]據被兀狄哈擄去，後逃回的李朝士兵達生供稱，為都骨兀狄哈所為。據《李朝實錄》是年七月丁亥條載：

---

[58]　《李朝成宗實錄》卷 242，成宗二十一年七月戊辰。

[59]　參見河內良弘：《明代女真史の研究》，第 539-550 頁。

[60]　據《李朝成宗實錄》卷 249，成宗二十二年正月丙申條載：「永安北道節度使尹末孫馳啟：『今正月十二日夜五鼓，兀狄哈一千餘人，圍造山堡，三人踰城而入，破東門鎖鑰，闌入相戰，射殺軍士三人，又射萬戶及軍士二十六人致傷，擄掠城中男婦共七名、馬五匹、牛十一頭而去。慶興府使羅宗嗣聞之，領兵越江，入彼地十餘里，與賊相戰，中箭而死。』」

[61]　《李朝成宗實錄》卷 251，成宗二十二年三月庚辰。

[62]　《李朝成宗實錄》卷 250，成宗二十二年二月壬子。

上復御宣政殿，引見達生等，問造山被擄之由。達生等啟曰：「正月十
二日曉頭，煙臺舉燧五柄，府使羅嗣宗知賊變，整軍出門，則已未爽矣。
臣等無弓矢，且事迫，分官中長箭，一部各持十個，隨府使馳向造山。
彼賊已擄人畜，將渡江。府使作鶴翼陣，追逐過江。彼賊一時大呼，回
騎逆擊，須臾圍我中軸。兩軍相接，未辨彼我，賊射中府使之馬，府使
著鞭，則馬已僵僕。賊五十餘人，或刀或射，爭殺府使。臣等亦無甲冑，
矢盡持弓而立。賊以都僕姑射之。臣初欲以佩刀刺一人而死，終至勢窮，
弓與刀皆棄之，跪而攢手。賊下馬縛臣，或杖或射，驅迫而去，半死而
行。賊疑我軍追至，每於止處，必分屯，出一人著甲候望，至夜深乃已。
如是者五六日，賊二三人持炊飯器，先馳至宿處，宰殺擄去牛馬，和米
肉作粥，賊等繼至而食。晝行十二日，夜行八日，乃到都骨屯。[63]

從上述達生描述的情況可知，突襲造山堡的是一隊由五十餘騎組成的尼麻車兀
狄哈所部都骨兀狄哈女真所為。

　　圍繞造山事件的出兵事宜，李朝君臣進行商議。吏曹判書李克均認為，「尼
麻車遠在三日程，雖見我聲勢，未必疑懼。莫若治器械、練將士，待彼謀懈，
一舉而全勝也」。[64]而兵曹判書李克墩則提出相反意見，主張「造山之賊，不可
不討」。[65]永安道觀察使許琛也贊成即刻征討。他說：「今者突入城堡，搶虜人
畜，以至殺將戮軍，羞辱不小，諸種野人視此舉，以為輕重。今若依前，徒務
刷還，而一不懲艾，則國家威武不揚，非徒兀狄哈，近居彼人等將生侮慢之心，
不可不慮」。[66]成宗國王也認為，「國家受辱於凶醜，其興師問罪，不得不爾」。[67]
贊成出兵。不過，對北征尼麻車兀狄哈女真也有持有異議者。弘文館副提學金
克儉認為，北征絕非善計。他說：「今二萬之兵，輜重兼從無慮六萬一千五十
有餘，若供入征七日，則費萬有一千四百十二斛。若供徵集往來，則不下十萬，

63　《李朝成宗實錄》卷255，成宗二十二年七月丁亥。
64　《李朝成宗實錄》卷250，成宗二十二年二月壬子。
65　《李朝成宗實錄》卷250，成宗二十二年二月丁巳。
66　《李朝成宗實錄》卷250，成宗二十二年二月甲子。
67　《李朝成宗實錄》卷250，成宗二十二年二月丁卯。

此十萬之粟，可備十年水旱也。爭恨小故，困鹿俱竭，使邊民失其命脈，得乎失乎」？[68]廷臣圍繞著是否北征莫衷一是。最後，成宗國王決意北征。五月，下教書曰：

近茲北征，非是好大喜功，而廷議紛紜莫適所主。予雖寡昧，豈不思兵戰之凶危哉。然用兵大事，勢不得已。而朝中言者，或以小寇常事不足以教，宜置度外，以至引以商宗之伐鬼方，周宣之逐玁狁，高帝之困白登，漢武之征四夷，欲止此舉。其於進戒達懷之辭，雖若善矣，而當今出師問罪之義，殆不深究。蠢茲北虜，匪茹入寇，侮慢大國，肆行蜂蠆之毒，極逞豺狼之志，無憚犯我，屠將戮卒，此豈天心之所樂，王法之不誅者耶。肆興師旅，聲罪致討，固非如貪土地，好戰勝強，驅無辜之民於死地者也。[69]

可見，成宗認為，尼麻車兀狄哈女真攻造山是「侮慢大國」的行為，有損於朝鮮「小中華」形象，只有對其「肆興師旅，聲罪致討」，才能以正大國形象。

李朝決意北征後，任命永安道觀察使許琮為北征都元帥，司憲府大司憲李季全及永安北道節制使成俊為副元帥，似於十月出兵。但此次出征最大困難是對兀狄哈地理位置不熟悉，僅知，「諸種兀狄哈部落，皆在速平江之邊，尼麻車據其上流，如南訥、巨節、虧乙未車等種，沿江而居。尼麻車最近，三四日可達」，[70]「兀狄哈有五姓焉，有三姓焉，皆在速平江之邊，尼麻車最強」。[71]時，將領中只有李念義一人在四十年前，曾隨從李澄玉追捕斡朵里首領所老加茂時到過尼麻車兀狄哈居地。據其回憶說：「或游獵徐行三宿，後至一林藪，林藪間可三十里許，非高峻之山而西北有平野，尼麻車兀狄哈散居其下。我等不由林藪，由平野行，四日朝，到尼麻車所居處。捕所老加茂一宿後還到慶源。此

---

[68]　《李朝成宗實錄》卷252，成宗二十二年四月辛未。

[69]　《李朝成宗實錄》卷253，成宗二十二年五月丙戌。

[70]　《李朝成宗實錄》卷250，成宗二十二年二月甲子。

[71]　《李朝成宗實錄》卷252，成宗二十二年四月丙辰。

間道路無險阻處」。[72]可見，唯一到過兀狄哈居地者，也僅是對四十年前經歷的回憶。為準確掌握出兵的目標，李朝派司僕高崇禮等作為先遣隊對尼麻車兀狄哈部落進行偵察。在先遣隊調查清楚尼麻車兀狄哈各部落所居位置後，李朝才出兵北征。[73]

　　十月十日，都元帥許琮率領北征軍到達穩城，在圖們江上架起三座浮橋。據許琮馳啟奏報：「諸道軍士二萬，擇精兵四千，分為九都將而為先鋒，又為左右亞將與臣為先鋒繼援，以餘軍為五衛，又為三援將」，[74]再加上會寧、鍾城、慶源等斡朵里、兀良哈女真約 170 餘人。十五日，北征軍渡圖們江直向尼麻車兀狄哈部落。十七日，到達鬱地洞口，與尼麻車兀狄哈 8 人相遇，生擒 1 人，斬首 3 人，逃走 4 人。十九日，北征軍「越鬱地，距兀狄哈里二息程結陣」，翌日，與尼麻車兀狄哈百餘人激戰。[75]二十三日，到達尼麻車兀狄哈居地，「賊徒逃散山野」，都元帥許琮「分遣諸將於諸部落，焚蕩室廬」。[76]二十四日，還

---

[72] 《李朝成宗實錄》卷 253，成宗二十二年五月丁亥。

[73] 據《李朝成宗實錄》卷 258，成宗二十二年十月庚申條載「下都元帥許琮所啟書於承政院，仍傳曰，此元帥前日密啟之書，今師已渡江，故示之耳……其一，金長孫、尹成崗、高崇禮，偕阿良介兄弟，今七月初四日入送，初七日到會寧，言：『初四日二更，自穩城越江，留江邊治裝，三更發行向西，到國師堂峴。天明，見峴非高峻，而左右廣闊，三百餘人可以並行。自此向西北行，踰加通、南羅二小峴。此二峴，比之平地則稍高，故謂之峴，但陵陀而已，其廣可四、五百步許。自南羅峴涉河順水，水三曲流，經大野，與加訖羅水合，其野長可七、八里，廣可一、二息許。自河順水，踰小原，至一磧，路甚狹，本有石山，高峻不可踰越，下有江水，其狹處七、八十步許，不可並馬而行，江邊大野廣平，若冰合則無憂矣。且阿良介言，今因雨漲溢，若水落則可渡矣。自磧路向北，過岩石下，經大野踰高原，日昏至巨乙加介古城。城在大野中，城隅有馬跡，尋之，則二馬渡水，北去未久，疑是兀狄哈冒暗前行。初更許，又至小磧路，狹可僅五、六十步許，其磧下有江水，深難渡，冰又未合，然磧右之山，無石且卑，可以行軍。二更許，至甫乙阿伊峴，峴亦非險峻，自此向西北行，至鬱地嶺下。阿良介謂我等曰，自此至鬱地嶺上二十餘里，路有三嶺，路非險，雖有樹木森鬱，人馬可以布列通行矣。兀狄哈所居，平衍無礙，故在嶺上，則其廬舍歷歷可見。且其所居，遠近不同，近者一息許，遠者二、三息許，汝等雖不往見，舉事時則我當先路，焉可誣也。且向見馬跡，必是人騎行，若知我等來，或邀於路，我等之身不足惜，後日成功未必也。我等當還。答曰，受將帥之命而來，若違命遽歸，必受大責，須踰嶺探見賊巢而還。阿良介堅執前言不從，不得已三更回程。昧爽，至前所云岩石下，日昏到國師堂峴，二更到江邊，三更越江。」

[74] 《李朝成宗實錄》卷 258，成宗二十二年十月丙寅。

[75] 《李朝成宗實錄》卷 259，成宗二十二年十一月丁丑。

[76] 《李朝成宗實錄》卷 259，成宗二十二年十一月壬午。

軍,「距賊巢二十餘里許下營」。二十五日,左亞將李季仝殿後,與「距止宿處五六里許川林扼塞之地」的兀狄哈部眾 200 餘相遇,「接戰良久,我軍齊奮,賊不能支,奔北而走」。[77]二十八日,北征軍「到沙便坪結陣止宿,賊自敗戰後,至今一不現形來」,十一月初二日,還師。[78]

李朝北征尼麻車兀狄哈女真部落,前後約二十天,其戰果如何呢?《李朝實錄》載:「北征副元帥李季仝來獻斬首九級,賊人弓矢及韃服」。[79]這恐怕就是北征的戰利品。而成宗國王卻認為,「我師只斬九級,未成大捷,然張惶師旅,耀武揚威,焚躁室廬,蕩然無遺。又於邀截之時,善於殿後,虜多箭傷,卿乃全師而還,予甚喜悅」。[80]李朝北征尼麻車兀狄哈女真部落,雖兀狄哈女真損失不大,但與李朝的矛盾卻難以化解。

---

[77] 《李朝成宗實錄》卷 259,成宗二十二年十一月壬午。

[78] 《李朝成宗實錄》卷 259,成宗二十二年十一月壬午。

[79] 《李朝成宗實錄》卷 259,成宗二十二年十一月丁亥。

[80] 《李朝成宗實錄》卷 259,成宗二十二年十一月壬午。

CHAPTER 13

中朝邊境地區的貿易

一、女真「進獻」土物與朝鮮的「回賜」

　　女真族與朝鮮之間的邊境貿易始於遼金時期。到明代，這種經濟往來不論是貿易形式與規模，還是貿易種類等都有發展。這種貿易補充了各自所需，豐富了雙方的經濟生活，尤其是對女真社會的發展帶來積極的影響。

　　明代居住在圖們江、鴨綠江流域的女真經濟以漁獵、養馬為主，農業經濟較為落後，手工業不發達。這樣女真所需的生產生活物品往往通過與臨近的朝鮮貿易才能得以解決。因此，女真與朝鮮的貿易較頻繁。其貿易形式通常是女真攜帶馬匹、貂皮等「土物」到朝鮮王京「進獻」，從中得到朝鮮「回賜」的布匹等生活品。

　　女真人前往朝鮮王京貿易始於洪武時期。洪武二十六年（李朝太祖二年1393），兀良哈女真前往朝鮮來獻土物，太祖國王，「賜兀良哈十餘人棉布衣」。[1] 洪武二十九年（李朝太祖五年1396），斡朵里女真所乙麻月者等「來獻方物」，李朝「賜苧麻棉布二十匹」。[2] 永樂四年（李朝太宗六年1406）正月，斡朵里女真千戶金回大等6人前往朝鮮王京獻土物，李朝回賜「棉苧布各一匹」。[3] 永樂八年（李朝太宗十年 1410）初，斡朵里女真猛哥帖木兒派人到朝鮮獻土物，太宗國王「賜童猛哥帖木兒苧麻布十匹，清酒二十瓶」。[4] 永樂二十一年（李朝世宗四年1423）二月，兀良哈女真千戶堆帖木兒等赴王京「來獻土宜」，李朝「回給棉布有差」。[5] 翌年七月，斡朵里女真千戶都乙赤「來獻土宜」，李朝「回

---

[1]　《李朝太祖實錄》卷 4，太祖二年十二月丁亥。
[2]　《李朝太祖實錄》卷 10，太祖五年十月壬寅。
[3]　《李朝太宗實錄》卷 11，太宗六年正月壬子。
[4]　《李朝太宗實錄》卷 19，太宗十年二月壬戌。
[5]　《李朝世宗實錄》卷 19，世宗四年二月壬子。

賜棉布十匹，又賜衣服笠靴」。[6]女真與朝鮮通過「進獻」與「回賜」形式的貿易活動，既補充了各自所需，又有助於邊境地區的安定。所以，在明朝前期，朝鮮對女真到王京貿易的人數一般不加限制。

宣德、正統以來，朝鮮在圖們江流域設六鎮後，女真人到朝鮮京城貿易的人數增多。正統十年（李朝世宗二十七年1445），李朝限定女真上京人數。據《李朝實錄》載：

> 諸種野人每年往來頻數，驛路凋弊，若禁其來朝，有乖撫綏之義。自今定每歲來朝之數，兀良哈十行，骨看及吾都里七行，每行酋長則正官一，伴人四。其餘則正官一，伴人二，以為恒式。毋使一人每年上來，量其疏數，待滿三年輪番上送。且忽剌溫地壤隔絕……一歲來朝不過五行，其近居邊境林阿車、虧未車、大小居節、南納、高說、高漆等諸種虧知介來朝者，一歲不過二行。正官、伴人之數如上。[7]

根據李朝規定，女真上京次數與人數：兀良哈女真每年 10 次，骨看兀狄哈、斡朵里女真每年 7 次，海西女真，即忽剌溫每年 5 次，其他兀狄哈，如林阿車等每年 2 次。每次限部落首領正官 1 人，隨從 4 人，其餘則「正官一，伴人二」。同一人限 3 年「輪番上送」。如果諸部女真同時入京，「則驛路受弊，量其多少，必待農隙分運上京」。[8]宣德元年（李朝世宗八年1426）十一月，建州左衛指揮權豆等十一人赴王京「進土物及馬，回賜棉布九十五匹」。[9]宣德十年七月，兀狄哈都指揮豆稱哈遣子吾昌哈赴王京「來獻土宜」，李朝除「回賜外，別賜豆稱哈青木綿六匹，苧麻布各二匹，吾昌哈青木綿三匹，苧麻布各一匹」，及吾昌哈從朝鮮京城歸還時，李朝又「賜衣服、笠靴」等物。[10]

6　《李朝世宗實錄》卷 21，世宗五年七月辛卯。
7　《李朝世宗實錄》卷 110，世宗二十七年十一月壬申。
8　《李朝世宗實錄》卷 110，世宗二十七年十一月壬申。
9　《李朝世宗實錄》卷 34，世宗八年十一月癸卯。
10　《李朝世宗實錄》卷 69，世宗十七年七月壬申。

朝鮮文獻中，一般將女真攜土物到朝鮮京城進行交換，稱作「來獻」，把女真從朝鮮交換得到的物品，稱作「回賜」。這種稱謂，反映出李朝對待女真以大國自居，自恃是低於明朝的「小天朝」。但這裡所說的「來獻」與「回賜」，與女真人向明朝中央進貢的性質有所不同。女真在明初歸附明廷後，明廷在其居住地設置衛所，女真成為明朝管轄下的屬民，他們向明朝定期朝貢是必盡的義務，而且朝貢失期要受到明廷懲罰。而女真對朝鮮的「進獻」則不是義務，次數、時間不受朝鮮制約，完全是女真自願與朝鮮進行的一種貿易活動。朝鮮對女真「進獻」的土物，常常則以「回賜」的名義，給予相等的回報。可見，朝鮮文獻中記載女真到朝鮮時使用的「進獻」或「回賜」只是形式，實際雙方進行的是一種以物易物的貿易交流。

女真到朝鮮京城進行貿易，所「進獻」的土物，主要是貂鼠、馬匹以及各種土特產；朝鮮回賜品，主要是綿布等紡織品。這種「進獻」與「回賜」一般是等價交換。如李朝規定女真人「進獻」馬匹的價格，《李朝實錄》載：「野人進馬者其回賜，大馬，上等綿布四十五匹，中等四十匹，下等三十五匹；中馬，上等三十匹，中等二十五匹，下等二十匹；小馬，上等十五匹，中等十匹，下等六匹。以為恒式」。[11] 由此可知，李朝對女真「進獻」的馬匹是根據女真馬匹的品質，交換數量不等的綿布品，這種女真人「進獻」的馬匹與李朝「回賜」綿布之間實際上是一種以物換物的商品等價交換。

女真人在朝鮮京城的貿易中，李朝官吏時有故意壓低回賜價格的情況。成化八年（李朝成宗三年 1472）正月，居住朝鮮六鎮慶興府的「城底女真」朴豆弄吾進獻貂皮一領，交換時官員「不準時值，只從舊例給棉布三匹」。朴豆弄吾對這種「不準時值」故意壓低回賜價格行為，感到「不無含怨」，上訴王廷。成宗國王得知，令所司按當時交換價格，以「所儲棉布四匹加給」，並對朴豆弄吾說：「汝所進皮物回奉該司例給數少，故特命加給」。[12] 此事充分說明女真與朝鮮都認為進獻與回賜是一種等價的商品交換。當然，一旦這種進獻與回賜不等價時，女真就不到朝鮮京城進行貿易。據《李朝實錄》載：「城底彼

---

[11]　《李朝世宗實錄》卷31，世宗八年正月壬寅。
[12]　《李朝成宗實錄》卷14，成宗三年正月乙巳。

人（女真）上京時，必以貂皮為進上，而例以下下品為市準而給價，故彼人不喜於上京，以其貂皮之興產不如昔時，而其價反不如彼處之價也」。[13]由於女真在王京交易貂皮時，有些李朝官員不分毛皮品質，以下下品為時價，致使女真不願到王京交易，而在當地交換。表明這種貿易交換對女真來說是自由的，在何地交換完全取決於是否等價。

女真人在朝鮮王京與李朝政府間的進獻與回賜貿易主要得到的是棉布等物品，至於弓角、箭鏃等女真社會生活所需的物品，李朝是禁貿的，只有與王京的商人、居民私貿中才能得到。李朝政府為防止女真與朝鮮商民私貿禁物，曾派義禁府官員專門監督在王京北平館居住的女真人，「痛禁人出入」，女真回還時，李朝還派官役「托以照檢駄載輕重，仍察齎去物色，如有禁物，其潛賣人及不能檢舉官吏，並依律科罪」。[14]然而，朝民及官吏為利益驅使仍將禁物私貿女真。嘉靖四年（1525）正月，李朝侍講官李芃在給中宗國王報告中道出女真與朝鮮商民私貿的實情。他說：「聞北平館野人處貿易皮貨者，前則如箭鏃禁物，潛匿懷中而賣之，今則弓角、箭鏃等物公然賣之，以箭鏃四個貿貂皮一領，其不畏國法如是，若不禁之其弊大矣。且其房守等與彼人相謀，其所買禁物必埋於房前，還時齎去。又市人等與野人相約潛持禁物，野人回還時，邀貿於狄逾站，此則難以知也」。有鑑於此，他建言：「今後於北平館，請定開市日，使市人得相買賣，餘日則使不得任便出入」。[15]然而，這種限定反而使朝鮮商民與女真私貿更加活躍，以至於有的官員將「官庫之物，盡歸貿銀之資，其為氾濫極矣」。[16]女真到朝鮮王京的貿易活動，因萬曆中葉爆發「壬辰戰爭」才中止。

---

[13] 《李朝中宗實錄》卷 72，中宗二十六年十一月己未。

[14] 《李朝成宗實錄》卷 52，成宗六年二月丙申。

[15] 《李朝中宗實錄》卷 52，中宗二十年正月戊辰，學習院東洋文化研究所，1959 年。

[16] 《李朝宣祖實錄》卷 22，宣祖二十一年十二月丙寅，學習院東洋文化研究所，1961 年。

二、女真與朝鮮的邊境互市貿易

居住中朝邊境地區的女真與朝鮮的貿易除女真人前往朝鮮王京從事貿易活動外，與朝鮮的貿易主要是通過邊境互市的方式進行。

明初遷徙到圖們江流域的斡朵里、兀良哈、兀狄哈女真與李朝的貿易，最初在圖們江以南的慶源，各部女真都到「慶源塞下市鹽鐵、牛馬」。[17]永樂元年，明朝設置建州衛，並通過建州衛招諭圖們江流域各部女真，使李朝北拓疆土國策受阻。為此，李朝取消慶源互市。圖們江流域的女真因得不到鹽、鐵，遂致憤怒，「乃入慶源界抄掠之」。[18]永樂四年，李朝東北面都巡問使朴信奏稱：「禁絕則野人以不得鹽、鐵，或生邊隙，乞於二郡置貿易所，令彼人得來互市」[19]。為緩解與女真的矛盾，太宗國王允准在鏡城、慶源兩地與女真互市，但「唯鐵則只通水鐵」[20]至正統以降，互市的地點擴展到圖們江以南的會寧、慶源、鐘城、慶興、穩城、富寧六鎮地區。大體上五日一市，屆時各地女真前來互市者絡繹不絕，「六鎮」的朝民也「與野人爭相貿買」。[21]至努爾哈赤崛起時，為招撫茂山附近女真部落又私自開闢經車逾嶺至茂山（今朝鮮咸鏡北道富寧北古茂山）的貿易之路。據平安道觀察使尹承吉奏言：「車逾嶺胡人潛行」往來，全然不顧邊將「嚴辭開諭」，「托以買賣，往來無節」，邊將禁之，他們竟反詰道：「往來之路，何以禁之？若或相禁兩國相好之意安在？」[22]

---

[17] 《李朝太宗實錄》卷 11，太宗六年二月己卯。
[18] 《李朝太宗實錄》卷 11，太宗六年二月己卯。
[19] 《李朝太宗實錄》卷 11，太宗六年五月己亥。
[20] 《李朝太宗實錄》卷 11，太宗六年二月己卯。
[21] 《李朝中宗實錄》卷 29，中宗十二年九月乙未。
[22] 吳晗輯：《朝鮮李朝實錄中的中國史料》，第 2231-2232 頁。

建州女真遷徙到渾河、婆豬江後與朝鮮在鴨綠江流域的邊境互市也逐漸展開。臨近鴨綠江流域的朝鮮平安道地區，自李朝建國以來，對與女真的貿易禁令森嚴。永樂二十二年（1424）四月，李滿住率建州衛女真遷徙婆豬江（鴨綠江支流佟家江）後，經常到朝鮮滿浦鎮對岸的皇城坪（吉林省輯安），向朝鮮邊將請求糧米、鹽醬等，並要求互市貿易。朝鮮邊將均予以拒絕。為此，李滿住曾上奏明朝，希望借助明朝的影響，達到與朝鮮互市貿易的目的。據《明實錄》載：

> 建州衛都指揮李滿住等奏：「欲於朝鮮市易，而朝鮮不納」。上遣敕諭之，曰：「朝鮮國王素守禮法，其事朝廷小心敬慎，不與外交，於理為宜。爾等既受朝廷爵命，亦當禁絕外交，毋縱下人侵越鄰境。若欲市易，聽於遼東境上，不爾禁也」。[23]

　　在明朝看來，朝鮮是其外臣，建州衛是其內臣，屬臣之間禁止交往，至於貿易活動當然是不允許的。直到成化年間，鴨綠江流域朝鮮與女真的貿易仍處於封閉的狀態，致使朝鮮邊民不得不到「數百里買鹽」。[24]而建州女真所需用品也只好到遼東馬市購買。

　　成化初年，因明朝對女真進京朝貢加以限制並禁止女真鐵器等的貿易，致使建州女真騷擾遼東，明朝一度關閉了與建州女真貿易的遼東馬市。建州女真在遼東馬市貿易受阻後，不得不轉與鴨綠江流域朝鮮滿浦（今朝鮮慈江道滿浦）地區進行貿易。成化十八年（1482）六月，建州衛首領李完者頭派人從平安道入李朝王京，請求在滿浦互市。《李朝實錄》載：

> 平安道觀察使馳啟：「建州衛都督李完者頭，即達罕，遣指揮李買驢，印信呈文，到滿浦鎮，請由平安道入朝，且請邊邑互市」。命議於領敦寧以上及兵曹鄭昌孫等議。上遂下諭觀察使李崇元、節度使李克均曰：「……且與外夷互市之事，自古有之。然論價低昂之間，必生忿爭，將

23　《明宣宗實錄》卷 65，宣德五年四月己卯。
24　《李朝世祖實錄》卷 26，世祖七年十一月癸亥。

構邊釁，不可許也。但彼以好馬來貿，則可易以鹽醬、布物。此則有利
於我，而損於彼也。其餘節目，在卿處置得宜耳」。[25]

成宗國王對女真提出互市，僅允許女真「以好馬來貿，則可易以鹽醬布物」，
即有條件的互市。成化二十年（李朝成宗十五年 1484），建州女真因「饑饉出
來滿浦，請以其馬貿穀」，節制使李暹則「以年歉，無賣穀買馬者」拒之，而
成宗國王基於朝鮮急缺馬匹，而「胡馬馴良，多買則有益於用矣」考量，對女
真以馬貿穀則持積極態度。他說：「視其馬之可用與否，及滿浦穀之有無，可
買則買之耳，有何弊焉。至於民間買賣，欲則為之，不欲則否，亦豈有害」。[26]
這樣，滿浦才正式開市貿易。滿浦開市，朝鮮邊民，「持牛馬、鐵器，絡繹轇
集」。[27]嗣後，朝鮮邊將發現平安道朝民、商人等以牛馬、鐵物貿易女真貂皮，
以致於牛馬、鐵物「皆為野人之資」，為此，邊將金壽童等提議，「滿浦互市，
在所痛禁」。[28]但已無法禁止，朝鮮邊民與女真「潛相買賣」，甚至有「乘夜盜
竊牛馬深入虜地，往來交易者」。[29]針對這種情況，滿浦邊將只好對前來貿易的
女真人加強管束，「置簿，造給牌字，各於牌面，書刻某衛某名及年月日某字
牌，僉使署押，自後無牌人，不得出來」。[30]滿浦開市後，直到明朝末年都是建
州女真與朝鮮在鴨綠江流域重要的互市場所。[31]

女真與朝鮮間邊境互市主要是以物易物。雙方交易的商品，朝鮮方面，需
要女真馬匹、貂皮等；女真方面，需要朝鮮的農具、耕牛、糧食、布帛、鹽醬
等生產、生活用品。可見，邊境互市對於雙方而言，具有很大的互補性。

在邊境互市中，朝鮮急需的仍然是馬匹。半島東北部歷史上以盛產良馬著
稱，這一地區在元朝與元「開原路相通」，為「韃靼馬孳息」之地，此馬雜交

---

[25] 《李朝成宗實錄》卷 142，成宗十三年六月癸亥。
[26] 《李朝成宗實錄》卷，成宗十五年十一月乙未。
[27] 《李朝中宗實錄》卷 21，中宗九年十月壬寅。
[28] 《李朝中宗實錄》卷 12，中宗五年九月丁丑。
[29] 《李朝中宗實錄》卷 28，中宗十二年七月庚辰。
[30] 《李朝中宗實錄》卷 28，中宗九年十一月己卯。
[31] 據《李朝宣祖實錄》二十九年二月條載：努爾哈赤派部下汝乙古對李朝滿浦官員說：「欲將熊
皮、鹿皮賣於滿浦，買牛耕田。」

後臕肥體壯，多為元朝所徵用。元亡後，至朝鮮世宗六年（永樂二十二年 1424），咸吉道「與開原（路）不通已五十年矣，轞輶馬絕種」，咸吉道馬也多退化，而半島南部濟州「雖產馬之地，體大性馴者不產」。[32]是年八月，李朝司僕提調官員在給世宗國王的奏疏中言：令慶源、鏡城朝民，與居住阿木河的斡朵里女真，「以其所求之物，交易體大雌雄種馬孳息」，世宗國王允准。遂傳旨咸吉道都節制使：「於猛哥帖木兒處品好轞輶雌雄種馬，以營中之物。如其界軍民私市者而市之，即將匹數、毛齒啟聞」。[33]即只要能與女真交易到品好的種馬，用何「營中之物」交換都可以，既便私市交易也允許。朝鮮對馬匹貿易的迫切程度由此可見。宣德五年（李朝世宗十二年 1430），朝鮮司僕提調官員又以軍馬中「牡馬之良者種類殆絕，漸以矮小，將來可慮」為由，請求政府「於斡朵里、兀良哈處，從其所願，給以雜物，換易達達牡馬體大者」。[34]朝鮮交換的這種「達達馬」，應是猛哥帖木兒所部斡朵里女真從西部蒙古交換得來的馬匹，或是以蒙古馬自己雜交出來的馬匹。朝鮮與女真交換馬匹的價格，《李朝實錄》載：

> 上命承政院召咸吉道子弟問曰：「野人馬匹用棉布幾匹可買」？對曰：「交易之事，皆隨時，貴賤未可臆計。大率棉布三十匹可買上馬，二十三匹中馬，十四匹下馬」。[35]

這種交換價格與女真前往朝鮮京城進獻馬匹，所得的回賜價格基本相等。成化二年（1466）九月，李朝以咸吉道會寧、鍾城、穩城、慶源、慶興五鎮「防禦最緊，而無留養戰馬，請於五鎮募納棉布，姑以二千五百匹，從時值貿胡馬」。[36]雖然，朝鮮對與女真的互市多有限制，但對馬匹的貿易卻很少限制。

在邊境互市貿易中，朝鮮需求量最大的商品是貂皮。貂皮是價值昂貴的奢侈品。朝鮮建國之初對貂皮的使用有明確限定：朝廷一品至三品官才允許用貂

---

[32] 《李朝世宗實錄》卷 25，世宗六年八月戊申。
[33] 《李朝世宗實錄》卷 25，世宗六年八月戊申。
[34] 《李朝世宗實錄》卷 48，世宗十二年四月丁亥。
[35] 《李朝世祖實錄》卷 33，世祖十年七月庚申。
[36] 《李朝世祖實錄》卷 39，世祖十二年九月己卯。

皮掩耳取暖禦寒。這種限定，至李朝世祖初年仍嚴格遵守。《李朝實錄》世祖三年（天順元年 1458）十二月己亥條載：「國制，朝官三品以上，方許著貂皮耳掩。有永膺大君琰（世宗子）婢仲春，善弦歌，嘗著內賜貂皮耳掩而行。司憲府書吏捕告本府，沒其耳掩，拘仲春訊之」。[37] 由此可知，朝鮮當時對貂皮的使用是有嚴格限制的。然而，從李朝成宗朝（成化六年 1470）始，朝鮮社會竟相奢侈，服飾必用貂皮。成化十一年（李朝成宗六年 1475）五月，藝文館安彭命在奏疏中披露了朝鮮社會竟相奢侈的情形：

> 今觀士大夫之家，日事侈麗，爭相誇美。以其甚者言之，大小宴集，非畫器不用，婦女服飾，無貂裘羞與為會。即此而觀之，習俗之弊，益可想矣……貂皮雖曰我國之產，然得於野人者居多。或以牛馬，或以鐵物，市索於彼，無所不至。國家既知其弊，量減貢物，而敝復如前何也？貂皮之飾，雖限以三品，凡帶銀者，率以為飾，混淆難禁。致令貂皮價高，敵人資利，亦非細故。伏願，畫器之用，一切禁斷，堂上官然後得用貂皮，四品然後得用鼠皮，其餘以此而定限，婦人服飾亦從其夫，則毛物價賤而弊可袪矣。[38]

可見，由於朝鮮社會竟相奢侈，貂皮的需求量巨增，貂皮的價格也隨之颺升。

為了滿足朝鮮社會對貂皮的需求，李朝政府將貂皮作為平安道與咸鏡道朝民的貢賦，每年定期徵收。然而，由於人口增加，土地被大量地利用，貂鼠等已無棲息之地。正如李朝大司憲李恕長所言：「五鎮會寧、鍾城、穩城、慶源、慶興人物阜盛，田地窄狹，耕犁所及至於山頂，未有蒙翳之地，安有如貂鼠、土豹之類哉」。[39] 本地雖然不產貂皮，但也必須按規定交納，朝民無奈只好出高價，從與女真貿易之中獲得。《李朝實錄》載：

---

[37] 《李朝世祖實錄》卷 10，世祖三年十二月己亥。
[38] 《李朝成宗實錄》卷 55，成宗六年五月庚申。
[39] 《李朝成宗實錄》卷 48，成宗五年十月庚戌。

然於貢物，歲有常數。此則專用貿得於野人也。常貢不可闕，而野人乘時以邀善價，此兵鐵與牝畜所以流出塞外也。欲止其流，先塞其源。伏望殿下軫念五鎮不產之毛物，特命蠲除，以嚴禁令。[40]

這個貢納的常數，據咸鏡道節度使閔齊仁在狀啟中云：「考其貂鼠上納之數，則甲山貂皮一百五十張，內進上二十張，國用一百三十張。鼠皮二百七十張；三水貂皮一百十張，內進上二十張，國用九十張。鼠皮二百四十九張也。以如此數少人民，許多毛物，每年分定，勢固難支」。[41]甲山、三水上納貂皮有如此之定額，那麼，其它地區也不會低於此數。朝民為完成交納的貢額，不得不將自家的牛馬、農器賣給女真換取貂皮。所謂「國家責貢貂皮於五鎮，守令托以進上，誅求於民，而貂皮產於野人之地，故或以農器或以農牛換之」。[42]到燕山君（1495-1505）時，李朝索求貂皮有增無減。燕山君十一年（弘治十八年 1505），李朝尚衣院派人到咸鏡道、平安道一次就向朝民徵購貂皮 2 萬張。因「野人貴牛，兩道之牛，盡於貿貂，民至有駕馬而耕者」。[43]由於朝鮮社會貂皮需求量日益增大，使得貂皮的價格猛增，「謀利者雲集北道，市索無已」。[44]女真人深知朝鮮人喜愛貂皮，不僅自己狩獵貂鼠，而且還充當商人「將牛馬、鐵物市於深處兀狄哈」[45]換取貂皮，再轉賣朝鮮，從中牟利，以致於「以一牛，易一貂皮」，[46]造成「（朝）民不能堪，願量減貂鼠皮之貢」。[47]

女真人與朝鮮貿易輸入的物品，主要是農具、耕牛、糧食、布帛、鹽醬等。成化十年（李朝成宗五年 1474），李朝大司憲李恕長等言：「野人之來境上和市者，必求牝牛、牝馬，邊民與守令多用之，以便換易，所得不過毛皮耳」。[48]

---

[40] 《李朝成宗實錄》卷 48，成宗五年十月庚戌。

[41] 《李朝中宗實錄》卷 94，中宗三十五年十一月庚寅。

[42] 《李朝成宗實錄》卷 52，成宗六年二月辛巳。

[43] 《燕山君日記》卷 60，燕山君十一年十月甲寅，學習院東洋文化研究所，1958 年。

[44] 《李朝成宗實錄》卷 57，成宗六年七月辛酉。

[45] 《李朝中宗實錄》卷 21，中宗九年十月壬寅。

[46] 《李朝中宗實錄》卷 1，中宗元年十月庚戌。

[47] 《李朝成宗實錄》卷 40，成宗五年三月丙戌。

[48] 《李朝成宗實錄》卷 48，成宗五年十月庚戌。

特進官李淑琦也言「五鎮貢貂鼠皮,貿於野人以充其賦,所易之物,非農器、釜鬵則必耕牛也,由是我之耕牛、農器、釜鬵悉為彼有。雖國家禁之,莫得禦也」。[49]前文所述,燕山君時期,尚衣院派官員到咸鏡道、平安道一次就向朝民徵購貂皮 2 萬領,正如李朝領事朴元宗所云:「廢朝(指燕山君時)征斂貂皮,無有紀極,一皮之直,至一大牛,以此民生日困,牛馬賣盡於胡人,穩城牛馬見存者,僅四十餘口」。[50]由於朝民耕牛大量流失,造成朝鮮六鎮地區「疲敝已極,人民凋殘,苟失農作,則反以胡地為樂土而投之」。[51]女真對朝鮮耕牛、農具等的需求,在一定程度上反映了其農耕經濟的發展。

綜上所述,明代女真與朝鮮的貿易,一直持續到明朝末年。這種貿易補充了各自所需,豐富了雙方的經濟生活。對朝鮮而言,女真大量馬匹的輸入,補充了軍事和運輸之需。平安地道區「牧場不多,民間馬少」,國家只能從半島南部「下三道牧場馬入送,分給軍戶,然得之者十分中一分耳」,遠遠滿足不了需求。因此,李朝十分重視馬匹貿易,「軍國之用,馬為最緊」[52]。朝鮮在與女真貿易中大量馬匹的輸入,對提高李朝軍隊的戰鬥力,增強國家的防禦能力,十分有益。故李朝認為「於我有利矣」。[53]至於貂皮的輸入對朝鮮有利有弊。如前所述,15-16 世紀的朝鮮社會競相奢侈,服飾必用貂皮,「日事侈麗,爭相誇美」,甚至「婦女服飾,無貂裘羞與為會」,[54]以致對貂皮的需量大增,貂皮的價格不斷飆升,這是朝鮮社會的一種價值觀念的客觀反映。女真以貂皮換取農具、鐵器等是互通有無,體現一種供求關係。朝鮮通過與女真的貿易得到貂皮,滿足了需求,從這個角度是有利於朝鮮社會的需求。但是,這種貂皮的需求是建立在不顧朝民生存利益,以至於朝民為完成貢額不得不將耕牛、農器等與女真交換貂皮,致使朝民「疲敝已極」。從這點看,應是弊大於利。有鑑於此,一些官員多次上疏呼籲「痛禁」或取締邊貿互市,但朝鮮始終未下決心關

---

49 《李朝成宗實錄》卷 225,成宗二十年二月庚戌。
50 《李朝中宗實錄》卷 1,中宗元年十月庚戌。
51 《李朝明宗實錄》卷 29,明宗十八年八月癸丑
52 《李朝成宗實錄》卷 172,成宗十五年十一月乙未。
53 《李朝成宗實錄》卷 172,成宗十五年十一月乙未。
54 《李朝成宗實錄》卷 55,成宗六年五月庚申。

市。主要原因是女真與朝鮮的貿易畢竟對朝鮮國防軍需和官民生活有益。但其深層原因還有兩點：一是朝鮮通過與女真貿易有利於中朝邊境地區的安全與穩定。明宣德、正統年間，李朝在圖們江以南驅逐女真，設置「六鎮」後，寄居在「六鎮」周圍的斡朵里、兀良哈等「城底女真」與朝鮮的矛盾日益加劇。為此，李朝加大了安撫女真的力度，以此維持李朝在「六鎮」地區的統治。而近鴨綠江流域的建州女真也「密居臨境」，時時威脅朝鮮邊境地區。朝鮮試圖通過與女真貿易，使女真「歲遣子弟效珍闕下，我之館穀之豐，賚與之厚，有加無替」，[55]「使之安集，為我藩籬」，[56]以此維護邊境地區的穩定。二是女真與朝鮮貿易也可滿足李朝「小天朝」的自尊心。在朝鮮看來，「天朝」大國明朝是周邊國家與民族的共同中心，而作為「小天朝」的朝鮮，對女真等民族來說應為次中心。那麼，女真等到王京朝見，並請求貿易，正好可以滿足一下「小天朝」的自尊心理。所謂：「野人、倭人俱為我藩籬，俱為我臣民，王者等視無異，或用為力，或用為聲，不可以小弊拒卻來附之心」，[57]是這種「小天朝」自尊的最充分體現。

女真與朝鮮的貿易互市，對女真，不僅解決了日常用品之需，而且農具、耕牛、鐵器的輸入，使女真社會發生了變化。這種變化表現在女真大量地使用農具、耕牛，改變了只知射獵，不諳耕稼的狀況，促進女真農業經濟的發展。弘治四年，李朝北征圖們江以北兀狄哈女真，李朝官員親眼所見，女真人家多有「以皮物收買」的「我國農器，」。[58]農具的使用帶來生產的變化，使女真的農耕經濟有所發展。李朝掌令楊熙深有感觸地說：「野人惟知射獵，本不事耕稼。聞近年以來，頗業耕農」。[59]而且，居有定所，豐衣足食，「一梁之室，其制與唐人居室相似……男婚女嫁，累代而居」，「室大淨潔，又作大櫃盛米，家家有雙砧，田地沃饒，犬豕雞鴨，亦多畜矣」。[60]同時，女真與朝鮮的貿易也促

[55] 吳晗輯：《朝鮮李朝實錄中的中國史料》，第二冊，第 708 頁。

[56] 吳晗輯：《朝鮮李朝實錄中的中國史料》，第一冊，第 379 頁。

[57] 《李朝世祖實錄》卷 8，世祖三年七月壬午。

[58] 《李朝成宗實錄》卷 276，成宗二十四年四月丁未。

[59] 《李朝成宗實錄》卷 269，成宗二十三年九月乙未。

[60] 《李朝成宗實錄》卷 259，成宗二十二年十一月戊子

進了女真鍛造技術的發展。女真與朝鮮的貿易中，往往摻雜著鐵器和兵器等鐵製品。如弘治二年四月，朝鮮會甯朝民韓軍實，將「官中鐵甲二部」賣與兀良哈女真阿沙介，朝民金克達從官中偷取環刀一枚，賣與斡朵里部女真。朝鮮邊將權柱也說：朝鮮邊民「多持火燧，與達子相販。此雖小物，積之既多，則鎧甲矢鏃，皆可造」，以致於李朝邊將尹壕在諮文中說：「臣聞北方之人，與狄人交市，至以鐵甲，私相貿易」。[61]女真人將所貿的鐵器，由鐵匠「盡毀碎融液」，[62]加工成鐵製品或兵器。時，女真勢家大戶都有冶匠，可在家中「設風爐造箭鏃」，所造「弓矢皆強勁」，[63]說明女真冶煉技術的進步。與此同時也改變了女真武器裝備，提高了女真戰鬥力。怪不得李朝官員說：「野人箭鏃昔皆用骨，今則皆以鐵為之，良由我國用鐵換皮之故也」。[64]

---

[61] 《李朝成宗實錄》卷 135，成宗十二年十一月癸巳。

[62] 《明孝宗實錄》卷 195，弘治十六年正月甲午。

[63] 《李朝成宗實錄》卷 255，成宗二十二年七月丁亥。

[64] 《李朝成宗實錄》卷 57，成宗六年七月辛酉。

結語

　　以上，我們對十四世紀中葉至十五世紀末這一百五十年間，居住在中朝疆界地區民族與疆界的變遷進行了較為細緻的論述，以下就上述問題再作歸納梳理。

　　中朝疆界的歷史變遷。從箕氏、衛氏朝鮮經「漢四郡」到高句麗在朝鮮半島中北部割據時期，中國與「三韓」、新羅、百濟間有條基本的雙方實際控制線。這條控制線就是箕氏、衛氏朝鮮和「漢四郡」的南界。其西段大體在今朝鮮黃海道中南部與韓國漢江之間；其東段大體在今韓國江原道中部。這期間隨著彼此力量的消長，雙方都有進、有退，但變化的幅度不大。唐與新羅王朝的疆界比較清楚而且穩定，即雙方以今朝鮮大同江至龍興江一線為界。遼金時期與高麗的東段邊界一直也比較穩定，雙方仍大體以龍興江為界，但高麗的控制線從以往的龍興江移至江北的定州、長平至都連浦一線。西線，高麗則越過大同江、清川江下游，將其疆界擴至鴨綠江下游入海口一帶。中朝西段邊界遂以起自鴨綠江入海口附近的高麗長城為界，並與東段邊界相接。蒙元時期中朝疆界變化較大，是對後來中朝確定以鴨綠江、圖們江為界產生重大影響的時期。從蒙哥汗末年到元中後期，由於高麗東北地區部分人主動歸附蒙古，使蒙元與高麗的東段邊界向南推進到今朝鮮江原道北部鐵嶺一線。至元年間，也因高麗某些人降元，使元與高麗的西段邊界向南擴至今朝鮮慈悲嶺一線，但持續時間不長，更多時間是維持金朝舊疆。從元末到明朝宣德、正統年間，中朝疆界發生巨大變化。高麗、李朝利用元末國勢衰微、政局混亂，以及元、明交替之際，明朝在遼東勢力發展較慢之機，迅速向半島以北拓展疆土。在東段，將李朝的東北界逐步向圖們江推進；在西段，則向鴨綠江中上游擴展。總之，這期間的中朝疆界是明朝步步退縮，李朝大力向北擴展。這樣，到明宣德、正統年間，

中朝疆界便在鴨綠江至圖們江一線穩定下來，並為清朝所繼承，從而基本形成了當代的中朝邊界。

明朝對中朝疆界糾紛的處理及對中朝疆界民族的管轄。明朝統治集團的疆界意識與元、清兩朝相比，意識較淡薄，在處理中朝間疆界糾紛多有失誤。如洪武年間中朝關於鐵嶺衛設置之爭。洪武二十年，明決定欲於半島東北部的南端設鐵嶺衛。鐵嶺，曾為元雙城總管府的南界（今朝鮮咸鏡南道與江原道間的山嶺）。這是明朝政府首次向高麗王朝明確提出接收元朝管轄內鐵嶺以北土地和女真人的要求。而明欲設鐵嶺衛的計畫，在積極圖謀北進的高麗君臣中引起強烈反響，高麗國王辛禑一方面著手戰備；一面派使臣奉表赴明進行申辯。高麗在表文中顛倒歷史，掩蓋了唐、渤海、遼朝時，其定、長一線長城以北不屬高麗所轄的事實，也掩蓋了高麗睿宗攻佔曷懶甸為時不到兩年，此後這一地區一直由金、元兩朝管轄的事實。向明朝提出：「伏望陛下度擴包容，德敦撫綏，遂使數州之地，仍為下疆」的請求。由於明太祖朱元璋對中朝疆界的變遷缺乏瞭解，上諭中有「數州之地，如高麗所言，似合隸之」的含糊表述，為高麗吞占半島東北部女真的疆土提供口實。最後鐵嶺衛遷回內地，客觀上默認了高麗對半島鐵嶺以北元朝所轄土地與人口的拓占。再如永樂初年，明與李朝交涉三散十處女真歸屬問題。這十處女真遼金以來世代居住半島咸興以北地區，元末明初此地逐漸為高麗、李朝拓占。這次交涉實際是解決洪武朝未解決的遺留問題。永樂二年，明廷派王可仁奉敕出使交涉。李朝得知後，派使攜奏本赴明，請求將三散十處女真人「令本國管轄」。[1]李朝的奏本，真真假假，虛虛實實。由於明禮部官員對遼金以來東北的歷史地理不甚明瞭，輕信金瞻沒有說服力的申辯。同時，明成祖朱棣又受「朝鮮之地，亦朕度內，朕何爭焉」，這一「普天之下莫非王土」的觀念支配，竟答應將這十處女真之地（今朝鮮咸興以北）劃歸李朝管轄。[2]不僅充分反映出明朝天朝大國意識，在永樂帝看來，既然土地、人口可以賞賜國內親王、公候，那麼賜給被視為外臣的朝鮮也無所謂。也暴露出明朝上下地理知識的無知，對中朝疆界的變遷缺乏瞭解，偏信李朝沒有

---

[1] 《李朝太宗實錄》卷 7，太宗四年五月己未。
[2] 《李朝太宗實錄》卷 35，太宗十八年五月癸酉。

事實根據的申辯，輕易放棄對上述地區的管轄權。可見，自恃天朝大國，缺乏疆土意識是造成處理疆界問題失誤的重要原因。

明朝對中朝疆界地區女真的管轄。明前期尚能對中朝疆界地區女真進行有效地管轄。明初積極招撫女真，於女真居地設置衛所，酋長授予不同官職，給衛印。女真首領定期赴京朝貢，為明守邊，與明朝的關係較為融洽。中朝疆界地區比較穩定。宣德末年以降，明朝的統治開始出現危機，各種矛盾不斷的暴露，明朝已無暇對中朝疆界地區女真的管轄，對女真的政策開始收縮。如對女真朝貢的人數、次數進行限制。尤其是正統十四年「土木之變」後，明朝對女真的管轄更是今非昔比。在朝貢貿易和馬市上，禁止女真購買鐵器和耕牛，嚴重地危及女真生產與生活。加上明邊官邊將在驗關之際勒索挑剔，對女真人凌辱等，更激怒女真不斷寇邊搶掠。當女真與李朝發生矛盾衝突時，明朝不能伸張正義，常常袒護李朝。認為朝鮮是「禮義藩邦」，不像女真，「犬羊」成性，甚至希望借助李朝控制女真，以換取中朝疆界地區的安定。而對女真而言，由於明朝疏於管轄，所賜的敕書多燒毀於也先之亂，向明朝貢又受限制，所以，只好靠對明、朝鮮不時搶劫來滿足對財富的需求，從而導致成化年間，明與朝鮮兩次大規模出兵女真，但並未從根本上解決與女真的矛盾，反而激起女真更大的仇恨。

與明朝相比，李朝在疆域問題上充分體現出「疆域至重，必須力爭」[3]的疆土意識。朝鮮向半島北部拓展疆土具有歷史傳統，至少從新羅時始。唐高宗顯慶五年（660）與新羅聯合滅百濟，總章元年（668），唐再次聯合新羅，滅長期在遼東和朝鮮半島北部割據的中國少數民族政權高句麗。百濟、高句麗亡後，新羅抓住機遇，首先搶佔百濟故地，僅在西元 670 年一年內，就攻取原百濟八十餘城。時新羅已「多取百濟地，遂抵高句麗南境為州郡。」[4]上元三年（676），唐將安東都護府從平壤西遷至遼東城後，開元二十三年（735），唐玄宗又將浿水，即朝鮮大同江以南原高句麗的疆土賜給新羅。新羅得浿水以南土地後進一步向北擴展。其後，唐與新羅遂以大同江為界，其南為新羅，北為唐朝。遼金時期高麗代新羅後，繼續北拓疆土。金朝末年高麗西北至義州，東北

3　《李朝肅宗實錄》卷 51，肅宗三十八年三月丙子，學習院東洋文化研究所，1964 年。
4　《三國史記・新羅本紀》卷 7，「文武王」下。

至定平，中間築長城以守之。元朝建立初，高麗疆界一度南移，西以慈悲嶺以北為界，即平安南北道為元東寧府；高麗北為元開元路雙城府，鐵嶺在其南。元末，高麗乘元統治衰落，西略鴨綠江中游以南之地，東陷雙城府，取得北青以南土地。洪武二十年，明欲設鐵嶺衛於雙城故地，以接管元朝疆界。高麗派使赴明申辯，對高麗的無理要求，明廷未予答覆。但從當時形勢看，儘管明朝取得了降服故元納哈出勢力的勝利，但尚無足夠兵力在中朝疆界地區設置和維持地方軍政機構。因此，改變了設鐵嶺衛的計畫，撤回遼東立衛。李成桂建國，承繼北進傳統，不斷北拓疆土，至正統年間，李朝先後設置六鎮，已將圖們江南岸會寧至海之地納入版圖；而鴨綠江南岸惠山以西地區，從永樂十四年至正統十一年也逐漸被朝鮮控制，在鴨綠江之南岸，設閭延、茂昌、虞內、慈城四郡。康熙初年，朝鮮復占朴下川，設茂山府。由此可見，朝鮮極力北拓疆土是其自新羅以來的一貫傳統。

中朝疆界地區居住的女真族與明朝、李朝的關係。居住中朝疆界地區的女真族自明初就已歸附明朝，明朝「因其部族所居」而設衛所，任命頭領，設置土官，給與印信。女真衛所官員要定期向明朝貢。朝貢對女真首領而言，一方面承認對明朝的隸屬關係；另一方面，朝貢對女真首領又是政治權力，凡是得到明朝委任為衛所的各級官職，實際上就是取得明朝授予其對本部落的統治權。明朝發給衛所官員的印信和敕書，便是其統治權力的標誌和憑證。女真首領憑此可約束部眾，朝貢請賞，並可依據敕書升職和承襲。明朝政府繼承中國歷代封建王朝的傳統，對女真官員「來朝」，「貢方物」，堅持「薄來厚往」的原則。對來朝貢的女真各衛官員，都給與優厚的賞賜。可見，女真的朝貢，不僅具有政治義務和政治權力，而且朝貢貿易又具有豐厚的經濟效益，成為女真人經濟生活的重要組成部分。而明朝正是通過衛所制實現對中朝疆界地區女真族實行有效地管轄的。應當指出的是，明朝對該地區女真的管轄，在明前期國力強盛，尚能進行有效地管轄。宣德末年以降，明廷無暇顧及該地區女真的管轄。尤其「土木之變」後，已明顯地暴露出明廷無駕馭女真的能力，常常借助李朝控制女真，以換得中朝疆界地區的安定。儘管如此，中朝疆界地區居住的女真族隸屬於明朝的事實是不變的。

居住在中朝疆界地區的女真與李朝的關係。女真與李朝的關係由於地緣相近始終沒有中斷過。應當指出的是，女真與李朝關係和好也好，緊張也罷，雙方關係的性質，從根本上說是屬於明中央政權管轄下的邊疆民族與明朝的藩屬國間的關係，這也是無法改變的事實。當然，在元末明初女真從原居地剛遷徙到圖們江流域時，因元朝對該地區的統治已失去了控制，明朝的勢力尚未達到，高麗王朝、李氏朝鮮乘機拓展疆土，招撫女真，而遷徙新地的猛哥帖木兒等遠離遼東，需要生存，更需要從對朝鮮的朝貢貿易中獲得生活必需品，因而接受了朝鮮的招撫。對此，孟森曾有論述：「女真之在明，有未歸化之時，則明初兵力未達遼東，女真為附屬於朝鮮之種族，有受職為羈縻官屬」。[5]當明朝的勢力進入該地區，並對這一地區實行有效的管轄後，「女真亦知元阼已盡，中國有君，既欲附上國（明朝），以邀名號，受賞賚，則所欲於高麗者，自不如其有求於中國」。[6]於是，永樂初年在明朝的積極招撫下，猛哥帖木兒等女真衝破李朝的阻撓，擺脫李朝的控制，紛紛歸附明朝。明朝於女真所居之地設置衛所，任命其首領為衛所長官，表明女真正式納入明朝有效管轄範圍內。對此，李朝方面非常清楚，不再稱猛哥帖木兒為「吾都里萬戶」或「慶源萬戶」，而稱「建州衛指揮」，承認猛哥帖木兒是歸屬明朝中央政權管轄下的衛所官員。

　　當然，如何處理好與女真族的關係是李朝極為關注的問題。尤其是明宣德、正統年間，李朝在半島東北部設置六鎮後，對居住六鎮周圍，隸屬於明朝的女真族採取怎樣的政策，的確是李朝面臨的難題。因為，與這些女真關係的好壞，直接關係到同宗主國明朝的關係，更直接關係到中朝邊境地區的安全與穩定。因此，李朝仿效明朝的作法對女真採取羈縻政策。李朝對女真採取羈縻政策主要在「土木之變」後，明廷已無暇對該地區女真的管轄，李朝遂乘機對女真首領授予官職，明朝對此心知肚明，並未深追究，甚至希望借助李朝這種作法控制女真，以換得這一地區的穩定；就女真而言，明朝所賜敕書多毀於也先之亂，向明朝貢又受到限制，遠遠滿足不了需要。基於生存需要，他們對李朝所授官職也願意接受。但這並未因此改變女真對明朝的隸屬關係。對此，李

5　孟森：《滿洲開國史》，第 12-15 頁，上海古籍出版社，1992 年。
6　孟森：《滿洲開國史》，第 15-16 頁。

朝世宗國王說得再清楚不過了。他說：這些女真人是「寄生境內」的明朝屬民，與朝鮮「本無統屬」關係，「勿與親濟共事，以絕後患，實為永世長策」，對其「羈縻撫綏，來則厚待，去則不追，不可以為腹心親信共事也」。[7]

中朝疆界地區居住的女真族與滿族的關係。 十五世紀末葉以降，居住鴨綠江、圖門江流域的女真族與滿族或清朝的關係，很有必要梳理一下。首先，遷居鴨綠江流域的建州三衛自成化年間，遭受明與朝鮮的兩次重創後，象李滿住這樣有威信、有號召力，能統攝建州各部一致行動的首領都死於是役。後到建州左衛王杲、建州右衛王兀堂的興起前，建州三衛處於分散、微弱，委蛇於明朝與朝鮮之間。明嘉靖、隆慶年間，建州三衛中出現一位巨酋—王杲。《萬曆武功錄》其本傳載：「余考建州置衛，蓋自永樂時久矣，然未嘗曾有倔強如杲者」。[8]他自稱為建州左衛都指揮，築城在古勒寨（今遼寧省新賓縣古樓鄉），為蘇克素護部酋長，努爾哈赤的祖父覺昌安家族便為其部所轄。他握有建州女真的敕書，冒貢取賞，「建州諸夷，悉聽杲調度」。[9]並時常掠攻明撫順、東州諸堡。嘉靖四十一年（1562），誘殺明遼東副總兵黑春。萬曆二年（1574），遼東總兵李成梁率重兵深入建州女真居地，搗毀古勒寨，王杲逃到海西女真王台部，被王台父子押送遼東，後磔市京師。王杲被殺，建州女真一度陷入混亂。大約與王杲同時，在佟家江流域又出現了另一巨酋王兀堂，自稱建州右衛首領，屬董鄂部。《東夷考略‧建州》載：「當是時，東夷自撫順、開原而北屬，王台制之；自清河以南，抵鴨綠江者，兀堂亦制之」。[10]從此，王兀堂率部不斷寇明。萬曆八年，李成梁連續對王兀堂部用兵，王兀堂下落不明，建州女真的勢力又衰弱了。此時，海西女真哈達部王台進入最盛時期。萬曆十年七月，王台死後，哈達部內亂，統一女真的歷史使命落在建州衛首領努爾哈赤身上。努爾哈赤萬曆十一年起兵，不僅統一建州女真、海西女真，而且相繼統一圖們江流域的女真，使他們成為滿族共同體的重要組成部分。

7　《李朝世宗實錄》卷 63，世宗十六年三月己亥。

8　瞿九思：《萬曆武功錄》卷 11，《王杲列傳》，潘喆等編：《清入關前史料選編》，第 1 輯，第 39 頁。

9　瞿九思：《萬曆武功錄》卷 11，《王杲列傳》，第 35 頁。

10　茅瑞徵：《東夷考略》，建州，潘喆等編：《清入關前史料選編》，第 1 輯，第 61 頁。

毛憐兀良哈女真至明末仍居住在圖們江一帶。萬曆二十三年，出使建州的李朝官員申忠一說：毛憐衛為居「咸鏡北道」之藩胡。[11]當時，努爾哈赤已統一了建州女真，開始招撫圖們江一帶的瓦爾喀部。瓦爾喀部應為以毛憐衛兀良哈女真為主體，包括當地的幹朵里、骨看兀狄哈等女真。朝鮮文獻稱為「藩胡」，表明他們之間的差異性已逐漸消失。萬曆年間，努爾哈赤崛起時，圖們江流域女真諸部也紛紛擺脫李朝的羈縻統治，形成大小不一的地域集團。其中居圖們江上游的老土部，最為雄強。他的居處「土地膏沃，中有大川，諸部夾水而居，房屋櫛比，家家富饒，非水下諸胡之比」。[12]老土部就成為努爾哈赤招撫目標。萬曆二十一年，努爾哈赤擊敗海西女真九部聯軍後，乘勝進取長白山之朱舍里、訥殷兩路女真，聲威大震，老土部懾於聲威，於萬曆二十三年，前來歸順。《李朝實錄》載：「毛憐衛酋胡老佟（老土）以戰馬七十匹，貂皮百餘令為禮」投降努爾哈赤。[13]而海西部的葉赫、烏拉也欲爭取老土部。《清實錄》載：烏拉貝勒布占泰與葉赫通謀，「將我國所屬瓦爾喀之安褚拉庫、內河二路所推服者羅屯、噶石屯、汪吉努三人送葉赫，引其使招誘安褚拉庫、內河二路」。[14]努爾哈赤得知後，於翌年正月，派長子褚英等率兵一千，征安褚拉庫，「星馳而往，取屯寨二十餘，所屬人民盡招徠之」。[15]此後，努爾哈赤就利用老土部，招撫圖們江流域的女真。《李朝實錄》載：「城底藩胡，隊隊成群攜妻挈子，顯有撤家移入（建州）之狀……撤我藩胡無所遮障」。[16]就在努爾哈赤招撫圖們江流域女真之時，萬曆三十四年，烏拉貝勒布占泰親率大軍進攻圖們江流域女真，瓦爾喀部斐優城主策穆特黑前往建州，請求派兵相救。於是，努爾哈赤派舒爾哈齊、褚英、代善等率三千兵前往瓦爾喀部斐優城，「盡收環城屯寨，凡五百戶」而歸。[17]到皇太極時，圖們江流域毛憐兀良哈等女真陸續遷回，成為滿族共同體的成員。

---

[11]　《李朝宣祖實錄》卷 71，宣祖二十九年正月丁酉，學習院東洋文化研究所，1961 年。

[12]　《李朝宣祖實錄》卷 125，宣祖三十三年五月庚戌。

[13]　《李朝宣祖實錄》卷 71，宣祖二十九年正月丁酉。

[14]　《清太祖實錄》卷 2，丁酉年正月壬辰，中華書局，1985 年。

[15]　《清太祖實錄》卷 2，戊戌年正月丁亥。

[16]　《李朝宣祖實錄》卷 135，宣祖三十四年三月辛亥。

[17]　《清太祖實錄》卷 3，丁未年正月乙丑。

尼麻車兀狄哈自弘治四年李朝北征後開始衰弱。他們欲恢復與明朝的朝貢關係及其與遼東的貿易，則需通過建州女真與海西女真。時尼麻車兀狄哈與建州、海西女真的關係不睦，因而受阻，這是尼麻車兀狄哈逐漸衰弱的外因。而其內部分化嚴重是其衰弱的內因。弘治八年前後，一些尼麻車人南遷到圖們江一帶。[18]弘治九年，尼麻車兀狄哈女真撒知自「率家口移居城底兀良哈」。[19]對於尼麻車兀狄哈女真的南遷，李朝官員面對陸續遷到圖們江流域的尼麻車兀狄哈女真，憂心忡忡，擔心將來發生禍患。但「若強令還歸本土」，就會使其歸入「蒲州（建州）、火喇溫（海西女真）等處」。[20]所以，李朝只好聽其自然。弘治以後時期，尼麻車兀狄哈女真南遷圖們江「近境，多至三百餘者」。[21]他們「與城底野人嫁聚，生齒漸繁」。[22]逐漸與當地兀良哈、斡朵里女真融合，成為日後滿族的新鮮血液。

　　留居古州原地的尼麻車兀狄哈女真，至明末逐漸形成甯古塔和尼麻車兩大部，屬於東海渥集部。努爾哈赤起兵，採取「恩威並用，順者以德服，逆者以兵臨」的策略，「始以一旅之師，漸削平諸部而統一之」。[23]萬曆三十八年，努爾哈赤命額亦都率兵「往東海渥集部之那木都魯、綏芬、甯古塔、尼馬察四路。招其路長康古禮、喀克篤禮、昂古、明噶圖、烏路喀、僧格、尼喀里、湯松噶、葉克書等，令其家口前行」，[24]使各酋長率部南遷建州，他們與先前遷徙到建州的兀良哈女真等同樣，都成為滿族共同體的重要成員。

18　《燕山君日記》卷 23，燕山君三年五月庚申。

19　《燕山君日記》卷 50，燕山君九年十二月乙未。

20　《燕山君日記》卷 14，燕山君二年三月戊辰。

21　《李朝中宗實錄》卷 19，中宗八年十一月己卯。

22　《燕山君日記》卷 14，燕山君二年三月戊辰。

23　《滿洲實錄》卷 1，中華書局，1985 年。

24　《清太祖實錄》卷 3，庚戌年十一月壬寅。

參考文獻

一、史料類

（一）中文史料

1、　《山海經》，[東晉]郭璞、[清]畢沅注，上海：上海古籍出版社，1989 年影印本。
2、　[漢]桓寬撰、王利器校注：《鹽鐵論校注》，天津：天津古籍出版社，1983 年。
3、　[漢]司馬遷：《史記》，北京：中華書局，1982 年。
4、　[漢]班固：《漢書》，北京：中華書局，1962 年。
5、　[宋]范曄：《後漢書》，北京：中華書局，1965 年。
6、　[晉]陳壽：《三國志》，北京：中華書局，1959 年。
7、　[唐]房玄齡等：《晉書》，北京：中華書局，1974 年。
8、　[梁]沈約：《宋書》，北京：中華書局，1974 年。
9、　[北魏]酈道元：《水經注》，[清]王先謙校，成都：巴蜀書社，1985 年。
10、[北齊]魏收：《魏書》，北京：中華書局，1974 年。
11、[唐]杜佑：《通典》，北京：中華書局，1984 年。
12、[唐]李百藥：《北齊書》，北京：中華書局，1972 年。
13、[唐]魏徵等：《隋書》，北京：中華書局，1973 年。
14、[後晉]劉昫等：《舊唐書》，北京：中華書局，1975 年。
15、[宋]李昉等：《太平御覽》，北京：中華書局 1960 年。
16、[宋]歐陽修、宋祁：《新唐書》，北京：中華書局，1975 年。
17、[宋]司馬光等：《資治通鑑》，北京：中華書局，1956 年。
18、[宋]王欽若等撰：《冊府元龜》，北京：中華書局，1982 年。
19、[宋]薛居正等：《舊五代史》，北京：中華書局，1976 年。
20、[宋]馬端臨：《文獻通考》，杭州：浙江古籍出版社，1988 年。
21、[元]脫脫等：《宋史》，北京：中華書局，1977 年。
22、[元]脫脫等：《遼史》，北京：中華書局，1974 年。
23、[元]脫脫等：《金史》，北京：中華書局，1975 年。
24、[明]畢恭：《遼東志》，《遼海叢書》，瀋陽：遼瀋書社，1984 年影印本。

25、[明]李輔：《全遼志》，瀋陽：遼沈書社，1984 年影印本。

26、[明]茅瑞徵：《東夷考略》，《北京圖書館古籍珍本叢刊》，北京：書目文獻出版社，1988 年。

27、[明]《明實錄》，臺北：中央研究院歷史語言研究所勘本，1962 年。

28、[清]彭孫貽：《山中聞見錄》，《長白叢書》，長春：吉林文史出版社，1990 年。

29、[明]瞿九思：《萬曆武功錄》，北京：中華書局，1962 年影印本。

30、[明]申時行：《明會典》萬曆十五年刊本，北京：中華書局，1989 年影印本。

31、[明]宋濂：《元史》，北京：中華書局，1976 年。

32、[明]王在晉：《三朝遼事實錄》，《長白叢書》，長春：吉林文史出版社，1990 年。

33、[明]嚴從簡：《殊域周諮錄》，北京：故宮博物院圖書館，1920 年。

34、鄂爾泰：《八旗通志初集》，長春：東北師範大學出版社，1985 年。

35、[清]長順等：《吉林通志》，《長白叢書》，長春：吉林文史出版社，1986 年。

36、[清]谷應泰：《明史記事本末》，北京：中華書局，1977 年。

37、《欽定大清會典事例》，上海：商務印書館，1908 年。

38、《清朝文獻通考》，上海：商務印書館，1935 年影印本。

39、《清史列傳》，北京：中華書局，1987 年。

40、《清實錄》，北京：中華書局，1985-1986 年影印本。

41、《清太宗實錄稿本》，瀋陽：遼寧大學歷史系，1978 年鉛印本。

42、《清太祖武皇帝實錄》，北京：故宮博物院，1932 年鉛印本。

43、[清]汪楫：《崇禎長編》，北京：北京古籍出版社，2002 年。

44、[清]楊賓：《柳邊紀略》，《長白叢書》，長春：吉林文史出版社，1993 年。

45、[清]張廷玉等：《明史》，北京：中華書局，1974 年。

46、刁書仁主編：《中朝相鄰地區朝鮮地理志資料選編》，長春：吉林文史出版社，1996 年。

47、《奉天通志》，瀋陽：東北文史叢書編輯委員會，1983 年。

48、劉建封：《長白山江崗紀略》，《長白叢書》，長春：吉林文史出版社，1987 年。

49、潘喆、孫方明、李鴻彬編：《清入關前史料選輯》第 1 輯，北京：中國人民大學出版社，1984 年。

50、潘喆、李鴻彬、孫方明編：《清入關前史料選輯》第 3 輯，北京：中國人民大學出版社，1991 年。

51、王崇時等編：《朝鮮文獻中的中國東北史料》，長春：吉林文史出版社，1992 年。

52、吳晗輯：《朝鮮李朝實錄中的中國史料》，北京：中華書局，1980 年。

53、吳祿貞：《延吉邊務報告》，《長白叢書》，長春：吉林文史出版社，1986 年。

54、楊昭全等編：《中朝邊界沿革及界務交涉史料彙編》，長春：吉林文史出版社，1994 年。

55、趙爾巽等：《清史稿》，北京：中華書局，1977 年。

56、中國第一歷史檔案館、中國社會科學院歷史所編譯：《滿文老檔》，北京：中華書局，1990 年。

57、博明希哲：《鳳城瑣錄》，《遼海叢書》，瀋陽：遼沈書社 1985 年。

（二）朝鮮史料

1、 金富軾、孫文範校勘：《三國史記》，長春：吉林文史出版社，2003 年。
2、 一然：《三國遺事》，漢城：明文堂，1993 年。
3、 《備邊司謄錄》，漢城：國史編纂委員會，1982 年。
4、 《李朝實錄》，東京：學習院東洋文化研究所影印本，1954—1967 年。
5、 《承政院日記》，漢城：韓國國史編纂委員會，1970 年。
6、 丁若鏞：《與猶堂全書》，漢城：景仁文化社，1982 年。
7、 柳得恭：《燕台再遊錄》，《遼海叢書》（一），瀋陽：遼沈書社，1985 年。
8、 洪鳳漢等編：《增補文獻備考》，漢城：明文堂，2000 年影印本。
9、 金慶門：《通文館志》，漢城：正文社，1982 年。
10、金正浩編：《大東地志》，漢城：韓國亞細亞文化社，1976 年影印本。
11、金指南：《北征錄》，朝鮮總督府朝鮮史編修會，1945 年抄本。
12、金指南：《通文館志》，朝鮮古書刊行會，1913 年。
13、金宗瑞：《高麗史節要》，漢城：民族文化推進會，1986 年。
14、朴趾源：《熱河日記》，北京：北京圖書館出版社，1996 年。
15、《同文匯考》，漢城：國史編纂委員會，1978 年。
16、《萬機要覽》，漢城：景仁文化社，1972 年。
17、《新增東國輿地勝覽》，漢城：景仁文化社，1981 年。
18、鄭麟趾：《高麗史》，朝鮮民主主義人民共和國科學院，1958 年。
19、韓國國學文化研究所編：《龍飛御天歌》，漢城：韓國亞細亞文化社，1973 年。
20、韓國民族文化推進會編：《影印標點韓國文集叢刊》，漢城：景仁文化社，1990-2001 年。
21、[韓]林基中：《燕行錄全集》，漢城：韓國東國大學校出版社，2001 年。

二、著作類

（一）中文著作

1、 陳述：《契丹政治史稿》，北京：人民出版社，1986 年。
2、 刁書仁：《近三百年東北土地開發史》，長春：吉林文史出版社，1994 年。
3、 刁書仁：《明清中朝日關係史研究》，長春：吉林文史出版社，2001 年。

4、董萬侖：《東北史綱要》，哈爾濱：黑龍江人民出版社，1987 年。

5、高明士：《唐代東亞教育圈的形成——東亞世界形成史的一側面》，臺北：國立編譯館中華叢書編審委員會，1984 年。

6、韓儒林主編：《元朝史》，北京：人民出版社，1986 年。

7、胡其德：《元代驛遞制度研究》，臺北：國立臺灣師範大學歷史研究所，1978 年。

8、黃枝連：《朝鮮王朝與滿清王朝的關係形態論》，北京：中國人民大學出版社，1995 年。

9、姜吉仲：《高麗與宋金外交經貿關係史論》，臺北：文津出版社，2004 年。

10、吉林省延邊朝鮮族自治州《朝鮮通史》翻譯組譯：《朝鮮通史》（上卷），長春：吉林人民出版社，1973 年。

11、姜孟山主編：《朝鮮通史》（第一卷），延邊：延邊大學出版社，1992 年。

12、江應梁主編：《中國民族史》（上、中、下），北京：民族出版社，1990 年。

13、金渭顯：《契丹的東北政策》，臺北：華世出版社，1981 年。

14、金渭顯：《遼金史研究》，漢城：裕豐出版社，1985。

15、金毓黻：《東北通史》，長春：社會科學戰線雜誌社，1980 年。

16、李殿福等：《渤海國》，北京：文物出版社，1987 年。

17、李花子：《清朝與朝鮮關係史研究——以越境交涉為中心》，香港：香港亞洲出版社，2006 年。

18、李健才：《東北史地考略》，長春：吉林文史出版社，1986 年。

19、李健才：《明代東北》，瀋陽：遼寧人民出版社，1986 年。

20、李健才：《東北史地考略（續集）》，長春：吉林文史出版社，1995 年。

21、李健才：《東北史地考略（第三集）》，長春：吉林文史出版社，2001 年。

22、李洵：《下學集》，北京：中國社會科學出版社，1995 年。

23、劉家駒：《清朝初期的中朝關係》，臺北：文史哲出版社，1986 年。

24、劉永智：《中朝關係研究》，鄭州：中州古籍出版社，1995 年。

25、劉子敏：《高句麗歷史研究》，延吉：延邊大學出版社，1996 年。

26、馬大正等：《古代中國高句麗歷史叢論》，哈爾濱：黑龍江教育出版社，2001 年。

27、馬大正等：《古代中國高句麗歷史續論》，北京：中國社會科學出版社，2003 年。

28、孟森：《清朝前紀》，北京：北京大學出版部，1929 年。

29、孟森：《明元清系通紀》，北京：北京大學出版部，1934 年。

30、孟森：《滿洲開國史》，上海：上海古籍出版社，1992 年。

31、朴文一、金龜春主編：《中國古代文化對朝鮮和日本的影響》，牡丹江：黑龍江朝鮮民族出版社，1999 年。

32、朴真奭等：《朝鮮簡史》，延吉：延邊大學出版社，1997 年。

33、譚其驤主編：《中國歷史地圖集》釋文彙編・東北卷，北京：中央民族學院出版社，1988 年。

34、孫進己等：《東北歷史地理》，哈爾濱：黑龍江人民出版社，1989 年。

35、孫衛國：《大明旗號與小中華意識——朝鮮王朝尊周思明研究（1637-1800）》，北京：商務印書館，2007 年。

36、王承禮：《渤海簡史》，哈爾濱：黑龍江人民出版，1988 年。

37、王民信著：《王民信高麗史研究論文集》，臺北：國立臺灣大學出版中心，2010 年。

38、王慎榮、趙鳴岐：《東夏史》，天津：天津古籍出版社，1990 年。

39、王志瑞：《宋元經濟史》，臺北：臺灣商務印書館，1969 年。

40、楊樹森：《清代柳條邊》，瀋陽：遼寧人民出版社，1978 年。

41、楊樹森：《遼史簡編》，瀋陽：遼寧人民出版社，1984 年。

42、楊暘等：《明代奴兒干都司及其衛所研究》，鄭州：中州書畫社，1982 年。

43、楊暘：《明代遼東都司》，鄭州：中州古籍出版社，1988 年。

44、楊昭全等：《中朝邊界史》，長春：吉林文史出版社，1993 年。

45、葉泉宏：《明代前期中韓國交之研究》，臺北：臺灣商務印書館 ，1999 年。

46、余大均：《一代天驕成吉思汗》，呼和浩特：內蒙古人民出版社，2002 年。

47、張博泉等：《東北歷代疆域史》，長春：吉林人民出版社，1981 年。

48、張博泉、魏存成：《東北古代民族與疆域》，長春：吉林大學出版社，1994 年。

49、張存武：《清韓宗藩貿易：1637-1894》，臺北：中央研究院近代史研究所，1978 年。

50、張存武：《清代中朝關係史論文集》，臺北：商務印書館，1987 年。

51、李賢淑：《明代中韓封貢貿易》，臺北，商務印書館，1978 年。

（三）韓文著作／譯著

1、 高柄翊：《東亞交涉史의研究》，漢城：서울大學校出版部，1970 年。

2、 韓國國史編纂委員會：《韓國史》，漢城：探求堂，1981 年。

3、 金渭顯編著：《韓中關係史研究論叢》，陳文壽譯，香港：香港社會科學出版社有限公司，2004 年。

4、 金庠基：《高麗時代史》，漢城：東國文化社，1961 年。

5、 李丙燾：《韓國古代史研究》，漢城：博英社，1976 年。

6、 李丙燾：《韓國史》，漢城：漢城震旦學會，1981 年。

8、 李基白：《新羅政治社會史研究》，漢城：一潮閣，1974 年。

9、 李龍範：《古代的滿洲關係》，漢城：韓國日報，1976 年。

10、李仁榮：《韓國滿洲關係史研究》，漢城：乙酉文化社，1954 年。

11、朴元鎬：《明初朝鮮關係史研究》，漢城：一潮閣，2002 年。

12、全海宗：《韓中關係史研究》，漢城：一潮閣，1974 年。

13、全海宗：《東夷傳의文獻研究》，漢城：一潮閣，1980 年。

14、全海宗：《中韓關係史論集》，全善姬譯，北京：中國社會科學出版社，1997 年。

15、申瀅植：《韓國古代史의新研究》，漢城：一潮閣，1984 年。

16、金得榥：《백두산과北方疆界》，思社研，1987 年。

17、俞政甲：《北方領土論》，법경출판사，1991 年。

（四）日文著作／譯著

1、　安部健夫：《清代史の研究》，東京：創文社，1971 年。

2、　池內宏：《滿鮮史研究》全 5 卷，東京：吉川弘文館，1933—1963 年。

3、　稻葉岩吉：《滿洲發達史》，東京：日本評論社，1935 年。

4、　河內良弘：《明代女真史の研究》，京都：同朋舍，1992 年。

5、　和田清：《東亞史研究》滿洲篇，東京：東洋文庫，1955 年。

6、　津田左右吉：《津田左右吉全集》卷 11，東京：岩波書店，1964 年。

7、　今西龍：《新羅史研究》，東京：圖書刊行社 1970 年。

8、　那珂通世：《那珂通世遺書》，東京：大日本圖書株式會社，1915 年。

9、　鳥山喜一：《渤海史考》，東京：東京奉公會，1915 年。

10、前田直典：《元朝史の研究》，東京：東京大學出版會，1973。

11、三上次男：《古代東北アジア史研究》，東京：吉川弘文館，1966 年。

12、三田村泰助：《清前史の研究》，京都：同朋舍，1965 年。

13、山本進：《大清帝國與朝鮮經濟——開發、貨幣、信用》，福岡：九州大學出版會，2014 年。

14、唐代史研究會編：《隋唐帝國と東アジア世界》，東京：汲古書院，1979 年。

15、藤塚鄰、藤井明直：《清朝文化東傳研究》，東京：國書刊行會，1975 年。

16、田中健夫：《倭寇》，東京：教育社，1982 年。

17、外山軍治：《金朝史の研究》，京都：東洋史研究會，1964 年。

18、小田省吾：《帶方郡及び其の遺蹟》，首爾：朝鮮總督府，1935 年。

19、園田一龜：《清朝皇帝東巡研究》，大阪：大和書院，1944 年。

20、園田一龜：《明代建州女直史研究》，東京：東洋文庫，1953 年。

21、和田清《明初の滿洲經略》，滿洲篇《東亞史研究》，東洋文庫 1954 年。

22、篠田治策：《白頭山定界碑》，樂浪書院，1938 年。

三、論文類

（一）中文

1、 常建華：〈國家認同：清史研究的新視角〉，《清史研究》2010 年第 4 期。

2、 陳捷先：〈清太祖時期滿洲與朝鮮關係考〉，《金俊燁教授華甲記念中國學論叢》同刊行委員會，1983 年。

3、 刁書仁：〈論元末明初中國與高麗（朝鮮）的邊界之爭〉，《北華大學學報》2001年第 1 期。

4、 刁書仁：〈論薩爾滸之戰前後後金與朝鮮的關係〉，《清史研究》2001 年第 2 期。

5、 刁書仁：〈元末明初朝鮮半島的女真族與明、朝鮮的關係〉，《史學集刊》2001年第 3 期。

6、 刁書仁：〈論清朝與朝鮮宗藩關係的形成與確立〉，《揚州大學學報》2003 年第 1 期。

7、 刁書仁：〈論清初東北招民開墾政策與漢族民人對東北的開發〉，《史學集刊》2004年第 1 期。

8、 刁書仁：〈洪武時期高麗、李朝與明朝關係探析〉，《揚州大學學報》2004 年第 1 期。

9、 刁書仁：〈明前期明朝向朝鮮索征的「別貢」〉，《東北師大學報》2009 年第 3 期。

10、刁書仁：〈正統年間建州左衛西遷考實——兼論東亞地區女真與明朝、李氏朝鮮的關係〉，《中國邊疆史地研究》2010 年第 4 期。

11、刁書仁：〈李朝孝宗「反清復明」活動及其影響——兼論東亞「華夷秩序」的裂變〉，《社會科學戰線》2010 年第 5 期。

12、刁書仁：〈努爾哈赤崛起與東亞華夷關係的變化〉，《中國邊疆史地研究》2012 年第 3 期。

13、丁昆健：〈元代征東行省之研究〉，《史學彙刊》1980 年第 10 期。

14、樊萬象：〈「古州之印」與地望〉，《北方文物》1985 年第 5 期。

15、顧銘學：〈考釋《山海經》中有關古朝鮮的兩條史料〉，《社會科學戰線》2002 年第 4 期。

16、黃修志：《明清時期朝鮮的書籍辯誣與「書籍外交」》，復旦大學博士論文，2013 年。

17、金渭顯：〈宋商在高麗的活動〉，《漆俠先生紀念文集》，石家莊：河北大學出版社，2002 年。

18、李光濤：〈箕子朝鮮〉，《李朝實錄論叢》，臺北：臺灣商務印書館，1971 年。

19、李新峰：〈恭愍王後期明高麗關係與明蒙戰局〉，《韓國學論文集》1998 年第 7 輯。

20、李學智：〈釋女真〉，臺北：《大陸雜誌》1966 年第 1 輯 5 冊。

21、劉子敏：〈關於古「辰國」與「三韓」的探討〉，《社會科學戰線》2003 年第 3 期。

22、劉子敏：〈高句麗疆域沿革考辨〉，《社會科學戰線》2001 年第 4 期。

23、盧南喬：〈元末紅巾軍起義及其進軍高麗的歷史意義〉，《文史哲》1954 年第 6、7 期。

24、孫衛國：〈略論明初與麗末之中韓關係〉，《韓國學論文集》1997 年第 6 輯。

25、王崇時：〈十至十三世紀初女真與高麗的關係〉，《北方文物》1986 年第 6 期。

26、王崇時：〈元與高麗統治集團的聯姻〉，《東北師大學報》1994 年第 4 期。

27、王崇武：〈讀明史朝鮮傳〉，《中央研究院歷史語言研究所集刊》1945 年第 12 期。

28、宋晞：〈宋商在宋麗貿易中的貢獻〉，《史學匯刊》1977 年第 8 期。

29、辛時代：《唐代安東都護府研究》，東北師範大學博士論文，2013 年。

30、張輝：〈「鐵嶺立衛」與辛禑出師攻遼〉，《中國邊疆史地研究》2003 年第 1 期。

31、趙永春、玄花：〈「保州」問題與遼麗關係〉，《東北史地》2006 年第 2 期。

32、趙永春、玄花：〈遼金與高麗的「保州」交涉〉，《中國邊疆史地研究》2008 年第 1 期。

33、莊吉發：〈建州三衛的設置及其與朝鮮的關係〉，《中韓關係史國際研討會論文集》，中華民國韓國學研究學會，1981 年。

34、夫馬進：〈明清時期中國對朝鮮外交中的「禮」和「問罪」〉，《明史研究論叢》2012 年第 10 輯。

（二）韓文

1、 丁仲煥：〈辰韓三韓及加羅名稱考〉，《釜山大開校十周年記念論文集》，1956 年。

2、 丁仲煥：〈衛滿朝鮮考〉，《釜山大文理大學報》1958 年第 1 號。

3、 方東仁：〈尹瓘九城再考—九城設置範圍를中心으로〉，《白山學報》1976 年第 21 號。

4、 高柄翊：〈高麗忠宣王의元武宗擁立〉，《歷史學報》1962 年第 17、18 合輯。

5、 韓松愚：〈百濟王位에對한諸說의研究〉，《高大大學院碩士學位論文》，1961 年。

6、 金秉柱：〈羅濟同盟에관한研究〉，《韓國史研究》1984 年第 46 號。

7、 金龍德：〈昭顯世子研究〉，《史學研究》1964 年第 18 輯。

8、 李丙燾：〈衛氏朝鮮興亡考〉，《서울大論文集》1956 年第 4 輯。

9、 李丙燾：〈漢四郡問題의研究〉，《韓國古代史研究》1976 年。

10、李洪烈：〈三道溝事件與善後策〉，《白山學報》1968 年第 5 號。

11、李基白：〈百濟王位繼承考〉，《歷史學報》1959 年第 11 號。

12、李仁榮：〈鮮初廢四郡地理考〉，《青丘學叢》1937、1939 年第 29、30 號。

13、盧重國：〈高句麗、百濟、新羅사이의力關係變化에대한一考察〉，《東方學志》1981 年第 28 號。

14、朴元鎬：〈明初朝鮮的遼東攻伐計劃與表箋問題〉，《白山學報》1975 年第 19 號。

15、千寬宇：〈辰、弁韓諸國의位置試論〉，《白山學報》1976 年第 20 號。

16、千寬宇：〈馬韓諸國의位置試論〉，《東洋學》1979 年第 9 號。

17、任昌淳：〈辰韓位置考〉，《史學研究》1959 年第 6 輯。

18、申瀅植：〈新羅史의時代區分〉，《韓國史研究》1977 年第 18 號。

19、徐榮洙：〈古代韓中關係研究試論〉，《學術論叢》1981 年第 5 號。

20、尹武炳：〈濊貊考〉，《白山學報》1966 年第 1 號。

21、周采赫：〈高麗內地의達魯花赤置廢에관한小考〉，《清大史林》1974 年第 1 號。

22、周采赫：〈初期麗元戰爭과北界四十餘城問題〉，《史學會誌》1970 年第 16 號。

23、青山公亮：〈帶方郡攷〉，《朝鮮學報》1968 年第 48 號。

24、高柄翊：〈高麗와元과의關係〉，《東洋學》7，檀國大，1977 年。

25、高柄翊：〈元과의關係의變遷〉，《韓國史》7，國史編纂委員，1973 年。

26、金九鎮：〈公嶮鎮과先春嶺碑〉，《白山學報》21，1976 年。

27、方東仁：〈雙城總管府考〉，《關東史學》1，1982 年

28、金九鎮：〈麗末鮮初의豆滿江流域의女真分佈〉，《白山學報》15，1973 年。

29、金九鎮：〈麗元의領土紛爭과그歸屬問題〉，《國史館論叢》第 7 輯，1989-12。

30、方東仁：〈麗元關係의再檢討〉，《國史館論叢》第 17 輯，1990-12。

31、徐炳國：〈朝鮮前期對女真關係史〉，《國史館論叢》，第 14 輯，1990-09。

32、서병국：〈李之蘭研究〉，《白山學報》10，1971 年。

33、朴元熇：〈永樂年間明과朝鮮間의女真問題〉，《亞細亞研究》33 卷 2 號。

（三）日文

1、 白鳥庫吉：〈汉の朝鮮四郡彊域考〉，《東洋學報》1912 年第 2 卷 2 号。

2、 白鳥庫吉：〈渤海國に就いて〉，《史學雜誌》1933 年第 44 編 12 号。

3、 白鳥庫吉：〈満洲の地理を论じて渤海の五京に及ぶ〉，《史學雜誌》1935 年第 46 編 12 号。

4、 池內宏：〈高麗辛禑朝に於ける鐵嶺問題〉，《東洋學報》1918 年第 8 卷 1 号。

5、 池內宏：〈公險鎮と蘇下江〉，《東洋學報》1919 年第 9 卷 1 号。

6、 池內宏：〈高麗に於ける元の行省〉，《東洋學報》1933 年第 20 卷 3 号。

7、 稻葉巖吉：〈高麗尹瓘九城考——特に英、雄二州の遺址に就いて〉，《史林》1931 年第 16 卷 1、2 号。

8、 稻葉巖吉：〈假說鐵嶺衛の位置を疑ら〉，《清丘學叢》1934 年第 18 号。

9、 宮崎市定：〈三韓時代の位階制について〉，《朝鮮學報》1959 年第 14 輯。

10、津田左右吉：〈浿水考〉，《東洋學報》1912 年第 2 卷 2 號。

11、那珂通世：〈朝鮮樂浪玄菟帶方考〉，《史學雜誌》1894 年第 5 編 4 號。

12、青山公亮：〈日元間の高麗〉，《史學雜誌》1925 年第 36 編 10 号。

13、三上次男：〈定安國與高麗〉，《東方學報》1940 年第 11 號。

14、三上次男：〈完顏阿骨打の經略と金國の成立〉，《金史研究》1972 年第 1 号。

15、松浦茂：〈金代女真氏族の構成について〉，《東洋史研究》1978 年第 36 巻 4 号。

16、西島定生：〈六~八世紀の東アジア〉，《日本歷史》1962 年第 2 巻。

17、中村永孝：〈文永弘安兩役間に於ける日麗元の關係〉，《史學雜誌》1926 年第 37 編 6~8 号。

18、李丙燾：〈所謂箕子八条教に就いて〉，《市村博士古稀記念》，《東洋史論叢》1933 年。

19、稻葉岩吉：《光海君時代之滿鮮關係》，大阪：大阪屋號書店，1933 年。

20、末松保和：《新羅史の諸問題》，東京：東洋文庫，1954 年。

21、稻葉岩吉：〈明代遼東の邊牆〉，《滿洲地理歷史研究》2，東京，1913 年。

史地傳記類　PC0710　讀歷史72

中朝疆界與民族
──以十四世紀中葉至十五世紀末為中心

作　　者／刁書仁
責任編輯／鄭伊庭
圖文排版／莊皓云
封面設計／葉力安

發 行 人／宋政坤
法律顧問／毛國樑　律師
出版發行／秀威資訊科技股份有限公司
　　　　　114台北市內湖區瑞光路76巷65號1樓
　　　　　電話：+886-2-2796-3638　傳真：+886-2-2796-1377
　　　　　http://www.showwe.com.tw
劃撥帳號／19563868　戶名：秀威資訊科技股份有限公司
　　　　　讀者服務信箱：service@showwe.com.tw
展售門市／國家書店（松江門市）
　　　　　104台北市中山區松江路209號1樓
　　　　　電話：+886-2-2518-0207　傳真：+886-2-2518-0778
網路訂購／秀威網路書店：https://store.showwe.tw
　　　　　國家網路書店：https://www.govbooks.com.tw

2018年12月　BOD一版
定價：520元
版權所有　翻印必究
本書如有缺頁、破損或裝訂錯誤，請寄回更換

國家圖書館出版品預行編目

```
┌─────────────────────────────────────────────────┐
│ 中朝疆界與民族：以十四世紀中葉至十五世紀末為中心／刁 │
│   書仁著. -- 一版. -- 臺北市：秀威資訊科技, 2018.12  │
│     面；　公分. -- (史地傳記類；PC0710) (讀歷史；72)  │
│   BOD版                                            │
│   ISBN 978-986-326-508-5(平裝)                     │
│                                                   │
│   1.邊界問題　2.民族問題　3.中韓關係                 │
│                                                   │
│ 681.25                                106022838   │
└─────────────────────────────────────────────────┘
```

讀者回函卡

感謝您購買本書，為提升服務品質，請填妥以下資料，將讀者回函卡直接寄回或傳真本公司，收到您的寶貴意見後，我們會收藏記錄及檢討，謝謝！

如您需要了解本公司最新出版書目、購書優惠或企劃活動，歡迎您上網查詢或下載相關資料：http:// www.showwe.com.tw

您購買的書名：_____

出生日期：_____年_____月_____日

學歷：□高中 (含) 以下　　□大專　　□研究所 (含) 以上

職業：□製造業　□金融業　□資訊業　□軍警　□傳播業　□自由業
　　　□服務業　□公務員　□教職　　□學生　□家管　　□其它_____

購書地點：□網路書店　□實體書店　□書展　□郵購　□贈閱　□其他

您從何得知本書的消息？

　　□網路書店　□實體書店　□網路搜尋　□電子報　□書訊　□雜誌
　　□傳播媒體　□親友推薦　□網站推薦　□部落格　□其他_____

您對本書的評價：(請填代號　1.非常滿意　2.滿意　3.尚可　4.再改進)

　　封面設計____　版面編排____　內容____　文／譯筆____　價格____

讀完書後您覺得：

　　□很有收穫　□有收穫　□收穫不多　□沒收穫

對我們的建議：_____

_____

_____

_____

11466
台北市內湖區瑞光路 76 巷 65 號 1 樓

秀威資訊科技股份有限公司　　　收

BOD 數位出版事業部

⋯⋯⋯⋯⋯⋯⋯⋯⋯⋯⋯⋯⋯⋯⋯⋯⋯⋯⋯⋯⋯⋯⋯⋯⋯

（請沿線對折寄回，謝謝！）

姓　　名：＿＿＿＿＿＿＿＿＿　年齡：＿＿＿＿　性別：□女　□男

郵遞區號：□□□□□

地　　址：＿＿＿＿＿＿＿＿＿＿＿＿＿＿＿＿＿＿＿＿＿＿＿

聯絡電話：(日) ＿＿＿＿＿＿＿＿＿＿　(夜) ＿＿＿＿＿＿＿＿＿＿

E-mail：＿＿＿＿＿＿＿＿＿＿＿＿＿＿＿＿＿＿＿＿＿